社会主義の誕生

――社会民主党100年

「社会民主党百年」資料刊行会編
責任編集　山泉　進

論創社

社会民主党創立発起人
(左から安部磯雄、河上清、幸徳秋水、木下尚江、片山潜、西川光次郎)
法政大学大原社会問題研究所所蔵

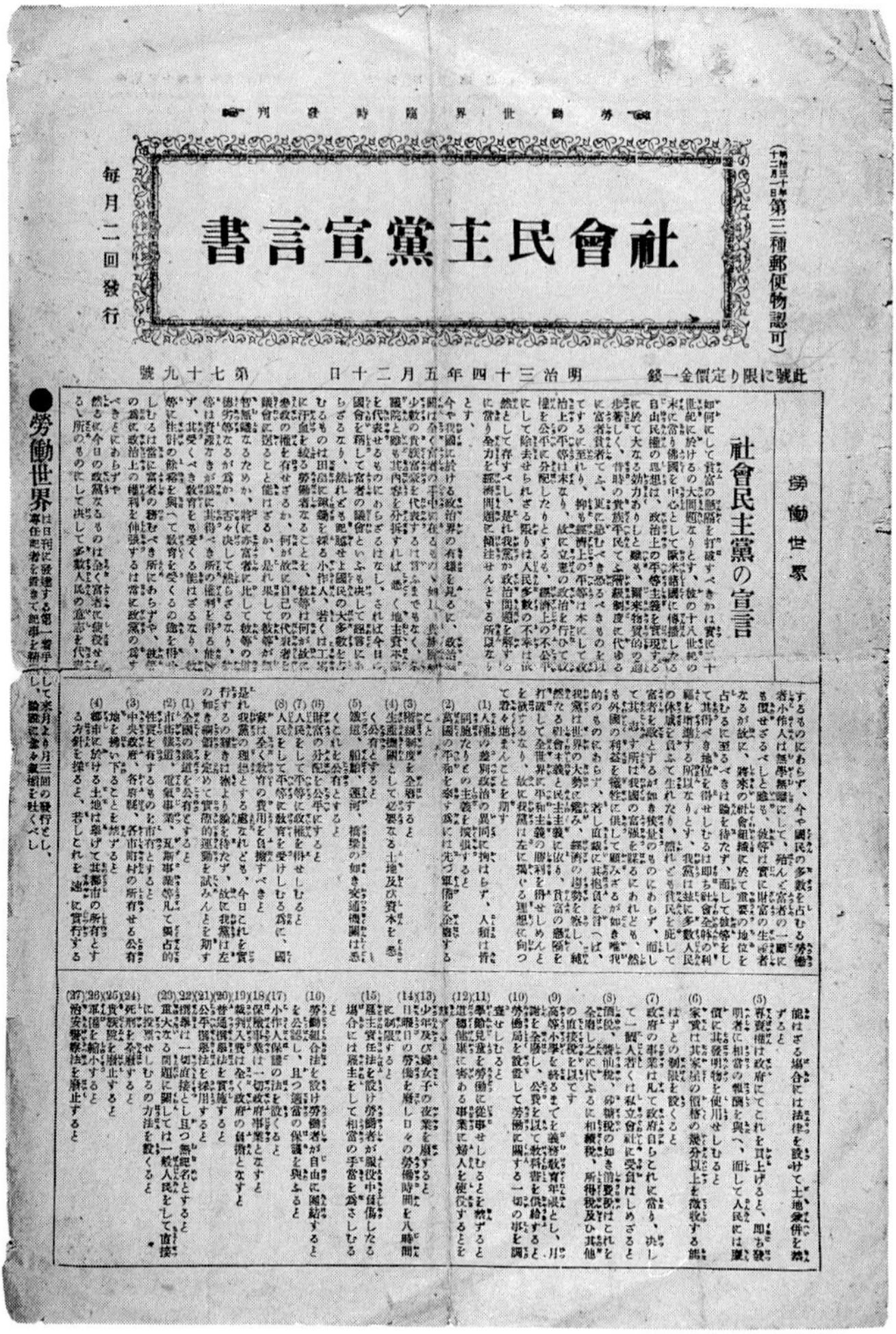
勞働世界臨時發刊

社會民主黨宣言書

（明治三十年十二月二日第三種郵便物認可）

毎月二回發行

此號に限り定價金一錢　明治三十四年五月二十日　第七十九號

勞働世界

社會民主黨の宣言

『労働世界』第一面（第79号、1901年5月20日臨時発刊）

法政大学大原社会問題研究所所蔵

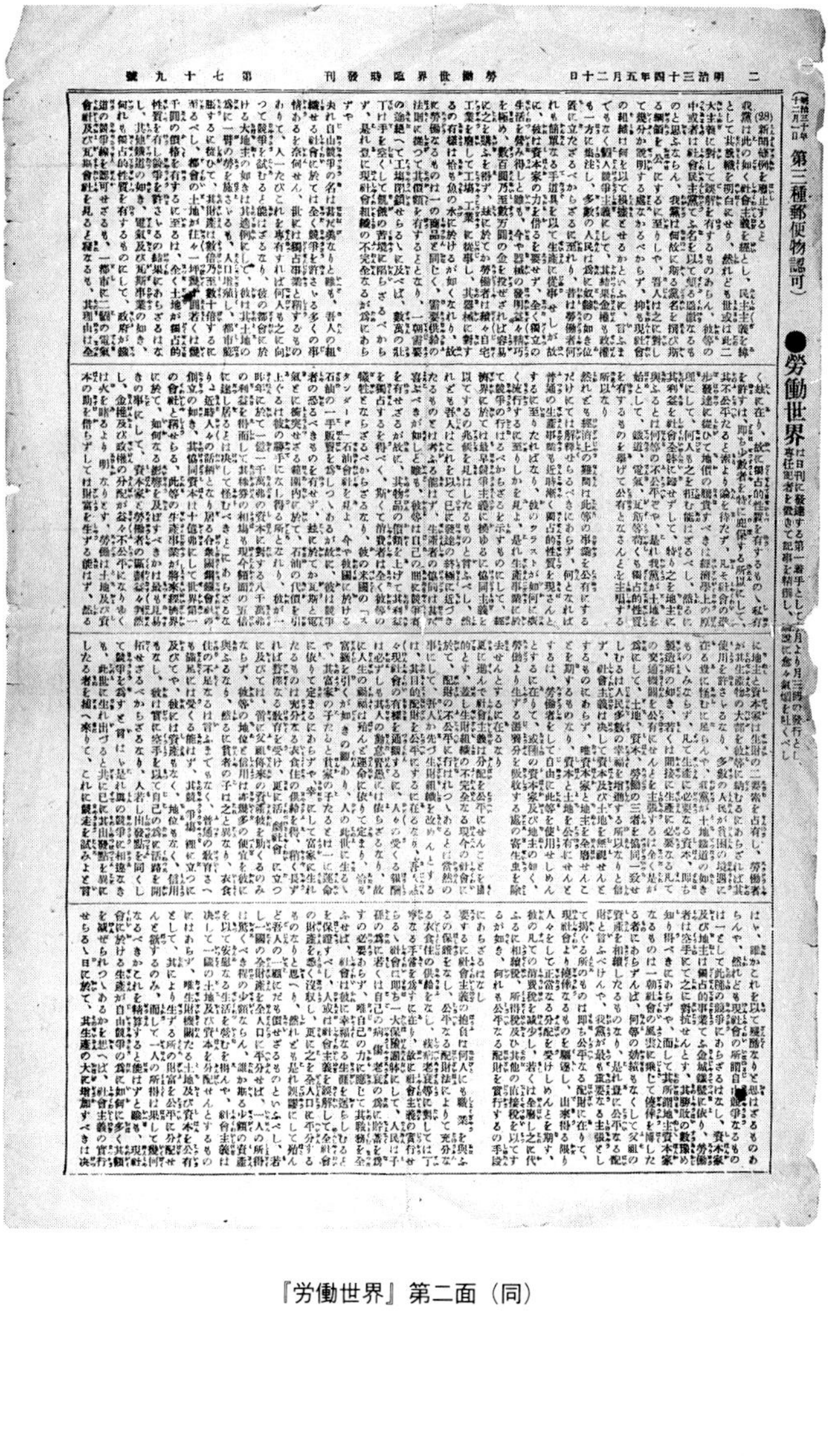
二　明治三十四年五月二十日　労働世界臨時発刊　第七十九號

（明治三十年十二月一日）第三種郵便物認可

●労働世界は日刊に發達する第一着手として本月より月三回の發行とし専任記者を徴めて記事を精撰し益々氣焔を吐くべし

『労働世界』第二面（同）

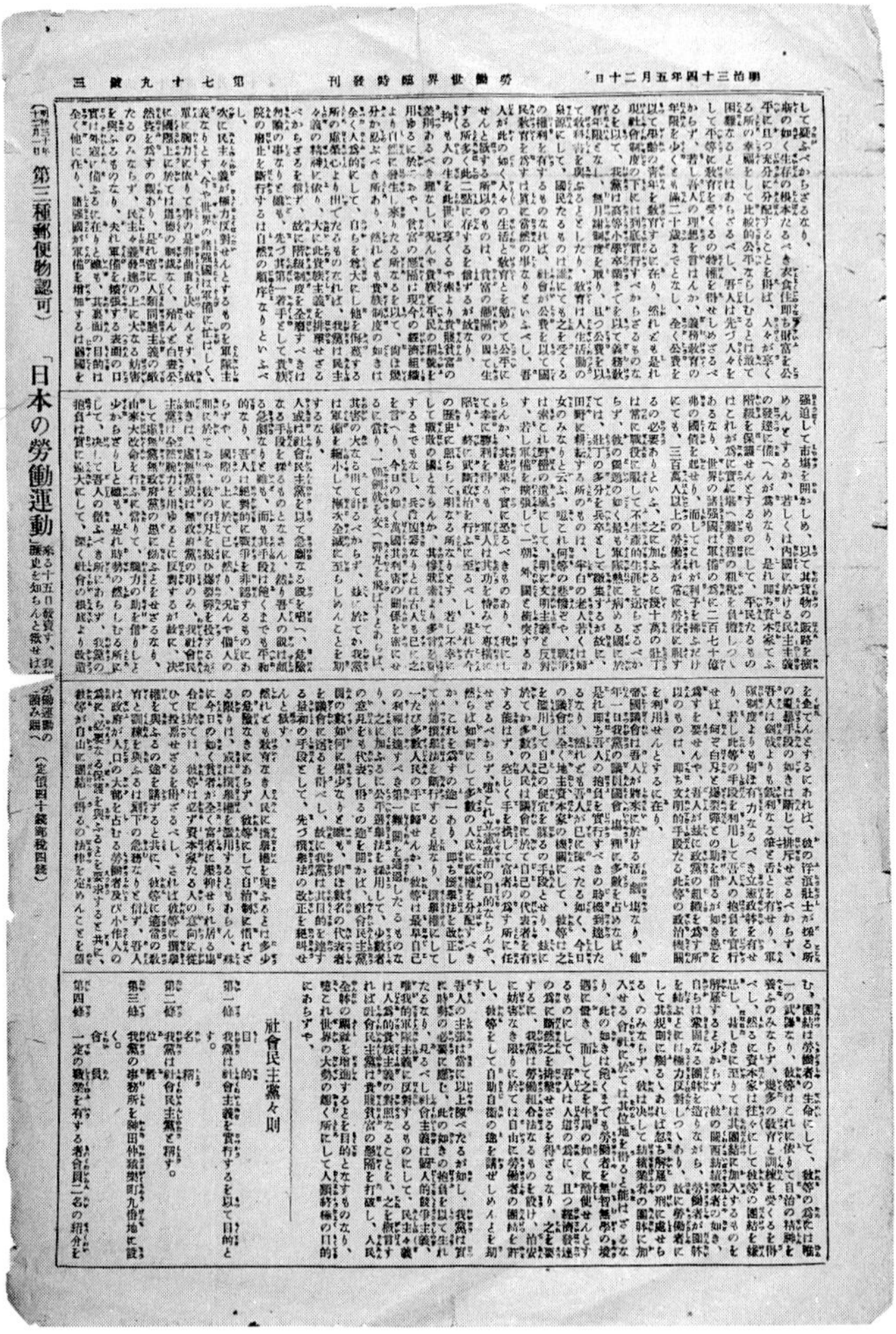
明治三十四年五月二十日　労働世界臨時発刊　第七十九號　三

（明治三十年十二月十一日第三種郵便物認可）

「日本の労働運動」

社會民主黨々則

第一條　目的　我黨は社會主義を實行するを以て目的とす。

第二條　名稱　我黨は社會民主黨と稱す。

第三條　位置　我黨の事務所を神田仲猿樂町九番地に設く。

第四條　會員　一定の職業を有する者會員二名の紹介を

『労働世界』第三面（同）

（明治三十年十二月一日第三種郵便物認可）

以て入黨を申込み評議員會の決議を經たる時は會員たるを得、黨則に反き其他黨の名譽を毀損したる者は評議員會の決議を以て之を除名す。

役員

第五條　幹事二名評議員若干名を置き大會に於て之を撰擧す。

會費

第六條　會員は黨費として毎月貳錢を納むべし。

雜報

靴工のストライキ

芝露月町大塚製靴工場の職工百五十名は去る十日より十四日迄同盟罷工をなせり其原因は賃銀價下げにて海軍靴を四十一錢より三十六錢五厘とし陸軍靴を三十九錢より三十四錢五厘となし尚は等級を定めて甲乙丙となし乙は三錢丙は四錢を減ずると云ふ殘酷なる仕方にてありき

大宮日鐵工場の奸策

職工懲制に妙を得たる大宮工場は今や受負仕事の名を以て職工實際の賃銀を切り下げ機關車一臺の組立は七十圓なりしを三十圓內外となし時間は十時間なりしを十二時間となし奴隸の如く酷役し始めたり吾人は大に其非を抗擊すべし

社會民主黨はドンな者てあるか

此度出來た新政黨は如何なものであるかと云ふと先づ第一に此黨は何にか職業を以て居る正直な人で我黨の主義に贊成な人で組織る○第二に本部を神田仲猿樂町九番地に置きます○第三に此勞働者の政黨は目的を遂する爲めに次の樣な仕事をする「一演說會及討論會を開く事」「一小冊を發行する事」「一黨報を發行する事」「一地方遊說員を出す事」「一大會（年二回）小會（時々）を開く事」「一運動會をやる事」「一勞働問題の研究をする事（誰れでも郵券を入れて勞働問題に關するとを聞かるゝと本部は懇切に夫れに答へます）」「一勞働會館を建てる事に骨折ります」「一勞働倶樂部及共働店を建てるとを盡力します」「一勞働者の貯金を奬勵する種々の方法を講じます○第四に春と秋と二度大會を開いて運動の方針などを協議する都合なり○第五に小集會、演說會などは幹事が適當だと思つた時に時々開き○第六に地方の黨員から請求があると幹事は評議の上で遊說員を送る○第七に此黨へ入黨しようと思ふ人は會員二名以上の紹介を持て來ぬと行きませぬ但し二名以上の紹介がわつても幹事が評議員に相談し善い人だと思はぬ者は斷る積りだ○第八に勞働團體が一体で入黨をしようと云ふ場合には其の團體の代表者から幹事へ其の事を申込めばよいそうだ○第九に定まつた職業を持てる勞働者及職工には入黨に於ても又萬事輕便にするそうた○第十に黨費は月二錢で、黨員は年三度位に（八錢づゝ）之を本部へ拂い込まれたならよかろう○第十一に黨の名譽を汚がしたり、黨則に背ひたり、黨へ不利益な事をした者は除名か退黨を命じるのだと云ふ」故に勞働者に取りては實に善ひ政黨てある、

勞働世界定價及廣告料
●定價一部金二錢五厘郵税五厘一ヶ月分金五錢郵税壹錢三ヶ月分金十八錢郵税三錢六ヶ月分金三拾錢郵税六錢
●廣告料一行（五號二十二字詰）金廿五錢半段金五圓一段金九圓
發行所　東京神田三崎町　勞働新聞社

發行兼編輯人　東京市神田區三崎町三丁目一番地　片山潜
印刷人　東京市四ツ谷區[illegible]町百三十五番地　[illegible]本兼吉
印刷所　東京市牛込區市ヶ谷加賀町壹丁目十二番地　秀英舍第一工場
發行所　東京市神田區三崎町三丁目一番地　勞働新聞社

『労働世界』第四面（同）

まえがき

今から一〇〇年前、日本で最初の社会主義政党である「社会民主党」が誕生した。創立者は片山潜、安部磯雄、木下尚江、幸徳秋水、河上清、西川光次郎の六名であった。本書は、この結成されてすぐ弾圧をうけた「社会民主党」の誕生を記念して編集されたものである。

一〇〇年前の「社会民主党」は、「社会主義」を「経《たていと》」とし「民主主義」を「緯《よこいと》」とすると唱えたように、市民革命によって得られた政治的平等の思想を前提とし、産業革命後生み出された経済的不平等を是正する思想、つまりは社会主義思想にもとづいた政策を掲げる政党こそが二〇世紀の新世紀にふさわしい政党であるとの確信のもとに生れた。この二つの平等主義の思想にもとづいて彼等は八項目にわたる「理想」を掲げたが、それらは要約すると次のようになる。(一)人種による差別に反対し、人類は平等であると主張すること、(二)平和主義を掲げ、軍備を全廃すること、(三)政治的・社会的特権を廃止すること、(四)土地と資本を公有にすること、(五)交通機関を公有にすること、(六)富の分配を公平にすること、(七)選挙権を平等にすること、(八)国家負担による義務教育を実現すること、以上の八項目である。一〇〇年後の今日、全体としてこれらの項目を見れば、どこに弾圧されなければならなかった〈危険〉な思想が表明されているのかを疑いたくなるような堂々たる内容である。否、むしろここで謳われている主張は、戦後の価値観に一致していることに驚かされるくらいである。私たちが高い犠牲を払って得た、民主主義、経済的平等の原則、国際平和主義などの戦後的価値観は、敗戦という悲劇を契機としてアメリカから押し付けられたものではなく、むしろ日本の近代国家形成の歩みのなかで自由民権思想を継承しながら、確実に底流として存在してきたことを、この「社会民主党」の宣言書のなかにあらためて確認できるであろう。

これらの「理想」項目のうち、(一)の人類平等主義、(二)の平和主義、(三)(七)(八)の民主主義、あるいは(六)の経済的平等主義、これらの諸原則に対しては現実主義的視点から異論を唱える人があるとしても、究極的な目標として異を唱える人は少ないと思う。もし抵抗があるとすれば(四)と(五)の社会主義的要求であろう。とりわけベルリンの壁が取り払われ、ソ連や東欧社会主義国が崩壊し、「共産主義」が人権弾圧と計画経済のもとでの経済的破綻の象徴でしかなかったことを目の当りにしてきた私たちからみれば、これらの要求は如何にも古臭く映る。しかしよく読むと、彼等が唱えた「公有」という概念は、後の「共産主義」の前提とされた計画経済のもとでの「国有」化と同一の思想ではない。彼等自身の主張のなかにも、「公有」と「国有」を混同しているところもあるし、計画経済へと一元化されうるような危うい考え方が混在していたことも否定することはできない。しかし彼等が考えたことのエッセンスは、私有化された資本のもとでおこる無秩序的競争が貧富の格差を生み出すことに対する社会的コントロールの必要性ということであった。具体的には「都市社会主義」という言葉に表されているような、公共財を市民的にコントロールすること、つまり「市営」や「公営」という発想であった。彼等はさらに、市場が独占化されることによって起るトラスト状態においては、この競争すらもが廃棄されて資本の横暴が始まり経済的格差はますます広がっていくことを警戒した。同時に、このことは独占化された市場を資本家がコントロールするのではなく、公平や平等の原則に従って経済活動を市民や国民が公的にコントロールできる歴史的条件が生れつつあるとの認識にも繋がっている。ここで大事なことは、経済を「国家」が計画という名のもとに管理することでもなく、ましてや独裁化された「党」が支配することを彼等が想定していたのではないということである。「社会民主党」は「国家社会主義」と一線を画し、また「民主主義」を原則としない政党を明確に拒否している。

もちろん、「社会民主党」に対する多くの批判もあろう。あまりにも理想主義的で政治的リアリズムに欠けているとか、あるいは原則論しかなく具体的制度や政策について貧弱であるとか、様々な見解があろう。それもまた当然のことである。しかし、ほとんど忘れ去られてしまった不幸な「社会民主党」の存在を、一〇〇年前の歴史の中にピンで止めて、現在を写す小さな鏡にできれば編者としては満足である。

編集責任者　山泉　進

目次

社会主義の誕生——社会民主党100年

I　論文篇

社会民主党の誕生

太田雅夫

はじめに

わが国最初の社会主義政党である社会民主党が、一九〇一（明治三四）年五月一八日に結成、一九日に届出、二〇日に禁止されてから、一〇〇年を迎えることとなった。この間、前半の四〇数年間は、わが国の社会主義政党や結社は、戦前の天皇制権力のもとで、いくたの苛烈な弾圧をうけ、たび重なる結社禁止に遭遇してきた。また社会主義政党や結社自身も、数多くの誤りや失敗の経験を積み重ねながらも、生き耐えてきたのである。さらに社会主義者のなかには、文字通り生命をかけて、反戦・平和・自由・平等の旗印を追求し、転向することなく頑張り通した人たちもいた。そして、敗戦とともに社会主義政党の結社も社会主義者も甦ってきたのである。

ところが、一九八九年以来、中国・東欧諸国・ソ連などの社会主義諸国において、経済状況の停滞と民主的自由の欠如さらに民族問題などが原因で、まったく予想外の展開をみせ、社会主義は激動の時代を迎えた。そして、今日では社会主義の終焉とまで呼ばれている。果たして、社会主義は終わりを告げたのであろうか。社会主義が掲げた目標や理想は、間違っていたのであろうか。

わが国では、一〇〇年前に、社会民主党宣言書が、理想綱領のなかで、人種差別反対の人類同胞主義、軍備全廃の平和主義、階級制度廃止の平等主義をかかげている。まさにこれらが、一〇〇年を経た今日でも、人類の普遍的な価値としての理想目標であることに変わりはないといえよう。そして、社会民主党宣言書の実行的綱領二八ヵ条は、その多くの項目が、わが国の日本国憲法の条文のなかに見いだし得るのである。二一世紀を迎えたわたくしたちには、これらの理想目標に向かって、実現された項目を、さらに拡大し強化していく課題が課せられているといわなければならない。

二〇世紀は、前半は戦争と革命の時代、後半は経済成長と環境破壊の時代といわれた。そのなかでの社会主義は、二一世紀を迎えるわたくしたちが、価値がないものとして忘れ去っていくものでは決してないはずである。そうだとすると、わたくしたちは、もう一度、社会主義の入口、すなわち原点に立ち帰り、新鮮な視野のもとに考えてみる必要があるといえる。

では、わが国の一〇〇年前の歴史の事実を忘れないためにも、まずは、社会民主党が誕生するまでの、人と組織と運動の織りなす歴史を描いてみよう。

一　社会主義研究会の生誕

1　社会問題研究会の創立

わが国が日清戦争に勝利をおさめた結果、清国から三億六〇〇〇万円の賠償金が入り、台湾を獲得したうえ、清国その他の新市場を開拓した。国家的自信を高めた政府は、国運発展を策し軍備を拡張するとともに、経済政策とくに輸出の奨励に力を注ぎ、わが国には産業革命が到来してきた。国民の間には実業熱が高まり、銀行・会社・工場が急激に設立されて、資本主義の日本、帝国主義の日本と化しはじめたのである。資本家たちは、すでに全国に五四の商業会議所を開設し、一八九六（明治二九）年一一月一九日には、その第一回臨時商業会議所連合会が東京で開催されるにいたった。

一方、職工・職人になるため工場や商店に働くのは、農村から都市に集まってきた農民で、戦後景気の反動期に入り、経済界は不況に陥り、労働者は賃金値下げと失業不安に襲われ、労働争議が続発した。そして、都市・農村をつうじて貧民層や貧農層の生活は困窮し、一大社会問題となってきた。まさに、わが国は富国強兵政策のもとで、急速な近代化政策が推進された結果として、産業資本主義のさまざまな矛盾が社会的に噴出しはじめたのである。

とくに労働・貧民などの社会問題の解決が、緊急の課題として、当時の識者たちの注目するところとなった。わが国の学界でも社会学・社会問題などに対する関心が高まり、一八九六（明治二九）年四月二日、帝国大学教授の桑田熊蔵・山崎覚次郎ら四人が、社会問題研究会を組織することを相談した。その第一回会合が、四月二六日開催され、正式に発足した。当初は単なる若手研究者の研究会で名称が決まっていなかったが、一八九七（明治三〇）年四月二四日に「社会政策学会」と正式に名乗り、社会問題を中心とする経済学会に成長していった。(1)

また、学界だけでなく、地方の識者、すなわち名望家・知識人のなかにも社会問題に関心を示す人たちがいた。一八九六年には長野県松本町で、中村太八郎・木下尚江ら数名が「平等会」を組織して、毎月一回社会問題の研究を行なっていた。(2)『信濃毎日新聞』(一八九六年一二月二〇日)によれば、次のように報じている。

戦勝の余響種々の事業興起したる結果にや、物価騰貴し貧富の懸隔益々甚しき折柄、社会問題の研究を必要と認めたればとて、東筑摩郡の中村太八郎氏の首唱にて同志数名は松本町に平等会なるものを設け、毎月一回の集会を為し来りしが、中村氏は其の規模を拡張し、恰も教育上に於ける大日本教育会、衛生上に於ける大日本衛生会の如くに社会の情態を研究する為め、今回東京に於て社会問題研究会と称する一大団体を組織し、朝野有志者の賛成を求めんとて四五日前松本町を発途上京せりと云ふ。

長野県松本町という地方で、全国の尖端を切って同志数名という小規模ながら社会問題の研究会である平等会を主宰していた中村は、東京で全国的な社会問題研究会を組織せんとして、一八九六年の一二月中旬に上京したのである。中村は上京してから三ヵ月余にわたり、精力的に組織づくりに専念した。一八九六年の夏頃、『信濃日報』主筆を辞し東京の『中央新聞』記者として、出京していた石川安次郎(半山)と相談しながらの組織づくりと推定できる。かくして中村は、独力で社会問題研究会をまとめて、一八九七（明治三〇）年四月三日、「学理ト実際ニ拠リ社会問題ヲ研究」することを「目的」として、上野精養軒で「発起会」をあげ、自称単税太郎の米人宣教師ガルストが「公平選挙論」を演説した。

役員として幹事に中村太八郎・樽井藤吉（東洋自由党の創立者）・西村玄道（元『自由新聞』記者）の三人が選ばれ、政治家・学者・牧師・新聞記者など約二〇〇人の会員のなかから、次の三〇名の人びとが評議員に選出された[3]。

天野為之・石川安次郎・井上経重・稲垣示・入江錦五郎・巌本善治・片山潜・ガルスト・陸実・小島龍太郎・酒井雄三郎・佐久間貞一・佐治実然・鈴木重遠・尺秀三郎・高橋五郎・田口卯吉・坪谷善四郎・中村弥八・波多野伝三郎・鳩山和夫・原余三郎・人見一太郎・福本誠・堀内賢郎・松村介石・三宅雄二郎・元田作之進・安岡雄吉・吉田義静

なお、会員のなかには、綾部竹次郎・木下尚江・河野広中・幸徳伝次郎・田中正造・留岡幸助などの名前も見られる。木下は中村の紹介により、幸徳は石川の紹介により会員として入会していた。

事業としては、一週一回役員会、月一回の研究会で、テーマを定めて報告討論を行ない、東京新橋の開花亭で毎回約三〇名ほどの参加者があった。テーマは、普通選挙・地租問題・社会政策・労働問題・教育問題など社会問題全般にわたっていた。

後年、山路愛山は社会問題研究会を評して、次のような文章を残している。

之を要するに、当時の社会問題研究会は其会員の種類により云へば極めて雑駁なるものにして、多数の人々は社会主義其ものに対しては殆んど正確なる智識なく、少数の仏学者たる会員、若くは米国より新たに帰朝したる会員は稍や社会主義其ものに就て知る所なきに非りしと雖も、此人々と雖も唯之を知り居れりと云ふのみにて全然其信者たりしには非ず。其社会主義に対する態度は猶ほ其会名の如く単に研究者たるに過ぎざりき。(4)

このように社会問題研究会の会員は、思想がまちまちであるばかりでなく、多数の会員は社会主義についてはは殆ど知識を有していなかった。この会は、社会問題の研究会そのものに終り、また中心人物、すなわち筆頭幹事の中村太八郎が郷里松本の選挙問題に関し、恐喝収賄罪で木下尚江とともに獄中の人となった。また、樽井藤吉が奈良へ帰郷し、西村玄道が死去するという三幹事の異変により、一年有余にして自然消滅となってしまった。

しかし、社会問題研究会の規約の原案には、「本会ノ目的ハ学理ト実際ニ拠リ社会問題ヲ研究シ、漸次ニ社会ノ改善ヲ企図スルニ在リ」(5)が削除された経緯があり、会員の中には単なる研究だけでなく実践しようという人びとも存在していた。これらの人びとは、中村太八郎・木下尚江を中心として「普通選挙期成同盟会」を結成し、また樽井藤吉を中心として足尾鉱毒反対運動の「協同親和会」(6)が組織され、さらに社会主義に関心のある片山潜・佐治実然・幸徳秋水は、「社会主義研究会」に加入していったのである。

2 社会学研究会の発足

社会問題研究会が創立された約一ヵ月前の一八九七（明治三〇）年三月一日、「キリスト教社会事業の本営」にしようと、アメリカ帰りの片山潜が東京神田にキングスレー館を開館した。さらに、アメリカ総同盟（ＡＦＬ）のオルグ高野房太郎・城常太郎（靴工）・沢田半之助（洋服職人）は「職工義友会」を再興し、高野の執筆した五〇〇〇字余におよぶ「職工諸君に寄す」の檄文を各工場に配布して、四月六日には、神田の錦輝館で労働演説会を開いた。六月二五日には神田の青年会館で第二回労働演説会を開催し、高野房太郎・松村介石（牧師）・佐久間貞一（印刷会社秀英社社長）・片山潜が演説し、聴衆は一二〇〇人をこえる盛況であった。その会場で高野が「労働組合期成会」の結成を訴え、即座に鉄工・活版工を中心として四七名の賛成者があったので、七月五日には、総勢七一名で労働組合期成会が結成され、労働組合運動の第一歩を踏み出した。八月の第一回月次会で役員選挙が行われ、高野が幹事長に片山が幹事の一人に選ばれた。[7] 後になって、島田三郎（一八九八年二月）・村井知至（一八九八年八月）・安部磯雄（一八九九年九月）などは評議員に推され、また河上清・木下尚江・西川光二郎も会員となっている。

労働組合期成会はみるみるうちに入会者がふえ、八月には三〇〇名、一一月には一〇〇〇名をこえた。ところで会員の大部分は鉄工であったので、これらの鉄工をあつめて労働組合を組織しようということになり、一二月一日、東京砲兵工廠その他の鉄工らで一四支部一一八四名をもって「鉄工組合」を結成し、同時に労働運動の機関誌として片山潜主筆の『労働世界』を発刊した。翌年（一八九八）二月には、日本鉄道機関方の大ストライキがおこり、四月五日、約一〇〇〇名をもって「日本鉄道矯正会」が結成されたが、組合長の石田六二郎をはじめ指導者の半数はクリスチャンであり、独自の機関誌『矯正会報』を発行した。また、八月四日には、東京印刷会社職工を中心に「活版工同志懇話会」が再建され、九月には『会報』第一号が発行された。このように一八九八年までに種々の労働組合が出現し、有力組合はそれぞれ機関誌を発行した。

一方、社会問題研究会の中心人物である幹事の中村太八郎は、一八九七年七月末、郷里松本に帰り、『信濃日報』主筆木下尚江らとはかって、「普通選挙期成同盟会」を創立した。木下の筆による「普通選挙ヲ請願スルノ趣旨」が印刷配布され、八月三日には、「普通選挙に関する政談演説会」を松本町開明座で開催した(8)。しかし、八月一〇日、中村と木下は県会議員選挙に関わる恐喝取材の容疑で検挙され、獄中の人となるにおよんで中断のうきめをみるにいたった。そして、社会問題研究会そのものも自然消滅となってしまったのである。

このように、一八九八（明治三一）年に入ると、労働組合の組織化が進む一方で、社会問題研究会は有名無実の存在となっていた。しかし、この年に「社会学研究会」と「社会主義研究会」の二つの研究会が新たに発足した。まず、社会学研究会についてみてみよう。

社会学研究会は、一八九八年一一月一二日に、午後一時から富士見軒で発会式と大会が八〇余名の参加者のもとに開催され発足した。その二ヵ月前の『時事新報』（一八九八年九月九日）には、次のように報じられていた。

米国にて多年社会学を専攻し、帰朝後帝国大学の講師となりたる高木正義氏を初め井上哲次郎、元良勇次郎その他数名の教授、学生発起となり、深遠なる学理と実際の社会問題とを講究するため、今度社会学会なるものを設け、広く世間の学者、実業家の賛成を求め居る由。

この記事では、「社会学会なるもの」と表現しているが、正式に発表したときの名称は「社会学研究会」である。しかし、すでに一八九六（明治二九）年の秋に、明治女学院教師の布川孫市が主宰の「社会学会」が、「社会学の原理、社会主義、社会問題等を講究する」ことを目的として発足し、その機関誌『社会雑誌』（社会雑誌社刊）を一九九七年四月に創刊し、一八九八年八月まで第一五号を発刊していた。この雑誌に執筆した人々を列挙すると、次のようになる。

加藤弘之・片山潜・ガルスト・高野房太郎・松村介石・布川静淵・安岡雄吉・岸本能武太・陸実・三宅雪嶺・呉文聡・田島錦治・外山正一・島田三郎・生江孝之・巌本善治・戸川残花・原胤昭・佐久間貞一・小河滋次郎・高木正義等々

奇しくも『社会雑誌』の発行期間は、社会問題研究会が発足し自然消滅する期間で、執筆者は東京帝国大学関係者の加藤弘之・外山正一・高木正義等を除いては、社会問題研究会の会員が多いが、主宰の布川孫市（静淵）は、自分は社会問題研究会とは関係がなく、『社会雑誌』も何ら関係がないとの「広告」を創刊号に掲載している。

『社会雑誌』の発刊中の一八九八年六月に、加藤弘之・元良勇次郎・高木正義らが発起人になり、「社会学研究会会員募集」がはじめられた。一八九八年九月には、『時事新報』に東京帝国大学講師高木正義（社会学）をはじめ、東京帝国大学関係者を中心としたアカデミー関係者による研究会結成の動きが報じられている。この時点では、『社会雑誌』は廃刊され、社会学会は解消していたのである。そして、新しい研究会組織として社会学研究会が再編成された。高木は五ヵ月間の準備のもと、一一月一二日に社会学研究会の発会式と大会を開催したのである。(9)

まず高木正義は、「本会は社会学の原理、社会問題及び社会改善策を研究する」ことを目的として、「毎月一回講演会を開き、また時として討論をなすこと及び雑誌を発刊する」とのべ、会長には元帝国大学総長・貴族院議員加藤弘之を選出した。大会では、有賀長雄が「社会学の目的及び範囲」を説き、会長の加藤弘之は、「社会学の研究未だ進まず、今日にては社会学は果して一の科学なりや否やの問題すら決定せず……本会は社会を解剖しその組織を知り、その活動する所以を研究」すると訴えた。さらに監獄事務官小河滋次郎は、「監獄事業と社会学の関係密なるにより、進んで本会に加入し、……監獄上の資料は喜んで給すべし」と説き、統計学者呉文聡は、「社会学はその根拠を統計学に置かざれば半文の価値なし」と論じた。

この社会学研究会の発起から発会式の準備一切は、東京帝国大学文科大学講師で、アメリカ留学を終えて帰国した社会学担当の高木正義を中心に準備がなされた。社会学研究会は、機関誌『社会』(富山房雑誌部刊)を、一八九九(明治三二)年一月三〇日に創刊した。創刊号には、論説として加藤弘之「社会学研究会の発会式に於て」、有賀長雄「社会学の範囲」、元良勇次郎「生活の標準」、呉文聡「本邦貧民の状態」、高木正義「社会学研究の方法」が掲載され、その他「雑録」「彙報」「時評」欄が設けられた。『社会』は第一巻第一号(一八九九年一月)~第三巻第一二号(一九〇一年一二月)まで続けられ、その後『社会学雑誌』(社会学雑誌社刊)と改称し、第四巻第一号(一九〇二年一月)~第五巻第三号(一九〇三年四月)まで刊行し廃刊となった。執筆者には、次の人々の名がみられる。

加藤弘之・有賀長雄・元良勇次郎・呉文聡・高木正義・五来欣造・小河滋次郎・原胤昭・浮田和民・石川千代松・坪井正五郎・片山潜・十時弥・井上哲次郎・蜷川新・布川静淵・生江孝之・留岡幸助・久松義典・村上専精・遠藤隆吉・箕作佳吉・村井知至・田口卯吉・樋口秀雄・三輪田元道・鶉沢幸三郎・豊原又夫・前田三遊・河上肇・穂積陳重・岡百世等々

この執筆者のなかで、片山潜は評議員に選出され、村井知至・岸本能武太の社会主義研究会会員も、社会学研究会に入会していたのである。社会学研究会の会員は、「第一、帝国大学学生生徒並に之に関係ある者、第二、本会の目的を助成する者」で、発足当時、一九三名の会員であった。一年後には二四八名となるが、一〇〇名が帝国大学の学生であったのである。

ところで、社会学研究会の中心人物高木正義[10]は、庄内藩士井村正利の三男として一八六三（文久三）年二月一〇日に山形県鶴岡に生まれたが、東京英和学校卒業と同時に一八八六（明治一九）年九月、同郷出身の外交官のち実業家高木三郎の嗣子となり、アメリカに留学。シラキュース大学・オルバネー商業学校・ジョンズ・ホプキンス大学院に入学し、一八九五（明治二八）年に、ドクトル・オブ・フィロソフィーの学位を取得。さらにコロンビア大学で、経済学・社会学を研究して帰国後、一八九七（明治三〇）年一一月から帝国大学文科大学講師のほか、一八九八年九月より慶応義塾大学および東京専門学校講師として「社会学」を講義し、東京専門学校出版部より早稲田小篇『トラスト』を纂訳して出版した。なお、一八九九年三月の活版工組合発会式で演説をしている。

高木の社会学の特徴は、心理学的社会学を導入したことと、社会学は純理の究明にとどまらず、社会問題や社会政策の解決に貢献するべきと提唱したことである。その場合の基本的立場は、「漸をもって進み」、「秩序を保持しつつ進歩する」という漸進的改良主義であった[11]。この趣旨で、社会学研究会を創設するとともに、社会主義研究会にも加入していたのである。

3　社会主義研究会の結成

社会学研究会は、東京帝国大学を中心とした学術研究会として終始した。これに対してもう一つの研究会は、一八九八（明治三一）年一〇月一八日に、惟一館で第一回研究会を開催した社会主義研究会である。山路愛山は「現時の社会問題及び社会主義者」のなかで、次のようにのべる。

さりながら一たび覚めたる人心は長く眠る能はず。……嘗て社会問題研究会員たりし人々の中、元来同会は会員の種類余りに雑駁なりし故永続し難かりしものなれば此度は会員の範囲を狭くし稍や同臭味の人を以て一会を組織すべしとの議を決し、社会問題研究会の名に代ふるに社会主義研究会の名を以てし、三田四国町の「ゆにてりあん」会堂を借りて再び集会を開くに至れり。此会員は総計三十名ばかりにして、世間の注意を引くこと固より社会問題研究会に如かざりしかども、其「ゆにてりあん」会堂を借りたる縁故にて、当時「ゆにてりあん」の説教者たりし安部磯雄氏、村井知至氏等を新たに其会員に加ふるを得たるは、此会に取りては新なる勢力を加へたるものなりき。(12)

このような山路の記述により、従来、社会主義運動史は、この見解を定説として扱ってきた。しかし、事実は、ユニテリアンの村井知至と安部磯雄が社会主義研究会の設立を協議し、それに社会問題研究会の会員であった片山潜・幸徳秋水・佐治実然が加わって、社会主義研究会が結成されたのである。社会主義研究会は、社会主義研究を目的としたわが国最初の研究会で、その後、社会主義協会と改称し、さらに社会民主党結成といったわが国社会主義運動の起源となり、社会主義運動史上、特筆すべき研究会となったといわなければならない。
社会主義研究会は、一八九八年一〇月一八日（木）午後二時より、芝区三田四国町惟一館で第一回の研究会を開催し、つづいて第二回研究会を一一月二〇日（月）午後二時に開き、社会主義研究会概則を決定し、会長に村井知至、幹事に豊崎善之介を選出した。『六合雑誌』第二一五号（一八九八年一一月二五日）には、次の社会主義研究会概則と会員名簿を掲載している。

第一条　名称　本会ハ社会主義研究会ト称ス
第二条　目的　本会ハ社会主義ノ原理ト之ヲ日本ニ応用スルノ可否ヲ考究スルヲ目的トス
第三条　役員　本会ニ会長一名ヲ置キ会務ヲ総理シ幹事一名ヲ置キ庶務ヲ処理セシム但シ各任期ハ一箇年トス
第四条　会員　社会主義ニ対スル賛否ヲ論ゼズ本会ノ目的ヲ賛スル者ハ会員タルコトヲ得
第五条　例会　本会ハ毎月一回例会ヲ開キ会員各自研究ノ結果ヲ講説シ若クハ討論ス但シ時ニ名士ヲ聘シテ社会主義ニ関スル講演ヲ開クコトアルベシ
第六条　公会　本会ハ時々公会ヲ開キ一般公衆ニ演説ス
第七条　会費　会員ハ会費トシテ毎月金二十銭ヲ収ムベシ
第八条　会場　本会ハ東京芝区三田四国町惟一館ヲ以テ会場ト定ム

会員　高木正義・河上清・豊崎善之助・岸本能武太・新原俊秀・片山潜・佐治実然・神田佐一郎・村井知至・幸徳秋水・金子喜一

社会主義研究会は、一八九八年一〇月一八日の第一回研究会で結成されたのではなく、それ以前に組織されていたのである。安部磯雄は「明治三十一年十月頃用事ありて東京に参り（其時分は京都同志社に在り）ユニテリアン協会に於て同志の人と社会主義研究会設立の協議をいたし候。其後会は成立いたしました(13)」（傍点・引用者）とのべている。また「社会主義研究会記事第一回」によれば、「這般同志相集り社会主義研究会を組織し去る十月十八日午后二時より其第一回を芝区四国町惟一館で開く」（傍点・引用者）と記している。これらの文献から社会主義研究会の第一回研究会までに、安部と同志の人とが社会主義研究会設立の協議を行い、同志相集り社会主義研究会を組織した日があると考えられる。

安部のいう「同志の人」とは村井知至である。村井は「安部磯雄君と私は全然その説を同ふし、君と謀つて社会主義研究会なるものを組織したが、私がその会長となり、会員の内には幸徳秋水も居つた(14)」とのべているところからも確定できる。当時わが国で最も明確な社会主義観をもっていたのは、安部磯雄と村井知至である。この二人は、社会主義は基督教の経済的方面であり、基督教は社会主義の倫理的方面であるというキリスト教社会主義思想の持ち主であり、同志社時代からの親友である。その生涯が「何から何までよく似てゐるに驚く(15)」という程の間柄であった。

おそらく、一〇月初旬と思われるが、当時同志社の教員であった安部が用務のため上京したさいに、ユニテリアン協会で村井と会い、二人は「貧富の懸隔やうやく甚だしく、富者の圧倒やうやく加わらんとす、社会問題の研究、豈に好機にあらずと云はんや」という社会状況でありながら、前年に結成された社会問題研究会が自然消滅の状態を嘆いたのであろう。また一方で、九月初旬の東京帝国大学内での社会学研究会設立の動きの報（『時事新報』一八九八年九月九日）に刺激を受けて、社会主義の研究のための社会主義研究会設立の協議を行ったのである。

4 社会主義研究会の会員

石川三四郎は「社会主義研究会起る」と題し、次のようにのべる。

基督教徒を中心として社会主義研究会起る、彼等は基督教研究の目的を以て欧米に留学したりと雖も、熟ら現実社会の物質的状態を観るの時は晏然として神学の講究に全身を委ること能はず、彼等は其基督教精神を以て物質界に適応せんことを希求せり、此時に当り、社会主義の福音は既に日本にも宣伝せられ、彼等が欧米に笈を負へるの時は到る処に其の宣伝と運動とに接するなりき、而して彼等は実に暗夜の燈火を得たる如き心地にて直ちに心身を之が研究に傾けぬ、かくて村井知至の如き、安部磯雄の如き、其の日本に帰朝せるの時は即ち熱心なる社会主義者となり了せり、社会主義研究会は即ち彼等の一団を中心として興されし也。[16]

石川は、社会主義研究会は、キリスト教徒が中心となって結成され、その多くはキリスト教研究を目的として欧米に留学した者たちが、そのキリスト教精神を現実社会の物質界に適応することも希求して組織されたと説いたのである。これに対して、幸徳秋水は、「社会主義研究会が基督教の中心として起れりといふは多少の語弊あるに似たり、寧ろユニテリアン会員を中心として起れりといふ妥当なるに如かず[17]」と批判する。

この幸徳の意見について、安部磯雄は、「社会主義研究会の起源を基督教徒に帰することに幸徳君は多少反対せられたけれどもこれは却つて穏当でなき様存じ候。其時帳簿に名を列したるものは悉く基督教徒に御座候。ユニテリアンを以て基督教徒と別物の如く見るは如何と存じ候。元来ユニテリアンは一の宗教倶楽部と見るべきものにて教会にあらず候[18]」と、幸徳の文章の訂正を求め、社会主義研究会は、キリスト教徒が中心となって誕生したという。

村井と安部は、「社会主義ノ原理ト之ヲ日本ニ応用スルノ可否ヲ考究スル」ことを目的として、社会主義研究会の設立を協議した。そのとき、安部が「其時帳簿に名を列したるものは悉く基督教徒に御座候」とのべるように、「社会主義ニ対スル賛否ヲ論ゼス」という、研究会の目的に賛成すると考えられるところの、キリスト教徒の同志の人びとの名前をあげたといわなければならない。

そこでまず、ユニテリアン協会のキリスト教徒として、佐治実然（社会問題研究会評議員）・神田佐一郎・岸本能武太・豊崎善之介・新原俊秀と、『六合雑誌』に関係のあるキリスト教徒の片山潜（社会問題研究会評議員）・河上清、さらに、東京帝国大学の社会学研究会設立運動の中心人物高木正義の名が列せられたといえる。村井と安部はここまで協議し、安部は京都へ帰京し、そのあと村井が個別に会員候補に交渉したと思われるのである。

まず、ユニテリアン協会の長老で、社会問題研究会評議員の佐治実然[19]である。佐治は一八五六（安政三）年九月一五日に兵庫県の真宗大谷派寺院に生まれて、東本願寺の学校に学んだが、東京へきて大内青巒の感化を受けて本山寺院を離脱し、新仏教運動に参加した。しかし、一八八九（明治二二）年に来日したユニテリアン協会のA・ナップとC・マコーリや神田佐一郎と知り合いユニテリアンとなった。一八九〇（明治二三）年の惟一協会創立式では顧問に就任し、一八九五（明治二八）年には東京自由神学校で宗教哲学を講じた。社会問題・政治問題にも関心をもち、一八九七（明治三〇）年には、社会問題研究会に参加し評議員に選ばれている。

社会主義研究会に加入後の佐治は、一八九九（明治三二）年に麻布区の区会議員にも選ばれ、一九〇〇（明治三〇）年、マコーリの帰米後は、ユニテリアン弘道会の会長に就任し、当時のユニテリアン協会の最有力幹部であった。一八九八（明治三一）年にユニテリアン協会に入会したばかりの村井としても、まず佐治に相談し、社会主義研究会の会員になってもらうようお願いするのも当然の順序であったろう。

さらに、ユニテリアン協会の長老の一人、神田佐一郎[20]である。神田は、一八六三（文久三）年九月二二日、和歌山県串本浦に生まれ、一八八四（明治一七）年、アメリカに渡り、ミードヴィル・ユニテリアン神学校に入学。一八八九（明治二二）年、ユニテリアン派の宣教師A・ナップ、C・マコーリらとともに帰国し、ともに翌年の惟一協会を創立し、機関誌『ゆにてりあん』（のち『宗教』、さらに『六合雑誌』と合併）を創刊した。東京自由神学校（のちの「先進学院」）を創設し、牧師としてC・マコーリとともに尽力しており、当時『六合雑誌』の発行兼印刷人となっていた。このように、神田はユニテリアンのわが国への移入者といわれていた。

次に豊崎善之介[21]は、一八六三（文久三）年七月一日、兵庫県西宮に生まれ、一八七六（明治九）年五月、一三歳で洗礼を受けて、一八九三（明治二六）年関西学院神学部を卒業した。一八九八（明治三一）年春に上京して、国民英学会教授をしていたが、一八九九（明治三二）年五月、ユニテリアン協会の牧師となる。『六合雑誌』第二〇三号（一八九七年一一月一五日）に、「社会主義の福音」を掲載し、社会主義に関心をもっており、社会主義研究会に参加したのちは幹事をつとめた。

あとは、ユニテリアン協会のキリスト者としては、岸本能武太と新原俊秀である。岸本・新原は、安部・村井とともに同志社英学校時代の級友である。安部・岸本・新原は、一八八二（明治一五）年二月五日、京都第二公会で恩師新島襄から洗礼を受けている。村井は横浜海岸教会で洗礼を受けており、同志社入学後は、第二公会に属していた。岸本・新原・安部・村井は、山岡邦三郎とともに同志社時代以来、「五友」といわれたほどの親密なクラス・メートで、そろって一八八四（明治一七）年六月に同志社英学校を卒業した。とくに、岸本・安部・村井の三人は、「三幅対と云はれた」[22]と村井が述懐するほどの親友であった。

岸本能武太[23]は、一八六六（慶応二）年一二月六日に岡山で生まれ、同志社英学校本科神学科を卒業後、ユニテリアニズムの本拠地の一つであるハーバード大学神学部および大学院で宗教哲学を学び、自ら「生まれながらのユニテリアン」というほどになっていた。一八九四（明治二七）年に帰国し、東京専門学校で比較宗教学を担当し、一八九六（明治二九）年の比較宗教学会、さらに翌年の丁酉懇話会の結成に参加。またユニテリアンの機関誌『宗教』の編集に当り、一八九八年三月より『六合雑誌』の主筆格となり、社会主義研究会結成後、『六合雑誌』には、「比較宗教学会記事」と「社会主義研究会記事」がならんで掲載されるようになった。社会学研究会にも加入し、一八九九（明治三二）年、高等師範学校教授に就任し、一九〇二（明治三五）年から早稲田大学教授に専念する。

新原俊秀[24]は、一八五九（安政六）年二月二三日に宮崎県佐土原に生まれ、学農社をへて同志社英学校を卒業、クラスの最年長者であった。卒業後、キリスト教伝道に従事したのち、一八八七（明治二〇）年、文部省属官となり、社会主義研究会参加当時は普通学務局第三課長であり、一八九九（明治三二）年、愛媛師範学校長となり松山へ赴任する。

日本ユニテリアン協会のキリスト教徒は、以上の佐治実然・神田佐一郎・豊崎善之介・岸本能武太・新原俊秀の五人で、村井知至はこれらの人びとに社会主義研究会への加入を勧誘したのである。

また、『六合雑誌』に関係のあったキリスト教徒片山潜[25]は、一八五九（安政六）年一二月二六日に岡山県美作で生まれている。一八九六（明治二九）年一月、エール大学を卒業して一三年ぶりに帰国した。帰国後、エール大学の同窓であった綱島佳吉の牧する番町教会の教会員となり、初めての論文「米国に於ける社会学の進歩」を『六合雑誌』第一八五号（一八九六年五月）に発表する。一八九六年九月から『六合雑誌』編集員の一員となり、一八九七（明治三〇）年三月一日にキングスレー館を開き、四月三日には社会問題研究会に加入し評議員に選ばれ、七月五日には、労働組合期成会の結成に尽力しその幹事に就任、一二月一日、鉄工組合を結成して、その機関誌『労働世界』を発刊し主筆となる。社会主義研究会に加入するとともに、社会学研究会の会員にもなる。

ここで、村井と片山との関係を知らねばならない。片山が一八九二（明治二五）年、アンドーヴァ神学校へ入学したとき、すでに村井が在学しており、それ以来、二人の交友関係は帰国してからもつづいていた。村井は労働組合期成会の弁士や、片山の『労働世界』の寄稿家であり、一八九八（明治三一）年八月には、労働組合期成会の評議員に就任していた。安部磯雄も一八九七年一一月から『六合雑誌』の編集員となり、片山とは周知の関係で『労働世界』の創刊号に祝辞を寄せていた。なお、片山と神田佐一郎とは、アメリカのアラメダ時代の知り合いになり、片山のキリスト教入信は、一八八六（明治一九）年になるが、これ以後、神田の斡旋でアラメダの第一組合教会に属するのである。

このような関係もあり、村井と安部との間では、社会主義研究会設立の協議の際には、片山潜の名が当然のこととしてあげられ、安部は当時、京都の同志社にいたので、研究会の運営については、村井と片山が中心となって行うことも相談したと思われる。

次にユニテリアンでない『六合雑誌』に関係のあるキリスト教徒の河上清[26]は、一八七三（明治六）年八月二日、山形県米沢に生まれ、米沢中学を中退して上京。東京法学院、国民英学会・青山学院・慶応義塾に少しづつ学んだクリスチャンで、東京法学院での恩師田島錦治から社会主義を教わり、『日本現時之社会問題』（一八九七年一一月）を田島錦治の名で出版した。河上は、マルクスの学説に感激し、日本のカール・マルクスになろうと決意し、自分のクリスチャンネームをカールとつけ、K・K・カワカミと署名した。河上は、「労働者の休日を論ず」を『六合雑誌』第二〇三号（一八九七年一一月）に掲載してから、『六合雑誌』の寄稿家として常連であった。さらに、河上は労働組合期成会にも加入し、『労働世界』の寄稿家であり、一八九八年六月からは『万朝報』の客員論説委員にもなった、新進の社会思想家であったのである。

ユニテリアン協会や『六合雑誌』に関連のない、キリスト教徒の会員として、既述の社会学研究会設立の中心人物である高木正義がいる。高木の養父高木三郎一家は、神奈川美以教会の教会員であった。村井と安部は、アメリカ留学から帰国したばかりの新知識をもつ高木を加えることによって、アメリカの社会問題・社会主義研究の動向を知るためにも、会員名簿に名を列ね会員の勧誘を行ったといえる。

最後に、社会主義研究会会長になる村井知至[27]は、一八六一（文久元）年九月一九日、愛媛県松山に生まれた。松山の変則中学校を卒業し上京、横浜のアメリカ人宣教師バラの英語学校で学び、横浜海岸教会で受洗した。一八八〇（明治一三）年九月、同志社英学校普通科三年に編入学し、新島襄から決定的な影響をうける。既述のように同志社時代の同級生には、安部磯雄・岸本能武太・新原俊秀・山岡邦三郎がおり「五友」と呼ばれる親友関係であった。このうち山岡を除く、安部・岸本・新原・村井が社会主義研究会へ入会している。同志社の三年先輩には、大西祝・綱島佳吉・原田助などが本科神学校に在学し、同じ年にそれぞれ同志社を卒業するが、その後も交友関係はつづく。

一八八九（明治二二）年、アメリカのアンドーヴァ神学校に留学し、タッカー教授のもとで社会学を研究し帰国。本郷教会牧師をつとめたあと、一八九五（明治二八）年、二度目の遊学で、アイオワ大学ジョージ・D・ヘロン教授のもとで社会問題ならびに社会主義を研究した。キリスト教社会主義思想の持ち主となって帰国。ユニテリアン協会でユニテリアンとして説教者をつとめ、東京外国語学校教授であった。片山潜・労働組合期成会・『労働世界』との関係は、すでにのべたとおりである。

村井は、以上の佐治実然・神田佐一郎・豊崎善之介・岸本能武太・新原俊秀・片山潜・河上清・高木正義に社会主義研究会設立の目的を説明し、会員としての参加を勧誘、賛同のもとに、おそらく一〇月一〇日前後に惟一館で九名が出席し会合したものと推論できる。これが「這般同志相集り社会主義研究会を組織」したということになる。

わが国最初の社会主義を研究するために、組織された社会主義研究会に参加した会員をみると、全員が小市民層の知識人であり、キリスト教徒である。設立の協議者であった安部磯雄を加えると、安部・村井・岸本・片山・神田・高木らは、アメリカ留学の経験者であるところから、わが国の「社会主義」の誕生は、「アメリカ」「キリスト教」を抜きにしては語れないのである。

5　社会主義研究会の例会

社会主義研究会の第一回例会は、一八九八（明治三一）年一〇月一八日に芝区三田四国町の惟一館図書室で開催された(28)。第一回例会の出席者は、村井知至・佐治実然・神田佐一郎・豊崎善之介・岸本能武太・新原俊秀・片山潜・河上清・高木正義の九名で、全員がキリスト教徒であった。まず、村井知至が「社会主義綱要」を講演し、つづいて高木正義は、社会主義研究に要する参考書を紹介し、今後の研究方針を論じた。会員の討議に移り、まとめとして今後の研究の順序について、次回に高木が社会主義者の系統図を作成し、社会主義の歴史的発展を紹介することを決定して散会した。

第二回例会は、一一月二〇日に惟一館で開催された。「社会主義研究会　第二回」（『六合雑誌』第二一五号）には、「本会概則並に会員名簿」を掲載し、会員は、高木・河上・豊崎・岸本・新原・片山・佐治・神田・村井と並び、その次に幸徳秋水・金子喜一の名前がある。第一回例会の出席者の会員以外に、キリスト教徒でない幸徳秋水の名前とキリスト教徒の金子喜一の名前が追加されている。幸徳は、一八九八年一一月一八・一九日に「社会腐敗の原因と其救治」を『万朝報』に発表したところ、これを読んだ村井と片山が連名で、社会主義研究会の設立の旨を告げ、入会を勧誘してきたので、喜んで第二回例会に参加し会員となっている。

幸徳秋水[29]は、一八七一（明治四）年九月二三日、高知県中村に生まれ、一六歳で家出をして上京し、林有造の書生となり英語館に通学していたが、一八八七（明治二〇）年一二月、保安条例により東京を追放され、翌年一一月、大阪にいた中江兆民の家僕となる。その後、兆民とともに上京し、国民英学会に通学し、一八九三（明治二六）年四月、兆民より秋水の号を受け九月より『自由新聞』に入社、翌年五月に『中央新聞』に転じ、シャフレの『社会主義神髄』を読み社会主義に関心を示す。同僚の記者石川安次郎の誘いで、一八九七（明治三〇）年四月、社会問題研究会に入会し、翌年二月『中央新聞』を退社して、『万朝報』の記者をしていた。

金子喜一[30]は、横浜神学校で英語を学んだキリスト教徒で、徳富蘇峰の書生となり、豊崎善之介の勧誘で名を連ねているが、当時、蘇峰の紹介で『埼玉経済時報』主筆として東京を離れており、一八九九年には渡米しているので、一度も研究会に出席していない。

第二回例会の出席者は、村井・片山・岸本・神田・佐治・豊崎・河上・幸徳の八名となり、社会主義研究会の「概則」を決定した。そして、会長に村井知至、幹事に豊崎善之介を選出している。

続いて報告予定者は高木正義であったが、高木が社会学研究会の発足等で多忙のため変更になり、河上清が「英国の地主制度」を報告した。

ここに、第一回例会より第一一回例会までの報告者とテーマを掲げれば、次のとおりである。

第一回例会（一八九八年一〇月一八日）
　村井知至「社会主義綱要」
　高木正義「社会主義研究の参考書と研究方針」
第二回例会（一八九八年一一月二〇日）
　河上清「英国の地主制度」
第三回例会（一八九九年一月一五日）
　岸本能武太「サン・シモンの社会主義」
第四回例会（一八九九年二月一九日）
　河上清「フーリエの社会主義」

第五回例会（一八九九年三月一九日）
豊崎善之介「ルイ・ブラン及びブルードンの社会主義」
第六回例会（一八九九年四月一六日）
片山潜「フエルヂナンド・ラサールの社会主義」
第七回例会（一八九九年五月二一日）
村井知至「カール・マルクスの社会主義」
第八回例会（一八九九年六月二五日）
安部磯雄「ヘンリー・ジヨージの社会主義」
幸徳秋水「現今の政治社会と社会主義」
第九回例会（一八九九年一〇月二二日）
安部磯雄「社会主義研究の方法」
河上清「市街鉄道論」
第一〇回例会（一八九九年一一月二六日）
安部磯雄「ニユージーランドの土地制度」
片山潜「北海道に於ける土地制度の弊害」
第一一回例会（一九〇〇年一月二八日）
北川筌固「普通選挙論」

社会主義研究会は、一八九八年一〇月一八日の第一回例会より一年三ヵ月の間、研究会的態度に終始し、一一回の例会を開催した。会員は、第三回例会で杉村広太郎・横山源之助、第七回例会で安部磯雄、第八回例会で平井金三、第一一回例会で小野瀬不二人・北川筌固が加入し、名簿上の会員も含めて一七名となった。

この間、特筆すべきは安部磯雄の入会である。安部磯雄(31)は、一八六五(元治二)年二月四日、福岡県福岡に生まれる。同志社英学校普通科に入学後、第二公会で新島襄より洗礼をうけ入信。同志社時代の同級生には、すでに紹介した村井知至・岸本能武太・新原俊秀らがいた。卒業演説のテーマは「宗教と経済」で卒業後、同志社の教師や岡山教会牧師をつとめ、一八九一(明治二四)年からアメリカのハートフォード神学校に留学し、さらにベルリン大学で学んで一八九五年(明治二八)年二月に帰国。在学中ベラミーの『ルッキング・バックウォード』を読み社会主義者となり、卒業演説は、「基督教徒の経済観」で、帰国後、同志社の教師に復帰し、『六合雑誌』に社会主義に関する論文を多数掲載する。

一八九八年一〇月初旬に村井と社会主義研究会の設立を協議。同志社の「キリスト教綱領改正問題」で同志社を辞任し、一八九九年四月より上京。岸本能武太の紹介で五月より東京専門学校講師となり、正式に社会主義研究会へ入会するとともに、日本ユニテリアン協会に入会し、『六合雑誌』第二二二号(一八九九年六月)より主筆を担当する。安部が上京してからユニテリアン協会は、毎週日曜日、日曜演説会を催していたが、その講師が、安部・村井・岸本・佐治・神田・豊崎・平井という全員、社会主義研究会の会員であった。この日曜演説の紹介と「社会主義研究会記事」が『六合雑誌』に毎号掲載されることになり、『六合雑誌』があたかも社会主義研究会の「機関誌たるかの観を呈した(32)」と評されるゆえんである。

また、社会主義研究会会長の村井知至は、日本社会主義思想史上初めての体系的な社会主義の理論書といわれる『社会主義』(一八九九年七月)を、片山潜の労働新聞社から公刊した。この著書は、村井が「社会主義には経済の方面と倫理の方面との二つがある。予の如き其倫理方面の美妙に感じて其主義を奉ずるに至つたのであるから飽くまで其方面に重きを置くは勢免れないのである(33)」とのべているように、すこぶる「説教的・楽観的・啓蒙的・ユートピア的」なところに特徴がある。

さらに、第九回例会で安部が、この研究会は前回までに大体「社会主義の歴史的研究」を終えたから、「社会主義の各部について実際的に研究」する必要があると提言した。安部は、これまでの社会主義研究会を自己批判するとともに、新しい課題を提示して、社会主義研究会から脱皮のきざしをみせたのである。そして第一一回例会で、普通選挙期成同盟会幹事の小野瀬不二人と会員北川筌固が入会し、北川が「普通選挙論」を報告したのである。この第一一回例会で、社会主義研究会は、その歴史的使命を終え、新しい段階に対処するため社会主義協会と改称することによって、発展的解消するにいたった(34)。

二　社会主義協会への改組

1　社会主義協会への改称

『六合雑誌』第二三〇号（一九〇〇年二月）に、「社会主義協会」の記事が掲載され、次のように報じている。

村井知至氏を会長として有志者十数人を以て成れる社会主義研究会は一昨年末に組織せられ、爾来毎月一回会合し、社会主義者の伝記並其所説に就き歴史的に研究する所ありしが既に其大略を査了し、近頃漸く実地問題に入つて更に研究する所あり、一月末役員を改選し安部磯雄氏代つて会長に選任せられ、同時に名称を社会主義協会と改め、着々実地に就て研究し且つ立働かんとせり、尚会員中に雑誌発行の希望もあり、殊に這回パリ大博覧会の際開かれんとする万国社会主義者大会に向ひ代表者を出さんと欲し、万国ユニテリアン大会に出席の為近々渡米せられんとする村井知至氏に右代表の任務を托したり。

この記事には、社会主義協会の規則も、幹事の選出も触れられていない。(35)第一一回例会では、名称の改称と会長安部磯雄を決定したのみで、第一二回例会（一九〇〇年二月二五日）で、社会主義協会規則・事務所の場所・幹事の選出を決定したものと想われる。事務所の場所を、惟一館から神田三崎町三丁目キングスレー館に変更したことは確認できるが、社会主義協会規則と幹事の選出は、『六合雑誌』第二三一号（一九〇〇年三月）の記事でも触れられていない。ただ、安部が「活動的態度を取ると同時に社会主義者にあらざる者は実際に於て退会することとなつた」(36)とのべていることから、会則の条項が改正されたことはあきらかである。

そこで、社会民主党禁止後、復活した社会主義協会の改正規則（一九〇一年七月七日改正）を参考にして、社会主義協会の規則を推論すると、次のような規則であったといえる。

社会主義協会規則

第一条　名称　本会は社会主義協会と称す

第二条　目的　社会主義の原理を討究しこれを我邦に応用するの可否を考査するを目的とする

第三条　役員　本会に会長一名を置き会務を総理し幹事一名を置き庶務を処理せしむ但し各任期は一箇年とす

第四条　会員　一定の職業を有し社会主義を賛同する者は会員たるを得

第五条　事業　毎月一回例会を開き社会主義及び社会問題を研究す又時々演説及討論の公開

を開くことあるべし
第六条　会費　会員は会費として毎月金二十銭を収むべし
第七条　会場　本会は東京神田三崎町三丁目一番キングスレー館を以て会場と定む

この規則は、社会主義研究会概則の第一条名称、第四条会員の条文を改正し、さらに第五条例会、第六条公会を一つの条文として第五条事業とし、第七条を第六条会費、第八条を第七条会場として会場の場所を改正している。そして、幹事には河上清を選出した。従来の研究書の多くは、片山潜とするが誤りである。(37)

では、退会した者は誰であったろうか。一度も例会に出席していない渡米中の金子喜一と、第一回例会だけ出席した高木正義、新原俊秀の二人と、岸本能武太、神田佐一郎、横山源之助のあわせて六名とみられる。したがって、社会主義協会と改称時での会員は、一一名という状態であった。しかし、新たに会員に加入するものもあらわれた。

社会主義協会と改称した最初の第二二回例会（一九〇〇年二月二五日）では、杉山重義・中村太八郎・西川光二郎・某一人の四名が入会した。杉山重義は、東京専門学校講師であり安部の紹介による。中村太八郎は普通選挙期成同盟幹事であり幸徳の紹介による。西川光二郎は、内村鑑三の『東京独立雑誌』の記者であったが、片山潜の紹介による。続いて第二三回例会（一九〇〇年三月二四日）では、普通選挙期成同盟会評議員木下尚江・綾部竹次郎と会員桜井一義の三人が中村の紹介で入会した。

社会民主党結成メンバーの西川と木下は、この時点で社会主義協会に加入したのである。西川光二郎[38]は、一八七六（明治九）年四月二九日、兵庫県淡路島に生まれ、大和郡山の中学校を卒業し、札幌農学校に入学したが中学時代に洗礼をうけたクリスチャンであった。農学校に在学中に社会主義に関心を示し、二年間で中退。一八九六（明治二九）年、東京専門学校に入学し、社会主義伝道に一身を供せんとして、一八九九（明治三二）年七月に卒業した。卒業後『毎日新聞』に入社し、横山源之助退社のあとをうけ、「労働彙報」担当の記者となった。

西川は『労働世界』第四四号（一八九九年九月一五日）に、「労働運動を為す者の覚悟」を、第五〇号（一八九九年一二月一日）に、「今日の所謂改革者」を執筆している。その後、西川は『毎日新聞』を退社し、『東京独立雑誌』に一九〇〇（明治三〇）年一月より入社。一月一六日には大宮の政談演説会に片山潜・河上清とともに立ち、街頭進出の第一歩をふみだし、片山と同じ番町教会員の関係から、片山の紹介で入会したのである。

木下尚江[39]は、一八六九（明治二）年九月八日、長野県松本に生まれ、松本中学を卒業しイギリス法律学校に入学したが、東京専門学校に転じ一八八八（明治二一）年七月、東京専門学校を優等で卒業した。中学時代から「クロムウェルの木下」という異名をとる存在であったが、帰郷して『信濃日報』記者となる。廃娼運動・禁酒会運動にたずさわりながら弁護士試験に合格、一八九三（明治二六）年五月、松本で弁護士を開業する。一一月、松本美以教会で受洗し、翌年九月、石川安次郎が『信濃日報』の主筆として招かれたことにより、石川・中村太八郎・木下との交友関係が生まれる。

一八九六(明治二九)年九月、石川が東京の『中央新聞』に去った後をうけ、木下は『信濃日報』主筆となり、中村らと松本で社会問題研究を主とする平等会を設立する。翌年四月、中村の紹介で東京の社会問題研究会に入会。七月には、中村と松本で普通選挙期成同盟会を創立し活動を始めたが間もなく、八月一〇日中村とともに恐喝取材の容疑で検挙され、獄中の人となる。

一年四ヵ月の長い幽囚生活を終えた木下は、石川安次郎の紹介で、一八九九(明治三二)二月、『毎日新聞』に入社した。『毎日新聞』は、キリスト教徒の島田三郎が社長で、同僚の石川や横山源之助の紹介で、片山潜・高野房太郎・幸徳秋水との交友関係が生じ、また、廃娼運動で安部磯雄を知ることになる。木下は、廃娼運動・足尾鉱毒問題に正面からとりくみ、『毎日新聞』紙上で筆誅を加えていた。木下は、従来から幸徳に入会するよう勧められていたが、研究会はイヤだと加入しなかったが、社会主義協会と改称し、実践活動に着手するとのことで入会するにいたった。

ところで、社会主義協会に改称してからの例会の報告者とテーマは、次のとおりである。(40)

第一二回例会(一九〇〇年二月二五日)

片山潜「都市問題に就て」

杉山重義「都市問題に就て」

第一三回例会（一九〇〇年三月二四日）

杉山重義「三級選挙法に就て」

第一四回例会（一九〇〇年四月二八日）

安部磯雄「ビスマルクの強制保険法」

第一五回例会（一九〇〇年五月二七日）

河上清「工場法制定に就て」

第一六回例会（一九〇一年一月二七日）

安部磯雄「ルボンの近著『社会主義の心理学』の批評」

第一七回例会（一九〇一年三月二四日）

田口卯吉「東京市に就て」

社会主義協会の例会は、一年一ヵ月間で六回開催されたが、第一五回例会（一九〇〇年五月二七日）から、第一六回例会（一九〇一年一月二七日）までの七ヵ月間は、殆ど活動が休止状態になっていた。会員の一人幸徳秋水が、「其事業の単調なるが為め、会員多く倦怠の色を生じ、萎靡として振はざるに至れり」(41)という沈滞ぎみであった。

その原因として、次の諸要因が考えられる。㈠村井知至と平井金三が万国ユニテリアン大会に出席のため渡米した。㈡会員の便利を考えて会場を惟一館からキングスレー館に変更し、土曜日の午後五時から開催のため、ユニテリアン教会の日曜演説と別の日となり、ユニテリアンの会員の出席率が悪く、傍聴者がなくなった。㈢三月一〇日の治安警察法の公布により、労働運動弾圧が強まり、片山潜が多忙となった。㈣普通選挙期成同盟会の会員は、普選運動が活発化し多忙になった。㈤木下は『毎日新聞』の廃娼運動キャンペーンで多忙になった。㈥西川は、内紛により『東京独立雑誌』を退社し、『東京評論』の創刊に奔走した。㈦河上は三月から『万朝報』に正式入社し多忙になった。㈧会長の安部は、『社会問題解釈法』の執筆に力を傾注した。[42]

2 労働運動・普選運動との交流

わが国最初の社会主義政党である社会民主党が結成された要因には、三つの大きな流れが存在する。一つは、労働組合期成会を中心とする労働組合運動であり、二つは、社会主義協会を中心とする社会主義の研究および実践であり、三つは普通選挙同盟会を中心とする普選運動である。[43]この三大潮流は、たがいに交差しながら、社会民主党結成の大きな要因をつくりあげていった。

この労働運動・普選運動の流れが、社会主義協会と交流しはじめたのは、一九〇〇（明治三三）年一月二八日の社会主義研究会第一一回例会からである。この例会で普通選挙期成同盟会の幹事小野瀬不二人と会員北川筌固が、社会主義研究会会員であり普通選挙期成同盟会評議員の幸徳秋水の紹介により研究会に入会した。その席上、北川が「普通選挙」について講演し、そのあと社会主義研究会の名称を社会主義協会と改称し、実践活動を打ち出した。ここにおいて、社会主義協会と労働組合期成会と普通選挙期成同盟会が交流しはじめたのである。

社会主義運動・労働運動・普選運動を強固に結びつける契機を与えたのは、第一四回帝国議会を通過し、一九〇〇年二月一〇日に公布された、労働運動や民衆運動の弾圧法規である「治安警察法」の制定であった。すでに一八九三（明治二六）年四月に「集会及政社法」が制定されていたが、日清戦争後、社会問題・労働問題がいよいよ顕在化し、労働運動が高揚してきた。そこで同盟罷業等の団体行動を取締り、かつ秘密結社を取締る必要上、治安警察法が制定されたのである。

とくに、治安警察法第一七条により、組合が組合員に指令してストライキをさせたりすることができなくなり、ストライキは事実上違法とされた。これにより幼弱な労働組合運動は、一大打撃をうけることとなったのである。

この治安警察法に対して、片山は、「治安警察法と労働者」と題して、『労働世界』第五六号（一九〇〇年三月一日）に、また幸徳は、「治安警察法案」と題して、『万朝報』（一九〇〇年二月一七・一八日）紙上で、はげしく反対論を唱えた。

ともかく治安警察法の施行は、芽生えはじめた労働運動に深刻な影響を与えずにはいなかった。片山は、『労働世界』第五七号（一九〇〇年三月一五日）に「警察権の神聖を望む」を掲載し、労働者に向かって「此法律を守るべし決して違反すべからず」とさとし、むしろこの悪法の修正・撤廃運動をすべきだと訴えた。そして同号の社説「労働運動の前途」で片山は、今後の運動の方向を、「今や治安警察法制定と共に、既に開始した労働運動も其方針を一転して政事運動として決行せざる可からざる気運に至れり、従つて労働者政党を組織するの必要は現出したり、実に時勢の然らしむることとは云へ頗る不馴なる労働運動も組合組織に止まらず一挙にして政事運動に於て其目的を達せざるを得ざるに至りたるは実に我国労働者の為めに祭しやられることである」とのべている。

官権が権力で労働組合運動を弾圧するならば、労働者もそれに対抗して政治運動を展開しなければならない。そのためには労働者政党を組織する必要があるが、その「第一着手として普通選挙を得る」運動を提唱した。そのためにも、片山や高野ら労働組合期成会のリーダーたちは、普通選挙期成同盟会に加入し労働者の選挙権獲得のため運動することとなった。『労働世界』は、治安警察法制定後の第五七号から「普通選挙」や「普通選挙の天地」欄を設け、普通選挙期成同盟会の活動を積極的に報道した。

社会主義協会と労働組合期成会との関係は、すでにのべてきたように、片山は労働組合期成会幹事として中心人物であるし、社会主義研究会会長であった村井知至、社会主義協会会長の安部磯雄はともに労働組合期成会の評議員であり、また河上清・西川光二郎・木下尚江も労働組合期成会の会員で、『労働世界』への寄稿・労働者演説会の弁士であるというように、社会主義協会と労働組合期成会は密接な関係をもっていたのである。

社会主義協会は第一一回例会（一九〇〇年一月二八日）を契機として、今まで社会主義協会の会員で普通選挙期成同盟会に入会していたのは、片山と幸徳だけであったが、村井知至・安部磯雄・豊崎善之介・杉村広太郎・河上清・平井金三・佐治実然が一挙に加入した。(44) 逆に普通選挙期成同盟会からは、社会主義協会に小野瀬不二人・北川筌固・中村太八郎・木下尚江・桜井一義・綾部竹次郎が加入してきた。(45)

そして、治安警察法が公布された三月一〇日のその日に、社会主義協会・労働組合期成会の主要メンバーの加入のもとに、普通選挙期成同盟会の集会が開催され、幸徳秋水と高野房太郎の二人が新たに幹事に選出された。(46) ここに、労働組合期成会と社会主義協会・普通選挙期成同盟会の提携ができ上り、統一戦線が組まれたといえよう。

六月一九日の普通選挙同盟会の例会では、社会主義者の社会主義協会会長である安部磯雄が、「社会問題上普通選挙の必要」を訴えた演説をするところまできた。そして社会主義協会や労働組合期成会から、幸徳と高野が幹事に選任され、新たに評議員となった者のうち、安部・村井・木下・綾部・中村・片山・佐治・桜井は、社会主義協会の会員であった。(47)

第一五回帝国議会を目前に迎えた一一月には、(48) 会名を「普通選挙同盟会」と改め、役員改選により小野瀬不二人・中村太八郎・片山潜らが幹事となり、活発な運動を展開しつつ一九〇一（明治三四）年を迎えたのである。

3　社会主義学術大演説会

一九〇一（明治三四）年は、わが国の社会主義運動史上記念すべき年となった。半年以上にわたって休会をつづけてきた社会主義協会は、一九〇一年一月二七日（日）に惟一館で、第一六回例会を開催した。この例会から、会場がキングスレー館から再び惟一館になり、日時も元の日曜の午後になった。安部がフランスの学者ルボン著『社会主義の心理学』の批評を試みた。報告終了後、近々神田青年会館で社会主義大演説会を開催することを協議し、会員の賛成をえた。演説会は、まだ社会主義が公然と社会に唱えられたことがないから、世人はこれをあまり知らないし、多くの人は誤解しているから、社会主義協会の精神を充分披瀝して、世人に訴えようという趣旨で計画されたのである。[49]

『六合雑誌』の記事のなかには触れられていないが、第一六回例会では、もう一つ重要な案件が協議された。[50]『労働世界』第七三号（一九〇一年三月一日）の「海外社会時報」には、国際社会主義事務局（ＢＳＩ）の設置を報じ、「万国社会主義者中央本部は、ベルギー国ブルッゼル市の労働会館に組織せり、バンダベルタ及アンジーラは自国を代表しセルビーは書記を勤む。一ヵ年の入費は四千円の予算にして万国の社会主義者が負担するなり我邦の代表者は安部磯雄片山潜の二人にして村井知至は書記なり」としている。安部・村井・片山以下、社会主義協会の有力メンバーの殆どが出席したとみられる第一六回例会で、協議・選出されたといえる。この時点から社会主義協会は、第二インターナショナルの一つの組織として、国際社会主義事務局（ＢＳＩ）に代表を送るという画期的な出来事であった。

社会主義協会は、第一六回例会の決定どおり、次のチラシ(51)を配布して三月二日、神田青年会館で社会主義学術大演説会を開催した。

社会主義学術大演説会

如何にして貧富の懸隔を打破すべきかは実に第二十世紀に於けるの大問題なりとす而して社会主義は重要なる問題の解釈に向つて鉄案を下す処のものなり吾人世界の大勢に鑑み茲に同主義を唱ふるの已むを得ざるを信ず請ふ来つて吾人同志の唱道する処を聴け

神田美土代町青年会館に於て

来る三月二日　午后六時より

弁士並演題

社会主義の本領　河上　清君

社会主義と現社会制度　安部磯雄君

社会主義の実行　木下尚江君

社会主義と都市問題　杉山重義君

社会主義の大勢　　　片山　潜君

明治卅四年二月　　　社会主義協会

演説会は満員の盛況で、『六合雑誌』第二四三号（一九〇一年三月一五日）は、「此演説会が先づ成功で、聴衆も大に社会主義に同情を寄せて居るやうだから、先づ〳〵此会の目的を達したものと謂つて宜しかろう。但し吾人は之を初陣として同会が益々社会の職場に打つて出でんことを希望する」と評している。

社会主義協会の、三月二四日の第一七回例会では、『東京経済雑誌』の自由経済主義者の代議士田口卯吉が、「東京市に就て」の講演を行った。(52) 社会主義協会は、間もなく社会民主党へと発展的解消となるので、社会主義研究会から社会主義協会にかけての例会は、この第一七回例会をもって終りとなった。

ところで、社会主義協会の会員数は、従来の研究書ではまちまちであるので、会員数を確定しておこう。まず、社会主義研究会から継続して社会主義協会の会員であった者は、会長の安部磯雄、幹事の河上清、会員の村井知至・佐治実然・豊崎善之介・片山潜・幸徳秋水・平井金三・杉村広太郎・小野瀬不二人・北川筌固である。社会主義協会と改称後入会の会員は、杉山重義・中村太八郎・西川光二郎・木下尚江・綾部竹次郎・桜井一義と氏名不詳一名である。以上一八名が社会主義協会の会員であった。

4　労働者大懇親会と日鉄矯正会

社会主義協会が初陣として公然と社会に打って出るや、秋山定輔が経営する『二六新報』が労働者大懇親会を開催した。富豪・三井家の不正暴露キャンペーンや娼妓の自由廃業援助キャンペーンで、東京市民の人気を集めていた『二六新報』は、今や登り竜のように、『万朝報』に対抗するまでになっていた(53)。この『二六新報』に、労働者大懇親会の話を持ちこんだのは、小野瀬不二人と片山潜でこの二人が実質的な発起人であった。小野瀬は、普通選挙同盟会幹事で社会主義協会員であり、片山は労働組合期成会・鉄工組合常任幹事で普通選挙同盟会幹事でもあり、社会主義協会の会員である。

二人は、普選運動を発展させるためには、人気を集めていた『二六新報』の援助を得て、世論を形成することを考え、労働者に対して普選の啓蒙をする計画を樹てたのである。小野瀬は社長秋山定輔を九度にわたって訪ね、説得に努め、秋山もその熱意に打たれ、小野瀬を『二六新報』の社員とし、二六新報社に入社させている。こうして、『二六新報』編集長福田和五郎を代表幹事として、小野瀬・片山が中心となり労働者大懇親会の準備が進行した。

片山は、この懇親会をひとつの契機として、労働運動の方針を一転して政治運動へ、そして労働者政党の結成へと考え、その第一着手として普選運動の展開を思慮していた。『二六新報』は、一九〇一（明治三四）年三月二〇日に「社告」で第一回労働者大懇親会を発表した。「日時四月三日午前九時、場所向島白髪前の広場、会費金十銭、申し込み三月二九日、会員一二万人まで」という大規模なものであった。この反響は大きく、前売券約五万枚を売りつくしたという。あまりの反響に驚き神田警察署は三月三〇日になり、治安警察法第八条により、集会会員を五〇〇〇人に限るという命令を通達し干渉に乗りだした。(54)

当日、午前七時に開会し『二六新報』編集長福田和太郎が幹事を代表し挨拶、(55)つづいて、労働者を代表して片山潜が演説し、次の三点の提案をして満場の賛成のもと決議した。

一、政府は吾等労働者〔中略〕の権利と利益を保護する為に適当なる法律を制定すべし

一、一般労働者が、自己の利益を保護せんとするには勢ひ政治上の権利、則ち選挙権を得ざるべからずと信ず

一、毎年四月三日日本労働者大懇親会を開くべし

午前八時に集会は散会し、同時に二六運動場を公開して余興を中心とし遊楽に供した。参加者は二万人以上となったが、二万人の労働者が、一ヵ所に集まってデモンストレーションを行なうのは、わが国労働運動史上、最初のことであり大成功裡におわった。(56)『二六新報』は、懇親会を契機として、三井攻撃、娼妓の自由廃業に加えて、労働問題の『二六新報』となり、職工を中心

とした読者層を開拓することとなったのである。[57]『二六新報』の労働者大懇親会は、全国的な反響をまきおこし、各地の新聞社や労働団体の主催で、同じような懇親会が催されることとなった。[58]

懇親会の成功で気をよくしている片山潜のもとに、日鉄矯正会の異変の情報がもたらされた。日鉄矯正会は、日鉄在勤の機関手・機関助手の加入義務を定め、会社と運命をともにするとまで規約に掲げ、穏健な労働組合を旗幟とした企業内組合にとどまっていた。矯正会はその名のとおり会員の修養を重視し、職務研究につとめるという状態で、片山が労働組合期成会に加入して、ともに運動を展開を呼びかけてもこれに応じなかったのである。

この日鉄矯正会に一大異変が生じた。すなわち会社の圧迫が激しくなるにつれ、急進派が台頭し、四月一七日から一九日まで、上野の山城屋で開かれた第二回大会で、次の案件が平支部提出の議案として上程され決議されることとなった。[59]

一、全国同業者の団結を計ること
一、本会は社会主義を標準として諸労働問題を解釈すること
一、治安警察法中第一七条に対する件
一、全会員挙て普通選挙期成同盟会へ入会の件

『労働世界』第七十号（一九〇一年五月一日）は、「日本の労働者の記念すべき一大決議を為した」と、わが国の労働問題の途上において一大進歩であると高い評価した。

この大会の知らせとともに、日鉄矯正会の安居彦太郎から社会主義の政党が組織されるならば、矯正会は全員入党する意気込みであるとの情報が、片山のところに届いたのである。(60) 日鉄矯正会は一〇〇〇余名の組合員を有し、すでに六、七万円の罷工資金を有するという有力労働組合であった。

ここに普通選挙とあわせて社会主義運動が具体的な日程にのぼってきた。政治権力の獲得なしには労働者の解放はありえないと、労働者の政党、社会主義政党の結成は、政治的社会主義的労働運動の到達点としてあらわれた。労働組合期成会を中心とする労働組合運動、社会主義協会を中心とする社会主義の研究・実践、普通選挙同盟会を中心とする普選運動の流れが、治安警察法を契機としてここに合流し、社会主義政党の結成が急がれることとなった。

5　安部磯雄と『社会問題解釈法』

労働者大懇親会が開催される直前に、タイミングよく社会主義協会会長安部磯雄が、東京専門学校出版部より「早稲田叢書」の一冊として、『社会問題解釈法』（一九〇一年四月一日、A５判四五四頁）を刊行した。本書は安部にとっては処女作でありながら、完成された体系をもつ学術書の大冊であった。初期社会主義の展開を考察するとき、この著作ほど当時の指導者はもちろんのこと、初期社会主義者に理論的にも実践的にも大きな影響力をもつものはなかったであろう。(61)

キリスト教社会主義者として、安部の考え方を的確に示す論文は、『六合雑誌』第二三二号（一九〇〇年四月）に発表した「社会主義者としての基督」である。彼はこのなかで、キリスト教と社会主義の共通点を四つあげる。まず第一は、平民主義で「基督の教訓と言ひ其挙動と言ひ何宗から見ても平民的である。彼は実に平民主義の福音を宣べに来つたと申しても差支えありまません。而して平民主義は実に社会主義の第一である」という。第二は、労働尊重で「労働は社会主義の最も重んずる所であつて、労働のなき所には社会主義は存在することが出来ません、……基督が大工として労働せられたのは誠に愉快なる事である。彼の精神は此社会に浸潤する程労働の神聖は追々世人に認められて来る様になります」とのべる。第三は、報酬の平等で「社会主義が最も世人の心に了解せられざる一の事」それは「人々の報酬を平等にすると言ふ事」であるが、「基督の如きはよくも此辺の事を説明されて居る」と説き、キリストも報酬平等主義であったという。第四は、非戦論で「基督は亦熱心なる非戦論者であった。……彼は絶対的非戦論者たる点に於て慥に社会主義者である」と論じた。最後には「社会主義者が基督を尊敬せぬ理由がないと同時に、基督信徒が社会主義を了解せぬ筈はない」と締めくくるのである。

『社会問題解釈法』の「自序」には、一九〇一年二月の日付がある。社会主義協会は、第一五回例会（一九〇〇年五月二七日）から第一六回例会（一九〇一年一月二七日）まで七ヵ月間、殆ど活動が休止状態であった。社会主義協会会長の安部が、本書の執筆に専念していたのも原因のひとつであったといえる。

本書は、第一章「総論」、第二章「貧困の起因」、第三章「慈善事業」、第四章「教育事業」、第五章「自助的事業」、第六章「国家的事業」、第七章「根本的改革」からなる。安部は、本書の目的を「自序」のなかで、「社会問題に関する鳥眼観《バーツアイビユー》を与ふる」にあり、「社会問題とは如何なるものかを説明せんとする」にあるという。第一章の「総論」のなかで、欧米の学者の多くは社会問題を広義に捉え、社会問題のなかに、労働問題・土地問題・教育問題・経済問題・政治問題・禁酒問題・監獄問題・廃娼問題など幾多の諸問題をふくめて、Social Problemsと複数で表現している。しかし、社会問題がいかに多岐にわたるとしても、つまるところ貧民を救い、貧富の懸隔をなくするという貧困問題に帰省するので、単数のThe Social Problemと称するのが妥当であると主張する。

そして、社会問題、すなわち貧困の解釈法として欧米で行われているものは、(1)慈善事業、(2)教育事業、(3)自助的事業、(4)国家的事業、(5)根本的改革の五種類がある。そのなかで(5)根本的改革は、他の四つの解釈法と違って、現社会組織を根本的に改革するものであるとして、第七章「根本的改革」で社会主義を主張する。根本的改革とは、貧困は現社会の構造にともなう疾患であるから、現社会の組織を打破して新しい基礎の上に治療を施すもので、これすなわち社会主義社会の建設を意味すると論じたのである。

最後に安部は、社会問題の解釈法の「結論」を、次のように結ぶ。(62)

吾人は総論に於て論じたるが如く、各種の解釈法には各一長一短あることを信ずると共に、亦其方法中には自ら深浅緩急の差あることを認むるものなり。……吾人は社会主義を以て終局の解釈法なりと信じ、一度は現社会を変じて社会主義の世となさゞれば、貧困てふ難病は決して治療せられざるべきを信ずと雖も、此目的を達する前には前四種の解釈法を併せ用ゆべきは明白なることなりとす。……されば吾人が社会主義を以て終局の治療法となすは、決して他の方法を軽視する所以にあらず、唯他の方法にては到底貧困てふ重症を根治すること能はざるを確信するが故なりとす。

これが、安部の社会問題解釈法の基本的態度で、要約すれば、貧困は現代の社会組織を変革しない限り根絶されない。根本的改革の解釈法は社会主義であるが、社会主義だけが社会問題解決の唯一の方法ではない。理想の実現されるまでは、他の解釈法を併用すべしと説くのである。『社会問題解釈法』は、安部の年少期の体験、同志社時代の宗教と経済の勉学、岡山教会の伝道と岡山孤児院の事業、欧米留学での社会事業や救貧制度の見聞や研究、社会主義研究会・社会主義協会での同志との研究と実践など、彼の半生における体験と研究の集大成として完成されたのである。

安部は、社会主義者としての思索と研究の総括を、『社会問題解釈法』で済ませており、社会主義運動への準備態勢を整えていたといえるであろう。

三　社会民主党の結成と禁止

1　社会民主党結成のメンバー

労働者大懇親会の成功と日鉄矯正会の大会決議。そして、社会主義の政党が組織されるなら、矯正会員は全員入党する意気込みであるという情報が片山潜にもたらされた。片山は、好機到来とばかり、まず木下尚江へ計り賛成を得て、次いで安部磯雄、幸徳秋水と面会し、河上清、西川光二郎と社会主義協会の会員で、アクティブな活動家に、社会主義政党結成への準備会を持つよう呼びかけた。

かくして、わが国最初の社会主義政党結成の準備会に参加したものは、東京専門学校講師安部磯雄（三七歳）・『労働世界』主筆片山潜（四二歳）・『毎日新聞』編集長木下尚江（三二歳）・『万朝報』記者幸徳秋水（三〇歳）・『万朝報』記者河上清（二八歳）・『東京評論』記者西川光二郎（二五歳）の六人であった。(63) 社会民主党創立者六人のうち、幸徳を除いて五人がキリスト教徒であったことはすでに紹介したとおりである。ただ一人幸徳だけは、フランスの自由主義の影響をうけた中江兆民の門下で自由党系の人物であった。社会民主党結成のキリスト教徒のなかに、自由主義系統の幸徳が一枚加わったという感である。

ここで、社会民主党創立者六人の社会主義者たちが織りなす交友関係を、社会民主党が誕生する原点ともいえる一八九七（明治三〇）年から追ってみよう。

まず、社会民主党の党首格安部磯雄が、アメリカ留学から帰国後、岡山教会牧師を辞め、再び同志社の教壇に立ったのは、一八九七年一月であった。三月一日には、アメリカ帰りのキリスト教社会事業家片山潜が、宣教師グリーンの世話で東京神田三崎町にキングスレー館を開いている。続いて四月三日には、中村太八郎らを幹事として、社会問題研究会が生まれ、片山が評議員として参加し、『中央新聞』記者幸徳秋水と『信濃日報』主筆木下尚江が会員として名前をつらねることとなる。しかし、この時点ではお互い知り合う状態ではなかった。

四月六日、高野房太郎らによって職工義友会がつくられ、六月二五日の労働問題演説会に片山が出演し、七月五日の労働組合期成会の結成に片山が幹事に選出された。労働組合運動の幕あけとなるが、この労働組合期成会には、後述するが社会民主党の創立者すべてが、いろんな形で関係をもつことになる。

七月末には、社会問題研究会の中心人物中村太八郎と木下尚江が郷里松本で、わが国最初の普選運動の団体として、普通選挙期成同盟会を結成した。しかし、八月には中村と木下は恐喝取材の容疑で検挙され獄中の人となった。したがって、木下と社会民主党創立のメンバーとの交流は、一年四ヵ月の長い幽囚生活を終え、一八九九（明治三二）年二月、『毎日新聞』に入社した後となる。

一一月には、社会民主党創立者の一人河上清が、『六合雑誌』第二〇三号（一八九七年一一月）に「労働者の休日を論ず」を発表していた。そして田島錦治の名で『日本現時之社会問題 附近世社会主義論』（一八九七年一一月）を出版し、さらに河上清著として『労働保護論』（一八九七年一一月）を刊行しており、新進の社会思想家として活躍していた。

一二月一日には、鉄工組合が結成され、労働運動の機関誌として、片山潜主筆の『労働世界』が労働新聞社により発行された。京都の同志社にいた安部磯雄は、その創刊号に「労働世界の発刊を祝す」という祝辞を寄せ、その後、『労働世界』の寄稿者の常連となるのである。なお、この年に片山は『英国今日之社会』（一八九七年三月）、『労働者之良友喇撒伝』（一八九七年一一月）を著わしている。

このように一八九七年は、のちの社会民主党創立に参加した六人のメンバーのうち五人までが、なんらかの形で歴史のうえに存在し、社会民主党結成の原点ともいうべき年であった。ただ、残る一人の創立者である西川光二郎は、当時、東京専門学校の学生で、まだ表面にはあらわれず、社会主義伝道のため一身を犠牲にしようとの決心で、半解な英語で社会主義の英書を耽読している時期であった。一八九六（明治二九）年九月に、札幌農学校を中退し東京専門学校に入学した西川は、札幌独立教会から番町教会へ転会し、すでに番町教会員であった片山と面識ができていたと思われる。

翌（一八九八）年から社会民主党結成（一九〇一年五月）までの間、社会民主党創立者六人のメンバーがどのような関係をもち、いかなる活動をしてきたかを年を追って考察してみよう。

一八九八（明治三一）年二月、幸徳は『中央新聞』を辞め、中江兆民の紹介で『万朝報』へ入社し、この自由の天地で幸徳の社会主義思想は形成されることになる。六月には、河上が『万朝報』の客員論説委員となり、幸徳と河上の関係も密接になる。安部は、相変らず『労働世界』へ寄稿をつづけていたが、『労働世界』第一七号（一八九七年八月一日）には「社会主義は空想に非ず」を掲載する。

一〇月に社会主義研究会が創設され、片山・河上・幸徳が会員となり、後に入会した安部をふくめ、キリスト教社会主義者との交流のなかで、幸徳の社会主義の知識は一段と高まっていく。社会主義研究会において、社会民主党創立者六人のうち安部・片山・幸徳・河上の関係が深まっていく。社会主義研究会におけるこれらの人びとの例会報告は既述のとおりである。また安部が、『六合雑誌』の主筆就任後は、片山・河上・幸徳などの論文が多く掲載されていく。一方、片山主筆の『労働世界』には、安部・河上の寄稿が続く。

一年四ヵ月の獄中生活を送った木下尚江は、松本時代の友人石川安次郎の紹介で、一八九九（明治三二）年二月、『毎日新聞』に入社。(64) 入社後、貧民問題担当記者横山源之助の紹介で片山を、同じく横山の紹介で幸徳を知り、社会民主党の創立者の一人木下は、ここに片山と幸徳との交友関係を持つに至ったのである。木下は、『毎日新聞』(一八九九年三月一七日〜一九日)に「世界平和に対する日本国民の責任」という長文の論文を書き、『毎日新聞』記者としての文筆活動が始まった。

五月には、同志社をやめた安部が、東京専門学校講師として上京すると、社会主義研究会・労働組合期成会との関係が一層強まってきた。九月には安部は労働組合期成会の評議員に選ばれ、労働問題演説会・大学普及講演などにたびたび出演する。これより先、三月五日、河上は労働組合期成会青年団の名誉団員に推薦され、五月二三日には、青年団職工講習会の会長に就任し、職工の社会教育に努力を傾け、木下も五月二三日に青年団の名誉団員に推薦され、五月・六月の労働組合期成会青年団主催の演説会に登壇している。

『労働世界』第四四号(一八九九年九月一五日)に、社会民主党創立者の一人である西川光二郎が、「労働運動を為す者の覚悟」を掲載し、西川が初めて社会主義運動史上に登場することとなった。西川は東京専門学校を七月に卒業し、『毎日新聞』に入社して、「労働彙報」担当の記者になった直後である。西川は『毎日新聞』で木下と知り合ったことになり、つづいて『労働世界』第五〇号(一八九九年一二月)には、「今日の所謂改革者」を書き、労働組合期成会との関係、とくに片山・河上との交際が密接になるのである。

一九〇〇(明治三三)年は、三月一〇日に治安警察法が公布された年であるが、社会民主党創立者六人のメンバーは、さらにお互いに密接な関係をもつようになる。一月二一日、大宮の廃娼演説会に、木下は島田三郎とともに出かけ、安部磯雄を知ることになった。この廃娼演説会は、全国的な廃娼運動を盛り上げるきっかけとなった(65)。

一月二八日の第一一回社会主義研究会で、「社会主義協会」と改称し実践活動に手をつけることとなり、会長に安部、幹事に河上を選出し、次回二月二四日から会場を片山のキングスレー館に移している。なお、一月に西川は『毎日新聞』をやめ、内村鑑三の『東京独立雑誌』に入社し、一月一六日、大宮政談演題会に片山・河上とともに出演し、街頭進出の第一歩をふみだした。政府が治安警察法案を提出するや、幸徳は「治安警察法案」を『万朝報』(一九〇〇年二月一七・一八日)に、片山は「治安警察法と労働者」を『労働世界』第五六号(一九〇〇年三月一五日)に掲載し批判を行った。なお、幸徳は同じ『労働世界』第五六号に「治安警察法は圧制なり」を掲載した。幸徳が労働組合期成会に関係したのはこれが初めてであり、治安警察法を契機として片山と幸徳の提携がなされ、幸徳は、「非社会主義者に誨ゆ」を『労働世界』第六一・六二号(一九〇〇年五月一五日・六月一日)にも寄稿することとなった。

労働組合期成会は、成立以来、数多くの労働演説会を開いたが、のち社会民主党創立者六人のうち、片山・安部・木下・河上・西川の五人までは演壇に立ったが、幸徳だけは演説は苦手だということで出演していない。

木下は、廃娼運動・足尾鉱毒問題に正面からとりくみ、『毎日新聞』紙上で筆誅を加えていたが、三月二四日に社会主義協会に入会した。ここに、社会民主党創立者六人はすべて社会主義協会の会員となった。なお、河上は三月に『万朝報』に正式社員として入社[66]し、幸徳と同僚関係が生じる。治安警察法が公布された年の六月一九日、普通選挙期成同盟会は、労働組合期成会・社会主義協会の主要メンバーの加入のもとに集会を開き、役員にのちの社会民主党創立者のなかから、幸徳を幹事に、安部・片山・木下を評議員に選出した。

また、西川は、『東京独立雑誌』が廃刊になったので、内村鑑三と別れ、一〇月五日発刊の『東京評論』の記者となり、普通選挙期成同盟の評議員・社会主義協会の会員である桜井一義が一二月に発行した『平民新聞』にも協力した。幸徳は、八月三〇日『万朝報』に「嗚自由党死す矣」を掲げ、一躍名文家としての名声をあげ、木下は『足尾鉱毒問題』(一九〇〇年六月)、『廃娼之急務』(一九〇〇年一〇月)を著わしていた。

こえて、一九〇一(明治三四)年、社会民主党結成の年であるが、労働運動の復興、普選運動の進展という状況のなかで、労働組合期成会は、一月二六日、労働問題演説会を神田三崎町・吉田屋で開き、安部・木下・西川・片山らが演壇に立った[67]。さらに社会主義協会も三月二日、神田青年会館で社会主義学術演説会を催し、河上・安部・木下・片山らが勢弁をふるった。幸徳も四月九日、『万朝報』紙上に「我は社会主義也」を掲げ、「社会主義者に非ずんば以て労働問題最後の功を奏する能はず……此に吾人は再び断言す、天下公衆に向って公々然堂々乎、『我は社会主義者也、社会党也』と宣言すの真摯と熱誠と勇気とある人に非ざれば、未だ労働問題の前途を托するに足らざる也」と、公然と社会主義者であることを宣言した。

なお、社会民主党結成までに、安部はすでに紹介した『社会問題解釈法』（一九〇一年四月）を公刊し、幸徳は『廿世紀之怪物・帝国主義』（一九〇一年四月）、片山・西川は『日本の労働運動』（一九〇一年五月）を出版して、社会民主党結成の気運が盛り上がっていたのである。

2　社会民主党結成の準備過程

社会主義政党結成の準備会のもたれた日時・回数などは、従来の研究書あるいは回顧録・伝記のなかでもまちまちで確定していない(68)。しかし、史料的には準備会は四回開催されており、準備会がもたれた場所だけは、東京府日本橋区本石町一丁目一二番地の労働組合期成事務所、あるいは鉄工組合本部事務所の二階と確定している。準備会に出席したのは、四回とも、安部・片山・木下・幸徳・河上・西川の六人である。
次に、準備会がもたれた日時とその協議内容を考察してみよう。

第一回準備会（一九〇一年四月二一日）
党名を「社会民主党」とすることを片山が提議し、全員が賛成し「社会民主党」と決定。
社会民主党の綱領について意見の交換。
第二回準備会（一九〇一年四月二八日）

社会民主党の理想綱領八ヵ条と実行的綱領二八ヵ条を決定。社会民主党宣言書の起草者について、安部と幸徳でお互いに譲り合いがあったが、衆望で安部が執筆することに決定。

第三回準備会（一九〇一年五月五日）

社会民主党結党の発表についての準備を協議。宣言書・綱領・社会民主党党則等の発表は、『労働世界』臨時発行号でおこなうことを決定。社会民主党党則の協議。とくに会員についての論議をおこなう。結成準備資金として、さしあたり五円持ち寄り三〇円。幹事二名（片山・木下）、事務所は神田仲猿楽町の木下宅を内定。

ここに、種々協議の結果、内定した社会民主党党則を掲げておく。

社会民主党党則

目　的

第一条　我党は社会主義を実行するを目的とす。

名　称

第二条　我党は社会民主党と称す。

位　置

第三条　我党の事務所を神田仲猿楽町九番地に設く。

会　員

第四条　一定の職業を有する者会員二名の紹介を以て入党を申込み評議員会の決議を経たる時は会員たることを得、党則に反き其他党の名誉を毀損したる者は評議員会の決議を以て之を除名す。

役　員

第五条　幹事二名評議員若干名を置き大会に於て之を選挙す。

会　費

第六条　会員は党費として毎月弐銭を納むべし。

第三回準備会では、とくに会員について論議がなされた。これは、当時の人びとが、社会民主党という名を聞くだけで、この党は不平党であるとか、社会革命党であるとか想像するという状勢であった。そのため、社会民主党は、軽挙妄動を企てるものでも、また過激な手段をとるものでもなく、むしろ温和に紳士らしく振舞うものであることを示し、さらに、世の壮士不平家の団体でないことをあらわすために、とくに会員についてのきびしい制限を設けたのである。

この会員に関しての論議については、すでに第三回準備会後、『六合雑誌』第二四五号（一九〇一年五月一五日）・『労働世界』第七八号（一九〇一年五月一五日）に報じられた。社会民主党結党時に公表された「社会民主党はドンな者であるか」（臨時発刊『労働世界』一九〇一年五月二〇日）のなかで、会員について次のように報じたのである。

先づ第一に此党は何にか職業を以て居る正直な人で我党の主義に賛成な人で組織《こしらえ》る。……第七に此党へ入党しようと思ふ人は会員二名以上の紹介を持て来ぬと行きませぬ、但し二名以上の紹介があつても幹事が評議員に相談し善い人だと思はぬ者は断る積りだ。第八に労働団体が全体で入党をしようと云ふ場合には其の団体の代表者から幹事へ其の事を申込めばよいそうだ。第九に定まつた職業を持てる労働者及職工には入党に於ても又万事軽便にするそうだ。第十に党費は月二銭で、党員は年三度位に（八銭づゝ）之を本部に払い込まれたならよかろう。第十一に党の名誉を汚がしたり、党則に背ひたり、党へ不利益な事をした者は除名か退党を命じるのだと云ふ。

第四回準備会（一九〇一年五月一五日）

安部が起草した社会民主党宣言書を全員で承認。社会民主党党則を正式に決定し、幹事として片山・木下を選出。そのうえで、五月一八日（土曜日）に社会民主党を結成し、五月一九日（日曜日）に神田警察署に結社届を提出、それと同時に五月二〇日（月曜日）に社会主民主党結成を発表するために、『労働世界』の臨時発刊号を、全国の各新聞に一九日（日曜日）中に届くように郵送もしくは配布することを決定した。

かくして、社会民主党結成の準備会は、四回にわたって行なわれ、五月一五日をもって散会となり、『労働世界』臨時発刊号の刷上りを待つのみとなったのである。

3　社会民主党の綱領と宣言書

わが国最初の社会主義政党である社会民主党の綱領は、一九〇一（明治三四）年四月二八日の準備会において決定された。当時の日本の社会主義者は、ドイツ社会民主党を夢みていた。ドイツ社会民主党は、「マルクスを思想の父とし、ラッサールを戦術の母」としたといわれ、日本の社会主義者にとって「お手本は自然ドイツだ」ということになる。(69) したがって、社会民主党の綱領は、ドイツ社会民主党綱領（一八九一年エアフルト党大会の決議）(70) を参考として作成され、理想綱領、実行的綱領という考え方もドイツ社会民主党綱領によるものである。

わが国の社会民主党綱領は、社会民主党宣言書（【資料一】掲載）にみられるように、理想綱領八ヵ条と実行的綱領二八ヵ条を規定している。

ドイツ社会民主党の綱領と比較すると、わが国の社会民主党の綱領は、特権の廃止、団結権の保障、集会および結社の自由、言論の自由、普通選挙、労働者および小作人の保護といった民主主義の要求を社会民主党の実行的綱領としなければならなかったところに、わが国の天皇制国家の特質があったといえる。社会主義の要求は、遠い将来の理想綱領として掲げられているのみであった。

安部が社会民主党宣言書執筆に全力を傾けていたある日（おそらく五月一〇日前後）、神楽坂警察署長が安部の自宅を訪ねてきた。署長はすでに綱領の内容について知っていたので、そのことに関して政府側の意見を伝えるために面会を求めたのであった。署長のいうところによれば、社会民主党の綱領のなかから三ヵ条だけを削除するならば、政府は社会民主党の設立を禁止しないという。その三ヵ条とは、実行綱領のなかの第一、(26)軍備を縮小すること。第二が、(23)重大なる問題に関しては一般人民をして直接に投票せしむるの方法を設くること。第三が、(25)貴族院を廃止すること、であったのである。[71]

このことは、当時の政府が最も危険視したのは、社会主義よりも、むしろ民主主義であったことを示している。政府は社会主義が一個の奇矯たる思想とは考えていたけれども、あまり現実的脅威を感じていなかったのであり、かえって、彼等は社会主義の主張よりも、民主主義の主張に対して、身近な脅威を感じていたのである。もし社会民主党の創立者たちが、一歩譲って民主主義的な三ヵ条を削除していたならば、わが国最初の社会主義政党である社会民主党は、一九〇一年五月から活動をはじめていたかも知れないのであった。だが安部は、「然し私供は飽くまでも理想主義で進む決心であつたから、此等の三ヵ条を削除することは卑怯な行為であると考へ断然これを拒絶することにした[72]」という。

では、このような綱領をもり込んだ、わが国社会主義史上の歴史的文献として、「その文章の雄大なる、その説明の周到なる、政党宣言書として稀に見る所[73]」と称され約九六八〇余字におよぶ長文の宣言書とは、どんなものであろうか。

「如何にして貧富の懸隔を打破すべきかは実に二十世紀に於けるの大問題なりとす」をもってはじめる社会民主党宣言書は、政治問題を解するに当たり経済問題に傾注しなければならないゆえんをのべ、「我党は世界の大勢に鑑み経済の趨勢を察し、純然たる社会主義と民主主義に依り、貧富の懸隔を打破して全世界に平和主義の勝利を得せしめんことを欲するなり」と説く。そして理想綱領八ヵ条と実行的綱領二八ヵ条を掲げ、「我党は此の如く社会主義を経とし、民主主義を緯として、其旗幟を自由にせり」として、これらの綱領について詳細な説明をする。その上で、社会主義についての世間の誤解をとき、暴力的手段による社会主義の実現に反対して、「吾人が茲に政党の組織を為す所以のものは即ち文明的手段たる此等の政治機関を利用せんとするに在り」と、議会制民主主義を強調する。それ故にこそ選挙法を改正して「普通選挙」を断行することが社会改造の第一着手でなければならない。それは「帝国議会は吾人が将来に於ける活劇場」だからであると、合法議会主義の基調に立つのである。最後に、「見るべし、社会主義は個人的競争主義、唯我的軍隊主義に反対するものにして、民主主義は人為的貴族主義の対照なることを。之を換言すれば社会民主主義は貴賤貧富の懸隔を打破し、人民全体の福祉を増進することを目的となすものなり。噫これ世界の大勢の趣く所にして人類終極の目的にあらずや」のことばで結ぶ。ドイツ社会民主党を「お手本」として、結成しようとする社会民主党の宣言書を読むと、よりアメリカ的で、よりキリスト教的であることがわかる。この宣言書の文章は、アメリカのウィスコンシン大学教授でキリスト教社会主義者イリー博士の著書『社会主義と社会改良』から影響を受けているからである(74)。起草者の安部はもちろんのこと、片山・幸徳・河上の四人までがイリー教授の著書の影響を受けているのである。

安部によって起草された社会民主党宣言書は、当時のわが国における社会主義思想の水準と具体的要求とを示す文書として、またその後のわが国の社会主義運動の出発点としても、高く評価しなければならない宣言書である。

4　社会民主党の届出と禁止

社会民主党は、一九〇一(明治三四)年五月結成即日禁止になったというのが、長い間定説となっていた。しかも、結成即日禁止説のなかにも、五月二〇日結成即日禁止説と五月一八日結成即日禁止説の二説があり、前者の方が多数説となっており、この説をとる研究書あるいは年表は非常に多かった。その代表的なものは、社会民主党幹事の片山潜『わが回想』、石川旭山編・幸徳秋水補『日本社会主義史』、堺利彦「黎明期総説」(『社会科学』第四巻第一号「日本社会主義運動史」所収）、赤松克麿『日本社会運動史』など明治の後期以来ほとんどの人びとが主張する。
その根拠となっているのは、『労働世界』第八〇号（一九〇一年六月一日）の「雑報」欄に「社会民主党解散せらる」との見出しのもとに報じられた次の記事である。

去る二十日朝十時に結社の届を出した社会民主党は、同日の正午十二時に解散の命を受けた、其間僅かに二時間!! 警視庁の敏腕実に驚くべし。而し聞く所によると、警視庁は内務省とも相談して届の出ぬ先きから解散の決議をして居つたのだと云ふことだ。解散の理由は別とするも之は不都合だ。解散の理由は治安妨害と云ふ四字だ。此四字は政府の手で伸縮自在だから驚く。

この記事は片山の筆によるものであるので、明治以降、社会民主党は五月二〇日結成即日禁止の通説がつくられてきたのである[75]。
従来から社会民主党といえば、安部・片山を連想し、これらを研究することによって社会民主党を捉えたところに誤りがあったといえる。木下は、片山とともに社会民主党の幹事であり、社会民主党の事務所が木下の自宅であったことから、木下は社会民主党の結成に重要な役割を果たした一人であった。木下は主筆をしていた『毎日新聞』（一九〇一年五月二〇日）に、「社会民主党組織せられる」の見出し記事で「兼ねて計画中なりし社会民主党は、一昨十八日を以て結社の手続きを了し、昨日、幹事片山潜、木下尚江の両氏より、神田警察署へ届け出に及びぬ」と書いた。また結社禁止翌日の『毎日新聞』（一九〇一年五月二一日）に、「咄々怪事社会民主党禁止せられる」の見出し記事で、「彼等は十九日を以て結社の届出をなし、二十日を以て宣言書を発表したるに過ぎず」と報じている。

この二つの記事から、社会民主党は、五月一八日結成、一九日届出、二〇日禁止が確定できたはずである。しかし、木下は社会主義運動から離脱したこともあり無視されて、この説をとるのは主に木下尚江研究者だけであったのである。ところが、これを証明する史料が出現した。それは国立国会図書館が議会開設八〇年記念として開催された「議会政治展示会」（一九七〇年一二月）に、坂谷芳郎文書の「社会民主党結社届（写）」が展示された[76]。坂谷芳郎は西園寺内閣の大蔵大臣で、一九〇六（明治三九）年七月六日の閣議に、日本社会党対策の閣議資料（極秘）として、ときの内務大臣原敬が提出したものの一部である。社会民主党結社届は、次のようなものであった。

結社御届（写）

私共五月十八日ヲ以テ社会民主党ト称スル結社仕リ事務所ヲ神田仲猿楽町九番地ニ設ケ候ニ付別紙規則書相添ヘ此段及御届候也

明治三十四年五月十九日

神田区三崎町三丁目一番地
主幹者　片山　潜
神田区仲猿楽町九番地
主幹者　木下尚江

神田警察署　御中

この社会民主党結社届の存在によって、従来から通説、五月二〇日結成即日禁止説が間違いであることが立証されることとなった。『労働世界』第八〇号（一九〇一年六月一日）の「雑報」欄「社会民主党解散せらる」の記事以来、「社会民主党明治三四年五月二〇日即日禁止」説が通説となって、七〇年余におよぶ間、この即日禁止説が一人歩きをしていたのである。

社会民主党の結社届を一九日に神田警察署に提出した木下には、幹事として考えねばならない仕事が残されていた。社会民主党党則第一条には、「我党は社会主義を実行するを目的とす」と謳っている。ところでこの目的を達成するため、どのような仕事をなそうとしたのであろうか。「社会民主党はドンな者であるか」によると、次のことが列挙してある。

一演説会及討論会を開く事　一小冊を発行する事　一党報を発行する事　一地方遊説員を出す事　一大会（年二回）小会（時々）を開く事　一運動会をやる事　一労働問題の研究をす

る事（誰れでも郵券を入れて労働問題に関することを聞かる、と、本部は親切に夫れに答へます） 一労働会館を建てる事に骨折ります 一労働倶楽部及共働店を建てることを奨励します 一労働者の貯金を奨励する種々の方法を講じます(77)

このように、社会主義協会と労働組合期成会のしてきたことを一緒にしたような仕事を掲げているが、幹事としての片山と木下の任務は重大なものとなってきた。

一方、時の伊藤博文内閣は、すでに末期状態であったが、伊藤首相の娘婿である内務大臣末松謙澄は、一八日（土）、省内の高等官警視総監会議を開き協議を重ねた。その会議で末松は、「社会主義は近年独逸に於て大分盛んになつて来たやうであるが、独逸皇帝極力之を排斥して居られるから、我国も同一方針を取るのが適当であると思ふ。兎に角日本に於て社会主義を宣伝するのは時機尚早である。(78)」と発言し、社会主義鎮圧のため社会民主党を禁止すべしと決定したのである。

こえて翌日の一九日（日）、安部はユニテリアン協会の惟一館で日曜演説を担当していた。神楽坂警察署長が訪ねて来て、前日（一八日）の内務省の高等官警視総監会議の決定、すなわち政府は社会民主党に解散を命ずるとの報告を聞いたのである。安部はさっそく毎日新聞社に木下を訪ね種々協議した。まず、臨時発刊された『労働世界』第七九号（一九〇一年五月二〇日）の処置である。『労働世界』には、三頁にわたって「社会民主党宣言書」が載せられ、残り一頁に

「社会民主党々則」と「社会民主党はドンな者であるか」および社会主義書籍の広告を掲載し、五〇〇〇部印刷されていた。手分けして自宅に持ち帰るとともに、全国の新聞社には、五月二〇日（月）を期して、一斉に紙上に掲載するようすでに依頼し発送していた。(79)

この計画を知った内務省は、各府県知事に長文の電報を送り、社会民主党の宣言書を新聞に掲載することを一切禁止したのである。しかし、五月二〇日（月）に、東京の木下のいる『毎日新聞』、幸徳と河上のいる『万朝報』や、『報知新聞』『日出国新聞』の朝刊は、一斉に社会民主党宣言書を掲載し、地方では五月二一日（火）に『新総房』（千葉県）が掲載した。(80)

五月二〇日、警察署からの呼出状が幹事木下のところに来たので、午後二時に神田警察署に出頭すると、警視総監から次の禁止命令が永谷隆志署長から手渡された。

社会民主党主幹者

片山　潜

木下尚江

社会民主党は安寧秩序に妨害ありと認むるを以て治安警察法第八条第二項に依り其結社を禁止する旨内務大臣より達せられたり

右伝達す

明治三十四年五月二十日

警視総監　安楽兼道[81]

社会民主党結社禁止と同時に政府は、『労働世界』をはじめ、宣言書を掲載した『毎日新聞』『万朝報』『報知新聞』『日出国新聞』『新総房』の一雑誌・五新聞の発売頒分を禁じ、これらを新聞紙条例第三三条違反で告発するに及んだのである。

わが国最初の社会主義政党である社会民主党は、一九〇一年五月一八日に結成され、五月一九日に幹事木下が一人で神田警察署に結社届を提出したのである。もう一人の幹事片山は、届出日の五月一九日は、病身である片山の妻が出産し、長男幹一が誕生した日に当るので、片山は神田警察署に行かず、木下一人で結社届を提出したと考えられる[82]。

幹事の木下は、「我等の顔は前途の希望に輝いた」といい、「今や我等は、同志の前へ行くのでは無い、軽蔑と嘲笑の中へ踏み込んで、征服啓発して行かねばならぬのだ[83]」と決意を固めていた。しかし、それも束の間、社会民主党の宣言を一雑誌・五新聞に発表し、社会主義に関して世間の人びとの耳目をそばだたせるという役目を果したのみで、結党式も挙げないうちに、政府の社会主義鎮圧策により、五月二〇日まる二日間の短い生命を終えたのである。

5　社会主義協会の復活

社会民主党禁止後、木下は「咄々怪事社会民主党禁止さる」（『毎日新聞』一九〇一年五月二一日）を、幸徳は「社会党鎮圧策」（『万朝報』一九〇一年五月二四日）を執筆し、それぞれ政府の弾圧政策を批判した。他の新聞は単なる報道記事だけで政府批判をしないなか、一地方紙『新総房』だけが、主筆高山樗陰が社説「社会主義と政府の方針」（一九〇一年五月二三日）を掲げ、厳しく政府の偏見と浅慮を突いたのである。(84)

ところで、社会民主党結成のメンバー六人は、禁止の命令をうけ内務省の真意を聞いた段階で会合を持ち、新聞紙条例違反の公判が開かれるまで、しばらく緘黙することを決議して様子をみていた。しかし、公判の開廷がいつになるか不明のため、六月一日（土）再び会合を開き、もう一度社会主義政党の結成を企てた。社会民主党は、その名前の「民主」という文字が、当局の忌諱に触れたという噂があったので、党名を「社会平民党」とし、綱領も政治的事項を一切省き、(85)幹事も事務所も変更して届け出ることを決定した。当日、決定した「社会平民党党則」は次のとおりである。

社会平民党々則

目的

第一条　我党ハ左ノ諸件ヲ実行スルヲ以テ目的トス
一　鉄道、電気事業、瓦斯事業等凡テ独占的性質ヲ有スル者ヲ公有トスルコト
一　中央政府、各府県、市町村ノ所有スル公有地ヲ払ヒ下ルコトヲ禁スルコト
一　都市ニ於ケル土地ハ挙テ其都市ノ所有トスルノ方針ヲ採ルコト
若シ速ニ実行スル能ハサル場合ニハ法律ヲ設ケテ土地兼併ヲ禁スルコト
一　専売権ハ政府ニテ之ヲ買上ルコト即チ其発明者ニ相当ノ報酬ヲ与ヘ而シテ人民ヲシテ廉価ニ其発明物ヲ使用スルヲ得セシムルコト
一　家賃ハ其家屋ノ価格ノ幾分以上ヲ徴集スル能ハストノ制限ヲ設クルコト
一　政府ノ事業ハ凡テ政府自ラ之ニ当リ決シテ一私人若クハ私立会社ニ請負ハシメサルコト
一　酒税、醤油税、砂糖税ノ如キ消費税ハ之ヲ全廃シ之ニ代フルニ相続税、所得税及其他ノ直接税ヲ以テスルコト
一　高等小学ヲ終ルマテヲ義務教育年限トシ月謝ヲ全廃シ公費ヲ以テ教科書ヲ供給スルコト
一　労働局ヲ設置シテ労働ニ関スル一切ノ事ヲ調査セシムルコト
一　学齢児童ヲ労働ニ従事セシムルヲ禁シ且ツ道徳健康ニ害アル事業ニ婦女ヲ使用スルヲ

禁スルコト

一　少年及婦女ノ夜業ヲ禁スルコト

一　日曜日ノ労働ヲ廃シ一日ノ労働時間ヲ八時間ニ制限スルコト

一　雇主責任法ヲ設ケ労働者カ服務中負傷シタル場合ニハ雇主ヲシテ相当ノ手当ヲナサシムルコト

一　労働組合法ヲ設ケ労働者カ自由ノ団結ヲ公認シ且適当ノ保護ヲ与フルコト

一　小作人保護ノ法ヲ設クルコト

一　保険事業ハ一切政府事業トナスコト

一　裁判入費ハ全ク政府ノ負担トスルコト

一　公平選挙法ヲ採用シ且普通選挙トナス事

名　称

第二条　我党ハ社会平民党ト称ス

第三条　我党ノ事務所ヲ麻布区麻布宮村町七十二番ニ置ク

党　員

第四条　一定ノ職業ヲ有スル者会員二名ノ紹介ヲ以テ入党ヲ申込ミ評議員会ノ決議ヲ経タル時ハ会員タルコトヲ得、党則ニ背キ其他党ノ名誉ヲ毀損シタル者ハ評議員会ノ決議ヲ以テ之ヲ除名ス

役　員

第五条　幹事二名評議員若干名ヲ置キ大会ニ於テ之ヲ選挙ス

党　費

第六条　党員ハ党費トシテ毎月五銭ヲ納ムヘシ

社会平民党党則は宣言書、理想綱領のすべてを省き、第一条「我党ハ左ノ諸件ヲ実行スルヲ以テ目的トス」として、社会民主党の実行的綱領から二三条以下、すなわちレファレンダム、死刑、貴族院、軍備、治安警察法、新聞紙条例の六ヵ条を削減したものである。幹事は幸徳と西川を選出し、事務所は麻布区麻布宮村町七二番地の幸徳方におき、結党を届け出ることとした。

ときあたかも、第四次伊藤博文内閣が総辞職し、六月二日（日）、軍閥内閣である桂太郎内閣が成立した。内務大臣も末松から内海忠勝に代わった。翌三日（月）の朝、幹事幸徳と西川の名をもって、幸徳が麻布警察署に結社の届出をしたが、夕方には、社会平民党は安寧秩序を妨害する者と認め之を禁止するという内務大臣内海忠勝の命令書が伝達された。まさに、社会平民党は、結成即日禁止をくらったのである。(86)

社会民主党につづいて社会平民党が禁止されることにより、社会主義政党の創立者のメンバーは、少くとも当分の間は政党結成を断念せざるを得なくなった。『労働世界』第八二号（一九〇一年六月二一日）の「雑報」欄には、「生命の樹」と題し「社会民主党は禁止され、社会平民党も禁止されたけれども、吾等の主義は生命の樹の様なものでドヲしても死なぬから安心だ、吾等は此の主義の子だから吾等も容易には死なぬ、禁止されても〳〵色を変じ形を異にして現はれるであろう」と記している。

まさに主義の子たちは、社会主義の政治運動は当分難かしいと考え、色を変じ形を異にして、再び教育的伝道の方針をとることにした。さっそく六月九日に社会主義協会の例会を復活させ、社会主義協会の名のもとに、協会の拡張をはかり、その第一着手として会員の募集を開始し、各地の「同感同情の士」は労働新聞社まで申し込むように訴えた。つづいて、七月七日にユニテリアン協会で例会を開き、体制建て直しのための会則を改正した(87)。改正された会則は、次のとおりである。

社会主義協会改正規則

第一条　名　称

本会は社会主義協会と称す

第二条　目　的

社会主義の原理を討究し之を我邦に応用するの可否を考査するを目的とす

第三条　役　員

本会に幹事二名を置き会務を処理せしむ

第四条　会　員
一定の職業を有し社会主義を賛同する者は会員たるを得
会員にして本会の体面を汚し、又は会員たるの義務を尽さゞるものは除名す
第五条　事　業
毎月一回例会を開き社会主義及社会問題を研究す又時々演説及討論の公会を開くことあるべし
第六条　報　告
本会は当分の内労働世界を以て会務を報告す
第七条　会　費
毎月会費拾銭を会員より徴収し本協会を維持す
（本会に関する都ての通信は東京神田区三崎町労働新聞社へ宛らるべし猶ほ入会を申込まる、人は会費を添へ且ッ其職業を明記せらるべし）

社会主義協会の会則を改正した箇所は、第三条の「役員」で、会長がなくなり幹事一名を二名に増したのと、第七条の「会費」を毎月二〇銭から一〇銭に減じ、さらに新たに第六条の「報告」を設け当分の内『労働世界』をもって会務を報告することを明記している。
規則には会長がないが、実質的な会長は安部磯雄で、従来の幹事河上清が渡米することによっ

て、幹事に片山潜と『労働世界』の専任記者となった西川光二郎の二名を選び[88]、事務所を労働新聞社において積極的な活動を開始した。

社会民主党結成前に社会主義協会が、社会に初陣として打って出た「社会主義学術大演説会」をまねて、復活した社会主義協会は、一〇月一二日、神田美土代町青年会館で社会主義協会大演説会を開催した。出演弁士は、社会民主党の創立メンバーであった安部磯雄・片山潜・木下尚江・幸徳秋水・西川光二郎の五人（河上清は渡米中）[90]で、労働者・学生約五〇〇名の聴衆を集め盛会であった[89]。協会はそのとき、次のビラを作成して入会を訴えた。

社会主義協会拡張ノ檄

来レ正義ヲ愛シ人道ヲ重ンシ文明進歩ヲ希フノ志士ハ来レ来ツテ吾人ト共ニ社会主義ノ弘通ヲ力メヨ

夫レ学術日ニ進ンテ徳義ノ日ニ頽ル、ハ何ソヤ生産益々多クシテ万民益々貧シキハ何ソヤ教育愈々盛ニシテ罪悪愈々多キハ何ソヤ国威大ニ発揚シテ民力却テ衰弊スルハ何ソヤ嗚呼是レ一ニ現時ノ生産機関私有ノ制度之ヲシテ然ラシムルニ非ラスヤ生産機関私有ノ制度ハ即チ分配ノ不公トナレリ分配ノ不公ハ即チ多数ノ貧困ト少数資本家ノ暴富トナレリ暴富ナルモノハ即チ驕奢トナリ腐敗トナリ貧困ナルモノハ即チ堕落トナリ罪悪トナル而シテ貧富益々懸隔シテ道義愈々頽廃シ国力益々衰弊ニ趨クハ固ニ自然ノ勢ノミ故ニ今日ノ社会ヲ救フ貧富ノ懸隔ヲ防止スルヨリ急ナルハナシ之ヲ防止スル富ノ分配ヲ公平ニスルヨリ急ナルハナシ之ヲ公平ニスル生産機関ノ私有ヲ禁シテ社会公共ノ手ニ移シ以テ万民ヲシテ経済的ニ平等ノ権利ヲ確保セシムルヨリ急ナルハナシ之ヲ名ケテ社会主義ノ実行ト云フ「ゾーラ」ノ所謂「社会主義ハ驚嘆スヘキ救世ノ教義」ノ語豈ニ我ヲ欺ムカンヤ

本会ノ始メテ設立セラレテヨリ茲ニ四年時勢ノ推移スル江河ノ日ニ下ルカ如シ近日其拡張ノ急要ヲ感スル切ナルモノアリ即チ能ク同志ヲ天下ニ求メントス来レ正義ヲ愛シ人道ヲ重ンシ文明進歩ヲ希フノ志士ハ来レ来ツテ吾人ト共ニ大ニ社会主義ノ弘通ニ力メヨ

明治三十四年十月

この訴えに応じたのは、帝国大学理科大学学生杤木十吉、『万朝報』記者斯波貞吉、普通選挙青年同志会丸山虎之助、さらに遠州掛川の牧師白石喜之助、和歌山の『評論の評論』主筆小笠原誉至夫、遠くは北海道の片岡明治らで、一〇月だけでも一五名の入会者があり、その後も入会者が増えてきた。これによって社会主義協会は、従来の東京中心の知識人による研究と実践のサークルから、社会主義運動の全国的組織となる可能性を見出すこととなったのである。[91]

その後の社会主義協会は、活動の活発化とともに会員数も増え、石川三四郎が「社会主義協会の運動は彼が如く益々猛烈に行はれしに非ずや、社会主義の種子は彼が如くに多く深く蒔かれたるに非ずや、機運一たび到来せば茲に活発たる英気を含んで其の新芽を萌発すべきは当然なり」

とのべるのも肯定できるのである。石川はつづけて「平民社は実に此時に於て創立せられたり、土地穿たれ種子蒔かれたるの後に当りて春陽暖光茲に到れるなり、社会主義の山彦声に応ずるが如く四方に響き渡れり(92)」というのである。

まさに、復活した社会主義協会は、平民社創立までの二ヵ年半にわたり、平民社創立条件の素地づくりをしていたといっても過言ではない。だからこそ、日露戦争下において、平民社の運動が一応の成果をあげたといわざるをえないのである。

注

(1) 大島清『高野岩三郎伝』(岩波書店、一九六八年) 七四―七六頁
(2) 後神俊文「松本平の木下尚江」(『武蔵野ペン』第五号、一九六〇年一二月)
(3) 平野義太郎編『中村太八郎伝』(日光書院、一九三八年) 二三頁
(4) 山路愛山「現時の社会問題及び社会主義者」(『明治文化全集・社会篇』第二一巻、日本評論社、一九二九年) 三七八―三七九頁
(5) 隈谷三喜男『片山潜』(東京大学出版会、一九六〇年) 四四頁
(6) 山路愛山、前掲書、三七九頁
(7) 片山潜『日本の労働運動』(岩波文庫、一九五二年) 二八頁
(8) 松尾尊兊『普通選挙制度成立史の研究』(岩波書店、一九八九年) 二二―二三頁

(9)社会学研究会の発会式・大会は、『日本』(一八九八年一一月一四日)および『社会』(第一巻第一号、一八九九年一月)による。社会学会・社会学研究会については、川合睦男編『明治期社会学関係資料』(復刻版、龍渓書舎、一九九一年一二月)所収の川合陸男「解題」を参照。

(10)高木正義『高木三郎翁小伝』(高木事務所、一九一〇年)八七頁。東京帝国大学で社会学を講じていた外山正一が、一八九八年一一月に東京帝国大学総長に就任したため、高木正義がそのあと社会学講座の担当者であった。建部遯吾がヨーロッパ留学から帰国したため、一九〇一年七月に退任し、実業家養父高木三郎の後継者として、一九〇二年四月より第一銀行京城支店へ勤務した。

(11)東京大学百年史編集委員会『東京大学百年史』(部局史一、東京大学出版会、一九八六年)八四二―八四三頁

(12)山路愛山、前掲書、三八〇頁

(13)石川旭山「日本社会主義史」(日刊『平民新聞』第五四号、一九〇七年三月二二日)。なお、石川旭山の「日本社会主義史」は、荒畑寒村監修・太田雅夫編『社会主義協会史(明治社会主義資料叢書1)』(新泉社、一九七三年)に、すべて収録している。

(14)村井知至『蛙の一生』(警醒書店、一九二七年)一二六頁

(15)村井知至の「日記」一九三八年四月二二日(辻野功「社会主義運動の起源としての同志社」太田雅夫他『デモクラシーの思想と現実』、法律文化社、一九八五年所収)七七頁

(16)(17)(18)石川旭山「日本社会主義史」(日刊『平民新聞』第五一・五二・五四号、一九〇七

年三月一七・一八・二一日)

(19) 佐治実然については、佐治実然「四十三年の我」(『六合雑誌』第二三九号―第二四三号、一九〇〇年一月―一九〇一年三月)。オースル・ランデ「佐治実然の生涯と思想」(同志社大学人文科学研究所編『「六合雑誌」の研究』教文館、一九八四年所収)参照。

(20) 神田佐一郎については、宮武外骨・西田長寿『明治新聞雑誌関係者略伝』(みすず書房、一九八五年)参照。

神田佐一郎は、一八八二年上京し、英語修得のため一時、内村鑑三にも学び、共立英語学校に入学。一八八五年、薬学習得のため渡米、アラメダ・ハイスクール、サンノゼ・ハイスクールに学び、一八八七年ペンシルヴァニア州のミードヴィル・ユニテリアン神学校に入学、アーサ・ナップ述・神田佐一郎訳『ユニテリアンの教義』(一八九五年)がある。

(21) 豊崎善之介の略歴は、"The Unitarian Movement in Japan"(日本ユニテリアン協会、一九〇〇年)によるが、鈴木範久氏のご教示をえた。豊崎善之介はその後、一九〇一年七月より三ヵ年間イギリスのオックスフォード・マンチェスター大学を中心に、ドイツ・フランス・アメリカを転学し、帰国後、社会主義の反対を唱えた。彼の著書『社会主義批判』(警醒社、一九〇六年)は、緒言に「社会主義は、其本質に於て経済的改革案なれば、経済上より之を評論するを妥当とす」と記し、論理・宗教・文学の方面からこの主義を主張するのは正鵠を失するものであるから、経済問題を中心として社会主義を評すと、マルクスの『資本論』を中心に論じている。日露戦争後、一九〇六年九月立憲政友会系の『人民新聞』主筆(『原敬関係文書 第八巻』日本放送出版協会、一九八七年参照）をつとめている。一九一〇年一月二三日、東京ユニテリアン協会の発足（会長安部磯雄）にともない評議員に就任しているが、その当時は、雑誌『実業之日本』主幹であった。一九一六年日仏銀行に入社し、本多精一閲により『仏蘭西の銀行及金融』（大倉書店、一九一六年）を出版している。

(22) 村井知至、前掲書、五七頁

(23) 岸本（滝）能武太については、茂義樹「『六合雑誌』における岸本能武太」（同志社大学人文科学研究所編、前掲書）所収、および鈴木範久「岸本能武太と比較宗教学会」（『明治宗教思想の研究』東京大学出版会、一九七九年）、池岡義孝「岸本能武太」（早稲田大学社会学研究室『早稲田百年と社会学』一九八三年）所収を参照。

岸本能武太は、一八九九年七月から東京専門学校講師を辞め、高等師範学校教授に就任し、同年一二月『宗教研究』を出版、一九〇〇年九月『倫理宗教時論』、一一月『社会学』を刊行というように学究生活に入る。

(24) 新原俊秀（旧名渋谷春吉）の略歴については、文部省大臣官房人事課所蔵の「履歴書」による。「村井君は私より少し先きに入学したばかりなので親しくし、精神的の交際をした」（『創設期の同志社』同志社社史資料室、一九八六年）とのべているところから村井の勧誘に応じたものと思われる。

(25) 片山潜については、隈谷三喜男の前掲書およびハイマン・カプリン著、辻野功他訳『アジアの革命家片山潜』（合同出版、一九七三年）を参照。

(26) 河上清については、河上清『祖国日本に訴う』(時事通信社、一九六六年)、古森義久『嵐に書く』(毎日新聞社、一九八七年)参照。なお、山路愛山の前掲書では、「河上清氏は万朝報社員にして、幸徳氏が同社員たりし縁故を以て入会を紹介したるものなり」(三八一頁)といっているのは、間違いで、幸徳より河上の方が先に入会していた。

(27) 村井知至については、村井知至『蛙の一生』および辻野功「『六合雑誌』における村井知至」(同志社大学人文科学研究所編『「六合雑誌」の研究』教文館、一九八五年)参照。

(28) 『六合雑誌』に掲載の「社会主義研究会記事」(第一回~第一一回)および講演・演説内容は、拙編『社会主義協会史』(新泉社、一九七三年)に所収している。

(29) 幸徳秋水については、田中惣五郎『幸徳秋水』(理論社、一九五五年)、西尾陽太郎『幸徳秋水』(吉川弘文館、一九五九年)、絲屋寿雄『幸徳秋水研究』(青木書店、一九六七年)、飛鳥井雅道『幸徳秋水』(中公新書、一九六八年)参照。

(30) 金子喜一「予ハ如何にして社会主義者となりし乎」『万朝報』一九〇三年七月四—六日(山泉進編『社会主義事始』社会評論社、一九九〇年所収、八九頁)。金子は次のようにいう。「社会主義研究会を組織せらるるや予は当時会員の一人たる豊崎君を通じて、たびたび列席を勧告せられたり、当時予は地方の一雑誌に従事せしをもつて、かかる会合に列席するの機会を有せざりし」。金子喜一については、中村勝範「金子喜一論」(『法学研究』第四〇巻第一〇号、一九六七年)、岡崎一「渡米前の金子喜一」(『初期社会主義研究』第三号、一九八九年一二月)参照。

(31) 安部磯雄については、安部磯雄『社会主義となるまで』(改造社、一九三二年)、片山哲『安

部磯雄伝』（毎日新聞社、一九五八年）、高野善一編著『日本社会主義の父・安部磯雄』（『安部磯雄』刊行会、一九七〇年）、早稲田大学社会学研究所編『安部磯雄の研究』（早稲田大学社会科学研究所、一九九〇年）、山泉進「社会主義と博愛の精神〈安部磯雄〉」（『近代日本と早稲田の思想群像1』早稲田大学出版部、一九八一年）参照。

(32) 木村毅「明治前半期の社会主義思想と社会運動」（『社会科学―日本社会主義運動史』第四巻第一号、一九二八年二月）。

(33) 村井知至『社会主義』（労働新聞社、一八九九年）の「緒言」。

(34) 社会主義研究会・社会主義協会の詳細については、拙著『初期社会主義史の研究』（新泉社、一九九一年）の「社会主義研究会の生誕」「社会主義協会への改組」を参照。

(35) 社会主義協会規則については、『六合雑誌』『労働世界』『社会主義者沿革　第一』等の文献には一切記述されていない。

(36) 安部磯雄「社会主義小史」（大隈重信編『開国五十年史』下巻、開国五十年史発行所、一九〇八年）九七〇―九七一頁

(37) 山路愛山「現時の社会問題及社会主義者」のなかで、社会主義協会と改め「安部磯雄氏を会長とし、片山潜氏を幹事とし」の記述により、片山の幹事説が唱えられるようになった。その代表的なものに、隅谷三喜男『片山潜』（東京大学出版会、一九六〇年）。

(38) 西川光二郎については、田中英夫『西川光二郎小伝―社会主義からの離脱』（みすず書房、一九九〇年）参照。

(39) 木下尚江については、山極圭司『評伝木下尚江』(三省堂、一九七九年)、中野孝次『若き木下尚江』(筑摩書房、一九七九年)、後神俊文『木下尚江考』(近代文芸社、一九九四年)参照。
(40) 『六合雑誌』に掲載の「社会主義協会記事(第一二回―第一七回)および講演・演説内容は、拙編『社会主義協会史』(新泉社、一九七三年)に所収している。
(41) 秋水病夫「日本社会主義史」(日刊『平民新聞』第五二号、一九〇七年三月一九日)
(42) 拙著『初期社会主義史の研究』(新泉社、一九九一年)六〇頁
(43) 社会民主党結成の要因として、労働組合期成会を中心とする労働組合運動と社会主義協会を中心とする社会主義の研究と実践という二つの面が強調されるきらいがあったが、もう一つの流れとして、普通選挙期成同盟会、のちの普通選挙同盟会を中心とする普選運動が軽視されがちであった。社会民主党はこの三つの流れが合流されたという視点からの考察である。普選運動については、松尾尊兊『普通選挙制度成立史の研究』(岩波書店、一九八九年)を参照。
(44) 『労働世界』(第五八号、一九〇〇年四月一日)
(45) 『六合雑誌』(第二三二号、一九〇〇年四月一五日)
(46) 『毎日新聞』(一九〇〇年六月二〇日)
(47)(48) 松尾尊兊、前掲書、四〇―四一頁
(49) 『六合雑誌』(第二四三号、一九〇一年三月一五日)
(50) 西川正雄『初期社会主義運動と万国社会党』(未来社、一九八五年)一九―二一頁。西川正雄氏は、*The International Socialist Review*, 1～21 (1906.6) の「海外の社会主義」欄にも安部・片山の

名がみえ、「指命は社会主義協会の公開集会でなされた」と記してあるという。
(51)『労働世界』(第七四号、一九〇一年三月一五日)
(52)『六合雑誌』(第二四四号、一九〇一年四月一五日)
(53)内川芳美「進展する新聞の商業化と大衆化」(『明治ニュース事典』Ⅳ、毎日新聞社、一九八五年)三三二頁。『新声』(一九〇一年三月一六日号)
(54)『二六新報』(一九〇一年四月一日)
(55)『労働世界』(第七六号、一九〇一年四月一五日)
(56)『二六新報』(一九〇一年四月五日)
(57)山本武利『近代日本の新聞読者層』(法政大学出版局、一九八一年)一六〇頁
(58)『労働世界』(第八〇号、一九〇一年六月一日)、『時事新報』(一九〇一年五月一二日)、『二六新報』(一九〇一年一〇月二九日)、『労働世界』(第九五号、一九〇一年一一月一日)
(59)『労働世界』(第七五号、一九〇一年四月三日、第七七号、五月一日)
(60)片山潜『わが回想』(下、徳間書店、一九六〇年)二三二―二三三頁
(61)高野善一『安部磯雄―その著作と生涯』(早稲田大学出版部、一九六四年)一一頁
(62)安部磯雄『社会問題解釈法』(東京専門学校出版部、一九〇一年)四三七―四三九頁
(63)従来の研究書の多くは、『労働世界』記者西川光二郎となっているが、西川は社会民主党結成の準備段階では、『東京評論』記者として在社しており、『労働世界』記者になるのは、社会民主党禁止後である。

(64)(65) 木下は『毎日新聞』社長島田三郎のモットー「第一、青年問題、第二、婦人問題、第三、労働問題」に共鳴して入社した。木下尚江『神・人間・自由』(中央公論社、一九二九年)一六―一七頁
(66) 古森義久『嵐に書く』(毎日新聞社、一九八七年)六五頁
(67)『労働世界』(第七五号、一九〇一年二月一五日)
(68) 社会民主党は、一九〇一年四月二一日に準備会がもたれ、五月二〇日に結成されたというのが通説であった。四月二一日と五月一五日の二回もたれたとの説もあるが間違いで、準備会は四回開催されたのである。片山は「相談会」、安部は「相談会」、木下は「有志会」と表現の違いが不明であるため、本稿では「準備会」という名称で統一した。
(69) 片山潜、前掲書、二二頁、木下尚江、前掲書、二〇頁
(70) アーベンロート著・広田司朗・山口和男訳『ドイツ社会民主党小史』(ミネルヴァ書房、一九六九年)一七〇―一七二頁
(71)(72) 安部磯雄「明治三十四年の社会民主党」(『社会科学』第四巻第一号、一九二八年二月)
(73) 石川旭山「日本社会主義史」(日刊『平民新聞』一九〇七年三月二二日)
(74) イリー(E'ly, Richara Thecdl. 1854-1943)は、ドイツ歴史学派に属し、キリスト教社会主義を唱え、*French and German Socialism in Modern Times*, 1883. *Socialism and Social Refom*, 1894.などの著書がある。
(75) 拙稿「社会民主党の結成と禁止―史的考察を中心として」(『社会科学』第三巻第四号、一九

七〇年一月）で、社会民主党の結成即日禁止説の誤りを指摘し、一九〇一年五月一八日結成・五月二〇日禁止説を唱えた。その後、坂谷芳郎文書の社会民主党結社届（写）により、五月一八日結成、五月一九日届出が判明した。この史料をもとに、五月一八日結成・一九日届出・二〇日禁止説を、拙著『明治社会主義政党史』（ミネルヴァ書房、一九七一年一月）で主張した。さらに拙著『初期社会主義史の研究』（新泉社、一九九一年三月）で詳細に論じた。

(76) 坂谷文書の公開後、原敬の文書綴りのなかから、「日本社会党禁止理由他」の一括綴じが発見され、坂谷文書と同一である。この文書は、原敬文書研究会編『原敬関係文書』第八巻・書綴篇五（日本放送出版協会、一九八七年）に所収されている。

(77) 『明治文化』（第二五号、一九二九年二月二〇日）所収

(78)(79) 安部磯雄、前掲論文

(80) 「社会主義民主党宣言書」を掲載した地方紙は、千葉の『新総房』と『東海新聞』との説もあるが、五月二二日には『東海新聞』には掲載されていない。ただ、五月七日に「社会民主党の綱領及宣言」の見出しで目下起草中であると一部を紹介している。

(81) 『毎日新聞』（一九〇一年五月二二日）

(82) 拙著『初期社会主義史の研究』（新泉社、一九九一年）一一七頁

(83) 木下尚江、前掲書、二〇―二二頁

(84) 樗陰遺稿『無絃琴』は『明治社会主義文学集（一）』（筑摩書房、一九六五年）に所収、一一八―一一九頁

(85)(90)『社会主義沿革1』(みすず書房、一九八四年)一二―一四頁
(86)『毎日新聞』(一九〇一年六月四日)
(87)『労働世界』(第八四号、一九〇一年七月一一日)
(88)『社会主義沿革』および石川旭山「日本社会主義史」で、西川光二郎と斉藤兼次郎が幹事となったとしているが誤りである。斉藤はこの時点では社会主義協会に入会していない。
(89)(91)『労働世界』(第九四号、一九〇一年一〇月二一日)
(92)石川旭山「日本社会主義史」(日刊『平民新聞』第五六号、一九〇七年三月二三日)

社会民主党事件のカリグラフィー——新聞と宣言書掲載事件

山泉　進

はじめに

一世紀前における社会民主党の結成と禁止の問題は、これを「社会民主党事件」として見れば二つの異なる側面をもっている。一つは社会民主党という政党の結成そのものに関係することで、「事件」としては治安警察法の対象として、政府により結社禁止の措置がとられたという出来事である。他の一つは、「社会民主党宣言書掲載事件」とでも言えるもので、この政党の宣言書を新聞や雑誌に掲載したことが新聞紙条例に違反するものとして処罰の対象とされた事件である。二つのことは、もちろん社会民主党の結成という一つの事実から発していて、結社禁止の理由が、この党の「理想」や「綱領」の報道禁止につながっていることは言うまでもないことである。この点に関連して、たとえば「社会主義と日本」と題する『毎日新聞』（一九〇一年五月二三日、以後この年の記事については月日だけで表記する）掲載記事は、政府内においては結成の届出以前の段階において、内務大臣、警保局長、警視総監の間で合議がなされ、禁止の方針が確認されていたことを報じているが、その合意点は次の二点にあったとしている。第一の点は、「社会主義」は「現社会の組織を根本的に改造せんと欲する者」であり、「社会の秩序を紊乱する者」である。従って日本政府においてもビスマルクの例にならい弾圧策を講じるべきである。第二には、ここで公認してしまうと「社会主義」の「蔓延」を「防御」できなくなる。従って始めの段階での

「強硬」な「鎮圧」策が必要である。ここで報じられているような基本方針のもとに、日本政府は社会民主党という結社の禁止のみならず、その宣言書を報道することすらをも禁止してしまったことは容易に推測できることである。しかしながら、結社禁止という日本政府が行った行政的処分と、報道の自由に関する司法的判断は本来的には異なる問題であり、別個に論じられなければならない事柄である。

本稿では、後者の点に焦点を当てながら、まず、当時の日本の新聞各紙が社会民主党の結成と禁止をどのように報じたのか、またそれによって惹き起こされた新聞紙条例違反事件は司法の場でどのように裁かれたか、これらの点について解明する。続いて、日本における社会民主党の結成と禁止は、諸外国にどのように伝えられたのか、この点についても言及していきたい。要するに、「社会民主党事件」について書かれたものの跡を、比較的丹念になぞってみたので、それをちょっとcalligraphyと呼んでみたのである。

一 新聞紙条例と社会民主党宣言書の掲載

1 新聞紙に対する法的規制

最初に、新聞、雑誌記事についての法的規制を見ておく必要があろう。我が国においては、明治維新以後もいち早く一八六八（明治元）年六月、新聞の無許可発行を禁止する太政官布告（第四五一号）が出されているように、言論に対して厳しい取締り処置がとられてきたことはあらためていう必要はない。「社会民主党事件」において問題となる新聞紙条例の原型は、一八七五（明治八）年六月の太政官布告によって定められたが、届出等の形式的要件を要求したうえに、「政府ヲ変壊シ国家ヲ転覆スルノ論ヲ載セ騒乱ヲ煽起セントスル者」（第一三条）等を処罰の対象とした。その後、一八八三（明治一六）年四月、改正された新聞紙条例が同じく太政官布告として公布され、その第一四条は、「新聞紙ニ記載シタル事項治安ヲ妨害シ又ハ風俗ヲ壊乱スル者ト認ムルトキハ内務卿ハ其発行ヲ禁止若クハ停止スルコトヲ得」と規定し、地方にあっては、府県知事県令に発行停止の権限を与えた。また、第三七条は、「政体ヲ変壊シ朝憲ヲ紊乱セントスルノ論説ヲ記載シタル」個人についても処罰の対象とし、「印刷器ヲ没収」することまで定めた。

一八八七（明治二〇）年一二月、大同団結のもとでの三大事件建白運動を弾圧するために出された保安条例に付随して、またもや新聞紙条例が勅令により改正された。この条例は全三七条、規制と罰則づくめの条例であったが、その主な内容は次のようなものであった。まず、新聞紙を発行する者は二週間以前に「発行地ノ管轄庁（東京府ハ警視庁）」を経由して警視庁に届出る必要があること（第一条）、その届出書には、題号、記載の種類、発行の時期、発行所及び印刷所、それに発行人・編集人・印刷人の氏名と年齢の各事項を記載すること（第二条）、発行人・印刷人は満二〇歳以上の「内国人」に限られること（第六条）、そして、発行人は保証金として、東京においては千円、京都・大阪・横浜・兵庫・神戸・長崎においては七百円、その他の地方では三五〇円を管轄庁に納めなければならないこと（第八条）、また発行毎に内務省に二部・管轄庁及び管轄治安裁判所検事局に各一部を納入すること（第一二条）、等を定めていた。もちろん、前記の各項目も、第一九条、第三二条に引継がれた。すなわち、第一九条は「治安ヲ妨害シ又ハ風俗ヲ壊乱スルモノト認ムル新聞紙ハ内務大臣ニ於テ其発行ヲ禁止シ若クハ停止スルコトヲ得」と規定し、さらに禁停止処分を行ったときは新聞紙の発売頒布禁止、差押えの処分を内務大臣はおこなうことができるとした（第二〇条）。また、第三二条は「政体ヲ変壊シ朝憲ヲ紊乱セントスルノ論説ヲ記載シタルトキハ発行人、編集人、印刷人ヲ二月以上二年以下ノ軽禁固ニ処シ」云々と規定し、加えて印刷機械を没収できると定めた。このような言論規制に対して、憲法の制定と議会の開催を契機として、とりわけ野党側からの新聞紙条例改正の要求を呼び起こした。その中心点は発行に必要とされる保証金制度と治安妨害や風俗壊乱にたいする内務大臣の禁停止権限についてであった。第一議会以降連続して改正案が帝国議会に提出されたが、貴族院での強い反対にあい実現するに至らなかった。

ところで、社会民主党結成当時の新聞紙条例は、第一〇議会において一八八七年条例を改正して、一八九七（明治三〇）年三月に法律第九号として制定されたものであった。その改正の経緯をみると、前年松隈内閣の成立にあたって、大隈は長年の主張であった新聞紙条例の改正を入閣条件とし、「新聞紙発行停止ノ全廃」を要求したことに始まる。松方正義はこの要求を基本的に受諾したが、「二十六世紀事件」（書記官長であった高橋健三の創刊した雑誌が、土方久元宮内大臣などを批判する記事を掲げたのに対し、松方は大隈らの要求との板ばさみになりながらも、土方や伊藤博文らの主張をいれて発行禁止処分にした事件）などの曲折から、元老や藩閥勢力の意見をいれた改正とならざるを得なくなった。「社会民主党事件」に関係する主な改正点は、①先の第一九条等を削除し、新に第三三条を設け、「社会ノ秩序又ハ風俗ヲ壊乱スル事項ヲ記載シタルトキハ発行人、編集人ヲ一月以上六月以下ノ軽禁固又ハ弐拾円以上参百円以下ノ罰金ニ処ス」との規定としたこと、②先の第三二条の規定に「皇室ノ尊厳ヲ冒涜シ」の文言を加え、「皇室ノ尊厳ヲ冒涜シ政体ヲ変壊シ又ハ朝憲ヲ紊乱セントスルノ論説ヲ掲載シタルトキハ発行人、編集人、印刷人ヲ二月以上二年以下ノ軽禁固ニ処シ五拾円以上参百円以下ノ罰金ヲ付加ス本条ヲ犯シタルモノハ其犯罪ノ用ニ供シタル器械ヲ没収ス」としたこと、③第三二条、第三三条において、第三三条に違反した場合に内務大臣が「告発」をし、「其新聞紙ノ発売頒布ヲ停止シ仮ニ之ヲ差押ヘ其告発ニ係ル論説又ハ事項ト同一趣旨ノ論説又ハ事項ノ記載ヲ停止スルコト得」とし、「裁判所ハ犯罪ノ情状」によって「第三十二条及第三十三条ヲ犯シタル新聞紙ノ発行ヲ禁止スルコトヲ得」と規定したこと、などである。ともかく、この改正により内務大臣が行政処分権として持っていた新聞紙の発行禁止・停止に対する権限が縮小され、告発、停止、仮差押え、同一趣旨の記事掲載停止に限定され、発行の禁止については裁判所が判断することにはなった。

ところで、このような一見すると規制の緩和とみうけられる改正も、実際には日本社会の変容とそれに規定された新聞紙の役割変化を反映するものであった。三宅雪嶺は、この事情を次のように説明している。「民間にて発行停止廃止に熱中し、政府側にて廃止に反対し、遂に廃止に決定せるは、明かに民間の勝利に帰すべきに似て、新聞の勢力が普通に考へし所と違ひ、政府にて甚だしく憂ふるを要せざるに至りたり。発行停止廃止は新聞の勝利なると同時に其の主力の変じ、言論本位より報道本位に移るべきを無意識に予告す」[1]と。雪嶺が「言論」から「報道」へと新聞の役割変化を読み取ったところは、「商業新聞化」[2]の時代を反映するものであった。要するに、日清戦争を契機に各社の報道競争が行われ、通信網の拡大に力がそそがれることになり、国内にあっては地方支局が設置され、また海外ニュースもロイター通信を経由して積極的に報道されるようになり、内外ともにニュース幅が広げられることになったのである。

小野秀雄は、このような日清戦争後の新聞界について、「営業本位、読者本位に傾き新趣向の競争、号外付録の競争、広告の競争、定価の割引等営業本位の競争盛んに行はれた」時代と捉え、その結果「各紙皆中流以下の読者を集むることに苦心し、新聞紙の調子概して通俗的となり、戦前に比して紙面の体裁全く一変した」とし、以下、具体的に変化の有様を次のように記述した。たとえば、内容的にみれば、「社説」は「申訳的に記せるに止り、従来の如く光焔あり活気あるものを見ず」の状態で、代って「短評」が流行しているとか、「社会記事」としては、艶種、貧界の探訪、女子の職業、飲食店の組織、匹夫匹婦の喧嘩、変死、情死等が詳しく報じられているとか、文芸記事や経済記事が増加したとか、朝鮮半島、中国及び国内各地に通信員を置いたり、特派員を派遣したりして「電報通信」が増加したとか、の傾向がみられること、形式的には、新聞紙の大きさが現行のものに統一化される傾向にあるとか、肖像や風景などの挿画の掲載が増加してきたとか、また新聞社自身が「催し物」を企画し読者の獲得に力をいれるようになったとか、価格競争が熾烈になり広告収入に依存する割合が増えたとか、一一項目にわたる新しい現象が指摘されている(3)。このような新聞紙の変質は、その背後においては、帝国憲法の制定により立憲議会主義の方向が確定され、かつての「自由民権」をめぐる政治的争点が制度内に収斂されたこと、それに代って日清戦争での勝利を契機にする産業の勃興が、「社会」領域を争点として顕在化させたことが基底要因としてあったと考えられる。とりわけ産業の発達がもたらす「富」へのチャンスの拡大と交通網の整備によるモビリティの増加は、私的「欲望」を「成功」や「出世」という形で方向付け、教育学習意欲を刺激し、社会変化に対応する情報の必要性をもたらすとともに、他方では娯楽や「文芸」による自己充足を求める傾向を生み出したといえよう。

このような社会変容は、競争的環境のなかでの社会的弱者をも生み出すことになった。すでに高島炭鉱における労働者の悲惨な労働・生活条件などが指摘されていたが、日清戦争後は文字通り資本主義化に伴う、労働問題・貧民問題・都市問題などの「社会問題」を浮上させた。ところで、藩閥・官僚政府にとって「社会問題」の中心的問題は、労働組合の結成や労働争議、あるいは資本主義的競争制度を否定する社会主義思想、あるいは普通選挙の実現に代表されるような政治システムの民主化を求める要求など、現行の政治・経済システムを撹乱する要因こそがその当面の対象であり、いかにそれを社会的に顕在化させないかが重要な課題であると認識されていた。第三次山県内閣時代に、法制局長官平田東助を中心に、警視総監大浦兼武、内務次官小松原英太郎、内務書記官有松英義らが協議し、立案制定され一九〇〇（明治三三）年三月に公布された治安警察法こそは、そのための対抗的手段であったといえよう。治安警察法は、一八九〇（明治二三）年に公布された集会及政社法に代って、集会や結社、あるいは労働・小作運動から生じる諸問題を事前に封じこめるものとして制定され、新聞紙条例、出版法とならんで、言論・集会を統制し、「社会問題」を未然に防圧する役割を担うことになった。

2　社会民主党宣言書の新聞紙掲載

社会民主党の宣言書が、『労働世界』をはじめ幾つかの新聞に掲載されるにいたる経緯については、安部磯雄が回想「明治三十四年の社会民主党」（【資料二】掲載）のなかで言及している。それによると、宣言書の原稿が出来上がった段階で創立人たちが協議をし、片山の編集、発行する『労働世界』の臨時増刊号（第七九号）を発刊し、これに掲載すること、それから、「私共が最も重きを置いたのは全国の新聞であつたから、同じ五月二十日の紙上に一斉に発表されるやう全国の新聞社に宣言書を送ることにした」[4]ということであった。なお、安部によれば、ユニテリアン協会の「日曜演説」（従って、五月一九日ということになり、安部が記述する「宣言書発表の前々日は日曜日」という記憶は誤っている）の日に警察署長が会場にやってきて、政府の方針を話したということである。署長の話によると、すでに内務大臣末松謙澄は「高等官会議」を開いて、「社会主義は近年独逸に於て大分盛んになつて来たようであるが、独逸皇帝は極力之を排斥して居られるから、我国も同一方針を取るのが適当であると思ふ。兎に角日本に於て社会主義を宣伝するのは時期尚早である」との方針を決定しているとのことであった。この基本方針のもとで、内務省は「各府県知事に長文の電報を送り社会民主党の宣言書を新聞に掲載することを一切禁止すべきことを命令した」という、別の情報も紹介されている。これらについては、先に少し触れたように『毎日新聞』が当時言及していることであるが、今のところ原資料的には確認できていない。(5)

宣言書を掲載した雑誌としては『労働世界』、新聞としては東京で発行されていた『毎日新聞』『万朝報』『報知新聞』『日出国《やまと》新聞』の四新聞、それに地方では千葉町で発行されていた『新総房』が現在確認されているところである。もちろん、『二六新報』のように二〇日に宣言書の内容には触れず、「社会民主党の結党」と題して、「予て同志間に協議中なりし同党は愈々昨日神田警察署に向け結社届を差出し宣言書を発表したり」との簡単な記事だけを掲げた新聞もあったが、多くの新聞は翌二一日に「社会民主党の結党禁止」との見出しの記事を掲載し、社会民主党結成と禁止のことを同時に報道するかたちになった。ここでは、記事と判決文が確認できない『新総房』については後で触れることにして、とりあえず、東京で内務大臣から「告発」を受けた一雑誌、四新聞について話を進めていきたい。

『労働世界』が、社会民主党の機関紙的役割を果すことになる経緯については、社会民主党の設立にいたる経過からみれば当然のことであろう。片山潜が関係していた日鉄矯正会の支部において、社会主義を受け入れるとともに、治安警察法の改正、普通選挙期成同盟会への加入などの政治的要求が決議されたことが結党の大きなファクターになったことは安部も片山も証言しているところである。片山は雑誌『労働世界』の編集長であり、名義的にも発行兼編集人となっていた。なお、編集人は印刷人を兼ねることを禁じられていたので（新聞紙条例第七条）藤本兼吉という人物が当っていた。当時、『労働世界』は通常一日と一五日の月二回発行（六月から旬刊）、この号だけは五月二〇日の一斉発表に合せて四ページ立ての臨時増刊号として、「社会民主党宣言書」と横書きのタイトルを付して刊行された。内容は、別掲の【資料一】に紹介するところであるが、一ページから三ページにかけてが「社会民主党の宣言」として八ヶ条の「理想」項目、二八ヶ条の「綱領」項目を含めた宣言書（以下、理想八項目・綱領二八項目と表記する）、三ページから四ページにかけてが「社会民主党々則」、四ページが「雑報」と「広告」という構成であった。

ところで、新聞紙条例においては、一九〇九（明治四二）年に制定される新聞紙法とは異なって、条文中で「新聞紙」自体の定義がなされているわけではない。新聞紙条例第三七条は「時々発行スル雑誌ノ類ハ出版条例ニ依ルモノヲ除クノ外皆此条例ニ依ル」と定めてあり、当時の出版法（一八九三年四月制定）によりに規定されているところから間接的に規定されることになっていた。出版法の第一条は「出版」を「凡ソ機械舎蜜其ノ他何等ノ方法ヲ以テスルヲ問ハス文書図書ヲ印刷シテ之ヲ発売シ頒布スル」と規定し、第二条において、「新聞紙又ハ定期ニ発行スル雑誌ヲ除クノ外文書図書ノ出版ハ総テ此法律ニ依リ出版スルコトヲ得」と定めていた。つまり、「新聞紙又ハ定期ニ発行スル雑誌」は、出版法の対象外であり、新聞紙条例の対象となったということである。このようなことから、『労働世界』は、「雑誌」として新聞紙上では紹介されながら、定期刊行物として新聞紙条例の対象になり、「告発」を受けたのである。

『毎日新聞』は、一八七〇（明治三）年の発行までさかもどるといわれる。島田三郎の養父、島田豊寛が社主、肥塚龍が編集長を務めていた民権派の新聞『横浜毎日新聞』に起源を発し、後、沼間守一が買収し、『東京横浜毎日新聞』と改め嚶鳴社の機関紙とし、一八八六（明治一九）年に『毎日新聞』と解題、改進党・進歩党系の新聞となった。一八九二（明治二五）年沼間の死後、島田三郎が主宰し、二年後には社主となったが、一八九八（明治三一）年島田が憲政本党を去って以後、表面上は不偏不党の立場をとり、人道主義的立場から廃娼や足尾鉱毒などの社会問題、星亨等の東京市汚職問題などを積極的に取り上げた。社会民主党の宣言書を掲載するについては、創立人の一人となった、記者・木下尚江の意向が強く働いたことは言うまでもないが、社主の島田三郎が「社会主義及び社会党」（一九〇一年七月一二日より連載、後に『社会主義概評』として刊行される）で、諸外国における社会主義運動の歴史と現況を紹介するなど、社会主義自体に理解を示していた点も大きかったと考えられる。

五月二〇日発行の『毎日新聞』は、「社会民主党組織せらる」のタイトルのもとに、「兼ねて計画中なりし社会民主党は一昨十八日を以て組織の手続を了し昨日幹事片山潜、木下尚江の両氏より神田警察署へ届出に及びぬ、其の党則及び宣言書は左の如し」の文章に続き、「社会民主党々則」「社会民主党の宣言」として、綱領二八項目の終りまでが掲載されている。見出しに「宣言（一）」と記されているところから判断すれば、次に紹介する『万朝報』同様に、翌日号以下で宣言書の残りの部分を掲載する予定であったところ、内務大臣からの「告発」をうけて断念したものと考えられる。おそらくその記事に代えて二一日号は「咄々怪事　社会民主党禁止せらる」を掲げ、治安警察法にもとづく結社禁止の命令を伝え、同時に「社会民主党の諸氏が此の禁止処分に対する決心如何は吾人の与かり知らざる所なれ共、吾人は直ちに一般結社権問題として我国民及び当路者の猛省を促がすべき者あるを信ず」と書いて抗議の意を示した。要点は「憲法政治」のもとでの「結社の自由」の権利が蹂躙されたというところにあった。さらに、「毎日新聞告発せらる」の見出し記事を掲げ、新聞紙条例第三三条の「社会の秩序を壊乱」する事項に当るとして発売頒布が停止されたことを報じたうえで、「然れ共吾人は全然之に服する能はざるを以て、法廷に於て其是非曲直を争ふ可きなり」との姿勢を明確にした。

『万朝報』は、黒岩涙香（周六）によって、一八九二（明治二五）年一月に創刊された。翌年には『絵入自由新聞』を合併、同社の山田藤吉郎が社主として社長の黒岩を助け同紙の成功をもたらした。政党色を排除し、読者本位の姿勢を打ち出し、しかも社会悪を追及する理想主義を掲げた。四ページの紙面に政治から世事にいたる記事を満載し、文字通り「よろずに重宝」な新聞をめざした。『二六新報』と並ぶ日清戦争後を代表する新聞であった。社会民主党の結党禁止後、理想団を結成し、その理念の継続性を考えたように、社主の涙香自身が社会主義の考え方に対して寛容であった。もちろん、幸徳秋水と河上清の二人の記者が創立人に加わったこともあり、五月二〇日の一面のトップ記事として社会民主党の結成を報じた。すなわち、社説欄に「新政党出づ」を掲げ、続いて「社会民主党の宣言」と題して二八項目の「綱領」部分までを掲載した。記事の終りに「未完」と注記されているように、『毎日新聞』の場合と同様、翌二一日号以下に残りの部分を掲載する予定であった。ただ、『毎日新聞』とは違って、翌日号は記事の差し替えが行われることなく、当時第一版から第三版まで発行されていたが、第一版においては印刷中止が間に合わず宣言書の続きの部分を掲載して発売・頒布することになった。そして、第二版以降は三段にわたり活字を削って印刷した。社説「新政党出づ」は、「今の腐敗し堕落せる政治家及び政党」に代って「主義」と「理想」をもった新しい政党が誕生することを歓迎し、「社会主義を経」とし「民主主義を緯」とする点において、「其名未だ邦人の耳目に熟せざるが為めに、多少世人の誤解を招くなきに非ざるべき恐れもあるが、「現時世界文明の大勢は明らかに此等大主義を歓迎する者なるは疑ふ可らず」と述べて、社会民主党の結成に賛同の意を示した。

翌二一日号の二面は、いずれもべた組みで「社会民主党の禁止」と「万朝報発売頒布を停止せらる」の二つの記事を並べた。前者では、「何故に安寧秩序を妨害するやの理由は一向明かならず」とのコメントを付し、後者の記事では次のような事実を報じた。「昨二十日発行の万朝報紙上新政党出づと題したる論説及び社会民主党の宣言と題する記事は新聞紙条例第三十三条違犯と認められ同条例第二十三条により昨日内務大臣より其発売頒布を停止し仮に之を差押へ且つ右と同一主旨の論説及び事項の記載を停止すべき旨命ぜられたり。而して此命令の警視庁より本社発行兼編集人に伝達せられたるは午後七時頃にて既に印刷に取懸らんとするの際なりしかば已むを得ず本紙一面に続載し置きたる社会民主党宣言の記事を抹殺したり。読者幸に之を諒せよ」（句点は引用者、新聞記事については適宜句読点を付す）と。『万朝報』は、社説と宣言書掲載の二つの記事が新聞紙条例第三三条の社会秩序の壊乱に当るとして告発され、第二三条により発売頒布停止と仮の差押え処分を受けた。さらに同条項にもとづき「同一趣旨ノ論説又ハ事項」記載の停止を命ぜられた。しかし、処分はこれに止まらなかった。二二日号の『時事新報』記事「万朝報再び告発せらる」によれば、「万朝報は一昨日の紙上に於て社会民主党の宣言書を掲載したる為め其筋より告発せられ同時に内務大臣より同一趣旨の事項を掲載する事を禁ずる旨の命令ありたるが昨日の第一版の紙上に於て一昨日の続きを掲載したる廉を以て再び告発せられたりと」ということで、二一日号の第一版は、記事削除が間に合わず、先の「同一趣旨」云々の条項にひっかかり再び告発を受けることになった。

以後、『万朝報』は、社説欄において、幸徳秋水「社会党鎮圧策」（二四日）、河上清「独逸政史の一節」（二六日）、幸徳秋水「日本の民主主義」（三〇日）、無署名「為政者と社会的運動」（六月四日）を掲げ、結社禁止に対する抗議の意を示した。しかし、新聞紙条例による処分に対しては抗議の意を示していない。もっとも、社会平民党の結社禁止を報じた、無署名社説「暴行者に対する真の政党」（六月七日）において、創立人の一人からの「私書」というかたちで、新聞報道についての事前規制を暴露している。それによると、「昨夜夜七時頃電話を以て各新聞社へ平民党結社の雑報記事之れ無き様、依頼し候由、朝報社三版係は此依頼に〇〇〇〇〇〇〇〇〇〇〇〇〇〇〇〇本日欄外に出居候、毎日新聞は事実の報道を何故禁ずるやと問ひしに警視庁に於ては社会とか平民とかの字は不穏なりと答候由、報知新聞の如きは右の雑報を全く抹殺し居候、右の有様にて小生等が、否各新聞が出版の自由も全く剥奪致され候」ということである。おそらく、社会民主党宣言書の掲載にあたってもこのような事前の警告がなされたのであろう。

『報知新聞』の前身は、『郵便報知新聞』で、当時の逓信頭前島密の発案により刊行されたというからその歴史は古い。一九〇九（明治四二）年版の『新聞名鑑』には、一八七二（明治五）年六月に創刊された「本邦最古の新聞紙」として紹介されている。一八七三（明治六）年六月から日刊紙となり、栗本鋤雲が主筆になるに及んで民権派新聞としての立場を鮮明にし大新聞に発展した。一八八六（明治一九）年より三木善八が経営の責任者となり、また矢野文雄がヨーロッパより帰国し紙面を刷新し、他紙に抜きん出るようになった。一八九五（明治二八）年には三木が社主、社長に箕浦勝人が就任、同年『報知新聞』と改題した。社長の箕浦は、慶応義塾卒業後

『郵便報知新聞』記者となり、一時『大阪新報』の経営に当ったりしていた。政治家としては、一八八二（明治一五）年改進党に入党して以来、大隈系の政治家として活躍、第一回の総選挙で衆議院議員に当選して以来大正末まで連続して議席を維持した。とりわけ、第一議会以来、彼が議員として新聞紙条例の改正に尽力した点については特筆しておいてよいであろう。三木、箕浦ともに政治的に大隈重信を支援したので、『報知新聞』自体も大隈系とみなされた。以上のような背景が社会民主党宣言書の掲載に踏み切らせたのであろう。

五月二〇日号の二面に掲載された「社会民主党」とだけ題された記事は、コメント類はなく、「予て組織の噂さありし社会民主党といふもの愈よ昨日発兌の労働世界臨時増刊を以て発表されたり。宣言書は数百行に亘れる長篇なるが要するに同党の理想とする所は」として、以下、理想八項目と綱領二八項目を掲載しただけのものである。「昨日発兌の労働世界臨時増刊」とあるところからみれば、先の片山潜の回想にあったように、一九日の夜中に配送された「校正刷」によるということになろうが、実際には既に完成されたものが配られたので、こういう表現になったのであろう。二一日号では、「社会民主党の結党禁止」の記事だけを短く報じ、告発を受けたことには触れていない。

『日出国新聞』は、条野伝平を社長として刊行された『警察新報』に発している。一八八六（明治一九）年一〇月に改題されて『やまと新聞』となり、後に「日出国」の漢字が当てられ「やまと」と読ませた。もともと『警察新報』は警察種を扱う「小新聞」で、『やまと新聞』に変わってもこの流れを受け継ぎ、やがて『読売新聞』と並ぶ、東京を代表する「小新聞」に発展した。福地桜痴の小説が人気を博した。また、講談を掲載したのも本紙が初めてであった。一九〇〇(明治三三)年松下軍司が買取って経営にあたり、一時社を離れていた福地を主筆格に据えた。山県有朋系の新聞とみなされていたので、むしろ弾圧する側の立場を代弁するのが当然と考えられるが、次に紹介するような理由から社会民主党宣言書を掲載するに至ったと考えられる。

ともかく、五月二〇日号の第二面に掲載された「社会民主党の宣言」と題された記事を紹介しよう。以下、理想八項目と綱領二八項目を省略して引用する。

予て一部有志者の間に計画ありし社会民主党組織の事は其後着々進行し愈よ昨日を以て宣言書を発表したり今其大要を紹介せんに先づ冒頭に於て「如何にして貧富の懸隔を打破すべきかは実に二十世紀に於けるの大問題なり」と喝破し「本邦今日の政治機関は全く富者即ち貴族富豪若しくは地主資本家の壟断する所となり国民の多数を占むる労働者小作人は一般に度外視せられ居るも彼等をして其得べき地位を得せしむるは社会全体の利福を増進する所以にして我党は茲に多数人民の休戚を負ふて生れたり」と説き「我党は純然たる社会主義と民主々義に依り貧富の懸隔を打破して全世界に平和主義の勝利を得せしめんことを欲するものにして

〔八項目、略〕

を理想とするものなるも今日之を実行するは固より困難なれば綱領として
を規定し実際的運動を試みんことを期す」と説き滔々数千言を列ねて終りに「社会民主党は
貴賤貧富の懸隔を打破し人民全体の福祉を増進するを目的とす」と述べたり
主義綱領大体に於て我輩の賛同するに躊躇せざる所今後益々健全の発達を遂げて沈滞せる我
政界に一新動力を与ふるに至らんこと切望するものなり
〔二八項目、略〕

この記事はただ単に結成の事実を報じたのみでなく、文末において、「主義綱領」に対して「賛同」し、発展を「切望」するとのコメントまで付した点で、『報知新聞』の報道姿勢をはるかに超えている。

『日出国新聞』の翌日、二一日号は「社会民主党の結党禁止」と題した記事を掲げ、禁止命令が出された事実を伝えると同時に、「僅に宣告書を発表せるのみにて早くも此厳命に遭ふ主唱者等の遺憾想ふべきなり」と、ここでも創立者に同情を示している。そして、二二日号の「本紙の発売頒布停止」記事では、内務大臣よりの発売頒布の停止、仮差押え、同一趣旨の記事停止の命令があったとの事実だけを報じた。ところで、この報道を見る限りにおいて、『日出国新聞』が山県系とする判断は当てはまっていない。少なくとも社会民主党の宣言書掲載に関しては、そういうことができる。この点は五月二七日社説「社会党に対する恐怖」において愈々明らかになる。

この論説は、はっきりと社会主義を弁護し、政府の対応を批判している。これによると、「社会主義」は、「人々が平等を欲し懸隔を嫌ふの念」であり、欧米ばかりではなく中国にも日本にもあったものである。それに対して「乱民」のレッテルを貼ることは、「国民を納税の動物、貧弱者を富強者の奴隷」とする考えからきている。そして、綱領中の「華族制の改正（世襲華族の廃止）」「選挙法の改正（普通選挙）」「相続税」「奢侈税の計画」「土地国有論」などは、十分に研究に値するものである、このように断言する。その上で、結党禁止のことに言及する。「頃日社会党の小結成あり、当局者は直に其禁止を命じ、其趣意書を抄載したる新聞紙は告発せられたり、社会党に対する恐怖の情は一面政府の為に之を去るに力め、社会党の決して乱民にあらざることを弁説し、皇室及び国家をして、少数の貴族と少数の豊人とを味方とせしむるは、多数の国民と多数の貧人とを味方とするもの、極て無窮の業たるに及ばざるを挙示せざるを得ず」と。一君万民的平等主義であれ、政府の弾圧に対し抗議の論説を堂々と掲げたところに、『日出国新聞』のこの時点での気骨をみることができよう。

二　宣言書掲載事件の裁判過程

1　東京地方裁判所の審理と判決

内務大臣からの告発を受けての一雑誌、四新聞に対する東京地方裁判所第四刑事部（裁判長・中西用徳、陪席判事・玉川仕致・中村太郎、立会検事名村伸）での公判は、一九〇一（明治三四）年六月二六日から始まった。ただし、二六日の当日、『報知新聞』と『万朝報』の二社は延期を願い出たため、残りの三社に対する審理が行われた。弁護人として確認できるところは、『労働世界』については同志会法律事務所のメンバーが引き受け、主任弁護人の本田桓虎、以下松沢九郎、石井為吉、原元蔵の四名、『毎日新聞』が塩入太輔、朝倉外茂鉄の二名、『日出国新聞』は、天野敬一、桜井轍三、それに苗字だけで南雲、野口の四名であった。[6] 当日の公判の模様は、『毎日新聞』（六月二七日）、『労働世界』（七月一一日）でも報じられているが、『二六新報』（六月二七日・二八日）に掲載された「社会民主党宣言書掲載事件公判」が一番詳しく報道しているので、その一部を紹介しておきたい。なお、ほぼ同じ内容が英訳されて、『労働世界』（No.83, 1.July とあるが、No.84, 11.July の印刷ミスと考えられる）の英文欄に掲載されている。ただ、英文中には、片山潜が社会民主党の創立人（author）であり、幹事であり、そして『労働世界』の編集長でもあったが故に、裁判長の対審も検事からの訊問も片山が主な対象となったとコメントされ、また、先立てなされた検事の論告は、宣言書のどこが社会秩序に反しているか、常識をもってしてはほとんど判断できないものであった、との前置きが記されている。[7]

「社会民主党宣言書掲載事件公判」（『二六新報』六月二七日、原文のママ）

同公判は昨日東京地方裁判所に於て開かれ中西裁判長の定式訊問、名村検事の公訴申立ありし後事実の審問に移り左の問答ありたり（▲は判官△は被告片山）

▲彼宣言書を臨事発刊としたるは如何

△至急を要するからです

▲彼宣言書の主義即社会民主々義を社会に報道して実行する積りか

△そは別問題です私は社会民主党の宣言書を紹介即記載したまで、す実行と否とは当事件とは関係ありません只如此宣言書ありしを報道したるのみです

▲そを理論を云はず実際右の主義を実行する希望ありしか

△然り希望は万々あります

▲彼の宣言書中の初の方の一より八まで又次の一より二十八迄の記事は即財産を共有にするとか分配を公平にするとか軍備を廃するとか階級を廃すとか云ふ記事は之を掲載すれば社会の秩序を壊乱すると思はざりしか

△別に紊乱するとは思はず却て掲載するこそ善き事と信じました

▲其方は社会民主党の幹事である彼の宣言書は何か拠る所ありて……即西洋の或者に拠り……社会党より……宣言書を出す事になりたではないか何か拠る所あるであらう

△否自分の考、理想を書いたものである勿論西洋の社会党の主義の中でも執るべきは執つた、併し我日本には万国に異なる国体もあれば私共の主義、理想は西洋の社会党とは大

に異なる所あります
▲　其方は外国語は何国に通ずるや
△　支那語英語でラテンも少々イケます仏独は英を通じてやります

以上のような、裁判長からの片山潜に対する事実審問があり、続いて『毎日新聞』、『日出国新聞』の関係者に対する審問、それから証拠調べがなされ、名村検事の論告がおこなわれた。検事は、宣言書には、「虚無党」や「無政府党」のように「白刃を振ひ爆裂弾を投ずる」ような「有形的不法の行為」は行わないとあるが、その内容は「無形的」に社会秩序を破壊するものであるとして、とりわけ、「階級制度の全廃」は、「華士族平民の階級を打破するのみならず畏れ多くも……の階級をも認めざるに至るべく」と言を強めている。もちろん、文字が伏せられているところには、「皇室」か「皇族」の言葉が入るのであろう。先の片山潜の答弁のなかでも窺うことができるように、社会民主党の禁止をめぐる最終的な審判は「国体」ないし「皇室」を否定するものであるかどうかにあったのであり、幸徳秋水をはじめ創立者たちはこの問題に抵触しないことを注意深く弁護してきていたが、新聞紙条例のうえからみれば、この問題は第三三条の「社会ノ秩序又ハ風俗ヲ壊乱」に該当する問題ではなく、より罰則の重い第三二条の「皇室ノ尊厳ヲ冒涜シ政体ヲ変壊シ又ハ朝憲ヲ紊乱」に該当する筈の事柄であった。名村検事が条文適用の範囲をおかしてまで、この点に言及したことは、その威力を十分に知ってのことであった。ともかく、名村は理想項目のいずれもが「我現時の社会秩序を紊乱」するものであるとし、記事全体が社会秩序を乱すものであると断言している。

これに対し弁護人からは、検事の判断は単に「社会民主党」という名前だけに基づいてなされているのではないか、との反論がなされ、「理想」八項目は、「今日之を実行するの難きは論を俟ず」との認識のもとに掲げられているものであり、実際的には二八項目の「綱領」が提起されていて、これらは全部、「我社会に実行され得べき事柄」である。事実、「華士族廃止論」「軍備縮少論」「普通選挙実行論」等々は、世の中の新聞、著作、演説などで日常的に唱えられているものであり、宣言書の掲載を社会秩序の紊乱とするなら、どうしてそれらの新聞紙、著作、演説等を取締らないのか、と反撃している。また、現在の日本社会は、これらの要求を掲げたからといって秩序が乱れるような「よはい社会」でもなく、寧ろ告発し世間を騒がすことの方が秩序を壊乱することになるのではないかと揶揄もしている。

『毎日新聞』は、早速、「裁判所の智識」（傍聴生、六月二八日）を掲げ、検事の論告に批判を加えた。木下尚江の執筆になる、この論説は、この裁判が「日本に於ける言論自由の実質を試験すべき者」との認識にたち、検事論告は、「極めて不充分にして又た極めて不完全なりき、而かも其の態度言論の不謹慎なるは決して法官の威信を維持する所以ならざることを感ぜしめぬ」と酷評している。

以下、具体的に鉄道公有、義務教育の延長、軍備の全廃、階級制度の全廃、等の諸問題について論評を加えているが、たとえば宣言書中の軍備全廃についてみれば、「是れ万国の学者と政治家とが皆な前途に希望する共通の理想にして、今や国家の手を以て平和会議は設けらる、に非ずや、『軍備全廃の理想』を指して秩序紊乱となすは、世界の広き人類の多き、古今を貫き東西を通し天下只だ日本東京地方裁判所検事名村伸君一人のみならん」、と揶揄を交えて批判している。もし、社会民主党宣言書全部が社会秩序の壊乱に当るとするならば、その根底をなしている「社会主義」「民主主義」が秩序破壊にあたることを立証せよ、という論者の指摘は的をついているといえよう。

七月一日に予定されていた判決言渡しは、三日に延ばされ、五日に延ばされて、毎日新聞発行兼印刷人の篠原健三郎・同紙編集人山口仁之助の両名、また労働世界発行兼編集人片山潜に対して無罪が宣告された。また、『日出国新聞』の発行兼編集人の鈴木真三郎に対しても当然無罪の判決が下されたが、新聞紙上では確認できない。『毎日新聞』は七月六日号の第二面に「社会民主党の無罪」と題する記事を掲げ、第五面に判決書謄本を全文掲載した。また、『労働世界』は、七月一一日号にこれまた判決書謄本を全文掲載している。判決文の掲載は、新聞紙条例の第一五条で、「新聞紙ニ記載シタル事項ニ付キ裁判ヲ受ケタルトキハ其新聞紙ノ次回発行ニ於テ宣告ノ全文ヲ掲載スヘシ」と定められているように、寧ろ義務づけられていた事項であったが、現実的にどこまで厳格に履行されたのかは判断できない。現存のマイクロフィルムで確認できなくとも、他の版に必ず掲載されていたものなのか、あるいはある程度弾力的な運用がされていたのか、この点の確認は今後の課題である。ともかく、各新聞は、判決謄本を掲載することによって、発売頒布を停禁止された記事内容を、判決文中で合法的に報道し得たわけであるから、この規定が諸刃の剣となっていたことは事実であった。以下に紹介するように、判決文の大部分は記事内容を紹介したものであったので、行政が停止した記事を裁判所が掲載することを認めるという皮肉な結果をもたらした。判決文中において記事内容の要約が多くの分量を占めているのに比して、「理由」部分は簡単なものであった。『労働世界』の場合、宣言書の内容を縷々要約したうえで、「該記載事項は未だ社会の秩序を壊乱するの程度に達せさるものなりと認定し刑事訴訟法第二百三十六条第二百二十四条の規定に従ひ主文の如く判決す」とだけ記して、理由は全く触れられていない。この点は『毎日新聞』の場合も同様で、掲載記事をそのまま引用したうえで、「右記載の事項は其全部を総合し若くは其各部分を分割して審案するも未だ社会の秩序を壊乱するものと謂ふを得ざるものなれば被告両名の前顕行為は孰れも罪と為らざるに因り共に刑事訴訟法第二百三十六条第二百二十四条前段の規定に基き主文の通り判決するものなり」として、実質的な判断理由を回避している。なお、判決文中で言及されている刑事訴訟法（一八九〇年制定）の規定について見れば、第二百三十六条は地方裁判所の公判受理に関するもの、第二百二十四条前段は「犯罪ノ証拠十分ナラス又ハ被告事件罪ト為ラサルトキハ判決ヲ以テ無罪ノ言渡ヲ為シ」との規定で、実質的な意味があるわけではない。

延期されていた『万朝報』と『報知新聞』に対する東京地裁での審理は、『労働世界』等に対する無罪判決後の七月八日に始まった。『報知新聞』は発行人中村政吉・編集人六郷剛吉郎、『万朝報』は発行兼編集人の村田藤次郎が被告とされた。午後一時からの法廷では、『報知新聞』の中村発行人は二〇日号発行の時は風邪で出社していないので事情を知らないと発言し、六郷編集人は社会の出来事として報道したまでのことで、自由党や進歩党の宣言を掲載するのと何等異なるところはなく、もとより社会の秩序を紊乱する意志などなかったと発言した。これに対し『万朝報』の方は多少複雑で、検事の方から納本前に発売頒布した疑いがあるとのことで、証人申請が行われたが、時間がかかったため延期されることになった⑻。

『万朝報』と『報知新聞』に対する第二回目の公判は七月一〇日に行われた⑼。この日出席した弁護人は、塩谷恒太郎、朝倉外茂鉄、平岡万次郎、今村力三郎等であった。名村検事からは、『毎日新聞』『日出国新聞』『労働世界』に対してはすでに無罪の判決が下されているが（後に述べるように即日検事控訴がなされた）、飽くまでも有罪を主張する旨が述べられ、とりわけ階級全廃の主張は「恐れ多くも皇室に対し奉り甚不敬の極にて該趣意は理想なりと云ふと雖も全く社会の秩序を紊乱するのみか延て朝憲をも紊すこと明」らかであると有罪の根拠にした。また、『万朝報』発行兼編集人の村田に対して、『万朝報』は納本前に発売頒布したことが判明したので、この点についても追起訴する旨の発言があり、検事側証人として警視庁警部小出今朝治、弁護側証人として社員鈴木省吾が召喚され訊問を受けた。さらに検事は警視庁第四部給仕岩野徹の証人喚問が必要と主張し、時間切れとなり再度の延期となった。新聞紙条例の第一二条は「新聞紙ハ其発行毎ニ先ツ内務省ニ二部管轄庁（東京府ハ警視庁）及管轄治安裁判所検事局ニ各一部ヲ治ムヘシ」と規定していて、二一日号の第一版がこれに違反しているというのである。

これに対して、『報知新聞』の弁護人は次のように無実を主張した。まず、平岡弁護人は、中村政吉は当日病気不在であったので事情をしらず無実は当然であること、六郷剛吉郎はただ新聞人の責任として「一個の出来事」として摘録したに過ぎず同情を表明したものではないこと、その上で、たとえ社会民主党を擁護したとしても理想として並べられている一から八までの項目の趣旨は、「古来より伝はる仏書或は聖書に明に羅列せられあるのみか常に新聞雑誌に論難せられつゝありしものを今事新しく如斯記事が社会の秩序を紊乱すると認められしは甚不可思議千万」であると。また塩谷弁護人は社会民主党が秩序を紊乱するというのであれば、一教科として社会学を講義している帝国大学も「立派な犯罪者」であると揶揄し、また階級制度全廃のことを検事はもちだすが、日本には「国体」が定まっていて、階級制度の破壊が皇室に及ぶなどということは杞憂にすぎないと反論した。その後、『報知新聞』に対して無罪の判決言渡しがなされた。判決文は、『労働世界』等と同じく、掲載記事を引用した後に、「右記載の事項は其全部を総合し若くは其各部分を分別して審理するも社会の秩序を壊乱するものと認むる能はざるを以て被告両名の前顕行為は孰れも罪とならざるに因り各刑事訴訟法第二百三十六条第二百二十四条前段に則り無罪の言渡を為すべきものとす」とするものであった(10)。

『万朝報』に対する判決は、八月三日に宣告された。判決文の主文は次のようにいう。「被告藤次郎が万朝報第二千七百四十九号を先づ其一部を警視庁に納本せずして発行したる所為に対し被告を罰金五円に処す」「被告藤次郎が万朝報第二千七百四十八号の紙上に新政党出づと題する記事及社会民主党の宣言と云ふ表題の下に其趣旨綱領を掲げて発行したる点並に内務大臣より停止命令ありたる後万朝報第二千七百四十九号に前号に載せたる記事と同主意の事項を掲げたる点に関しては被告は各無罪」と。つまり、新聞紙条例第三三条違犯に問われた宣言書掲載並びに第二三条違犯に問われた同一趣旨の記事掲載については無罪、ただし、追起訴された、発売頒布後に納入した第一二条違反事件については五円の罰金との判決であった。判決文の理由部分についてみれば、無罪に関するところは、他社に対する判決と同様に長々と『万朝報』記事を引用した後で、ただ「之を認むるに証拠充分ならざるを以て」とだけ記されているに過ぎない。有罪部分については、細かい事実関係により裏付けがなされている。容疑は、五月二〇日号の第一版が同日午後六時に発送されているにかかわらず、警視庁への納本が翌日の午前二時から三時頃になされていて、事前納本の義務を怠っていたというのである。その証明として、検事局の担当者の証言によれば、普段、新聞紙の納本は当日午後一〇時以後に行われているが、二〇日号についても午後一〇時以前に納本された新聞紙はなかったということ、また鉄道作業局新橋署長の書面によれば、同新聞は午後一〇時発の列車に搭載したということ、また、『万朝報』第一版は、常に発行日の前日、午後五時三〇分頃より六時頃までに印刷を終り、直ちに同社出張中の大売捌所に交付している旨の証言があること、これらから有罪を立証したというのである。検事としては、何か確実に有罪にできるものを求めていたのであろう、いわば従来の慣行にまでイチャモンをつけてでも（ということは、検事局等の怠慢でもある）あら探しをしたという印象を拭うことができない。(11)

2　控訴院判決と大審院判決

七月五日の『労働世界』『毎日新聞』『日出国新聞』に無罪判決が宣告された、その日に検事は判決を不服として東京控訴裁判所に控訴した。(12)『毎日新聞』は、七月九日号の「行政部の見解 司法部の判決」でこの控訴について触れ、「社会主義を説くを以て安寧秩序を害する者となすが如きは常識ある者の為し能はざる所にして、日本国民言論の権利上大に注意すべき所」とした上で、検事論告の「余りに不論理」と判事の一審判決の「健全なる思想」とを対比させた。

一雑誌、四新聞に対する控訴院公判は、第二刑事部公廷において、一二月二〇日午後一時より五時まで開かれた。裁判長は柿原武熊、陪席判事、渡辺輝之助・橋爪捨蔵・沢村勝・浅見倫太郎、立会検事・豊島直通であった。ここでは、公判記事が掲載された『報知新聞』『毎日新聞』『日出国新聞』について法廷でのやりとりをみておきたい。

まず、『報知新聞』に対して、検事は、「記事は共に国家を眼中に置ざるものにて本家地主貴族の全体を撲滅して一図に労働者の権利を拡張し即ち今日の社会秩序を顧ざらんとするもの也。故に第一審の無罪宣告は不法の裁判なり。是此控訴ある所以たり」と論告した。これに対して、太田弁護士は反論し、まず、「社会改良は目下の急に非ずや。殊に維新以来社会現象は漸次独占を離れ階級を去て共同平等の状態に進みつゝあることは此に呶々する迄もなし」と述べたうえで、社会民主党の宣言書について触れ、「社会秩序を破るものに非らずして即ち大に下層なる労働者の智識奨励に資する」ものであると弁護した。次に平岡弁護士は『報知新聞』記事は、「単に社会民主党なるもの生じたる故其宣言書は左の如しと転載せしまでなり。これ新聞紙は社会現象を報道する義務あり。恰も放火、窃盗、誹毀などの事柄を報ずると均し。然るに之を罰するが如きは新聞紙の働きを縮むるものに非や」と弁論した。浅倉弁護士は、新聞紙条例第三三条の規定は「社会秩序を紊るものは罰せらる、」けれども、「単に紊らんとする記事」は対象外である、と述べたとのことである。(13)

『毎日新聞』に対する検事論告は次ぎのようなものであった。「個人ならば格別秩序壊乱と云ふ可きにあらざれど、苟くも集合せる団体に於て発表する処の如此宣言書は、社会の人心に不安の念を抱かしむる処あるものなれば、秩序壊乱となるや疑ひなし、第一審裁判所が個人と団体との区別を為さずして、漫然無罪の判決を為せるは失当なり」と。ここでは、個人と団体に区別して論じたところに新しさがある。これに対し、塩入、朝倉の両弁護人は、「検事の論告の如く何事に依らず、社会の現状に変動を与ふるものは秩序壊乱と云ふを得可くんば社会の改良は期す可らず、然かも本宣言書の如きは正々堂々相当の手段方法を以て、是が実行を計るに在りと云ふに於て、如何の点にか秩序壊乱を見出さんや」と反論を加えたということである。(14)

『日出国新聞』に対する検事の論告も『毎日新聞』に対すると同様の趣旨で、「箇人の学説ならば兎も角も苟も党としての宣言書を掲載せしものにて社会の秩序を破壊するもの」であるとするものであった。それに対して、天野敬一、塩入太輔、桜井轍三の弁護人からは、「箇人としての宣言にせよ党としての宣言にせよ書中更に秩序を破壊すと認むべき点なきのみならず却て社会改良に緊要の趣意を記したるものなれば之を掲載」したにすぎないので条例違反には当らないと反論した(15)。

控訴院判決は、一二月二五日に宣告され、いずれも一審判決が破棄され罰金二〇円が言渡された。現在新聞紙上で判決文を確認できるのは『毎日新聞』『万朝報』『日出国新聞』についてである。この三つの判決文で見る限りでは有罪とした論拠は同じで次のように述べている。

該記事の各項を総合して之を考察するに其趣旨たる決して近代の社会問題に関し適当なる救治方法を学理的に推論討究するに止らずして現社会の組織を変更する為め政党を組織して直に之が実際的運動を為すに在りて煽動挑発の文辞を用ひ国法上保障せる言論自由の範囲を踰越したるものにして其論旨を実行せば凡そ雇人小作人労働者等の社会階級に属する者に於て社会政治の局に当り其政府は随意に各種の配財其他独占的事業を経営すること丶なるべく従来資本家地主雇主等の社会階級に属する者は既存の利益を剥奪せられざるを得ず故に該記事たる社会の秩序を壊乱する事項を記載したるものと認めざるを得ず(16)

要約すれば、一つには、記事は学理的研究を越えた実際的運動をめざしたものであり、「煽動挑発の文辞」は「国法上保障せる言論自由の範囲」を逸脱していること、二つには、公有による政府事業の主張は、現行の資本家・地主・雇主等の利益を剥奪しようとするものであること、これらの主張は社会秩序の壊乱に当ると結論づけたのである。

ただ、『万朝報』の五月二一日の第一版第一面記事について、同一趣旨の記事を掲載したとする公訴については、第一審において無罪の判決を得ていたが、この点についての検事控訴に対しては、「右発行が命令受理後に係ると認むべき証拠十分ならず」として無罪の判決を下した。

控訴院判決を不服とする大審院への上告は、四新聞社によってなされた。『労働世界』については確認できない。東京控訴院からの上告審は大審院第二刑事部の管轄になっていたが、裁判長は長谷川喬、陪席として岩田武儀・永井岩之丞・木下哲三郎・鶴丈一郎・鶴見守義・横田秀雄の各裁判官、立会検事は奥宮正治という陣容であった。当時の刑事訴訟法によれば、上告は判決の日より三日以内になされなければならず、原裁判所に対して「申立書」を提出し、弁護人の選定等がおこなわれ、公判日の一五日以前に「趣意書」を提出することになっていた。そして、上告の相手方（この場合は検事）は送達を受けた日から五日以内に「答弁書」を上告裁判所に提出、裁判長が「受命判事」を任命し、「趣意書」と「答弁書」を検閲、「報告書」を作成して裁判が始まる手続きになっていた。そして、この上告審の公判は一九〇二（明治三五）年三月一七日に行われた。『毎日新聞』記事によれば、『万朝報』『日出国新聞』の二社が欠席のうちに開廷された公判廷で、『毎日新聞』の上告弁護人であった塩入太輔は、上告理由と趣旨の拡張点について次の二点を指摘したということである。第一点は、「原判決は何々を総合して秩序破壊と認む云々とありて、改正刑事訴訟法の凡そ判決は、其認定の因て来る証拠と、其断定の論拠を示さゞる可らずとの規定に違反せること」、第二点として「事実認定は固より原院の自由に属するものなれば敢て非議する訳に行かざるも、新聞紙上の事実は認定と云はんよりは、寧ろ解釈に属するものなれば本院に於て更に審理し得可きこと」、である。第一の点についての刑事訴訟法の根拠は、第二〇三条の規定「刑ノ言渡ヲ為スニハ罪トナルヘキ事実及ヒ証拠ニ依リテ之ヲ認メタル理由ヲ明示シ且法律ヲ適用シ其理由ヲ付ス可シ」であり、一八九九（明治三二）年改正されたものである。

これに対して奥宮検事からの論告は次のようなものであった。「本件は事極めて重大にして殆んど言論社会の犯罪としては是より大なるものなかる可く、既に本院の他の部に於ては判例の存するあれど、少しく其理由慊らざる処あるを以て、将来に於ける完全なる判例を作る可く、本職は少しく其民主党なるもの、性質の意見を陳述す可しとて、其本件は決して学術上の論説にあらずして、独逸のカールマークスの原社会を破壊して、新たに共産主義等の社会を作らんとするもの、主義の翻訳なること、主として経済上労働問題上貧富懸隔問題上に掛れるものなること、綱領中の階級制度全廃の如きは、皇室と臣民の区別をも廃せんとするものなること等を説明し、更に新聞条例三十三条の秩序なるものは、同条例中其他に規定しある朝憲紊乱、風俗壊乱等特殊の秩序を目的としたるものにあらずして、主として本件の如き経済上等の全社会組織制度等を予想したるもの」である、と。発言中の「本院の他の部に於ては判例の存するあれど」というのは、後に紹介する、前年の『新総房』に対する大審院判決を指していると思われる。これに対し弁護人からは、「検事の推測の不当にして、事実に現はれざるものに迄及ぼせること、検事の論告は本宣言書が凡ての問題を、法律規則を制定変更して実行するにありとのことに対し、矛盾せるものなること」と反論が出された(17)。

三月二四日、大審院第二刑事部は、午後三時からの法廷で上告を棄却した。新聞紙上において判決文が確認できるのは、『毎日新聞』『報知新聞』『日出国新聞』であるので、それらの内容を見ておきたい。判決文は弁護人からの上告趣意書を否定するかたちで書かれているので、それぞれに違いがあるが、その骨格は同じでものである。つまり、冒頭は次のように始まる、「右新聞紙条例違犯事件の控訴に付き明治三十四年十二月二十五日東京控訴院に於て言渡したる判決に対し被告等より上告を為したり因て刑事訴訟法第二百八十三条の式を履行し判決すること左の如し」と。刑事訴訟法第二八三条は、「検事ニ非サル者弁論ヲ為スニハ弁護人ヲ差出ス可シ」「受命判事ハ弁論前其報告書ヲ朗読ス可シ」「検事及ヒ弁護士ハ趣意書ニ掲ケタル事項ノ範囲内ニ於テ弁論ヲ為ス可シ」等を規定している。そして、結論部分は「抑も民主々義と云ひ階級制度を全廃すると云ひ或は財豊の分配を公平にすると云ふが如きは現時の制度を破壊するの甚しきものにして是等の理想に基き政党を組織し以て同志を集合するに於ては為めに社会の秩序を害すべきものと謂はざるを得ず故に被告等の行為は新聞紙条例第三十三条に所謂社会の秩序を壊乱すべき事項を記載したるものたること勿論なるを以て原院が同条に依り処断したるは相当なり／右の理由なるを以て刑事訴訟法第二百八十五条に依り本件上告は之を棄却す」となっている。第二八五条は、「左ノ場合ニ於テハ上告裁判所判決ヲ以テ上告ヲ棄却ス可シ」との規定で、ここでは第三の「上告理由ナキトキ」が該当している。

この上で、まず『毎日新聞』の判決文について見てみたい。上告趣意書によれば、原判決においては公有による政府事業が資本家等の既存の利益を剝奪するとされ、この点が秩序の壊乱の理由とされているが、これは結果を説明したものに過ぎず、非合法的に既存の利益を奪おうとするものでないから秩序壊乱には当らないと説明する。しかし、「前掲説明は資本家地主雇主等の社会階級に属する者の既存の利益を擅に剝奪するに至るとの趣旨なることは行文上自ら明かなるを以て本論旨は相立ず」と判決文は頭ごなしに趣意書を却下する。ついで、判決文は塩入弁護人が提出した「上告拡張書」の抗弁を紹介する。第一に、貧富の懸隔を打破すべきであるという主張は世界の世論であり、放置した場合に起りうる騒擾を考えれば、むしろ社会秩序を守ることになろうとする主張である。第二に、人類は同胞、軍備の全廃、階級制度の廃止、土地・資本・鉄道の公有、政権の平等な分配、教育費用の国家負担などは、すでに行われつつあるものもあり、学理的にも既に唱導されたものであり、社会秩序の紊乱には当らない。第三に、宣言書の趣旨を実行すれば、政府は労働者や小作人によって独占されるというが、宣言書のなかでは一言もそのようなことは言っていない。幸福を平等にしようという主張である。第四に、新聞紙条例中の壊乱という語の内容は現実性をもって考えられなければならない。従って時代や社会状況により判断すべきである。しかし、今日の日本社会は十分鞏固である。また、個人が主張するのは問題ないが政党として主張するのは問題があるというのも矛盾があり、社会を壊乱するというのであれば、誰が主張しようと結果は同一であるはずではないか、以上の諸点である。しかし、判決文は塩入弁護人の主張に直接反論するわけではなく、紹介だけしておいて、以下『毎日新聞』記事を掲げ、先の結論部分「抑も」云々に接続するのである。これから分るように、判決文は上告の趣旨を事実的に、論理的に、条文解釈的に、直接批判するのでなく、棄却の結論だけを述べた内容になっていると言えよう。[18]

つぎに『報知新聞』『日出国新聞』に対する大審院判決文をみてみたい。『報知新聞』の平岡万次郎弁護人の「上告趣意書」によれば、掲載記事は社会民主党がどんなものか知らせるために報道しただけであり、少しも「煽動挑発の文辞」を加えてはおらず、有罪としたことは刑事訴訟法第二六九条中の「擬律ノ錯誤」に当るとするものであるとの主張である。[19]また、『日出国新聞』の「上告趣意書」は、宣言書記載の事項はその全部あるいは一部について政治家や社会学者が唱えてきたところであって、今日の社会の弊害に感憤して宣言したもので、社会の改良に役立つことはあっても壊乱につながるものでないことは、記事をよく読めば明らかではないか、と主張した。[20] しかし、判決文は、いずれも趣意書に直接答えることなく、記事を要約して掲載した上で、「抑も」以下の結論を述べて上告を棄却した。

このような大審院における有罪判決に正面から噛みついたのは、『毎日新聞』に掲載された「大審院の判決を評す（一）（二）」（一九〇二年三月二七日・二八日）であった。「平和平等主義の一人」のペンネームが付されているこの論説を書いたのは、木下尚江ではないかと推測できる。というのも、結党禁止後の五月二一日の安部磯雄を除く創立者五人の集まりにおいて次のような方針が確認されていた。「宣言書の禁止と結社の禁止とは其事二なれ共畢竟同一精神より出てたる者にして、国家を代表する検事は公判廷に於て必ず治安妨害の理由を説明すべく、裁判所は独立の思想を以て何等の判決を下さゝるべからず」（「社会主義と日本・社会民主党の将来」、『毎日新聞』五月二三日）、と。『毎日新聞』は、「裁判所の智識」（六月二八日）や「行政部の見解 司法部の判断」（七月九日）等において、裁判所判断に対するある種オプティミスティックな見解を掲載してきたが、これらは、先の合意の延長線上にあるものと考えてよいであろう。従って、これらの論説は、この事情にコミットしていた木下が執筆したと考えることは妥当なことではあるまいか。しかし、最終的な大審院判決に対して、期待は怒りへと変わっている。

論説は、まず判決文の結論部分、「抑も」以下の文章を引いて、「何ぞ夫れ文辞の簡単にして、説明の茫漠、而して思想の卑下なるや、吾人は之を看過すること能はざるなり」と断言する。そして、判決文において、「現時の制度を破壊」すること甚だしいものがあると指摘された「民主主義」「階級制度の全廃」「財産の公平分配」の三つについて反論を加える。「民主主義」についてみれば、木下によれば、「憲法政治」のもとでは「民主主義」はその「生命」であって、まさに、「憲法政治をして有終の美を済さしむるとは、則ち民主主義を掩ふの浮雲を払つて、中天に赫燿たらしむるの謂に外ならざるなり」と言い切る。専制政治においても、「名君賢相」の心のなかには、「民は国の本なり」「天下は天下の天下なり」「民の富めるは朕の富めるなり」という言葉に現されているように、「民主主義」の「閃き」があったのだから、一九世紀の「革命」を経た「憲法政治」の時代においては「民主主義」が政治の「大義」になっている。日本においても、「五箇条の誓文」において「天皇の自由的誓約」によって「民主主義」を受け入れることを表明しているではないか。このようにいって「民主主義」が社会壊乱の思想でないことを弁護する。

続く二つの項目に移る前に、前提として「現在制度の破壊」と「社会秩序の妨害」を区別する必要性を説く。木下は、「現在制度の破壊」が「社会秩序の妨害」を意味しているとは限らず、社会秩序を回復するために「現在制度の破壊」を行わなければならない場合があるではないか、と主張する。その上で、「階級制度の全廃」や「公平分配」の問題に言い及ぶ。たとえば逆に、「階級制度」や「不公平分配」を理想とする人がいるだろうか、と。「階級制度」を理想とするものは「蛮風の遺物」を好むものであり、「不公平分配」を主張するものは私利だけしか考えない地主資本家だけではないか。その意味で言えば、宣言書に掲げた「人類同胞」の主張を破壊思想として指摘しなかったことが不思議なくらいであると。そして、大審院判決に対する結論として次のように言う、「其の言ふ所は野蛮的遺物を保守せんが為めに、人生本来の理想を危険なりとするに外ならず、是れ『秩序維持』の名の下に、実は国家の権力を以て真正なる社会の秩序を紊乱する者なり」と。判決の中味をそのまま投げ返したような木下の批判は見事であるというほかないが、所詮、議論の前提にしている「秩序」が、現状を肯定したものか、創り出すべき真正のものか、と根本的に違っている以上、木下の批判はこれ以上届き得ないものであった。

三　地方新聞紙の報道

社会民主党の結党と内務省による禁止、また新聞紙条例による発売頒布停止措置と告発等を地方新聞がどのように報道したか、これについては今のところ、いくつかの点を解明することによって全体を推測することしかできない。たとえば、『大阪毎日新聞』『京都日出新聞』『神戸又新新聞』などは、東京の諸新聞と同様に五月二一日号で結党禁止のニュースを掲載している。これらは二〇日の「東京電話」で記事が送られ翌日号に簡単な事実だけを掲載したものである。『大阪毎日新聞』の「社会民主党の結党禁止（東京電話）」を例にとれば、「片山潜、幸徳秋水等の発起せる社会民主党は昨日趣旨綱領を具して結党届をなしたるに本日内務大臣よりその結党を禁止する旨達せられたり」との内容である。二二日には『信濃毎日新聞』が、「結党禁止と新聞紙の告発」との見出しで新聞紙条例違反による内務大臣からの告発についても報道した。内容は以下の通りである、「本県松本出身の木下尚江氏等が去十九日主義綱領を具して結党届をなしたる社会民主党は一昨二十日内務大臣より結党禁止を命ぜられたり。又其主義綱領を記載したる報知新聞、万朝報、毎日新聞、日出国新聞の四新聞及び労働世界は新聞紙条例第三十三条に依り、発売を禁止され同時に其筋に告発せられたりと云ふ」と。木下尚江の名前を出すことにより一応のローカル色を出していると言えよう。二三日に報道した新聞としては『福岡日日新聞』や『九州日日新聞』のようなものがある。これらの報道には、記事の文言において全く同じものが見られるので、国内通信社を経由して配信されたものがあるのかもしれない。

地方新聞のなかには、単なる事実報道に止まらないで論評を加えた新聞もある。たとえば、熊本で刊行されていた『九州日日新聞』は五月二四日号の社説に「社会民主党の禁止」を掲げている。もともと熊本国権党の機関紙『紫溟新報』が一八八八（明治二一）年に改題されて『九州日日新聞』となった経緯からしても同紙が社会民主党に対して好意的であるはずはない。ただ、論ずるところを紹介すれば、まず「社会主義」というのは、「貧富を平均せんが為めに社会組織の改革を要求する貧困社会の経済哲学」というものであるが、そもそも社会に「差別」があるのは自然の状態で、貧富の差を無くして平等にすることなどとうていできることではない。ところが、「此行ふ可らざる事を遂行せんとするに至りては其危険にして社会の害毒たるは寔に測る可らざる者」がある。今回の社会民主党の創立者たちが「壮士政客の輩」であるところをみても、当局の措置は当然のことである。しかし、「社会主義」の発生が社会の欠陥により生じているのだから、これを「匡正」する必要はある。ここで社説は「国家社会主義」、別名「改良社会政策」の必要性を主張する。

これに対して、社会民主党の結成に対して好意的な社説もある。たとえば、福岡で刊行されていた『九州日報』である。福岡県においては、何と言っても自由民権派の流れをくむ『福岡日日新聞』が勢力を誇っていた。それに対抗して、一八八七（明治二〇）年玄洋社の杉山茂丸、結城寅五郎等の計画に県令の安場保和が支援して誕生させたのが『福陵新報』、社長には頭山満が就任し、皇室主義、国権拡張、民権伸張を旨とした。しかし、『福岡日日新聞』には勝てず、平岡浩太郎が社主として経営を刷新、編集長に『日本新聞』の古島一雄を据えて、一八九八（明治三一）年に再出発したのが『九州日報』であった。もっとも、古島自身は一年程で退社した。従って、社会民主党へのシンパシーは、東京の『日出国新聞』の場合と近似して、一君万民的平等主義にその論拠があったと考えられる。五月二四日号の社説「富豪に対する警鐘乱打（所謂社会民主党に就いて）」をみれば、まず、一九世紀が政治的革命の時代で、二〇世紀は社会的革命の時代であると規定し、社会民主党の結成はその社会的革命の始まりを告げるものである。ところが、「政府は竟に其の結党を禁じ、其の宣言綱領を掲載せる二三新聞紙の発売頒布を禁じ、其の未だ掲載せざるものに対して警告したるが故に、多く人目に触れずして已むべし」との結果になった。しかし、「社会改善の声の如きは、元と人の声にあらずして天の声也、此の革命の方法は、二三私人に依りて作為されたるものにあらずして、深く民衆の心臆に浸染せるものなり」という。社会的革命、「穏当」に言えば社会改善は、「労働者が資本家に対する利益分配の公平ならんことを迫る」ものである。「富豪」は平穏に社会的革命が行われるように努力すべきである、という内容である。さらには、五月二八日号の社説「復び社会問題に就て（絶対的禁圧の法ありや）」においても、社会民主党の結党禁止の問題を取り上げ、「社会民主党の結党と、其の宣言綱領の頒布を禁じ得たるが為めに、政府は恬然として社会問題の湧起を禁じ得たりと為さんは余りに楽天的坊ツチヤン的也、是れ其の形に於いて制し得たるのみ、其心に於いては決して禁じ得たるにあらず」と断言し、「当路者」と「富豪」は、あくまでも社会改善に努めるべきであると警告している。

ところで、何と言っても地方新聞において異彩を放ったのは千葉県で発行されていた日刊紙『新総房』であった。この新聞は、一八九五（明治二八）年『千葉民報』として発足し、一八九九（明治三二）年に改題、発行人は佐瀬嘉六、編集人は丸山静であった。『新総房』は、一八八八（明治二一）年板倉中を中心に自由党系の新聞として発刊された『東海新聞』に対抗した、改進党系の新聞として位置付けられているが、『報知新聞』の三木善八が支援したことなどがその背景にあった。一九〇〇（明治三三）年弁護士の高山孝之助（樗陰）が関和知の後を受けて主筆となっていた。『新総房』は、現在確認されているところでは、地方紙にあって唯一社会民主党宣言書を掲載し、罰せられた新聞である。ところが、『新総房』の当該号の原本が発見されていないため、数少ない周辺的情報から推測する以外にはない。

たとえば、東京で発刊されていた『独立新聞』(六月三〇日)には「新総房罰せらる」の見出しで次のような記事が掲載されている、「千葉町にて発行せる日刊新総房は先般社会民主党の宣言書を掲載せし為め告発せられしが今回千葉地方裁判所に於て罰金二十円に処せられたり」と。これにより、『新総房』が宣言書を掲載したために新聞紙条例違反の処分を受け告発されたこと、千葉地裁の第一審において有罪の判決を受けたこと、しかもそれは東京地裁での一雑誌四新聞に対する無罪判決に先立つものであったこと、などの情報が得られる。

『新総房』に対する控訴審判決、あるいは大審院での判決については、無署名論説ではあるが、幸徳秋水執筆になる『万朝報』(一一月一一日)掲載の「民主党事件と大審院」によりかなり詳しい情報を得ることができる。それによると、宣言書を掲載して告発された新聞紙のなかで、「第一に裁判に付せられたるは、千葉の『新総房』新聞なりき、而して其宣告は有罪なりき」と紹介され、さらに、「東京の四新聞一雑誌に対しては、検事の控訴ありて未だ確定せざるの間に、『新総房』は其有罪の宣告に服せず、控訴し上告し、遂に去月二十一日大審院に於て、其上告は棄却せられたり」と、その後の経過が説明されている。つまり、東京において検事控訴による係争中に、一〇月二一日大審院において『新総房』の上告が棄却され有罪が確定したというわけである。

以下、論説は大審院判決を引用することで、掲載が禁止された宣言書の内容を読者に知らせるという戦術をとっているが、我々はそれによって裁判の経過をも知ることができる。まず、控訴院判決が紹介される。それによると『新総房』五月二一日発行の第一〇七四号に宣言書が掲載されたこと、その内容についても冒頭において、「如何にして貧富の懸隔」から始まっているとされているので、文字通り『労働世界』掲載の「宣言」冒頭から始まり、理想八項目、綱領二八項目につづいて、「滔々数十言を列ねて終りに社会民主党は貴賎貧富の懸隔を打破し人民全体の福祉を増進するを目的とす」とあるから、「宣言」の末尾までの全文が掲載されていた可能性があると推測できよう。そして、控訴院判決は記事内容を要約して紹介したうえで理由も掲げず、「其記事は社会の秩序を壊乱するものと認む」とだけ判断したことを知ることができる。

これに対し上告趣意書は次のように反論している。そもそも、社会秩序の壊乱を認定する要件としては、社会に「混乱不安」が生じることが必要である。ところが、人類社会の進歩発展はむしろ「理想勢力」は人類社会の進歩の必要条件といえるものである。従って、「国家が社会の秩序を壊乱するの所為として罰すべきものは独り社会に混乱不安を生ずべき所為に限るべく単に其現に承認し保護しつゝある所のものと異なるが為に其異なるものを以て直ちに秩序を壊乱するものとして之れを禁制するの権無し」と断言している。おそらく、弁護士でもあった主筆高山樗陰の見解が表明されているのであろうが、「壊乱」の意味を限定した見事な論証といえる。

大審院判決は、この上告趣意書の見解に反論したものではない。その意味では、後日に言渡された『毎日新聞』等の四新聞に対する大審院判決と同類のものであったと言えよう。秋水により引用された判決文は言う、「該記事が社会の秩序を壊乱するものなることは記事自体に徴して認むるを得るを以て特に社会の秩序を壊乱すべき記事たることの理由を説明するの要なし又上文記事の理想とする処及び実行を期する綱領の如き共に現時の組織制度と相容れざるものにして即ち社会の秩序を壊乱するものなれば之を新聞紙に掲記頒布する新聞紙条例第三十三条の犯罪を構成するは当然にして論難は共に理由なし」と。かくして、『新総房』に対する大審院判決は、東京の四紙に対する棄却の決定を先取りしたものといえよう。

幸徳秋水は、大審院の判決に対し、「大審院は毫も、何の理由を依て民主党宣言が秩序を壊乱するやを説明する所なし、唯だ記事自体に徴して認むるを以て理由を説明するの要なしと罵倒し去れり、是れ宛も古代専制治下の役人の口吻にあらずや、若し何の理由なくして、或は何の理由をも示さゝることなくして、汝は罪人なりと認定すと云ふの宣言に服せざる可らずとせば国民の不幸と危険、豈に之より大なるあらんや」と痛烈に批判した。そして、「現時の組織制度と相容れざる」ことが秩序の壊乱に当るというのであれば、帝国議会は毎年、新しい法律を制定し、あるいは改正しているのだから、これも秩序破壊ということになるし、政党も毎日、軍備の縮少や拡大、貴族院令の改正や廃止を議論しているのであるから、これも秩序の紊乱になるではないか、と鋭く反論している。

ところで、主筆の高山樗陰は、本名は孝之助といい、一八七三（明治六）年千葉県山武郡白里村で生れた。秋水よりは二歳ほど年下になる。一八九四（明治二七）年、二〇歳を越して明治法律学校に入学、弁護士であった実兄の影響があったといわれる。ただし、明治大学所蔵の記録によれば翌年三月、卒業を待たずして明治法律学校を退校している。『明治法学』（一九〇二年六月号）に掲載された追悼記事から推測すれば、もともと「文学」を愛好していた孝之助は、法律学の「錯綜困難」さに向かず、「文学」に転向しようとしたことが退学の理由であったようである。しかし、弁護士であった実兄が、学問の困難さは何を専攻しようと同じことであり、「法学」が困難だといって投げ出しては、「文学」の困難さに会えば、また同じように「文学」を投げ出すことになるから、「初志」を貫徹し、「終始一貫学問と共に死するの決心」が必要であると説得し、「法学」を続けさせたという趣旨が追悼記事には書かれている。三年前に制定された弁護士法のもとでの弁護士試験に孝之助が合格したのは一八九六（明治二九）年のことであった。この年の弁護士試験への私立法律学校からの合格者はわずか一五名、なかなか困難な道であった。千葉町に弁護士事務所を開くかたわら、地元の『新総房』に詩歌、小説、論説等を掲載し、若い時の夢であった「文学」への道も開いた。そして、一九〇〇（明治三三）年一月『新総房』の主筆に就任、社会民主党が結成された一九〇一（明治三四）年五月には千葉弁護士会の副会長にも就任したというから、「法学」と「文学」の二つの道を実現させたことになる。しかし、翌年五月、病をえて満二八歳で歿している。

樗陰の遺稿集『無絃琴』（一九〇二年八月刊）には、幸徳秋水が序文を寄せ、『新総房』が社会民主党の宣言書を掲載したことに触れ、「是より日に『新総房』を愛読す、読むこと益々多くして、而して益々其気の鋭に、其才の英に、其情の粋なるに感ず」との評価を下している。『無絃琴』には高山樗陰の「社会主義と政府の方針」と題された論説が収録されている。掲載号が明記されていないが、内容から判断すれば、五月二一日の社会民主党宣言書掲載による告発を受けた直後に『新総房』に掲載されたものと推測できる。樗陰は、その冒頭において、「吾人と社会民主党と本相関する所無し、然れども政府が社会民主党の成立を聞きて、倉皇狼狽、其結党を禁止し、宣言の頒布を禁じたる処置に至りては、吾人の甚だ解し能はざる所にして、吾人は之を以て社会主義者に対する政府の偏見が、終に将来に於て大なる迫害を同主義者に与ふるに至らんことを恐る、ものなり」と書いて、政府に対して抗議の意を示した。その上で、樗陰は、「社会主義」について言及する。それによると「社会主義」は、「現社会の経済的組織に殆ど根本的変革を加ふるを以て其理想とするもの」であり、「現社会の経済組織に於て、人類の一部に与へられたる特権を殺ぎて、万民に平等の幸福を与へむとするもの」であるという。これは、現在の経済組織の「欠欤」に根ざしているものであるから避けることのできない思想である。他方、現在の社会において「特権」を有している者が「社会主義」を拒否するのもまた当然のことでもある。従って、為政者は、この来るべき「大破裂」「大衝突」を未然のうちに防ぎ、平和のうちに真組織への移行を実行することが、その任務となる。「政府にして保守的思想に駆られて、強ひてこれを否拒するが如きあらば、事の必至は終に国家をして大憂患に遭遇するの日あらんことを恐」れる、と。樗陰は、二〇世紀においては、自由と平等に加え幸福の追求が必要であり、それは何よりも貧富の格差を無くすることから始めなければならないとして、「社会主義」に期待したのである。地方において、高山樗陰のような社会民主党に対する支持者を得ていたことは、何と言っても記録に留めておく必要があろう。(21)

四　海外への反響

1　情報の発信とイギリスでの報道

日本における社会民主党の結成と禁止は、海外の新聞や雑誌においてどのように報道されたのか。この点は興味深い研究課題ではある。しかし、何分にも資料的制約があり、これまで論じられることはなかった。そもそも、戦前において日本の社会主義運動自体が欧米文献において紹介される機会は少なかった。その方法も限られていて、日本人関係者の場合には外国紙誌に投稿して掲載されるか、ないしは外国語で出版するか、また外国人が発表する場合には、多くは日本で刊行されている社会主義新聞や雑誌に付せられた英文記事をその情報源とするか、場合によっては日本で発行されている外国語新聞や一般の日本語新聞の英文欄からの記事が情報源となることもあるが、ともかくそれらを情報源にして報道されることになる。この場合でも、発表される場所としては、外国の社会主義新聞や雑誌の「国際情報」欄に掲載されることが多い。日本からの情報発信は、日本の社会主義関係の紙誌が、外国の社会主義者たちの新聞、雑誌と交換されることにより行われることが多くなる。これ以外にも、学術的著作や外国からの旅行者や訪問者の見聞記のなかで言及される可能性もあろうが、それは限られたものであろう。

ここでは始めに、戦前に出版された日本の社会主義運動史に関する文献の中から、日本人と外国人が書いた代表的な二つの書物において社会民主党の結成がどのように紹介されていたかを見ておきたい。まず創立者の一人、片山潜が一九一八年、シカゴの Charles H. Kerr and Company から出版した *The Labor Movement in Japan* を取り上げてみたい。片山潜の記述は、後に刊行される自伝『わが回想』を要約するかたちになっているが、一応関係個所を紹介すれば、the Nippon R.R.Workers' Union（日鉄矯正会）が一九〇一（明治三四）年三月、水戸で開いた年次総会において労働問題の最終的解決は社会主義にあること、また執行委員会は普通選挙運動に参加することを決議した、このことを社会民主党結成の契機としてあげている。つまり、労働者たちには政治的活動をする準備が十分に備わっているとの確信がもてたことが社会主義政党を結成する判断材料となったというのである。そして、the Iron Workers' Union（鉄工組合）の本部において数週間にわたる討議と協議の後、一九〇一年五月二〇日社会民主党を組織した。同時に、社会主義宣言書と党綱領を刊行した。党の最初のメンバーは D. Kotoku, I. Abe, N. Kinosita, K. Kawakami, K. Nishikawa と自分とであった、と続く。以下、少し訳しておくと、「我々の宣言書は東京における四つの日刊紙と *The Labor World* それに一つの地方日刊紙に掲載された。新聞は政府により弾圧された。

しかし、これにより社会主義が初めて広く宣伝されることになった。東京の四新聞は大きな発行部数をもち、我々の宣言文も広く行き渡ることになったので、人々に強い印象を与えることにもなった。宣言文を掲載した新聞の各編集者たちの裁判は、さらに国中に社会主義の話題を提供することになった。／このような社会主義のすばらしい宣伝の機会を得たことにより、弾圧された社会民主党の六名のメンバーたちは、より強い勇気と情熱をもって、社会主義についての啓蒙と宣伝活動に没頭することになった。／我々は、社会主義協会（Socialist Association）という非政治団体を結成した。そして、この団体名で社会主義の集会を開いた。もっとも許可を必要としたのではあるが。会員は徐々にではあるが確実に増加し、これらの人たちも集会に参加するようになった[22]」と記述されている。もちろん、社会主義協会の結成自体は社会民主党以前であり、禁止後改組され活動が広げられたことについてはここで断っておく必要もあるまい。文章は、ここから前後して、『二六新報』が主催した労働者懇親会のこと、『万朝報』が呼びかけた理想団の結成のこと、『労働世界』の日刊紙への転換の企画のことなどに言及していき、社会民主党についてのこれ以上の説明はない。

次に、外国人の書いたものの例として、イワン・コズロフ（Iwan Kosrob）が一九二一（大正一〇）年、神戸のジャパン・クロニクル社から刊行した *The Socialist and Labour Movement in Japan* を見ておきたい。コズロフは、大杉栄の「コズロフを送る」（大杉栄著・望月桂画『漫文漫画』アルス、一九二二年一一月収録）のなかで、アメリカ生れのロシア人で、ＩＷＷの組合員として紹介されている人物である。ロシアでの革命のニュースを聞いて、ロシアに帰国する予定で一九一七年に来日、一九二二年日本政府からの退去命令を受けて離日するまで六年間ばかりを日本で過ごし、その間、神戸の英字新聞 *The Japan Chronicle* の記者をしたこともあるようであるが、大杉栄・伊藤野枝夫妻を始めとして日本の社会主義者やアナーキストと交わり、前掲書を出版した。大杉栄の絶賛を受けた本書は、主として大正期の社会主義と労働運動に記述が割かれているが、その第一章の「社会主義運動の歴史的回顧」において社会民主党について少しだけ言及している。コズロフは、日本への社会主義思想の紹介者は片山潜であったといい、ヘンリー・ジョージやマルクスの著作が部分的に翻訳されたこと、矢野文雄の『新社会』が影響力をもったこと、などに触れた後で次のように社会民主党のこと、もっとも「社会民主党」という言葉を使用していないが、を紹介している。

「数年の活動の発展があって、一つの政党が結成された。その綱領や原則は世界中の社会主義政党と同じものであった。この政党は直ちに弾圧された。しかし、たいした組織でもなかったが、及ぼした影響はかなりなものがあった。というのも、とりわけ日本の自由主義政党（自由党）も進歩主義政党（改進党）も、政党の今日的役割を十分に果していない時代にあって、すなわち、選挙においては大っぴらにかつ国民を愚弄した買収を行い、国民に対して責任を負うことなく軍部による専制支配に役立っているに過ぎないような、そういう政治集団の時代であったからである」と。その上で、安部磯雄、幸徳秋水、堺利彦を次のように紹介する、「この頃、つまり一九〇一年から一九〇三年にかけて、非常に優秀な人物たちが、日本の社会主義運動に加わった。安部博士は、今や早稲田大学の教授であったが、すでに運動の中にいたし、他に幸徳伝次郎、堺利彦などが参加したのである。幸徳と堺は、文筆家としての才能により国内では最も良く知られた社会主義者となったが、東京で刊行されていた『万朝報』の新聞記者であった。この新聞は、徐々に社会主義的な色調を決定的なものにしていった。この時期、運動は九州から北海道にわたって全国的に拡張し、何千もの支持者を数えるにいたった」という具合である。さらに、日露戦争前の時期における社会主義運動の性格を次のように位置付けている。「この時期の運動の性格を説明すれば、まったく社会民主主義的であったと言ってよいであろう。つまり、選挙においては急進派が既成政党に所属する民主主義派（たとえば、島田三郎）、彼等はそれを得策だと考えたのだが、と協力する用意があることを表明するような穏健主義的傾向をもっていた。いくつかの労働組合、それは『純粋な』タイプで政府に対して反対の態度をとることもあり得たが、社会主義者の影響のもとで結成された。ある時には、男女の参政権の確立を要求して、ジェネラル・ストライキについての真剣な議論がなされたこともあった。しかしながら、全体としてみれば、社会主義運動は階級的ではなくイデオロギー的なものであった。サンディカリズムやアナーキズムはまったく存在しなかった。運動のなかで、穏健主義的要素の強弱をめぐっての対立がうまれ、それがキリスト教的で純粋に人道主義的要素と唯物的で社会・民主主義的要素の分裂へとある程度つながっていった。しかし、実際の分裂、つまり運動の危機は日露戦争とともにやってきた」

という評価であった。(23)

社会民主党の結成と禁止のニュースが、日本から海外へと送られた最大の情報源は片山潜が発行していた『労働世界』の英文欄であった。『労働世界』は、毎号 *The Labor World* のタイトルを掲げた英文ページをもち、国外へ向けて日本の状況についての情報発信を行っていた。タイトルの下には、「日本における労働者の唯一の機関であり、労働組合主義（trade unionism）と徹底した社会改良を唱道する」とのスローガンが加えられていた。英文ページに社会民主党のニュースが、初めて掲載されたのは、一九〇一（明治三四）年五月一日号で、"SOCIAL DEMOCRATIC PARTY"の見出しで掲げられた。内容は、日本に憲法が制定され一一年になるが、制限選挙のもとで選ばれた代議士たちは、自分たちに都合の良い法律をつくり、間接税を重くするなどして貧しい労働者階級に負担ばかりを強いてきている。我々は目を覚して、我々自身の手に政治を取り戻す必要がある。労働者の解放に関心があり、事実労働者でもある人たちが、先月二八日に鉄工組合本部に集り、宣言書と綱領について協議を行った。政党名は「社会民主党」となるはずである。参加者は、善良で健全な社会主義者であり、全員が社会主義について完全な知識をもっている。以下、六名のフル・ネームが記されているが、片山には、Sen Joseph Katayama とクリスチャン・ネームが入れられている。続いて「政党が結成され、公表されるのは今月の中頃になるであろう。時期は十分に熟している。宣言書において、徹底した社会主義が日本の全国民と資本家に示されることになるであろうから、遠からず日本の労働者たちも西欧の兄弟たちと肩を並べる日が来るであろう」と結ばれている。同日号の日本語記事「社会民主党起らんとす」は、第一回の創立準備協議会のこと（日を間違えて）、創立人の氏名等を簡単に報道したにすぎないので、英文記事の方がはるかに多い情報を提供していることになる。

社会民主党の結成禁止後の六月一日号 *The Labor World* は、"LATE PROGRESS OF SOCIALISM IN JAPAN"を掲げ社会民主党のことに触れた。内容は、社会政策学会の声明文に触れながら、社会主義の浸透が反動を呼び起こしていること、とりわけ「日本政府は労働運動の指導者たちに対し厳しい反動政策をとり、さらに保守的権力は社会民主党に対し弾圧の死の手を置いて、直ちに握りつぶしてしまった」と、報告している。「このように社会民主党は不幸にも結党を禁止されたが、社会主義の思想は生活のあらゆる領域に入りこみ、学生雑誌のようなものにまで社会主義についての記事が掲載されるようになっている。かくして、社会主義は今や日本において影響力をもつ思想になってきているのである」、こう記事は結んでいる。七月一一日号と二一日号は、六月二六日に行われた宣言書掲載事件の東京地裁での公判の様子と判決文を掲げた。東京地裁公判についての記事については、先に『二六新報』(六月二七・二八日)を紹介する折に触れたように、基本的に『二六新報』記事と重複し、それを英訳したかたちになっている。二一日号には七月五日、中西用徳裁判長のもとでの無罪判決が全面的に翻訳されて掲載されている。日本語記事では、前号の一一日号に掲載されていた判決書謄本である。前に触れたように、判決文は、大半を『労働世界』掲載記事の宣言書からの引用で埋められているため、皮肉にも掲載停止したはずの社会民主党の宣言書の内容が、国内のみならず国外にまで知られることになった。もちろん、社会民主党の理想八項目や二八項目の綱領もすべて翻訳され、紹介された。これ以後、英文ページに社会民主党に関係する記事は途絶えるが、雑誌タイプに形が変えられた『労働世界』(一九〇二年四月一三日)の英文記事のなかに、宣言書を掲載した四新聞に対し、大審院において二〇円の罰金の判決が下された旨の小さな記事を発見することができる。

ところで、当時日本国内で発刊されていた外国語新聞のうち、社会民主党に関する記事を掲げた新聞として、現在確認されているものとして *The Japan Times* と *The Japan Herald* がある。*The Japan Times* は、一八九七(明治三〇)年三月に創刊された、日本人の発刊した最初の日刊英字新聞である。創刊にあたっては、伊藤博文や渋沢栄一らの協力があったということであり、主筆には伊藤の秘書を務めたこともある頭本元貞が当った。いわば、日清戦争後の日本からの国際社会に向けた情報発信を目指して誕生させた新聞といっても過言ではないであろう。もちろん、海外の情報を得ることも重要な任務で、一八九三(明治二六)年『時事新報』がロイター通信社と結んでいた特約を譲り受け、ジャパン・タイムス社から国内各社へと配信されることになった。この件に関しては、『ジャパン・タイムス小史』(ジャパン・タイムス社、一九四一年三月)は、頭本と福沢諭吉との交友関係から実現したことと記している。*The Japan Times* は、社会民主党が禁止された直後の五月二二日号に"Socialism in Japan"と題した社説を掲げた。社説は、最近、若い世代の間に社会主義の思想が徐々にではあるが確実に浸透してきているとして、ベラミーの

Looking Backward やキッドの *Social Evolution* の翻訳などが好んで読まれていることをまず指摘する。以下、少し要約すれば、多くの若い思索者たちが社会主義理論を研究したり唱道するようになったが、そのなかには学識ある者まで含まれている。彼等は、これまでは講演会や新聞や雑誌の時々のトピックスとして議論していたに過ぎなかったのであるが、目に見える形でその思想が受け入れられていくのを知って、活動領域を実際政治まで広げ、社会民主党と名づけた政党を組織するに至った。しかし、その宣言書には、政治・社会・経済改革についての恐るべき(formidable)項目が含まれていて、しかも過激(radical)でもあったので、帝国政府は宣言書を刊行することを禁じたのみならず、党の解党をも命じた。ここから社説は評価へと移る。「このようなやり方は、解散された政党の創立者たちのこれまでの平和的で、秩序だったふるまいから判断すれば、やや拙速で不必要に厳しい措置と映るかもしれない。しかし、当局が厳格に権限内において行動したことを否定できないし、当該の政党を禁止したことが賢明ではない方法であったと言うことさえ出来ないであろう。我々は宣言書の詳細について知り得るわけではないが、一般的に言えば、宣言書には憲法の基礎を成している思想、とりわけ日本の政体(national polity)に占める皇室の特別な地位と両立しない原則を含んでいたと言えるであろう。新政党の発起人たちが宣言書を作成するにあたって、これらの重要な点を考慮しなかったということは残念なことである。というのも、我々が知ることができる宣言書の断片から判断すれば、彼等は皇室の歴史的地位に敵対する思想や手段を喧伝しようとしたとはとうてい思えないからである。彼らの側にも

う少しの配慮があれば、すべての困難さを取り除くことは容易であったはずである」と。社会民主党を禁止した末松内相が伊藤博文の女婿で、多少なりとも伊藤たちの考え方がこの社説に反映していると考えることは、ちょっと推測のし過ぎであることは分ったうえで言うのであるが、社会民主党が禁止された最終的な要点は、この皇室に対する態度表明が欠けていたという点であったという指摘は、結論の方向はどうであれ、この対立の思想的本質を言い当てているように思う。

ところで、幸徳秋水は、五月二四日号『万朝報』の社説「社会党鎮圧策」の中で、この *The Japan Times* の記事について言及している。先ほど訳した個所について、秋水は次のように解釈している、「当局の処置は其権限を逸したりとは言ふ可らず、又其命令宜しきを得ずとは言ふ可らざるも、彼等が平和穏当の方法を取りたるに対して、直に之を禁止せるは急遽と厳酷に失せるの観ありと言へるが如き口気を洩せり」と。「如き口気」というニュアンスの問題であるので、秋水の解釈につき間違いということはできないが、秋水はここから「政府の准機関と称せらるゝ者にして猶ほ如此く観ぜるなり」と断言する。その刃で政府に対し次のように切り返す、「況んや日本の社会主義的思想の流行は、実に学者の講究弘布に始まりて、近年社会の腐敗に絶望し経済界の乱調に苦痛せる人心が、翕然として之に依て其活路を発見せんとする者なるが故に、其勢力の進歩は実に驚く可き者ある也、故に今日に於て之が鎮圧の目的を達せんとせば、実に非常の手段方法を要すべし」と。秋水の論調の冴えるところである。

The Japan Herald は、イギリス人商人A・W・ハンサード（Hansard）によって、一八六一（文

久元）年に創刊された横浜で最も古い外国語新聞である。ハンサードは、長崎において *The Nagasaki Shipping List and Advertiser* と名づけられた日本で最初の外国語新聞を出した人物として知られているが、ハンサードが江戸に近い新開港地の横浜に移転して創刊したのが *The Japan Herald* であった。*The Japan Herald* は、第一次世界大戦の開戦直後、一九一四（大正三）年編集長がドイツ政府により買収されたとの容疑で日本政府から発行禁止をうけて廃刊するまで、発行部数においても日本の外国語新聞をリードしてきた新聞であった。ブリンクリー（Brinkley）が主筆を務めた *The Japan Mail* が、しばしば「日本政府の御用新聞」と呼ばれたのとは違って、神戸の *The Japan Chronicle* と並んで、*The Japan Herald* はリベラルな編集方針をとったと評価されている。(24) *The Japan Herald* に掲載された社会民主党に関するコメントは、六月一日号の *The Labor World* に転載された記事から確認できる。内容を訳しておくと、「日本語新聞のみならず、横浜で刊行されている外国語新聞に対しても、秩序妨害の恐れのある（objectionable）宣言書を転載しないようにとの警告が、今朝（二〇日）届いた。この命令に従うことにやぶさかではないが、宣言書を精読してみて、この宣言書を公表することが治安妨害の恐れがあるとみなすことはできない、ということは言っておかなければならない。禁止措置は馬鹿げている。日常の世俗的出来事のつまらない記述を個人的に悪用して記事にすることは絶対にあってはならないことであるが、ヨーロッパやアメリカにおいては当然のこととして議論されている社会主義についての学術的原理が、このような異常な命令を引き出したとは」との内容である。「今朝（二〇日）」と書かれているところから判断すれば、五月二〇日の夕刊記事と考えられるが、*The Japan Herald* が夕刊紙であったのかどうかは確認できていない。いずれにしても、*The Labor World* の転載記事には発行日が付されていないが、政府による結党禁止措置の直後に出された、日本政府批判の記事であることは確かである。

ここから、外国へと眼を転じてみよう。といっても、資料的制約の関係からイギリスとアメリカの社会主義紙誌を取り上げる。まずはじめにイギリスについて、*Justice* と *The Lobour Leader* を見ておきたい。イギリスにおいては、一八八一年、H・M・ハインドマン（Hyndman）が民主連盟を結成した時が、社会主義運動の復活の時とされている。一八八三年、E・カーペンター（Carpenter）の資金援助で創刊されたのが *Justice* で、"Organ of Social Democracy" の旗が掲げられた。民主連盟は一八八四年、社会民主連合と改称し、一九〇七年までこの名前が使われた。しかし、思想的相異からすぐに内部分裂を起こし、別にE・B・バクス（Bax）らにより社会主義連盟が結成された。これとは別に労働組合運動のなかに社会主義の影響が強くなり、K・ハーディ（Hardie）を中心に独立労働党が一八九三年ブラッドフォードにおいて結成された。その機関紙となったのが *The Lobour Leader* であった。いずれも週刊紙であった。日本に関する記事の数も少ないし、記事にそれぞれの党の主張が反映されているわけでもないので、ここでは日本の情報がどのように伝えられたかという視点から日を追って紹介する。まず、七月六日号の *The Lobour Leader* の「海外欄」（ABROAD）に掲載された次の記事を紹介したい。「社会主義は、日本において引続き前進している。五月二五日、鉄道技師たちの年次総会において、全国組合（National Union）は、社会主義を労働者組織（Labour organisation）のあらゆる方法の最終的手段として受け入れると宣言することを満場一致で可決した」との内容である。記事内容からみて、*The Labour World* の五月一日号に掲載された“RAILWAY ENGINEER' UNION AND IT (*sic*) GENERAL MEETING”と考えられるが、内容は随分と違っている。集会は四月一七日から一九日まで開かれ、決議文も、“This Union should study and act on all the problems of labor making Socialism as our ultimate goal”というものであった。もっとも、この決議文自体が、同号の日本語記事「日鉄矯正会の意気込み」に掲載されている決議内容、「本会は社会主義を標榜となし、諸労働問題を解釈すること、其第一の方法として普通選挙同盟会へ加入すること」と違っている。どうしてこのような誤報がおこるのか推測するのは困難であるが、直接 *The Labor World* を参照することなく、他の機関紙からの転載で混乱した可能性もある。

Justice 七月二〇日号の「国際情報欄」（INTERNATIONAL NOTES）には、*The Labor World* と宣言書のことが小さく報道されている。「日本の社会主義者たちは、東京において『労働世界』と題した、英語と日本語の週刊紙を発行している。最新号には党の宣言書が掲載されている。最近、社会主義者たちは政府により弾圧を加えられたが、意気昂揚で、日刊紙への移行を希望している」と。「国際情報欄」の署名は Jacques Bonhomme という人物である。*The Labor World* は *Justice* に送られていたことが確認できる。他方、*The Labour Leader* の同じ七月二〇日号の「海外欄」には、

より詳しく社会民主党のことが紹介されている。記事は、先に紹介した *The Japan Times* と *The Japan Herald* の記事を部分的に取り出して、繋ぎ合わせたものであり、*The Labor World* がその情報源であったと推測できる。始めの部分は *The Japan Times* から取ったもので、「この頃、日本において社会主義は確実に足場を築いてきていて、青年たちの間に信奉者を獲得している。その国の社会主義者は最初のうちは集会を開き、また時折、新聞や雑誌で彼等の得意の話題について議論するにすぎなかった。しかし、最近、社会民主党と名づけられた政党を組織し、現実政治の領域へと活動を広げていくことを決意した。しかし、その宣言書には、政治・社会・経済改革についての恐るべき項目が含まれていて、しかも過激でもあったので、帝国政府は宣言書を刊行することを禁じたのみならず、党の解党をも命じた」という内容である。ここから続いて、*The Japan Herald* の記事に移る、「帝国政府がとった、このようなやり方について『ジャパン・デイリィ・ヘラルド』は次のように言及している」と。以下は、先に訳した *The Labor World* に掲載された記事全文が、そのまま転載されている。ともかく、このような形で社会民主党結成のことがイギリスにおいて報道された。

もう一つ、*Justice*（九月七日号）の「国際情報欄」に掲載された記事を紹介しておきたい。これは、フランスの *L'Avenir Social* 八月号からの情報として掲載されているものである。今や、日本人は太平洋のいたるところで見受けられる、と書き始められ、日本人はヨーロッパ人といたるところで競争をするようになっていることが紹介される。しかし、労働者の賃金は安く、平均的な一日の労働時間は一一時間にもなること、工場法がなく子供までが働いていること、物価は安いこと、などが紹介されたうえで、「社会党」についての次のような記事が掲げられている。「しかし、社会党（a Socialist Party）が結成されている。その党首は片山潜という人物であり、学生時代に、労働者の条件を擁護し改善することに人生を捧げることを決心した。彼は東京において労働者を組織し、ラッサールの著作を翻訳し、『労働世界』と題する新聞を月二回発行している。また多くの労働組合や協同購売店を設立した。東京の印刷工組合は二〇〇〇名のメンバーを数え、二〇〇〇ポンドの蓄えをもっている。そうして、全体的に発展している」との内容である。これにより、フランスでも片山潜と「社会党」が紹介されていたことを知ることができる。

2 『インターナショナル・ソーシャリスト・レビュー』と河上清

場面をヨーロッパからアメリカに移そう。ここでの主役は *The International Socialist Review* である。*The International Socialist Review* は、一九〇〇年に Charles Kerr によってシカゴで発刊された一〇セントの月刊誌である。一九一八年の廃刊にいたるまで、アメリカ社会主義運動の「黄金期」の中心を支えた雑誌であった。創刊から一九〇八年までは、サイモン（Algie M. Simons）が編集長の地位にあり、アメリカやヨーロッパの社会主義者たちの数多くの理論的論文を掲載し、サイモンたちのどちらかと言えば、穏健な社会民主主義の立場を反映していた雑誌であった。創刊時の発行部数は四〇〇〇部、その三分の二は定期予約購読者であったと言われる。一九〇八年、社主カーが左派よりの立場へと転換し、サイモンは退社を余儀なくされるが、それは、日本における社会民主党結成の後のことであるので、ここでの言及は必要あるまい(25)。

さて、*The International Socialist Review* において、日本の社会主義運動についての情報が掲載されるのは、一九〇一年三月号の「国際情報欄」(International Notes) である。そこでは、アメリカ企業のトラスト化が日本の労働者を圧迫し、政治的衝突を引起こし始めているが、そこに社会主義の活動の必然性が生れるとして、日本の同志たちも数年のうちに力強い運動を組織するに至るであろうとのコメントが記され、以下のような現状を紹介している。「すでに、日本にはヘロン博士の社会主義についての講義を『新倫理』として紹介している人物がいるし、またある大学教授は同じテーマを『経済史』として講義している。労働者の新聞『労働世界』は労働組合の必要性を唱え、世界的な『階級闘争』の一翼を担っている。ある著名な君主が言ったように、我々社会主義者も誇らしく、我々の王国のなかに太陽の沈むところなどない、という事実を指摘しておくことができる」と。続いて六月号では、より詳しい情報を『労働世界』から抄載している。この記事では、日本の社会主義者はユートピアから科学へと脱皮の途上にあると捉えられ、大衆集会を開いて労働立法や普通選挙の必要性を唱えているとか、東京の社会主義クラブ(社会主義協会のこと)の集会で、『労働世界』の編集長である片山潜と『社会問題とその解決』(『社会問題解釈法』のこと)の著者安部磯雄がブルッセルの国際事務局の代議員(delegates)に選出されたとか、『鉄道技師組合』（日鉄矯正会のこと）が社会主義を労働問題解決の最終的ゴールとして決議したとか、が伝えられている。"RAILWAY ENGINEERS' UNION"の記事は先にも紹介したように *The Labor World* の五月一日号に掲載されたものであるが、さらに、同号に掲載された片山潜が書いた、"CONDITIONS ON SILK SPINNING GIRLS IN SUWA NAGANO PREFECTURE"の内容を要約して紹介している。その冒頭で、『労働世界』について次のような説明をしている。「『労働世界』は、その最初のページを英文で飾り、残りの八ページが日本文で、日本の労働者の生活や困窮を描いたイラストで飾られている。S・片山は最新号で諏訪・長野県における製糸工場の少女たちの労働条件に関する心を裂くような報告を行っている」として、娘が売られて連れて来られる状況、長い労働時間や低い賃金などについて紹介している。続いて、講演会が様々な場所で行われていることを紹介し、河上は「社会主義運動の歴史」、安部磯雄は「社会主義の教義」というようなタイトルで講演していることを報じているが、必ずしも情報のすべてが *The Labor World* の英文欄に掲載されているわけではない。また、先に触れたように、五月一日号の英文欄には"SOCIAL DEMOCRATIC PARTY"の記事が掲載されていたにもかかわらず、この方はまったく無視されている。

The International Socialist Review の一九〇一年九月号には、片山潜の論文、"The Labor Movement and Socialism in Japan"が掲載されているが、これはまったく社会民主党にかんして言及していない。社会民主党結成のことが掲載されるのは、翌一九〇二年二月号の河上清の巻頭論文

"Socialism in Japan"においてである。河上は社会民主党が禁止された直後の七月に、アメリカに渡っているので、この論文はアイオワ州立大学に在学中に書いたことになる。もう少し推測すれば、本文中で、宣言書掲載事件の裁判に言及し、無罪判決を得た後、控訴が行われたと報告し、また、*The International Socialist Review* の一〇月号で片山潜が逮捕されたと報じられているが、誤報であると訂正していること、社会主義協会に言及しているところで、「昨年一一月」で四年目に入ったと表現していること、これらから判断すれば、この文章が書かれたのは一九〇一（明治三四）年一二月の控訴院判決が出る以前、おそらくは一一月頃に書かれたのではないかと推定できる。英文は流暢で、しかも後で見るように、社会民主党の二八項目の綱領などが整理されていることなどを考えるとネイティブ・スピーカーの手が相当に入ったものではないかと考えられる。もちろん、着想自体は河上本人のものであろうし、言論の自由がある程度保障されたアメリカで書いたこともあり、日本国内では踏み込み得ない点にまで論が及び、貴重なドキュメントとなっている。河上は、かなり詳しく社会民主党結成のことを紹介し、また分析を試みているが、全文は別掲（【資料二】掲載）してあるので、ここでは関係個所だけを要約的に紹介しておきたい。まず、社会民主党の結成に関し、昨年春の終わりに、五人の創立人により結成されたと紹介している。一人は大学教授、二人は新聞の編集者、残る二人は『労働世界』の記者とされているので、六名の創立者から自分をはずして五名としたのかもしれない。そして、政府により直ちに（summarily）に弾圧された。河上は「晴天の霹靂のように」とも表現している。その理念が高すぎたことに理由があったとすれば、社会には進歩も改良もないことになると批判している。さらに、東京で発行されていた五月二〇日付の日刊紙と週刊誌（もちろん、『労働世界』は月二回の発行であったので正確ではない）が、社会主義者の綱領を掲載したとして発行停止処分を受けたことを伝える。河上は、停止命令が発せられた時には、全体的にみれば配達は終っていて余り効果はなかったが、警察による家宅捜査が行われ不便が生じたこと、また法廷での刑事罰が問われることになったことをコメントしている。それから治安警察法について言及しているが、もちろん新聞紙等の発行停止は新聞紙条例によるもので、河上が言うように治安警察法によるものではない。続いて、社会民主党の綱領（platform）について触れる。安部磯雄が中心になり『共産党宣言』にならって作成されたと説明されている。以下、八項目の理想（ideals）が並べられ、これらの理想は社会の改善と進化を通して実現されるものとされ、次のような改善策が提起されたとして、二六項目の綱領が掲示される。ただし、原文の二八項目は二六の項目に整理されている。たとえば、第三番目の公有地の払い下げ禁止と第四番目の都市における私有地あるいは土地兼併の禁止は一つにまとめられて、3となり「市と町のすべての土地は地方行政機関によって所有さるべきこと」とされた。第七番目の「政府の事業は凡て政府自らこれに当り」云々の項目は削除、第一四番目の項目、日曜労働の廃止と八時間労働は、12と13に分割、16の「工場法の速やかに公布さるべきこと」は、新しく付け加えられ、第二一番目の公平選挙法の採用は削除、それから第二四番目の死刑廃止もどういうわけか削除されている。また、順番も少し入れ替えられているが、細かくなるのでいちいち指摘しない。

河上は、ここから日本社会における「社会主義」や「民主主義」についての分析にはいる。彼によれば、理想の八項目は、厳密な意味で「社会主義」の主張であるといい、後の二六項目については、大陸で用いられる意味で単純に「社会主義的」な要求で、幾つかはすでに西欧諸国において実現されているものであると説明を加えている。しかし、日本人にとって「社会主義者」という言葉はあまり耳慣れない言葉で、特に教育を受けていない人々にとっては、「無政府主義者」と混同されるような、何か危険なニュアンスをもって受取られている。さらに、「民主主義」と「帝国主義」とは両立しない用語でもある（ただし、河上が使用する「帝国主義」という用語は、後の論文で"Mikadoism"と言い換えているように、天皇制国家に近い意味内容である）。主権が何千年もの間一人の人物のうえにあり、天皇（emperor）が憲法により「神聖で侵すことができない」と宣言され、さらに多くの国民が現在の統治形態を完全に変えてしまうことを、望ましいとも可能性があるとも夢にさえ思わないようなところでは、民主主義がほんのわずかでも役割を演じるようなことがあれば、政治家にとっては容易ならぬこととされ、まして皇室にとってはなおさら容易ならぬこととされる。社会民主党の宣言書で言い表されているかぎりでは、我々は長い間尊敬されてきた皇室（Dynasty）がさらに継続していくことを否定するような考えは少しも抱くことはなかったし、創立者たちは帝国政府を転覆する目的も持っていなかった。逆に、創立者たちは他の誰よりも天皇に対する忠誠心をもっていた。それ故に、彼等は、あらゆる階層の人々の間で、経済的福祉と同様に政治的権利が平等に広汎に分配されることを考えた。というのも、そうすることで国民大衆は天皇をより身近に感じることができ、尊敬と愛情を抱くことができるようになると信じていたからである。しかしながら、頭の中では、今日の社会主義の趨勢はその究極の目標としては民主主義を実行することになり、その結果、帝国主義の全面的な廃止に至りつくという考えが生れていたに違いない。行間を読めば、非難を受けた宣言書の行き着く先は、遅かれ早かれ民主主義の実現にあったことは認めざるを得ない。実際のところ、日本の保守的政治家にあっては、「社会主義」という用語よりも「民主主義」という用語により強い恐怖感を抱いている、このように分析する。

そこから、河上は宣言書の刊行が禁止された理由に言及していく。河上によれば、社会民主主義の原理は、今世紀における重大で複雑な問題を解決するための社会哲学であり、そのようなものとして思想を自由に出版することのできる権利を要求しているのである。意見を自由に主張する権利は、国家の形態のなかに限定されるのではなく、国家それ自体を自由に否定する権利でもなくてはならない。原理がこのように拡張されるのでなければ、思想の自由というものは単なる笑い種でしかない。そして、英国や合衆国では、憲法の原理を廃棄することを主張する表現の自由がすでに保障されている、とこのように言う。

河上は、社会民主党禁止後の社会主義者たちの活動について話を転じて、社会主義協会(Socialist Association)について触れる。結党禁止後、創立者たちは協議をして、日本における社会主義運動は、平等と自由の福音を説くにあたっては、最大限の慎重さが必要であり、合法的に、感情にながされることなくまた暴力に訴えることもなく進む必要があることを確認した。この方法はゆっくりしたプロセスになるが同時に最も安全で確実なステップでもある。もともと創立者たちが参加していた社会主義協会の活動の目標とするところはイギリスのフェビアン協会であり、今後はそこに帰って活動すればよい。社会民主主義を掲げた政治組織が日本では許されないとしたら、非政治的組織である社会主義協会によって執筆や講演活動を続ければよい、こう河上は主張する。最後に、次のように言う。日本は自由の炎の洗礼を受けなければならない。出版や言論の権利、結社の自由がもっと高い程度へと拡張されることがないならば、日本の立憲政治は中味のない笑い種（empty mockery）でしかない。我々は、思想の表現や政治結社の設立がほぼ自由である国の外国の兄弟たちを羨ましく思わざるを得ない。進歩の法則は厳格である。希望を抱き、闘おう、その法則は日本のためになされるべきことを行うであろう。「民主主義は未来である」と結んでいる。

この内容の要約からも判断できるように、河上清以上に外国人に向かって、日本の社会民主党の結党と禁止に関して理論的なコメントを加えた人物を探すのは困難であるだろう。加えて、河上はアイオワ州立大学の修士論文をまとめ、*The Political Ideas of Modern Japan* と題して出版し、その中の第一七章"Growth of Social Democratic Ideas"のなかで、"Socialism in Japan"を踏まえて、再び社会民主党結成の問題について言及している。河上は、アイオワ州立大学において、ベンジャミン・シャンボウ（Benjamin F. Shambaugh）教授の指導のもとで政治学の研究に従事し、同時にルス（Isaac A. Loos）教授について社会学と経済学を学び、その成果としてまとめたのが本書で、序文からすれば一九〇二年に印刷されている。河上は、この論文（monograph）が、日本でも刊行されることを希望し、かつての『万朝報』時代の同僚で英文欄を担当していた山県五十雄の周旋で、東京の裳華房（Shokwabo）から一九〇三（明治三六）年六月一五日に刊行している。裳華房版には、オリジナル版に付された河上自身の序文に加え、山県の「編集者ノート」が一ページ加えられている。採算を考えると英文のままで出版することのリスクは大きいと思われるが、それ以上に当時の日本において、日本語で日本の政治思想史を分析的に語ることのリスクの方が大きかったのであろう。河上は本書において、日本国家の起源や特色から説き起し、明治維新以後における西欧思想の受容の過程を、制度面と精神面とを視野にいれて分析しているが、先の第一七章はその最近の出来事として分析対象とされている。それにしても、日本を出発して一年余りの間に、よくこれだけの論文を書けたものだと感心させられる。

先に触れたように、第一七章「社会民主主義思想の成長」は、*The International Socialist Review* 掲載の「日本における社会主義」をベースにして書かれたものであるが、政治思想史の視点からまとめ直されていて論旨がより鮮明になり、英文自体も読みやすいものになっている。内容的に重なっているので詳しく紹介する必要もあるまい。河上によれば、憲法制定以前には、日本においては「個人主義」と「自由主義」が支配的な西欧思想で、これらの思想は封建的なくびきからの解放には役だったのであるが、国民が政府を監視する時代にはいると、さらに新しい思想である社会主義が求められている、とまず主張する。ところが、日本の支配者たちはドイツの専制主義の影響を受けて、あらゆるものに干渉しようとする。しかし、労働者保護などは別で、まったく対策がとられていない。日清戦争後の産業革命は、労働者と資本家の対立を呼び起こし、さらには、金銭欲がはびこり武士道的精紳が廃れてきている。このような環境のもとで社会民主主義の思想が受け入れられ、社会主義協会が生れた。この協会はフェビアン主義をとり、次のような主張を行っているとして、「土地や産業資本を個人所有や階級所有から解放し、全体的利益のためにコミュニティに付与することによって社会を再組織すること」以下の六項目を掲げている。そして、一九〇一年の晩春に、この協会の何人かのメンバーが社会民主党と名づけた政治組織を結成しようとした。しかし、公になる前に政府は高等手段を使って、この政党を弾圧してしまった。以下は先の論文と同様に治安警察法による弾圧のことに言及する。そして、このような日本政府による干渉は、ヨーロッパの政府のやり方と比べると五〇年、いや一世紀も遅れていて、文明国の歴史においては、社会民主主義の運動を弾圧することは全く愚かなことであることを示してきた、と言う。

続いて、日本の社会民主党綱領の説明に移る。ここでも、マルクスらの『共産党宣言』をモデルとして議論がなされたと紹介されている。次の理想八項目は論文と全く同じであるが、その実現のための綱領部分は少し変更されて紹介されている。先の論文で掲げられた25の項目「出版の検閲は完全に廃止されること」は、より強く「言論の自由は完全に保障されること」と表現が変えられ、27の項目に、『労働世界』の宣言書には第二一番目に掲げられていたが論文では削除された「公平選挙法を採用すること」が復活している。ただ、死刑廃止の項目はここでも復活していない。ここから、論文でも言及していた「民主主義」と「帝国主義」の問題に触れる。ただ、ここでは「帝国主義」あるいは「天皇主義」（Mikadoism）と言い直し、日本における「帝国主義」概念の特殊性をはっきりとさせている。もちろん「天皇主義」は「民主主義」とは両立しえない概念であるとの前提から、日本の保守主義者たちは「社会主義」よりも「民主主義」という用語により恐怖感を抱いたのであると説明するが、その論旨は、先の論文と全く同じものである。ただ、河上は、この著作においては、日本の社会主義者は、「現在の日本の特殊な条件」に十分配慮する必要があり、イギリスの社会民主連合が君主制の廃止を主張するように、公にそのような信念を宣言することは賢明ではないであろう、と明言している。「適切な時期を待たなければならない、ちょうどファビウスが忍耐の限界まで待ったように」と。継いで、論文では触れていない社会主義の思想は唯物的で反宗教的であるとの批判に言及する。ここではセリグマン（Seligman）の著作を引用しながら、歴史における経済的ファクターの重要性を説明しているが、むしろ河上が、日本の社会主義者の多くはキリスト教を信じているという説明の方に意味があるのかもしれない。

この章の終りに、河上は、日本において社会民主主義の運動が正しい方向を目指していくかどうかは、確実に予測しえないとしながらも、社会民主主義は封建制の残存や主権者が神の末裔などとする迷信を実質的（materially）に破壊する助けにはなるであろうと主張し、それがイギリスをはじめとする西欧諸国で起きたことであったと述べる。そして、社会民主主義を主張する効用として、日本においても社会問題や社会哲学の研究が呼び起こされるようになったことを指摘している。以上で、河上の著作 *The Political Ideas of Modern Japan* において、社会民主党に関連して触れられているところの内容紹介を終えておきたい。

ところで、これまで社会民主党に関して書いた河上清の論文や著作について言及されたことはなかった。結党禁止直後にアメリカに留学したこともあり、河上は、国内にいて「民主主義」と天皇制支配の問題を用心深く論じなければならなかった幸徳秋水や木下尚江とは違って、「民主主義」と「天皇主義」は政治制度として両立しないとする立場から、日本における「民主主義」の問題をかなり自由に論じることができた。もちろん、英文で表現できたこともおおきな理由ではあったであろう。しかし、それ故に評価が遅れたことも確かであった。いまは、百年後の「発見」をもって満足しなければならない。

注

（1）三宅雪嶺『同時代史』（第三巻、岩波書店、一九五〇年一二月）一一四頁

（2）内川芳美『マス・メディア法政策史研究』（有斐閣、一九八九年六月）三九頁以下を参照。

（3）小野秀雄『日本新聞発達史』（大阪毎日新聞社、一九二二年八月）二五〇―二五二頁

（4）安部磯雄「明治三十四年の社会民主党」（『社会科学』第四巻一号〔『日本社会主義運動史』〕、一九二八年二月）七七～八頁。なお、片山潜も『わが回想』（下巻、徳間書店、一九六七年一二月）のなかで、「予等は啻に『労働世界』の臨時発行だけで世間に発表したのでは範囲が狭く迅速でないから、宣言綱領の校正刷を沢山に取って、之を十九日の夜中各新聞社に郵送若くは配布した」（二五頁）と記している。

（5）前者の結社禁止の方針を予定していた点については、『毎日新聞』（五月二一日）記事「咄々怪事」において、「内務省に於ては尚ほ社会民主党の発表なきに当りて、数日前に之を禁止すべき内議を決定し居りたる」事実があったと暴露している。さらに二三日号の「社会主義と日本」がより具体的に、内相、警保局長、警視総監の間での合議があったことを報じていることは、本文はじめに紹介したところである。

（6）「社会主義に対する公判」（『毎日新聞』六月二七日）

（7）"FIRST TRIAL ON PRINTING THE MANIFESTO AND PLATFORM OF THE SOCIAL DEMOCRATIC PARTY," *The Labor World*, 1. July, 1901.

（8）「本社の新聞紙条例違犯事件」（『報知新聞』七月九日）参照。

（9）以下の記述は、「社会民主党事件公判」（『万朝報』七月一一日）、「本社の被告事件」（『報知新聞』一一日・一二日・一四日）を参照。

（10）「本社の被告事件」（『報知新聞』七月一五日・一六日）

(11)「新聞紙条例違犯事件判決」(『万朝報』八月七日)
(12)「控訴」(『労働世界』七月一一日、四面欄外)
(13)「本社の被告事件(社会民主党に関する件)」(『報知新聞』一二月二一日)
(14)「本社に対する公判(民主党事件、熊沢鑑司事件)」(『毎日新聞』一二月二三日)
(15)「社会主義事件公判」(『日出国新聞』一二月二一日)
(16)「我社の条例違犯事件」(『万朝報』一二月二九日)、「本社被告事件判決」(『報知新聞』一二月二九日)、「社会主義事件判決書」(『日出国新聞』一二月二九日)
(17)「民主党の公判」(『毎日新聞』一九〇二年三月一八日)
(18)「民主党事件の判決」(『毎日新聞』一九〇二年三月二六日)
(19)「本社の被告事件」(『報知新聞』一九〇二年三月二七日)
(20)「社会主義宣言書事件判決」(『日出国新聞』一九〇二年三月二六日)
(21) 高山樗陰については、荻野富士夫『初期社会主義思想論』(不二出版、一九九三年一一月)第三章所収「高山樗陰—社会主義接近の事例として」を参照。なお、『無絃琴』は、『明治社会主義文学全集(二)』(『明治文学全集』第八三巻、筑摩書房、一九六五年七月)に収録されている。
(22) Sen Katayama, *The Labor Movement in Japan*, Chicago, 1918, pp.61-62.
(23) An American Sociologist (Iwan Kosrob), *The Labour and Socialist Movement in Japan*, Kobe: The Japan Chronicle, 1921, pp.3-5. なお、コズロフとその著作については、拙稿「『大逆事件』とイギリス—コズロフ著『日本における社会主義運動と労働運動』について」(『明治大学人文科学研究

所紀要』第四九冊、二〇〇一年三月）を参照。

(24) ちなみに、*The Japan Mail* は社会民主党関係の記事を掲載していない。一切無視の態度をとったのであろう。

(25) Herbert G. Gutman, The International Socialist Review, *The American Radical Press* 1880―1960, (Connecticut : Greenwood , 1974) p82- 86.

《参照文献》

各新聞紙の創刊年や性格については、日本新聞協会編『地方別日本新聞史』（日本新聞協会、一九五六年九月）、西田長寿『明治時代の新聞と雑誌』（日本歴史新書増補版、至文堂、一九七六年一一月）、宮武外骨・西田長寿『明治新聞雑誌関係者略伝』（明治大正言論資料二〇、みすず書房、一九八五年一一月）、蛯原八郎『日本欧字新聞雑誌史』（大誠堂、一九三四年一二月）等、また社会民主党の結成から禁止、裁判過程などについては太田雅夫『初期社会主義史の研究―明治三〇年代の人と組織と運動』（新泉社、一九九一年三月）、新聞紙条例の条文等は美土路昌一『明治大正史』（第一巻・言論篇、朝日新聞社、一九三〇年一〇月）を参照した。

なお、本論考は、初め「社会民主党事件と新聞」と題して『初期社会主義研究』（第一三号、二〇〇〇年一二月）の「社会民主党百年」特集号に掲載したものであるが、「海外への反響」の章を加えたり、内容をふくらませたりしたので別のタイトルに変えた。

治安警察法と初期社会主義運動

荻野富士夫

はじめに

社会民主党の創立者のひとり幸徳秋水は、社会民主党結社禁止の根拠となる治安警察法が一九〇〇（明治三三）年二月、法案として帝国議会に提出されるにあたり、『万朝報』紙上で次のように鋭く論じた（二月一七日、一八日）。

殆ど現行集会政《ママ》社法と大差なきのみならず、其新に労働者の運動に対する条項を規定せるが如きは、其危険なる却て現行法に幾倍する者あるを覚ふ、故に此法案や唯だ治安警察法の五字を以て、集会政社法の五字に代へたるのみにして、彼れ専制政治家が自家の利欲と権勢の為めにするの暴横陋劣の精神に至つては、依然として毫も改むることなき也

『毎日新聞』紙上の木下尚江と『労働世界』を除いて、大部分の新聞雑誌が戦前日本の社会運動を規制することになる治安警察法の提出に注意を払わなかったのに対比して、さすがに幸徳の慧眼ぶりは際だつ。なかでも「労働者の運動に対する条項」、つまり第一七条（法案提出時は第一八条）について、「労働運動死刑法」と呼ばれて労働運動の抑制に大きな役割をはたしていくことを予見して、「是れ実に資本家及び地主を保護して、労働者及び小作人を圧虐するもの也」と

断じ、新たに加わった「其の弊毒の危険」性を突く。とはいえ、一年後、この治安警察法によってみずからが創設に関わる社会民主党が結社禁止に追い込まれることまでは予想しえていない。政府の「抑圧専制の旧精神」がそのまま継承されることを論難する一方で、幸徳は「吾人は元より政治上の集会結社に対して毫も取締ること勿れといふに非ず」と、第八条の結社禁止の規定などを容認するのである。これは、木下尚江においても、『労働世界』の論説においても同様である。

一九〇一（明治三四）年五月の社会民主党の創立直後の結社禁止は、「安寧秩序」の妨害を理由とする治安警察法第八条によったことから、一九〇〇年三月のその制定は日本における社会主義政党の結成を十分に予測しての制定と受けとられがちである。こうした理解は、社会民主党・日本社会党、および農民労働党・労働農民党などの結社禁止という、制定後の治安警察法の運用に引きずられすぎた嫌いがある。社会民主党禁止以後の運用から逆算して、制定の目的を社会主義運動の抑圧取締に直結してとらえることは、不正確と言わざるをえない。

また、治安警察法の制定を折りから勃興した労働運動の抑圧に結びつけることも、通説的な理解となっている。代表的な先行研究をみると、高島道枝「治安警察法の成立」（『経済学論纂』第一七巻第四号、一九七六年七月）では、「治警法は、日清戦争後に芽生え、まだ揺籃期にある近代的労働組合やストライキなど、労働者の団結と団体活動や、労働者救済のための結社をあらたに直接その取締対象の視界に把え、社会の安寧秩序の保持、国益の視点から規制することを意図したもの)」とし、田村譲「明治憲法体制下の治安立法」(『帝京法学』第一〇巻第一・二合併号、一九七九年六月）では、「明治三三年法は、明治二九年法を労働組合と労働争議の発展という新たな情況に対処するために修正し、新たに再構築したもの」とする（「明治二九年法」については後述）。こうした理解は、「日清戦争後の労働争議が多発する新事態に対応するため」（『角川　日本史辞典』一九九六年）、「日清戦争後の労働運動の高まりに対処するため」（『日本史広辞典』一九九七年）などと、近年の辞典類にも踏襲されている。

これらの見解も、社会民主党創設を予想して治安警察法が制定されたという理解と同じく、その後の労働運動抑圧という実際の運用に引きずられすぎている。労働運動規制の第一七条の存在にのみ注目するために、治安警察法の全体構造や制定の本来の意図を捨象する結果となってしまう。そのために、やや極端にいえば、一九二五（大正一四）年の治安維持法の制定と翌二六年の第一七条の削除により、治安警察法の役割は終わったという誤解を生み出しかねない。

「国体」に反するとみなされた思想・信教に対する取締・処罰の法として治安維持法が明確な像を結ぶのに対して、治安警察法が漠然とした取締法という印象を拭いえないのも、このあたりに理由がある。二〇年の歴史を有する治安維持法が二度の「改正」と無際限の拡張解釈によって「進化」をとげたと同様に、治安警察法も四五年の歴史のなかで「進化」をとげ、あるいは「停滞」をきたしたとみる方が、治安法制全体のなかでその実態をよりダイナミックに捉えることとなるのでないか。

そこで、本論では治安警察法を一八九〇年代以降の治安法制の再構築のなかに位置づけるとともに、初期社会主義運動の抑圧取締のなかで、その実際の運用がどのようになされ、限界を露呈していくのかを明らかにしたい。治安維持法体制下の治安警察法については、別の機会に論じることにする。

一　集会及政社法から治安警察法へ

1　「治安法」の構想

治安警察法に先行する治安法制については、大日方純夫氏の概括を借りれば、つぎのようになる（『日本近代国家の成立と警察』）。

一八七八年より開始され、一八八〇年四月の集会条例を基軸として展開されていった弾圧体制は、自由民権運動の圧服を経た一八九〇年七月、集会及政社法体制へと継承され、帝国議会開設後の政党活動規制を用意した。これを八七年一二月の保安条例が補完し、やがて九二年一月、壮士の活動への危惧に発した予戒令が加わって、政治活動抑圧の法的立脚点がかためられた。

治安法制全般からいえば、さらに言論統制の法規、つまり出版法と新聞紙条例が数えられる。これらは、士族反乱・自由民権運動に対峙する「国事警察」から、明治憲法体制を支える「高等警察」への転換に照応する治安法制であり、主要な法益は政府に対抗する政党活動への規制にあった。

明治憲法では法律の範囲内とはいえ、「言論著作印行集会及結社ノ自由」を保障する規定を設けた。そのため、政党の容喙を受ける議会開設前に治安法制の骨格を固めなおす必要に迫られた。その基軸となる集会条例は、一八九〇（明治二三）年七月、集会及政社法に代えられた。優勢な政党勢力に対抗するために、集会結社に対する規制で「形式的後退」はみられたものの、実質的には「規制対象の拡大」と抑圧統制の強化が図られた（宮内裕「治安警察法序説」、『法学論叢』第七九巻第五号〜第八〇巻第五号、一九六六年〜六七年）。集会及政社法体制は、さらに藩閥政府の脆弱性を緊急的・強権的にカバーするために、保安条例（一八八七年）や予戒令（一八九二年）による補完を必然としたように、決して安定的・恒久的な治安法制とはいえなかった。いずれも議会での審議をへないで制定されていた。予戒令にいたっては警察法令にすぎなかった。

藩閥政府と鋭く対立する民党陣営では、初期議会において、これらの治安法制の廃止や修正をきびしく迫った。その理由をたとえば第二議会提出の集会及政社法改正案（伊藤大八ら、一八九一年一一月）でみると、政府による「其拘束甚シケレハ人民ノ権利ヲ侵害シ幸福ヲ減損スル」という。また、保安条例廃止案（安東九華、九一年一一月）では、「全ク一時ノ非常ニ備ヘタル特別法ニシテ其条項頗ル厳酷ヲ極メ今日ノ政体ニアリテハ憲法ノ精神ニ適合セリト云フヘカラス」と、とくに手きびしい。これらの改正案・廃止案は民党が過半数を占める衆議院で可決、政党勢力への歯止めを優先する貴族院で否決というパターンを繰り返したのち、集会及政社法は第四議会で幾分の規制緩和をみた改正が実現する（一八九三年四月）。その後もたえず保安条例廃止や集会及政社法改正の要求がつづいた。

これに対して、藩閥政府側は体制維持のために現行の集会及政社法による規制に固執する。内務省は、自由党の創立宣言書（一八九一年三月）にある「言論集会及出版ニ関スル自由」を反駁する文書で、「政社非政社ノ取締ヲ寛ニシテ陰険ナル危害ノ発芽ヲ顧ミサルカ如キ自由刑ヲ廃止シ若クハ刑罰ヲ軽フシテ刑罰ノ効用ヲ無効ニセントスルカ如キ其改正セル所以ノモノ一ツトシテ社会ノ生存ヲ保維シ国家ノ安寧ヲ維持スル所以ニ非サルヲ見ルニ足ルヘシ」（「伊東巳代治関係文書」、国立国会図書館憲政資料室所蔵）と論じ、「国家ノ安寧」維持のために断固たる姿勢をみせる。にもかかわらず、政府・当局者内部でも、集会及政社法体制に代わる安定的・恒久的な治安法制が構想されはじめていた。

その萌芽の一つが、一八九〇（明治二三）年に警視庁が提言した「地方警察条例」である。一九三二（昭和七）年、警察講習所の教授田村豊は『警察史研究』のなかで、「当時の識者の間に警察憲法の制定を必要とするの論が熱心に主張せられたこと」を論じ、内務省警保局の「営業取締条例」制定に向けた諮詢に対し、警視庁では「之を営業警察に局限せず、警察一般の総則的規定即ち警察憲法の制定を希望する旨を答申して居る」ことを紹介する。その「地方警察条例」の骨格には、地方長官の権限の第一に「安寧秩序ノ保持」が掲げられる。すでに一八八五（明治一八）年には警保局『警務要書』により警察の権限や対象が明確にされていたが、それは警察内部に向けられたものであり、対社会的に警察の権限や対象、規制取締の基準などを明確化し、警察機能の発揮を万全とすることが課題となってきたのである。田村の論旨は、こうした「警察新法制の建設」の試みが、一〇年後の行政執行法や治安警察法などから成る「警察法完成時代」を実現させた、ということにある。

一八九〇年代を通じて政党勢力に対抗しうる「高等警察」の機構的、機能的な拡充が図られるなかで（拙著『特高警察体制史』参照）、集会及政社法体制の再編が日程にのぼってくる。まず、『伊藤博文関係文書』（三）所収の「治安法」と「警察監視規則」という二つの「取締法」が注目される。これは、内務官僚小倉信近が井上馨「内相之命により取調」、一八九四（明治二七）年五月一四日付で伊藤首相に提出したものである。書簡の冒頭には「過刻長陳仕候」とあることから、この「取締法」について、小倉は伊藤首相と話し合っていたと推測される。伊藤・井上という最高指導者の直命でなされる立案の背景には、日清戦争開戦を控えた国内治安体制の現状に対する不安があった、と考えられる。

「治安法」の条文は急遽作られたものだけに、「取締法」としての完成度は低いが、ここに何を盛り込もうとしたのかは、かえって鮮明である。全一六条から成り、第一条に、「凡ソ世ノ治安ヲ維持スルハ警察ノ職司トス故ニ其妨害タル事実ヲ認定スルハ其官吏ノ権能ニ任ス」とあるように、強権性・専制性を隠さない。第二条・第三条は、治安妨害の事項や原稿を「頒行」する目的をもった電信の逓送や新聞社通信社の送致に関わった者の処罰で、日清関係の緊迫化を背景とする。第四条から第八条は、あらゆる種類の反政府的行動に対する取締規定、第九条から第一一条は外交官・外国人に対する妨害行為などの取締規定である。これらは、小倉自身が伊藤宛書簡で、「実際之経験に由り現行法之罅隙を填足して脱去之余地なからしめ、政治上之非違を剗滅するの目的を達する」と述べるように、集会及政社法では規定していない取締領域をカバーしようとする。

もう一つの「警察監視規則」は、勅令としての制定が考えられていた。「治安ヲ妨害シ危険ノ虞アリト認ムル者」に対する警察の監視を規定し、毎月三回以上の警察署への出頭や政治集会への参加禁止など、現行の予戒令を一段ときびしくした内容である。

二つの「取締法」草案とも、日清戦争開戦とともに反政府的情勢が緩和したためだろう、それ以上の進展がないまま棚上げとなる。それでも、後述するように、これらで浮上した新たな取締の領域と手法は、集会及政社法体制全般の再編成のなかに盛り込まれていく。また、「政治上之非違を剗滅するの目的」をもったこの「取締法」の名称を「治安法」としたことは、集会や結社などという個別の規制以上の「治安」全体を規制する構想を反映している。

日清戦争を挟んで、しばらく集会及政社法への攻勢を控えていた政党陣営では、一八九六（明治二九）年一月、再び第九議会から改正法案を提出していく。第九議会には政府からも保安条例と予戒令に代わる「治安警察法案」が貴族院に提出されるという大きな事態の変化があった（否決）。

この一八九六年の「治安警察法案」については第三節で論じるが、立案当初において、これが「治安法」「保安法」「保安警察法」と名付けられたのち、「治安警察法」という名称が確定していったことに注目したい。先の小倉「治安法」案とは異なる次元で立案がはじめられたはずだが、「凡ソ世ノ治安ヲ維持スルハ警察ノ職司トス」という根本精神は継承されており、その「世ノ治安ヲ維持スル」ための基幹たる法として、「治安法」などをへて「治安警察法」に落ち着いていったと思われる。「保安警察」とすると、この「治安警察」に一般刑事犯罪の危害防止なども含みこんだ概念というニュアンスが加わる。

一八九六年「治安警察法案」が貴族院で否決となると、第一〇議会ではその取締機能を集会及政社法改正案などに分解して個別の法案とするという方針転換が図られる。その後、九八年秋以降、第一三議会に向けて再び「治安警察法案」への統合という転換をへて、第一四議会でついに成立をみるというジグザグな過程をたどる。ただし、再転換後においては、「治安警察法案」という名称は一貫していた。

このように一九〇〇（明治三三）年の治安警察法の制定には、現在確認しうる限りでも一八九四（明治二七）年の小倉「治安法」・一八九六（明治二九）年「治安警察法案」以来の直接的前史がある。さらに一八九〇年代を通じた「警察憲法」制定という大きな構想のなかでの、安定的・恒久的な治安体制の構築という観点からも考えられるべきものである。

逆にひとたび制定された治安警察法は、どれほど安定的・恒久的であったか。それは、第五条の「女子」の政談集会参加の規定削除と第一七条・第三〇条に関わる労働運動抑圧規制の削除を除き、その集会・結社・多衆運動の規制という根幹の部分が戦前四五年間にわたって不動であったことにあらわれている。上記の二度の改正も、実は第五条の場合は貴族院審議の過程で集会及政社法にあった規定が安易に追加されたもの（当初の政府案でも「女子」の政談集会参加は容認されていた）、第一七条・第三〇条は治安警察法立案の最終段階で突如として追加されたものであり（第三節3で詳述）、社会情勢の変化のなかで、それらの守旧的・臨時的な条項の削除は早晩なされるべきものであった。いずれも女性や労働運動にとって大きな壁となり、それらを乗り越えるのに多大な時間と労力を必要としたのは確かだが（しかも第一七条では、削除と引き替えに制定された労働争議調停法が新たな壁となる）、安定的・恒久的な治安の確立をめざす治安警察法にとっては本来的に根幹の部分ではなかった。

2　集会及政社法体制のなかの「特高警察」機能

集会及政社法体制から治安警察法体制への転換、言いかえれば、安定的・恒久的な治安法制の構築とは、まだ残存する「国事警察」要素を払拭し、明治憲法体制下の政党活動の抑圧統制に十分な「高等警察」機能の発揮を可能とすることであった。それに加えて、新たに顕在化が予想される社会主義運動・労働農民運動への対処、すなわち「特高警察」機能を注意深く充填させておくことも考えられていた。治安警察法の制定後、社会民主党の結社禁止に発動されるように、主な法益たる「高等警察」機能のなかで「特高警察」機能は増大していくとはいえ、一八九八（明治三一）年秋以降の直接的な立案過程において「特高警察」機能がすでに法益の中心に据えられていたとみることは正確ではない。にもかかわらず、安定的・恒久的な治安法制にとって「特高警察」機能を充填しておくことは不可欠との認識は広く共有されていたことも確かなことであり、しかもそれはさらにさかのぼって集会及政社法体制のなかにおいても確認しうる。

集会及政社法の第三〇条は「凡ソ結社ニシテ安寧秩序ニ妨害アリト認ムルトキハ内務大臣ハ之ヲ禁止スルコトヲ得」とある。一八九〇（明治二三）年七月、枢密院で審議される際、この条文について「結社ニテハ字義広闊ニ過ルノ嫌アリ」として、「結社」を「政社」とする修正要求が出された（福岡孝弟顧問官）。これに対して、報告員の伊東巳代治枢密院書記官長は「若シ政社ト改ムルトキハ政社ニアラサル他ノ結社ニハ本条ヲ適用シ難キニ至ルノ恐アリ」と述べて修正に反対した。つづく内閣派出員清浦奎吾（警保局長）の次のような答弁により、「政社ニアラサル他ノ結社」の意味するところが明確となる。早くも「罷工同盟」の結社禁止を想定するのである（以上、「集会結社法議事筆記」、「伊東巳代治関係文書」所収）。

之ヲ政社トスルト結社トスルトハ実際ニ就テ頗ル大ナル関係アリ……法律ハ大ニ其権限ヲ失シ政社ニ非サル外ハ仮令ヒ如何ナルコトアルトモ内務大臣ハ之ヲ禁止スルヲ得ス……政社ニ非スシテ内務大臣ノ禁止セル実例ハ甚タ少シトセス其一二ヲ挙クレハ神代復古会罷工同盟ノ如キ是ナリ殊ニ罷工同盟ノ如キハ社会ニ害アル尠シトナサス

ただし、集会及政社法制定後、実際に「安寧秩序」妨害を理由に結社禁止となるのは、条約改正反対の大日本協会（一八九三年一二月）、対外硬派の全国同志新聞記者連合団体（一八九四年六月）、遼東還付反対などを主張する政友有志会（愛宕館有志会、一八九五年六月）などの反政府団体であり、まだ社会主義運動・労働農民運動の勃興以前の段階で、「罷工同盟ノ如キ」結社への発動は現実化しない。

しかし、そうした状況に少しでもつながるとみなした動向には、過敏なまでに対応する。集会及政社法体制の下で、さまざまな内規・通牒・訓示などによって、早くも「特高警察」的機能の発揮が求められた。一八九〇年代前半に直面した最大の問題は、政党活動に付随する院外団・壮士の活動の取締であった。壮士は、「過激軽操ノ徒」（一八九〇年一〇月）、「粗暴詭激ノ徒」（一八九一年五月）、「無産無頼ノ輩」（一八九二年六月）、「無頼壮士ノ徒々」（一八九三年九月）とみなされ、繰り返しその取締が指示される。一八九四（明治二七）年六月制定の警視庁「高等警察視察人偵候内規」では、視察対象の一つに「無産無業ニシテ壮士タラントスル傾向アル青年及洋行帰ノ者」があげられていく。保安条例の再度の適用や予戒令の制定・発動もなされる。

こうしたなかで、一八九一（明治二四）年一二月一八日、警視総監園田安賢から管下の警察署長に訓令された「細民ヲ煽動スルモノ取締」が注目される（以上、「国事警察編」、『特高警察関係資料集成』第二二巻所収）。

近来労役者又ハ細民ノ名義ヲ以テ帝国議会ニ新事業ノ問題ヲ可決セシムルノ運動トシテ多衆相会シ以テ議院又ハ議員集会所ニ押寄セ強願脅迫ノ手段ヲ行ハンコトヲ企ツルモノ有之趣而シテ其労役者及細民ナル者多クハ新事業ニ対シ生活上直接ノ関係アラスシテ無産無業ノ輩ニ過キス加之事茲ニ及フ所謂ノ者ハ他ニ為ニスルモノアリ利ヲ以テ彼等ヲ誘惑シ其教唆ニ依テ不穏ノ運動ヲ計ルニ外ナラス故ニ厳重取締ヲ施シ若シ特ニ判明スルモノ有之時ハ仮借ナク相当ノ処分ニ付セラルヘシ

残念ながらこの前半で述べられる状況が具体的に何を指すのか不明である。おそらく取締の直接的対象はここでも「労役者及細民」を誘惑・教唆・煽動しようとする壮士的存在としても、「労役者及細民」が多数集合して「不穏ノ運動」に煽動される事態が発生することに強い警戒感を抱いていることは確かである。「労役者及細民」を「無産無業ノ輩」とみなし、それらが「過激軽操ノ徒」である壮士と結びつくことに危機感を抱いている。

こうした「労役者及細民」への警戒は、帝国議会における保安条例廃止案や集会及政社法改正案の審議において散見される。一八九三（明治二六）年一二月、第五議会の貴族院委員会における保安条例廃止案の審議で、曾我祐準は社会の進歩による「理財的ノ競争」の結果は「不生産的ノ徒」を生み出すことになり、「往々種々ノ危険ナル運動ヲ為シ或ハ吾人ノ公権使用ノ上ニ干渉シ却テ良民ヲ傷害スルコトアルノ事実」を聞くと述べて、それに対応する法律を保安条例に代わって制定することを求めた（『帝国議会貴族院委員会会議録』第五議会）。これに対する政府側の応答はない。具体的な事実が現出したというより、欧米各国における社会主義・労働運動の勃興を知識として知って、予防的な対応を迫ったというべきであろう。

一八九五（明治二八）年一月の第八議会では、貴族院本会議で保安条例廃止案が審議された際、政府当局者から注目すべき発言がなされた。内相野村靖は、「農工商ヲ始メ一般ノ制度ノ上ニ係ル議事、之ヲ言葉ヲ換ヘマスレバ実業及制度ノ上ニ取リマシテ此保安条例ノ必要ナルヲ認メマスル、殊ニ将来ニ於キマシテハ彼ノ事業ヲ発達セシムルハ必要」と述べる。さらに内閣法制局長官末松謙澄は、保安条例の秘密結社禁止の規定に関連して、「今日此法ガアッテモ秘密結社ヲ企テル者ガアッテ、其端緒ハ先刻申シタ通リ百人以上モ集ッテ彼是致ス情況ガアリマシタ、略々或ハ社会党ミタ様ナモノガ起リ、色々ナモノガ起ラヌトモ云ヘヌ情況ガ現レル」と主張する。このように保安条例の存続理由に、将来の「農工商」の事業発達の阻害になりかねない「軽操浮薄ノ徒」に対する取締や「社会党ミタ様」な秘密結社の取締の必要性をあげることは、保安条例をいわば治安警察法的に拡張解釈し、延命を図ろうとしているといえる（以上、『貴族院議事速記録』第八議会）。

第九議会における「治安警察法案」審議でみられる「特高警察」機能への論及については次節に譲る。一八九七（明治三〇）年二月の第一〇議会の衆議院委員会では新聞紙条例改正案の審議中に、内閣法制局長官神鞭知常は、保安条例の廃止の代わりに「社会ノ安寧ヲ保ツタメニ必要トシマスル事柄ニ就イテ、即チ無頼ノ浮浪者トモ云フベキモノノ取締」をおこなう法律を立案中と言明した。つづく一八九八年六月の第一二議会の貴族院委員会の保安条例廃止案においても、警保局長牧朴真は、保安条例の「第四条第五条ノ如キハ今日国家保安ノ上ニ必要闕クヘカラサルモノナリ或ハ暴行者等起リ数多ノ騒動ヲ来ス如キ場合ニハ此条文ヲ適用スル必要ヲ生ス」と述べ、それらを別の法律として制定することを準備中とする（廃止案は貴族院でも可決し、この議会で廃止）。第四条は治安妨害のおそれなどを理由とする退去命令で、これは警察監視法案への移行がもくろまれている。

第一〇議会で成立した新聞紙条例改正（一八九七年三月）は、内務大臣の発行禁止の行政処分の緩和などが実現する反面、皇室の尊厳に関する取締や、「社会ノ秩序又ハ風俗ヲ壊乱スル事項」記載に対する取締が追加された。この「社会ノ秩序」壊乱の意味するところのひとつに、神鞭は「彼ノ社会上ノ或ハすとらいきヲ煽動スル様ナコト」（衆議院委員会）をあげる。治安警察法の制定にさきがけ、まず言論統制の面で「特高警察」機能が整えられたのである。

そして「特高警察」的観点から結社に対して取締をおこなう必要性は、一八九〇年代後半には広く衆議院のなかでも共有されはじめていた。すでに初期議会における藩閥政府と政党の関係は、はげしい対立から、日清戦争をへて、相互の妥協へと変化を見せはじめた。政党は、いわば反体制的な改革者から体制内的な改革者に変貌をとげ、その体制内の一員として、新たな反体制的な「治安」「安寧秩序」妨害者への取締と処罰を要求し、みずからもその役割を担うことになった。

一八九六（明治二九）年一月、第九議会で集会及政社法改正案を提出した竹内正志は、「社会ノ安寧秩序ヲ妨害スル者」があったときの対応を問われて、「若シ無頼漢ガ大勢組デ良民ヲ妨害スル、或ハ小作人ガ地主ニドウスルト云フコトガ若シアッタトキハ行政警察デ、サウ云フコトヲシテ宜シイト云フコトハナイカラ、十分取締ガ出来ルノデアル、若シ必要ガアルナラバ刑法ニ追加シテモ宜シカラウ」と答えている。政党活動を阻害される立場から、集会及政社法の「非立憲的ノ条項」の削除を要求する一方で、「無頼漢ガ大勢組デ良民ヲ妨害スル、或ハ小作人ガ地主ニドウスル」行動を「安寧秩序」妨害とみなし、「行政警察」によるその取締や処罰を当然視するほか、刑法への追加にも言及する。

また、一八九七（明治三〇）年七月、『進歩党党報』（第五号）に「社会主義に就て言ふ」を寄稿した国友重章は、大阪天満紡績争議や足尾鉱毒事件の反対闘争などを「豈に戒むへきの萌芽」と呼び、ヨーロッパで現出した「彼の恐るへき共産主義、平権主義の破壊的運動を見るも、亦遠きに非さるへし」と論じる。国友はその予防法として、「自由放任主義の弊を矯正して干渉平均の法を建つへしといふ」国家社会主義の採用を提言する。同様な労働運動・社会主義運動への警戒感は、政党関係者には行き渡っていた。たとえば、板垣退助も「我国の将来に起り来るべき社会問題」に注意を喚起し、社会政策による解決を説く（『憲政党党報』第二九号、一九〇〇年二月）。国友の国家社会主義論にしても、板垣の社会政策論にしても、その対極には「彼の恐るへき共産主義、平権主義の破壊的運動」に対する法的取締と処罰の積極的容認がある。

これらの社会主義・労働運動取締論の広がりのなかで、治安警察法の制定に至るわけだが、すでに第八議会で内相らから表明された現行治安法制の治安警察法的な拡張解釈が、一八九〇年代末に実行に移されはじめていたことも見落とせない。

労働運動の最初の受難は、一八九八（明治三一）年四月の労働組合期成会大運動会の禁止である。これは、警視庁の不認可の意向が高野房太郎に伝えられただけで、根拠法令は示されていない。『労働世界』社説（第一〇号、一八九八年四月）が「図らざりき今回労働運動が意外の点に於て行政警察と衝突を来さんとは」と述べるように、「行政警察」による実質禁止処分にほかならない。つづく弾圧は、一八九九（明治三二）年一月、やはり警視庁による鉄工組合の結成一周年紀年祭の開催直前の解散で、今度は集会及政社法の第四条（帝国議会開会中、議院三里以内の屋外集会・多衆運動を禁止する規定）を適用し、「治安妨害」を理由とした。

『労働世界』がこれらの措置を警察の「誤認」とし、幸徳秋水も「警察官吏の事理に昧くて、警察権の誤用せらるる」（「憐れなる労働者」、『万朝報』一八八九年一月二〇日）とするように、問答無用の「行政警察」処分や集会及政社法の拡張解釈は苦しい措置だった。幸徳らの批判は長い目で見ればあたっているけれども、一八九〇年代末の警察当局にとっては「誤認」「誤用」ではなく、労働運動に対する抑圧取締という明らかな宣戦布告であった。しかし、差し迫った課題として、そうした集会・多衆運動の解散を現行法制の拡張解釈で強行的に突破しないでもすむような、「特高警察」機能を含んだ治安立法が待ち望まれた。

ところで、この時期、集会及政社法は労働運動ともちがう新たな社会運動の取締に向けても発動されようとしていた。足尾鉱毒被害農民の大挙東京押出しである。すでに三回の大挙請願行動をはたした被害農民らがさらに一八九九（明治三二）年九月、新たな計画を準備すると、内務省では関係府県に押出し阻止や集会・示威運動の阻止を求めた。群馬県宛の通牒では、「事体穏カナラサル義ト存候就テハ貴管下雲龍寺等ニ於テ多衆集会候節ハ集会及政社法ニ依リ断然解散ヲ命セラレ度」などと、具体的な指示を与えている（「公文別録」内務省、国立公文書館所蔵。また『特高警察体制史』参照)。適用となるのは、第三条の「安寧秩序」妨害とみなした屋外集会・多衆運動の禁止である。この後、一九〇〇(明治三三)年二月の押出しでは、雲龍寺での集合に対し集会及政社法による解散を命じたものの、農民たちは従わず、強行突破し、川俣における警官隊・憲兵隊との衝突となる。

この川俣事件のような多衆運動の解散に応じない場合には、現行の集会及政社法でも、新たな治安警察法でも十分に対処できない。集会・多衆運動の中止や解散という行政処分に法益を置くがゆえの、限界であり、弱点であった(解散に従わなかった場合に処罰が課せられるが、それほど重くない)。そのため、刑法の「凶徒聚衆罪」という司法処分での対処が新たに打ち出された。これを契機に一九〇〇年代には、「凶徒聚衆罪」は小作争議や都市民衆騒擾に積極的に発動されていく(刑法改正後は「騒擾罪」に代わる)。

二　治安警察法の成立

1　一八九六年治安警察法案とその後

一八九三(明治二六)年三月、司法省などをへて内務省に入った有松英義は、警保局勤務を命ぜられる。自筆の「有松英義略歴」(東京大学法学部近代立法過程研究会「有松英義関係文書(2)」

所収。『国家学会雑誌』第八六巻第五・六号、一九七三年八月）では、「内務大臣の命を承け、警保局関係諸法規改正の調査を為す。……後年法律と為り命令と為るもの、大抵当時の調査に基く」と記す。治安警察法や行政執行法など、前述の田村のいう「警察新法制の建設」は、主に有松の手によって担われていった。

その有松自身によって整理された「治安警察法関係書類」上・下の主要部分が『国家学会雑誌』（第八六巻・第八七巻、七三年・七四年）に紹介されたほか、新井勉氏により金沢大学図書館所蔵の関係資料も紹介された（「治安警察法関係資料（一・二）」、『金沢大学教養部論集―人文科学編』第二二巻、一九八四年）。これらにより、一八九〇年代後半の治安警察法案の起草過程がかなり明らかとなる（新井「第九議会治安警察法案（一～四）」、『金沢大学教養部論集』第二三巻・二四巻、一九八五年・一九八六年が詳しい）。

さて、治安警察法立案の中心人物有松は、制定直後の講述の著作『治安警察法講義』の冒頭で、「治安警察法案なる者は前年も曾て政府より帝国議会に提出せられたることあり、唯前年提出せられたる法案は、保安条例を廃止し之に代ゆるの条項を設け、且併て二三の規定を加へんとしたるものなれば、今回の治安警察法とは其名同じくして其実異なれり」という。

「前年」とは正確には九六年、第九議会である。同名ながら「其実異なれり」という有松の言は、九六年治安警察法案が保安条例と予戒令の廃止に代わるものなのに対し、一九〇〇（明治三三）年の治安警察法は、集会及政社法の廃止に代わるものだったこと（その間の一八九八年に保安条例は廃止となる)、一九〇〇年法にはあの労働運動規制の第一七条が加わることを指しており、間然するところはない。とはいえ、その同名の「取締法」となることに象徴されるように、集会及政社法体制に代わる安定的・恒久的な治安法制の構築という第一節で論じた観点に立つとき、「特高警察」機能を充填した「高等警察」機能の十全な発揮という根底の精神において、二つは連続しているといってよい。

すでに集会及政社法は政党の要求にしたがって幾分の規制緩和という改正(一八九三年四月)に応じているという判断からであろう、「憲法ノ精神」に適合しないとして批判の強い保安条例と予戒令の廃止を前提に、一八九六(明治二九)年、治安警察法案の立案作業は開始された。それらの取捨選択と追加をおこない、「保安法」「治安法」などの名称が付せられた法案が何種類かつくられたのち、一八九六年一月一〇日、全九条から成る法案を閣議に提出、その後内閣法制局と警保局の有松らの最終調整をへて、全七条の法案が閣議決定となり、一七日に、まず貴族院に提出された。その途中では全二〇条、あるいは全一六条におよぶ法案もあり、外国の君主や施設への暴行の取締、所有権移転の自由などを制限する警察の強制執行権の規定などもあり、この機会に広範な取締規定を一挙に盛り込もうとした形跡がうかがえる。結局、それらの大部分はそぎ落とされ、「保安条例中必要ナル条項ハ本法ノ第一条及第二条トナシ予戒令中必要ナル条項ハ本法ノ第三条トナシ其他第四条以下ヲ加ヘ」(「治安警察法――参照、理由付」)、議会提出案となった。

この最終案について、議論となるべき要点に解説を加え、「一二外国ノ実例ヲ付記」した「詳細ノ弁明」を有松が作成している（「治安警察法説明」）。それにもとづき各条を概観し、「特高警察」機能がどのように考慮されていたのかをみよう。

まず第一条は、保安条例第一条を受け継ぎ、「政治問題若クハ社会問題又ハ背法ノ処為」について秘密結社を作ることの禁止である。ドイツ、イギリスなどの秘密結社を禁止する法を列挙するが、そこでは「社会党」や「共産主義ノ結社」取締法にも触れられている。第一条にこの規定をおくように、第一の法益といえる。

第二条は、保安条例第五条・第六条を受け継ぎ、「安寧秩序」保持のために、内務大臣が地域期限などを区切って、公衆の集会の禁止や新聞紙の発行禁止権などをもつ規定である。有松は「本条ハ学者ノ所謂小戒厳令ナリ」といい、戦時・事変時の戒厳令を平時に応用するものという。その「参照」として第一にあげるドイツの場合は、次のようなものである。

千八百九十七年十月廿一日ノ社会党取締法第廿八条ハ社会党的主義及其他国家ニ危険ナル思想ニ依リ公安ヲ妨害スルノ企図アリト認ムル地方ニ対シ内閣ハ連邦参議院ノ同意ヲ経テ一年以内ノ期限ヲ以テ警察官ノ許可ヲ得サル集会ヲ禁シ印刷物ヲ道路街衢広場其他公ナル場所ニ於テ頒布スルコトヲ禁シ戒器ノ所持携帯輸入及販売ヲ禁シ若クハ制限スルコトヲ得而テ其処分ハ帝国議会開会中ナレハ即時ニ又閉会中ナレハ次期ノ議会ニ提出スヘシ其公布ハ云々スヘシ違反者ハ云々ノ罰ニスヘシト規定シタレトモ千八百九十年一月社会党取締法ノ失効ニ依リ

廃止セラレタリ

さらにロシアやオーストリアの関連する法律を訳出している。

第三条は、予戒令全般を受け継ぎ、「殊ニ言行危激或ハ理非ヲ弁セスシテ他人ノ言動ニ雷同狂奔」する者などの行動を阻止したり、居住の制限をおこなう。ここでも有松は、ドイツ・イタリア・オーストリアの関連法令を詳細にかかげる。なかでも、ドイツの社会党取締法の失効後の状況として、「社会主義其他危険ノ思想」をもつ者が法令に違反する場合には、自由刑とともに居所の制限をおこなうと述べる。

以上のように、九六年「治安警察法案」の骨格をなす前半の三条は、罰則においていくらかの緩和はあるといえ、全般的に抑圧取締の強度は増し、対象の広がりが図られている。すなわち、保安条例と予戒令の真髄的な部分をそのまま「治安警察法案」に継承しようとしたわけで、そうした強権的・専制的な取締に固執し、拍車をかける背景には、漠然としたものながら社会主義運動への警戒があった。

第四条は、街頭などでの演説や朗読・朗吟などを禁止する新たな規定である。演歌師などによる政府批判に対し、集会及政社法の集会に関する規定を拡張適用することは「稍々穏当ヲ欠」くという認識と、従来から痛感されてきた「実際ノ必要」からの新設である。欧州各国がそうした行為を「予防ノ目的」で立法しているのに対し、この法案では「危害ヲ社会ニ及ホス者アルニ於テ始テ之ヲ処罰スルノ規定」にとどめた、という。

第五条も新設で、一定の行為・不行為を一定の期間なすことを警察官が命令できるという行政警察権の執行を規定している。これは、有松自身がプロシアの「強制執行ノ制ト大体ノ主義ヲ一」にしたといい、のちに行政執行法として一九〇〇年治安警察法とともに成立をみていくものである。

一八九六（明治二九）年の法案と一九〇〇（明治三三）年に成立をみる治安警察法の関係を整理すると、一八九六年法案の第一条の秘密結社禁止と第四条の街頭の演説などの禁止の規定が一九〇〇年法に受け継がれていくことになる。それら以外の一八九六年法案では、第二条の小戒厳令は実現せずに終わり、第三条は予戒令そのものが存続（予戒令の廃止は一九一四年）、第五条は行政執行法として実現する。多くの治安立法がそうであるように、一八九六年法案も初発の段階で、取締に便宜と考えられた限りの機能をすべて盛り込もうとし、議会通過の可能性と必要不可欠性の検討を加えつつ、次第に収斂していく。

さて、治安警察法は、一八九六年一月一七日、議会に提出され、二〇日から貴族院本会議で趣旨説明と質疑があり、二三日から特別委員会で本格審議が始まった。第一条の秘密結社の禁止に関連して、「労働社会ノ者ガ或ハ何ゾ賃金上トカ何トカ云フコトニテ仲間ヲ団結シテ竊ニ雇主ニ対シテ運動ヲスルト云フヤウナ結社ヲスル」ことも秘密結社に該当するかと問われて、内閣法制局長官末松謙澄は「労働社会ノ者ガ大ニ申合セテ何等カノ事ヲヤラウト云フヤウナコト是ハ其秘密デ内証デヤッテ居ルト云フコトデ矢張此中ニ這入ル」と答弁する（『貴族院議事速記録』）。委員会でも、委員の清浦奎吾の秘密結社には「彼ノ小作人或ハ工夫等ノ会合其他各般ノ集合ヲモ一括」しているかという問いに、末松は「然リ」と答えるのである。これらから判断すると、当局者の脳裡には、一八九〇年代前半の表現でいえば、「社会党ミタ様」な結社よりも、「罷工同盟」のような団体が浮かんでいたといえよう。それでも、「特種ノ情況ニ促サレテ本案ヲ提出シタルニ非ス」という末松の言にあるように、緊急性に迫られてではなく、近い将来に出現することを予想しての予防的な規定であった。

委員会審議では、かつての警保局長清浦奎吾がこの法案が新たな取締機能をもつことを積極的に引き出し、成立を働きかけた。「政治上ノ秩序」の維持を目的とした保安条例に対し、この治安警察法案は「寧ロ一般社会ノ安寧ヲ保維スルコトヲ主トセリ」と断言するのである。保安条例よりも「遠ク数歩ヲ進メ新機軸ヲ出シタ」ともいう。さらにそれをもう一歩押し進めるために、居住制限などを規定する第三条について、「其ノ適用ヲ広ク」する修正を提案する。委員会では、この清浦提案に同意するほか、被処分者が不服を訴えることのできる規定を新たに加えることなどの修正を施し、治安警察法案を可決した。

しかし、貴族院の本会議では、政府の意に反し、この委員会修正案を否決した。反対意見のなかには、政府は衆議院の保安条例廃止要求に反対をしながら、その保安条例に代わる法案を提出することは首尾一貫していない、保安条例廃止で世論が高揚しているなかに、取締の精神において等しい法案を持ち出すことはかえって混乱を倍加するものである、などのほか、谷干城の「勅令デ出テ居ルモノヲ法律ニ換ヘルト誠ニ鞏固ナルモノガ出来ル」からかえって危険であり、保安条例と予戒令の廃止を先行すべき、という意見もあった。

臨時的・緊急的という理由で、その強権性や専制性が容認された保安条例と予戒令の本質をそのまま継承し、しかも恒久的な法律とすることに、政府の予想を越えた反発がみられた。「罷工同盟」や「社会党」的な秘密結社の取締も視野に入れた「一般社会ノ安寧」保持という「新機軸」=「特高警察」機能は、まだ一八九〇年代中葉においては、現実の事態がそこまで進んでいないために、十分な説得力をもたなかった、と考えられる。その「新機軸」の重要性が異論なく認知されるには、一九〇〇（明治三三）年を待たねばならなかった。

治安警察法案が貴族院で否決されたことは、政府・内務省に方針の転換を迫ることになった。来る第一〇議会（一八九六年一二月〜一八九七年三月）に向けて、集会及政社法体制の再編の大幅な見直しに踏み切る。

第一に、第九議会の衆議院では議員提案の集会及政社法改正案が政府の反対にもかかわらずまた可決されており、その状況を挽回することは困難になったことを踏まえ、内務省では「退テ熟考」した結果、ほとんど衆議院通過の改正案そのままを原案とすることから出発した。その後、閣議提出時には、原案では削除したはずの第八条第三項の「政談集会ニアラサルモ其ノ状況安寧秩序ヲ妨害スルノ虞アリト認ムル集会ニハ第一項ノ臨監ヲ為スコトヲ得」を復活させた（ただし、

「濫用ノ弊」を避けるために、冒頭に「公衆ヲ会同スル集会ハ」を付した)。「或ハ学術演説ト称シ或ハ宗教演説ト称シ其他政談ニアラザル名称ヲ以テ公衆ヲ会同シ其状況安寧秩序ヲ妨害スルノ虞」(「集会及政社法中改正法律案閣議提出案」有松自筆)を、やはり無視することができなかったからである。集会及政社法の改正にあたり、この「安寧秩序」妨害とみなすあらゆる集会への臨監という権限は、社会主義・労働農民運動の勃興に備えるためにも不可欠と認識された。

衆議院には政府提出の改正案とともに、議員提出の改正案も同時に提出された。委員会・本会議とも議員提出の改正案をもとに審議が進み、一部の修正を加えて通過したが(政府の極力反対した政談集会への「女子」の参加なども認められた)、貴族院では時間切れで未決に終わった。

第一〇議会に向けた治安法制再編の試みの第二は、第九議会に提出された治安警察法案を、ほぼ各条ごとに分解して単行法案としたことである。一八九六年治安警察法案の第一の法益だった第一条の秘密結社を禁止する規定を直接受け継ぐ新法は、なぜか考慮された形跡がない(あるいは現行の集会及政社法第二九条の「安寧秩序」妨害の結社に対する内務大臣の禁止・処罰の規定でまかなおうとしたか)。第二条から第五条までは、それぞれ保安条例廃止に代わる「非常緊急ノ場合ニ関スル取締法草案」、予戒令廃止に代わる「浮浪者取締法案」と「警察監視法案」、新設の「街頭ニ於ケル演説朗読吟謡文書図画形影ノ掲示頒布ニ関スル取締法案」、やはり新設の「行政処分ニ関スル法律案」として、九六年一一月ころには立案されていた(「行政処分ニ関スル法律案」は『金沢大学教養部論集』第二三巻第一号に収録、それ以外は『国家学会雑誌』第八七巻第一・二号に収録)。

これらの内、実際に成案にまでたどりつき、議会(衆議院)に提出となったのは、保安条例廃止案と警察監視法案のみだった。保安条例廃止案は同時に議員からも提出され、異議なく可決した。警察監視法案は、警保局長寺原長輝の説明によれば「無頼ノ徒、若クハ無産ノ徒」(『衆議院議事速記録』)などを対象とし、成立後は予戒令を廃止するというが、予戒令以上のきびしい内容だとして否決される。保安条例廃止案も貴族院で否決された結果、集会及政社法体制はそのまま存続することになった。

つづく第一一議会はすぐに解散となったため、一八九八(明治三一)年五月からの第一二議会に舞台が移り、ここで保安条例の廃止という一つの節目を迎える。政府側では会期の短さを予想し、集会及政社法体制の見直しを次議会に持ち越そうとした。牧朴真警保局長は、保安条例の廃止に言及しつつ、なおその第四条と第五条は「今日国家保安ノ上ニ必要闕クヘカラサルモノ」とし、代わりの法律を次議会に提出すると弁明に努める(『帝国議会貴族院委員会会議録』一八九八年六月)。これに対し、衆議院はいうまでもなく、これまでは防波堤となってきた貴族院までが廃止案を可決してしまうのである(委員会は否決するが、本会議で逆転可決)。本会議での論理は、政府が「自ラ不都合ナルコトヲ認メテ居ル以上ト云フモノハ此次ノ議会マデ之ヲ存続スルノ必要ハナイ」(山中幸義)というものであった。ただし、「危険ノ虞アル人」に対する警察の厳重監視の励行と集会及政社法などの活用によって、保安条例の廃止は補うべきとする(以上、『貴族院議事速記録』一八九八年五月)。この廃止により、秘密結社に対する禁止や「群集」に対する取締が空白になってしまった。

この第一二議会では、政府の治安法制再編に影響をおよぼすことがもう一つあった。それは、再び議員提案となった集会及政社法改正案で、第一〇議会の衆議院可決の改正案には残されていた第八条第三項の警察官の非政談集会への臨監の権限が削除されたことである。牧警保局長は、「若シ其集会ニ於テ甚シク治安ニ妨害ガアリ、国安ニ妨害ガアルヤウナコトヲ為スヤウナコトガアッテモ、之ニ決シテ警察ガ関係スルコトハ出来ヌト云ヤウナコトハ、誠ニ此警察ノ取締上ニハ困リマスル」(『衆議院議事速記録』一八九八年五月)と述べて、復活を求めるが、そのまま衆議院を通過してしまう(貴族院では未決)。

こうして集会及政社法体制の再編が遅々として進まない一方で、保安条例は廃止を余儀なくされ、基軸である集会及政社法に対する政党の攻勢も強まりつつあった。それをかわすためには、政府みずからが集会及政社法の大改正に取り組まざるをえなくなったのである。

おそらく一九〇〇年治安警察法に至る途中経過の一つが、『国家学会雑誌』第八七巻第一・二号所収の「集会及結社法」草案と推測される(同誌が、これを「第十議会政府提出集会及政社法改正案関係書類」のなかに位置づけているのは誤りと思われる。起草の時期は、一八九八年後半か)。作業の手順としては、現行の集会及政社法にもとづき、条文の各所に修正を加えるほか、条文の削除と追加をおこなっており、全三七条が全三四条となった。大きな変更点の一つは、新たに「公事」

の観念を前面に打ち出し、現行法の「政談集会」の多くが「公事集会」に、「政社」の多くが「公事結社」に改められたことである。「私事」の対極に位置する「公事」の観念は広く、足尾鉱毒事件のような社会問題・地方自治の問題、あるいは宗教問題までも包含するものとして持ち出された。これは治安警察法に受け継がれる。法案名を「集会及政社法」から「集会及結社法」に変更とするのも、取締対象を広くすることに関わる。

第一〇議会で焦点となった現行法第八条第三項の「安寧秩序」妨害のおそれありとみなした集会への警察官の臨監の権限は、変更なく残された。また、「安寧秩序」妨害の結社に対する内務大臣の禁止規定もそのままである。いうまでもなく、いずれも治安警察法に引き継がれていく。

そして、保安条例廃止によって空白となってしまった「秘密結社」および「群集」の取締と処罰の復活が図られようとする。前者は、「秘密ノ結社ハ之ヲ禁ス犯ス者ハ六月以上一年以下ノ軽禁錮ニ処ス」とされる。保安条例の処罰は「一月以上二年以下ノ軽禁錮」と罰金刑の併科であり、九六年治安警察法案はそれを重すぎるとして「一一日以上一年以下ノ軽禁錮」あるいは罰金刑の選択刑に軽減していたが、ここではそれよりは重い軽禁錮刑となっている。この処罰程度は、一九〇〇年治安警察法に受け継がれる。ただし、これらはいずれも警察による行政処分に重きをおくために、重い司法処罰は想定されていなかった。

「群集」の取締については、現行法第三条第三項の規定を拡大する。つまり、警察官署による「屋外ノ集会又ハ多衆運動ヲ禁止スルコトヲ得」のところを、「屋外ノ集会制限又ハ多衆運動ヲ禁止スルコトヲ得集会若ハ運動ニアラサル公衆ノ群集ニ於テモ亦同シ」とするのである。この「群集」の取締も、治安警察法に引き継がれる。

このように、「集会及結社法案」は治安警察法に含まれる重要な要素の過半を用意したものとして、その直接的な立案過程の第一歩の位置を占めるといえよう。とはいえ、まだ集会及政社法の改正の体裁をとっており、取締の順序は従来からの「集会及結社」のままである。これに対し、治安警察法は結社（第一条）、ついで集会（第二条）という順序で規定している。治安警察法への移行は、法案名においても、この取締順序の転換においても、なされねばならなかった。遅くとも、この移行は、第一三議会に向けて治安警察法案が閣議に提出される九八年一一月までになされている。

2　治安警察法原案の立案経過

一八九八（明治三一）年一二月開会の第一三議会に向けて、成立したばかりの第二次山県有朋内閣下、内務省（内相西郷従道、次官松平正直、警保局長小倉久）は、一一月、閣議に治安警察法案を提出した（『国家学会雑誌』第八七巻第一・二号所収）。この段階では、異なる二種が作成されていた。一つは全一一条から成り、第一条で「政治上ノ結社」を組織した際の届出を規定し、以下、「政治上ノ集会」や屋外における公衆の会同・多衆運動の届出の条件、政社加入や政談集会への会同の除外者の規定などと、それらに違反した場合の処罰を定めている。もう一つは全一〇条から成り、「結社集会並多衆ノ運動」に対する制限・禁止の規定、街頭などでの「放言漫語」や朗読・朗吟などの取締、内務大臣による外国人への退去命令、「浮浪徘徊」者に対する予戒命令などの内容となっている。前者は、主に「結社集会並多衆ノ運動」を実行する際の届出事項として規定した手続き的なもの、後者はそれらに対する制限・禁止や現行の予戒令の踏襲のほか、新たな事態に対処するものが加わる。

おそらく閣議での論議をへて、二種の治安警察法案は内閣法制局と法典調査会の検討に委ねられた。その結果、この二つはほとんどそのまま一つに統合され、全二〇条の法案となった。「有松英義関係文書」中には、同法案に対して作成された「参考書」（二部構成で、第一部は「結社集会並多衆ノ運動」に関わる第一五条までの規定についてのヨーロッパ各国の関連法令（たとえば、ドイツでは「集会結社法」「帝国議会議員選挙中結社及集会ニ関スル法規」など）を、第二部は第一六条から第一九条までのそれぞれの関連法令を集めている）があり、その日付が一八九八年一二月一五日となっていることから、作業は急ピッチで進められたと思われる。

治安の状況と治安法制の再編を全体的に見渡したとき、街頭などで展開される反政府的などとみなす言動の取締や外国人への退去命令などの新たな規定を設け、さらに廃止予定の予戒令の内容を盛り込もうとすると、もはや集会及結社法案の範囲を超えると判断されたのだろう。改めてそれらを広く包含するものとして治安警察法という法案名が選びとられ、取締の順序も「結社集会並多衆ノ運動」に並び替えられた。個別的な集会や多衆運動以上に、それらが結社によって主催・主導されるという実際の動向に注目した転換といえよう。

かつての一八九六（明治二九）年治安警察法案の当初が、予想しうる限りの取締領域を広く盛り込もうとしたのと同じことが、この一九〇〇年治安警察法に直結する九八年末の立案段階でもおこなわれようとした。一八九九（明治三二）年七月から実施予定の外国人の内地雑居に対して退去命令の権限を内務大臣に与えたことのほか、「結社集会並多衆ノ運動」に対する制限や禁止の理由として「安寧秩序」の保持だけでなく、「風俗ノ壊敗」の防制が加わった。すでに出版法などの言論統制法令において猛威をふるっているこの概念を「治安」全般に広げようとしたのである。ただし、一八九六年法案にあった小戒厳令（地域期限などを区切った公衆の集会禁止や新聞紙の発行禁止）や行政警察権の執行についての規定は入っていない。また、肝心の秘密結社の禁止の規定も抜けている。一方、まだこの時点では、あの労働農民運動抑制の機能をもつ条文は登場していない。

内閣法制局と法典調査会の修正で一つに統合された治安警察法案は、さらにいくつかの小さな修正の上、閣議提出の一歩前まで進んだと推測されるが、そこで止まってしまった。結局、第一三議会への提出は何らかの事情で見送られた。

実はこれまで触れずにきたが、この時期の警察法制の整備を担当し、一八九六年治安警察法案の起草でも中心的な役割を担っていた有松英義は、一八九八（明治三一）年二月から一八九九年一月まで、ヨーロッパに出張していた。保安条例の廃止や、新たな治安警察法案の立案開始は、有松の留守の間におこなわれていたのである。帰国直後の九九年三月、有松は警保局警務課長に就任する。そして、みずからその略歴に、行政執行法とともに治安警察法について「余の立案に係り、帝国議会通過に付、亦大に干与せり」と特記するように、一九〇〇（明治三三）年三月の成立に向けて邁進する。

その有松の最大の関与は、労働農民運動規制の規定の挿入にあるが、それに関する問題は後述することとし、まず治安警察法案が確定していく経過をみよう。『国家学会雑誌』第八七巻第一・二号と第三・四号には「第一四議会政府提出治安警察法案関係書類」として、1から6までの法案が紹介されている。1は前述の二種類の治安警察法案を統合した全二〇条のもの。2も二〇条から成り、「結社集会並多衆ノ運動」に「群衆」が加わった制限・禁止に違反する際の処罰がやや軽減されたこと、予戒命令の範囲が拡大したことなどの変化がある。3の段階では実質的に一八条に削減されるほか、以前の集会及結社法案にあった「公事」概念が取り入れられる。「政治上ノ結社ヲ組織」が「公事ニ関シ結社ヲ組織」になったり、「政談集会」が「公事集会」となるなど、取締対象の拡大につながるものである。

つづく4の法案は、3をベースにするとはいえ、これまでにない大幅な修正が試みられる。条文数も一八条から二三条に拡大する。その拡大の一つが、「秘密ノ結社ハ之ヲ禁ス」であり、保安条例廃止で消滅していたものの復活が図られる。その一方で、1から3までにあった「風俗ノ壊敗」防制のための結社集会などの制限・禁止が削除されたことや、外国人退去の規定が削除されたことも大きな変化である。

4の条文に加除修正を加え、全二一条に整理したものが、表紙に「三十二年十月六日刷」とある5の法案である。4に比べ、予戒命令に関する規定が削除されている。その結果、治安警察法案は集会及政社法単独の廃止に代わるものとなり、予戒令は別個に残ることになった（廃止は一九一四年）。4の時点での外国人退去の削除などとあわせて考えると、最終的に治安警察法の構造を「結社集会並多衆ノ運動」の規制に限定させようという意図があると思われる。

そして、この5の条文に修正を加え、最終的な原案がまとめられていく。2から3にかけて修正された「公事ニ関シ結社ヲ組織」が、もとに近い「政事ニ関シ結社ヲ組織」に戻ることのほか、ここで労働農民運動規制の条文がはじめて登場するのである。こののち、さらに戒器や爆発物などの携帯を取締る規定が追加され、6の法案となり、閣議に提出される。

3　労働農民運動規制の登場

治安警察法の立案過程でもっとも大きな意味をもつ労働農民運動規制の条文が、5の法案にはじめて登場したのは一八九九（明治三二）年一〇月六日以降のことである。新たに第一九条として追加された次のような規定からすぐに「侮辱シ」が削られるが、その他の字句についてはほとんど変更のないまま制定に至る（実際の治安警察法〔第一七条〕では、処罰の規定が第三〇条に分離して規定される）。

左ノ各号ノ目的ヲ以テ他人ニ対シテ暴行シ脅迫シ〔侮辱シ〕若ハ公然誹毀シ又ハ第二号ノ目的ヲ以テ他人ヲ誘惑若ハ煽動スル者ハ一月以上六月以下ノ重禁錮ニ処シ三円以上三十円以下ノ罰金ヲ附加ス使用者ノ同盟解雇又ハ労務者ノ同盟罷業ニ加盟セサル者ニ対シテ暴行シ脅迫シ若ハ公然誹毀スル者亦同シ

一　労務ノ条件又ハ報酬ニ関シ協同ノ行動ヲ為スヘキ団結ニ加入セシメ又ハ其ノ他ノ加入ヲ妨クルコト

二　同盟解雇若ハ同盟罷業ヲ遂行スルカ為使用者ヲシテ労務者ヲ解雇セシメ若ハ労務ニ従事スルノ申込ヲ拒絶セシメ又ハ労務者ヲシテ労務ヲ停廃セシメ若ハ労務者トシテ雇傭スルノ申込ヲ拒絶セシムルコト

三　労務ノ条件又ハ報酬ニ関シ相手方ノ承諾ヲ強ユルコト

耕作ノ目的ニ出ツル土地賃貸借ノ条件ニ関シ承諾ヲ強ユルカ為相手方ニ対シ暴行シ脅迫シ若ハ公然誹毀スル者ハ罰前項ニ同シ

ほぼ収斂しかかっていた最終段階の治安警察法案へのこの追加が、これまでの先行研究が明らかにしたように労働争議・ストライキの頻発する眼前の事態への対応であったことは疑いがない。有松自身の言葉でいえば、5の修正案について作成した「治安警察法制定逐条理由」(『国家学会雑誌』第八七巻第九・一〇号所収)では、「同盟罷工其他ノ取締」として、「近来労務者ヲ要スル事業ノ漸ク勃興スルニ従ヒ労務者ト使用者ノ利害ハ屡々相撞着シ同盟罷業ノ風各地ニ流行シ……其公安ニ害アルヤ論ヲ待タサルナリ」と警戒の目を向け、取締の必要性をあげていく。のちの第一四議会の衆議院の委員会審議では(一九〇〇年二月一六日)、「労働者ノ共同ノ組合即チ団結モ、大阪或ハ東京其外今日デハ九州ノ方ニモ起リカケテ居リマス、ソレカラ労働契約ノ条項変更若クハ賃銀ヲ上ゲテ貰ヒタイト云フコトニ付キマシテハ、同盟罷工ヲナスノ風ガ追々盛ンニナッテ参ルノデゴザイマス」(『衆議院委員会議事速記録』)と述べたあと、日本鉄道会社のストライキなどをあげ、その「社会ノ安寧秩序」や国家的利害への影響に言及する。

「同盟罷業ノ風」の高まりに危機感を抱いた有松は、新たな条文を追加するにあたり、周到な工夫を凝らした。すなわち、労働者の団結やストライキそのものの全面禁止でなく、それらにともなう暴行脅迫や誘惑煽動などを処罰する規定とし、また「労務者」に対する処罰と「使用者」に対する処罰を形式的には公平に規定したのである。法のタテマエとして労働者の団結権やストライキ権を認めたうえで、それらにともなって生ずる違法行為と認定するものに限って取締り、処罰するという枠組みを、有松に採用させたのは何であったろうか。

この枠組み自体が刑法(一八八〇年布告)の規定を踏襲するものであったことは、有松の「本案ハ我国ノ実際ニ照ラシテ必要ノ規定ヲ設ケ刑法第二百七十条ノ遺漏ヲ補フモノトス」（「治安警察法案制定逐条理由」）という言に明らかである（処罰の程度も、刑法のそれと同一である）。刑法の第八章「商業及ヒ農工ノ業ヲ妨害スル罪」中の第二七〇条は、「農工ノ雇人」が「雇賃ヲ増サシメ又ハ農工業ノ景況ヲ変セシメル」目的で「偽計威力ヲ以テ妨害ヲ為」すことを禁じていた。これはフランス刑法にならったもので、すでに刑法草案段階で、起草者ボアソナードは「本案ハ初メヨリ直チニ真ノ経済主義ニ基キ作業ノ自由即チ職工製造主互ニ自己ノ利益ヲ平和ニ弁論スルノ権ハ之ヲ各自ニ与ヘリ唯本法ノ問フ所ハ職工若クハ製造主ヨリ暴行又ハ脅迫ヲ以テ此自由ヲ妨害シタル時ニアルノミ」（『刑法草按注解』、『日本立法資料全集』第八巻所収）と論じていた。

刑法第二七〇条の解釈において、労働者の団結権やストライキ権を認めることが刑法学界の通説になっていたことは、岡田朝太郎『日本刑法論』（一八九五年）や宮城浩蔵『刑法正義』（一八九三年）などから、すでに先行研究が導きだしている（片岡昇「わが国における争議権の発展」、『法学論叢』第六四巻第四号、高島道枝「戦前日本の天皇制国家における労働運動・労働組合政策の史的展開」、『経済学論纂』第一六巻第六号ほか）。ストライキそのものを処罰の対象としない刑法の規定の対極に、大阪府「職工雇入止並紹介人取締規則」（一八九四年）のような府県令によるストライキ禁止規定が制定されていたが、有松は「刑法第二百七十条ノ遺漏ヲ補フ」方針をとった。それは、二つの方向から考えたと思われる。

一つは、先行するヨーロッパの治安法令の状況の観察である。各国の労働運動規制の法令の変遷と現状を調べ上げ、さらにみずからの滞欧中の見聞も含めて、有松は、「其手段ノ暴行脅迫等ニ渉リ又ハ同盟罷業ノ結果公衆ノ交通ヲ妨ケ其他公安ヲ害スルモノニ対シテハ外国ニ於テモ多クハ相当ノ罰則ヲ設ケリ殊ニ伊国孛国ノ如ハ本年法案ヲ議会ニ提出セリ　蓋シ欧州立法ノ沿革ハ当初厳重ニ之ヲ制限シ中頃自由ノ方針ヲ執リ終ニ其弊ニ堪エスシテ近来更ニ制限ノ必要ヲ感スルニ至レルカ如シ」という判断を導いた（「治安警察法案制定逐条理由」）。また、治安警察法の制定直後の講義をもとに著した『治安警察法講義』（一九〇三年）でも、「欧州に於て之に関する立法は、十八世紀以来数回の沿革を経過したるも、今日に於ては一般に労務者団結の自由を是認せざるはなし、独り之を是認するのみならず、国に依りては法律を以て労務者の団結を促せるものあり」として、仲裁機関や「工業裁判所」の設置などに注目している。

ここでいう「近来更ニ制限ノ必要」に迫られた部類に属するイタリアの取締法「集会結社出版及同盟罷業ニ関スル法律」（一八九九年八月制定）は「有松文書」（「治安警察法関係書類　下」）のなかに含まれており、有松が参照したことは確実である。その第四条では「鉄道、郵便、電信若クハ瓦斯及電気業務ニ従事スル職員並ニ職工ニシテ三人以上共謀シテ同盟罷業ヲ企テタル者ハ三月以上ノ禁錮又ハ千法以上ノ罰金ニ処シ発起人及主謀者ヲ六月以上ノ禁錮又ハ三千法以上ノ罰金ニ処ス」と、公共的事業におけるストライキの禁止を規定しており、いわば大阪のストライキ禁止の府令に近い精神である。しかし、こうしたストライキそのものの禁止という強権的な規定を治安警察法はとらなかった。

治安警察法のモデルと推定されるのは、先の有松の表現を借りれば、「中頃自由ノ方針」をとった欧州立法、具体的にはドイツの営業条例（一八六九年制定）やフランス刑法（一八八四年改正）であった。早くドイツ営業条例を「我治安警察法と相似て居る」と指摘した牧野英一によれば、同条例第一五二号では「賃銀を高める為め、其の労働条件を有利ならしむる為め、共同行動を為すこと、殊に同盟罷業工場閉鎖に依つて之を為すことに付ての禁止罰則は之を廃止す」と規定しながらも、第一五三号において「暴行脅迫誹毀又は同盟罷業の方法を用ゐて其の共同運動に加入せしめんとし、又は共同運動から離れしめんとしたとき」処罰されることになっている（以上、「治安警察法第十七条」、『法律における正義と公平』所収、一九二〇年）。また、フランス刑法にもとづく日本刑法がストライキそのものの処罰を規定していなかったことは前述したとおりである。

もう一つ有松が考慮したのは、日本における労働者の団結やストライキについての論議の趨勢である。すでに刑法学界においては団結権やストライキ権を認めることが通説になっていたが、それ以外の主なものをみると、まずこの問題を最も早く『国家学会雑誌』でとりあげた鈴木純一郎は「常ニ罷工ノ原因及ヒ景況ニ注目シ以テ之ニ処スル措置ヲ講スルハ工業ノ発達ヲ望ム者ノ心スヘキ事」としたうえで、「同盟罷工ニシテ若シ禁止スベクンバ全国ヲ通シテ画一ナル法」の制定を求めていた（「我国ニ於ケル同盟罷工ノ先例」第一一六号、一八九六年一〇月）。これを受けて、やはり『国家学会雑誌』誌上で山崎覚治郎は、大阪府の府令「職工雇入止並紹介人取締規則」のような厳禁規定のために「後日却テ陰険激烈ナル同盟罷工ノ遂ニ破裂スルニ至ルナキヤ」と疑問を投げかけ、「望ム当局ノ立法者又ハ世上ノ識者ハ初ヨリ同盟罷工ヲ蛇蝎ノ如ク嫉視セズ虚心平気公平ナル眼光ヲ以テ同盟罷工ニ対スル法規ヲ講究設定セラレムコトヲ」と論じていた（「同盟罷工ニ就テ」第一三二号、一八九七年四月）。

一八九八（明治三一）年の日本鉄道会社のストライキには各新聞の論評も多くあらわれたが、なかでも『万朝報』社説は、「是れ実に近来の一快事なり」として、「世の労働者救済に志あるの士、幸ひに一片の同情を寄するに吝なる勿れ」（蝦洲生「同盟罷工事件」一八九八年三月六日）と論じ、さらに「近来同盟罷工其他の社会的運動、続々起らんとするの状は、是れ果して何の兆ぞ、其れ一枝花開て春已に来るを報ず」（同「貧者弱者の勢力」一八九八年三月九日）とまで進み出ていた。

また、大原祥一「同盟罷工」（『東京経済雑誌』第九九四号、一八九九年九月二日）では、労働者が「同盟罷工を為すは多くは已むを得ざるの情境に沈淪したる時に於て発するものなれば、彼等の要求にして正当なる条理ある以上は暴力によると否とに関せず宜しく許容すべきなり」と肯定的に論じていた。反対にこの直後の『東京経済雑誌』の社説「九鉄の同盟罷工」（第九九八号、一八九九年九月三〇日）では、各地の鉄道ストライキの頻発を捉えて、「夫れ同盟罷工は何れも害毒を社会に流すものなりと雖も、特に鉄道会社の同盟罷工の如きは、交通を杜絶するか為め害を社会に流すこと最も大なり」と否定的に論じる。

総じて一八九〇年代後半において、日本の論壇・学界の大勢は同盟罷工時代の到来を必然とみなし、労働者の団結を肯定しつつも、公共的事業における社会的な損害や産業発展の障害に対する防止を全国画一の法令のかたちで求めていたといえよう。それは、刑法第二七〇条と照応し、延長線上にあるものであった。

衆議院の委員会審議で「今日同盟罷工ヲ権利トシテ認ムルコトハ殆ド学者ノ定論ナル」と述べるように、こうした論議の趨勢を有松は的確に把握していた。さらに「大体政府ニ於キマシテハ労働者ノ共同団結シ、若クハ賃銀ノ直上ゲ其他ニ付キマシテノ同盟罷工ヲナスト云フコトハ、労働者ノ権利ト認メテ居ル」(『衆議院委員会議事速記録』)と明言し、『治安警察法講義』でも「我国に於ても諸般の工業勃興し、労動《ママ》問題の忽にすべからざるに至らんとせる今日に於ては、労務者の団結は成可之を尊重して、以て労務者を救ふの考を有せざるべからず」と論じていた。このように労働団結権やストライキ権を肯定することは刑法第二七〇条の精神を受け継ぐということであり、それは先の山崎が立法者に求めていた「初ヨリ同盟罷工ヲ蛇蝎ノ如ク嫉視セズ虚心平気公平ナル眼光ヲ以テ同盟罷工ニ対スル法規」という要望に形式上は応えることとなった。

しかし、治安警察法の制定後、幸徳や片山らが危惧したようにその第一七条が労働運動抑圧に絶大な威力を発揮していくことはどのように考えるべきだろうか。その半分は制定後における治安警察法の運用の進化として捉えるべきであるが、もう半分は有松が周到にそうした運用の進化に順応できうる規定に仕立て上げておいたからというべきであろう。つまり、刑法第二七〇条の規定だけでは「同盟罷業ノ風」の高まりに対応できないと考え、その「遺漏」や「不備」を是正すべき「必要ノ規定」を治安警察法案に急遽追加するというかたちをとったのである。これに関しては、「暴行脅迫誹毀」行為の処罰について述べた『治安警察法講義』の次の説明がわかりやすい。

暴行脅迫誹毀に付ては刑法に其規定あり然るに今本条の規定を設くるの理由如何、曰く、……脅迫に至りては刑法に条件あり、例之ば人を殺さんと脅迫し、又は火を放たんと脅迫するが如き是なり、適用の範囲に於て幾分の遺憾なきを得ず、且其罪は告訴を待て之を論ずべきものとす、然るに団結せる労務者が、他の労務者を其団結に加入せしめ、又は他の団結に加入することを妨げんが為に、脅迫するに当りては、被脅迫者は到底脅迫者に対抗するの地位に在らず、若し之に抵抗し、若くは告訴を為すに於ては、睚眦の怨も猶ほ報ゆるの脅迫者輩の為に、必ず将来に於て排斥を蒙り、又諸般の妨害を受くるあることは予測し得らるる所なるを以て、縦令刑法に規定あるも、告訴を敢てせざるは人情の免れざる所とす、要するに刑法の適用を見るは甚だ稀にして、殆んど其効力を没却するに至るべし、若し真に被脅迫者を保護して、脅迫の弊を杜かんと欲せば、被害者の告訴を待たずして之を訴追するの途を開かざるべからず、是れ本法特に脅迫に対する規定を設けたる所以なり

同様の説明は衆議院の委員会審議でもなされていた。親告罪でなければ官憲の関与できない刑

法の規定を「遺漏」「不備」と捉え、被脅迫者らの「保護」を名目として官憲が関与する「必要ノ規定」を治安警察法に盛り込むことによって、警察の対象としうる領域は大きくひろがる。

一方、「誘惑煽動」行為の処罰については、議会審議では一切審議されず、『治安警察法講義』でも「誘惑煽動を罰するは、実際の経験上其弊の甚しきを認むればなり」とあるだけで終わっている。「実際の経験上其弊の甚しき」という部分には、日本鉄道会社争議などの事態に直面した有松の危機感の深さを読みとることができるものの、制定後にこの「誘惑煽動」こそが「労働運動」の死命を制するほどの威力をもっていくことを考えれば、あまりにも素っ気ない説明であった。ただ、意図的に有松が説明を省略し、注目を引くことを回避したというよりも、治安維持法「改正」後の「目的遂行」罪が拡張解釈の原動力となったと同じように、制定後の実際の運用において「誘惑煽動」のもつ潜在的な威力に気づいたというべきであろう。労働者の団結において、あるいはストライキにおいて、この「誘惑煽動」がなされているかどうかは、警察の認定次第であり、取締の寛厳も自在であった。

そして、もう一つ警察の関与を容易にかつ広範にするのは、「公安ニ害アル」という観点の導入である。刑法第二七〇条が対象とするのは「商業及ヒ農工ノ業ヲ妨害スル罪」であり、「雇主」と「雇人」の間の係争に官憲が関わるという規定であったが、それを治安警察法は「公安ニ害アル」、つまり「社会ノ安寧秩序」の妨害として処断しようとするのである。有松は、衆議院の委員会審議で次のように説明を加える。

御承知ノ如ク、或鉄道会社ノ労働者ガ同盟罷工ヲ為シタタメニ、其鉄道ハ数日間運転ヲ停止シタノデゴザイマス、ソレガタメニ公衆ガ幾許ノ損害ヲ蒙リ、幾許ノ迷惑ヲナスカト申スコトハ、実ニ今日ノ法律モアル世ノ中ニ、嘆息ニ堪エナイ程ノ程度デアッタコトデゴザイマス、凡ソ此大工業鉱山ニ致シマシテモ、又此船舶ノ運送ニ致シマシテモ、其他ノ諸製造ニ致シマシテモ、労働者ガ同盟罷工ヲ致シマスタメニハ、独リ其会社ノ損害ヲ惹キ起スノミナラズ、社会ノ損害ヲ惹起ス場合ハ沢山アルノデゴザイマス、執中軍事品ヲ供給致シマスル製造者ガ、一朝同盟罷工ニ掛ッタナラバ、戦役ノ上ニ少ナカラザル影響ヲ及シマス、例ヘバ戦争中ニ砲兵工廠ノ労働者ガ同盟罷工ヲ致シマシタトキハ、我国ノ軍隊ハ非常ナル不利益ヲ蒙ルノデゴザイマス、又国家ノ経済カラ申シマシテモ、非常ナ国ノ損害ヲ来スノミナラズ、外国トノ貿易其他ノ関係ニ付イテ大ナル不都合ヲ生ズルノデゴザイマス

労働者のストライキ権を認めると公言する一方で、すぐに「労働者ガ同盟罷工ヲ致シマスタメニハ、独リ其会社ノ損害ヲ惹キ起スノミナラズ、社会ノ損害ヲ惹起ス場合ハ沢山アル」と述べることは、実質的にストライキそのものへの敵視につながる。その理由は「公衆」の損害や迷惑という「社会ノ損害」のほか、戦時の軍事面における影響や、さらに対外的な経済面での「国ノ損害」にまでおよぶ。『治安警察法講義』ではストライキの処罰の根拠として、「公共の危難となり

損害となること」および「一国の経済に容易ならざる影響を及ぼすこと……国家の安危に関すること」などをあげている。このストライキをめぐる相矛盾する姿勢は、「社会ノ安寧秩序」の維持を名目に簡単に決着がつく。労働者の団結権やストライキ権はタテマエと化し、労働運動そのものへの抑圧取締が優先されるのである。

このことを有松も十分に意識していたと推測される。それは、条文上では「労務者」の同盟罷工と「使用者」の同盟解雇を同列にあつかい、公平さをよそおう工夫をしつつも、同盟解雇にともなう違法行為を処罰することについて「実際適用の場合甚だ少かるべし」(『治安警察法講義』)とみなしていることにもうかがえる。労働者の団結権とストライキ権を認めること、そして同盟罷工と同盟解雇を同列にあつかうことという二重のタテマエを条文上に組み込むことによって、「社会ノ安寧秩序」を維持するために警察が労働運動の規制を自在におこなうという本質的な狙いを巧妙に隠すことに成功した。

それでもこのような規定を立案の最終段階で設けることが可能だったのは、刑法第二七〇条の遺漏を補うという形式をとったことのほかに、一八九〇年代の集会及政社法体制の再編の過程で「特高警察」機能を盛り込もうと繰り返された試みに負うところが大きい。第二節でみたように、政府当局者だけでなく、政党の側からも、「社会上ノ或ハすとらいきヲ煽動スル様ナコト」(神鞭法制局長官、一八九七年三月)が「社会ノ秩序」壊乱を引き起こすことへの警戒と取締の必要はたびたび語られ、共通の認識になりつつあった。現実の労働運動の高まりとストライキの頻発への危機感が、それを後押しした。その結果といってもよいだろう、議会審議においても、また論壇の大半においても、この労働農民運動規制の規定が治安警察法案に挿入されたことについて、批判はおろか、何一つ触れられることなく終わる。

周到な工夫を凝らしたとはいえ、この労働農民運動規制の条文が、それまでの立案過程で「結社集会並多衆ノ運動」の規制に収斂してきた治安警察法の構造に、異なる性格のものを追加することになったことは確かである。治安法制の機軸として安定性・恒久性を求めた治安警察法のなかに、労働農民運動規制の単行法として制定されても不思議でないものを唐突に強引に追加することは、不安定さを持ち込む結果となった。四半世紀後の条文の削除は、この異質性と不安定さに起因するといってよい。

さて、その有松が滞欧中、主として調査にあたったドイツにおいて、労働農民運動の動静への関心とともに、「社会主義の実況ならびに其取締の寛厳方法」について関心を持ちつづけたことを、同行者窪田静太郎は語っている。「有松文書」中にも、「社会党及無政府党ノ状況一斑」(治安警察総監から各県知事に送付)、「新聞紙検閲」、「集会政社法」などの滞欧中のメモが散見する。たとえば、「集会政社法」の一節には、「社会党ノ集会ハ制限頗ル厳ニシテ公会ニアラサレハ実際之ヲ為スコトヲ得ス……同党ニ対シテハ各種ノ方法ニ因リ之ヲ制限セリ即チ同党カ公会ヲ開カントスルニ際シテハ料理屋其他ノ会場ハ其集会ニ供スルヲ拒ムコト多ク為ニ公会ヲ開ク能ハサルコトアリ」とあり、実際の取締の要領に注意を払っていることがわかる。

治安警察法で秘密結社禁止規定が復活した意図は、「治安警察法制定逐条理由」や議会審議においては、外国人の内地雑居にともなって必要となるという観点から説明されているが、『治安警察法講義』によれば、やはり根底に社会主義的な秘密結社をも想定していたことがわかる。「熟々社会の趨勢を察するに、宗教問題に、社会問題に、漸く欧羅巴に於けるが如き、状況を呈するの虞なきに非ず」と論じるが、そのなかで「社会問題」とは「虚無党の如き、共産党、社会党の如き」秘密結社を意味していた。この秘密結社禁止の規定の復活は、滞欧中の見聞に加え、日本においても社会主義運動の萌芽が見えはじめたことを的確に捉えた有松の強い意向が働いたと思われる。

しかも、ここでも有松は周到な配慮を加えている。かつて一八九六年治安警察法案の審議において、貴族院の委員会では単に「秘密結社」とあった政府案を修正し、定義を明記したことがあったが、有松は今回それを退けた。「治安警察法案は法律の運用を窮屈ならしめんことを慮りて、故らに定義を避けた」のである。制定後の「法律の運用」という便宜が注意深く考慮された。この秘密結社の規定は、主に一九二〇年代前半、日本共産党や各地の共産主義結社が秘密裡に創設される事態に発動されていく。

4　治安警察法の性格

治安警察法が実際に運用される過程で著された著作の一つ、川村貞四郎・有光金兵衛『治安警察法論』(一九二三年)は「集会、結社、多衆運動等直接公安ニ関スル人ノ行為ニ対スル警察権行使ノ関係ヲ規定スル法ニシテ……高等警察上極メテ重要ナル地位ヲ有スル法規」とする。また、一九三二(昭和七)年刊の栗原隆平・尾形半『特高警察要綱』では、「治安警察法は社会防衛と云ふ全面的領域中、思想的・大衆的行動によつて惹起せらるゝ、社会不安を防遏する局部的任務を帯び、刑法の関与せざる細部にまで進み、警察上の特殊事項を先づ禁止し、之に違反するものを処罰する」と論じる。

いずれも社会運動が各方面で活発に展開される一九二〇年代から三〇年代にかけて、治安警察法の本領が発揮されていく段階の位置づけであるが、その法益が「特高警察」機能(川村らの著書で用いる「高等警察」も実質的には「特高警察」の意)に求められていることは明らかである。「特高警察」というと、「国体」変革ないし「私有財産制度」否認を目的とする結社などの取締処罰を規定する治安維持法の運用に引きずられがちになるが、ここではずっと広く「直接ニ国家又ハ公共ノ治安ニ関係スルモノ」(『治安警察法論』)を指している。「治安維持法は刑法と同一地位に立つ」(『特高警察要綱』)司法処分を第一義とする法であるのに対して、治安警察法は結社・集会・多衆運動などの制限や禁止という警察による行政処分に法益を置くものであり、二つの法は性格を異にしつつ、ともに「特高警察」機能を補完しあっていた。

制定直後の社会民主党の結社禁止や第一七条による労働運動の規制抑圧に目を奪われがちになるけれども、治安警察法の四五年の歴史を考えると、「思想的・大衆的行動によつて惹起せらる、、社会不安を防遏する局部的任務」において、むしろ一九二〇年代以降にその本領は発揮されたといえる。それは別の機会に論ずることとして、ここでの問題は、その機能が早くも一九〇〇（明治三三）年の制定時点で充填されていたことである。治安維持法が二度の「改正」によってその対象範囲と威力を倍増していったのに比べ、治安警察法の根幹部分は四五年間の運用に耐え、「改正」されることはなかった。

何が治安警察法の根幹とされていたかは、有松の「本法は集会及政社の規定に加ふるに、二三の条項を以てしたるものなれども、主要の規定は集会及結社に関せり」（『治安警察法講義』）という言に端的に示されている。それは、明治憲法によって法律の範囲内と保障された「集会及結社ノ自由」の程度を確定するという、集会及政社法体制に代わる新たな治安法制構築の本来の目的にそったものである。いわば「国事警察」から「高等警察」への転換の過程に応急的に用意された集会及政社法体制から転換し、明治憲法体制を安定的・恒久的に支え、守る「高等警察」を基調とする治安法制の構築がめざされた。そのなかに注意深く「特高警察」機能は充填された。

まず一つは、また有松の言葉を引けば、「政事上ノ目的ヲ有セサル集会結社」に対する取締の拡大としてである。すでに集会及政社法を拡大解釈して鉄工組合の一周年紀年祭や足尾鉱毒被害農民の大挙押出しなどの取締に発動されていたが、そうした屋外集会や多衆運動の制限や禁止・解散が、「今や時勢の変遷に伴ひて」(『治安警察法講義』)規定上に明記された。「市町村ノ行政又ハ経済ニ関スルノ議論ヲ為シ宗教上ノ意見ヲ陳弁シ労働者ノ問題ヲ討究スルカ如キハ未タ称スルニ政談ヲ以テスヘカラサルコトアリト雖公安保持ノ為ニハ之ヲ放任スヘカラサルコトアリ」(有松「治安警察法制定逐条理由」)という判断にもとづく。このような取締対象の拡大を可能とする「安寧秩序」妨害や「煽動」などの規定は、治安警察法の各所に置かれている。労働運動の規制に関しては第一七条・第三〇条を核としつつ、屋外集会・多衆運動の制限や禁止、集会への警察官の臨席、争議の際のビラ撒きへの適用などが重層的に規定されていた。

といって、治安警察法が労働運動の規制に主眼を置いて制定されたということにはならない。労働運動も含む「政治上ノ目的ヲ有セサル集会結社」にも法の網をかぶせて取締の対象とはするものの、なお有松が治安上で最重要視していたのは政治運動であった。ここに、もう一つの「特高警察」機能が埋め込まれていた。次のようにいう(『治安警察法講義』)。

治安警察法は一般の結社に関するものにして、独り政社に関するに非ずと雖、政社に就ては最も其取締を厳重にするの主旨を以て規定せり、……国家の政務に関する事項、例は国家の立法、国家の行政、国家の外交、国家の経済に関するものの如き是なり、社会問題に就ても亦同し、例は工場取締法を設くるが如き、又労働者の年齢及労働時間等を規定するが如き、凡そ国家の立法に関するときは、其事項は政事に渉るなり、又人民の権利を主として立論する場合に於ても、例は行政裁判法改正を目的とするものは亦政事に渉るなり、之を要するに、事苟も国家の政務に関する以上は、之を政事に関するものと認定すべきなり

さらに「国家の安寧秩序に影響すること少からず、政治上の結社に対して、特に厳重なる取締の規定を要する」、「凡そ結社の行為は国家に対して公然たるものならざるを得ず、国家は又其行為に就きて明細に之を知り居らざるを得」ず、とも論じる。これらからは、有松が経済問題も社会問題も究極的には「政事に渉る」ことになり、その帰趨こそ最大の治安上の問題になると考えていることがわかる。社会民主党の創立に対して、「安寧秩序」妨害を理由に結社禁止の処分を下すのも、本来的にこの原理に発している。

治安警察法は、「独逸社会党法」が「社会民主党的、社会党的又ハ共産党的運動ヲ以テ国家及社会ノ秩序ヲ破壊スルノ目的ヲ有スル結社ハ之ヲ禁止ス」(「治安警察法関係書類　下」、「有松文書」所収)と特定して規定するのとは異なり、「安寧秩序ヲ保持スル為」に結社の禁止および集会・多衆運動・群集の制限と禁止をおこないうると一般的に規定していた。それは、「夫取締ノ必要ノ有無ハ時ト場合トニ因リ同シカラサルヲ以テ之ヲ列記シテ法律中ニ規定シ応変ノ処置ヲ為スコトヲ得サラシムルハ事宜ニ適スルモノニアラス」(「治安警察法制定逐条理由」)という配慮にもと

づいている。この点が、治安警察法が四五年間も警察の行政処分という「応変ノ処置」をとって機能しつづける強さである一方、やがて重い司法処罰を課す治安維持法の制定をうながすことにつながる弱さでもあった。

この広義の「特高警察」機能の充填が、一八九〇年代を通じて治安法制の運用や再構築のなかで実践されてきた「一般社会ノ安寧」保持という「新機軸」の試みの延長線上にあったことはいうまでもない。それが一九〇〇（明治三三）年という時点で実現するのは、労働運動の高揚やストライキの頻発に対し、また足尾鉱毒事件のような新たな質の社会運動の勃興に対し、現実的な脅威を、既成政党を含め為政者層全体が痛感したからにほかならない。第二節で触れたように九〇年代後半、政党側からも「無頼漢ガ大勢組デ良民ヲ妨害スル」などの行動を「安寧秩序」妨害とみなし、取締と処罰を求めるほどになっていたが、そうした姿勢は治安警察法案の審議でも貫かれている。一つだけ例をあげれば、利光鶴松は「労働問題、其他ニ就キマシテ種々企テヲスルタメニ集会ヲスル」際、「大変危険デアルト認メガ付ケバ、警察ノ権能ヲ以テ之ヲ解散シテ、秩序ヲ保ツトカ或ハ安寧ヲ保ツトカ云フ処分ヲナスノガ、公益上ノタメニ必要デアラウ」（委員会、二月一六日）と述べるのである。政府に対し、主に屋外集会の取締範囲についての確認と注文をつけているわけだが、そうした「安寧秩序」保持という体制内的発想から類推すると、労働運動規制の第一七条などは当然の規定としてもはや質疑するまでもないと考えていたということになろう。

治安警察法案の議会提出を前に、一九〇〇年二月一日、西郷従道内相は与党憲政党の星亨、末松謙澄らを招き、「交渉会」を開いている。『万朝報』の記事によれば、「同法は予て自由党より要求せる政社法全廃に就て其身代りとして出すべきものにて其項目の規定に関し協議せる由」（二月三日付）という。すでに政府側では、政党への警戒を持続させる一方、さらに体制内的な勢力とするために、集会や多衆運動届出の要件の緩和、政社の連結禁止の撤廃、罰則の軽減などを盛り込もうとしていたが、この会で星らはさらなる譲歩を求めただろう。与党としての成果を誇ってか、『憲政党党報』の「第十四議会報告書」（一九〇〇年三月二五日）では、「内治問題」の第一に「治安警察法」を置き、「集会及政社法全廃ハ我党ノ宿論ニシテ政府ハ其議ヲ容レ之ヲ全廃スルノ目的ヲ以テ治安警察法案ヲ提出セリ」と自画自賛している。そして、いかに多くの政党活動の規制要件の撤廃や緩和を獲得したかを述べるにとどまり、労働運動規制の規定の新設には目もくれない。対する憲政本党側も、大同小異の認識と対応である。

治安警察法の制定後、衆議院において、主に一九一〇年代から二〇年代にかけて、さまざまな「改正案」が提出される。屋外集会の届出要件の一段の緩和、「政事上ノ結社」加入禁止に関する個別的な事項の削除、集会・多衆運動に対する警察の制限禁止権の厳密化など多岐にわたるとはいえ、いずれも「集会及結社」の根幹の規定の大きな変更を求めるものではなかった。既成政党においては、その綱領において治安警察法の撤廃を求める社会民主党とよって立つ地点が天地ほどの開きがあった。幸徳秋水は、治安警察法のなかに「専制政治家が自家の利欲と権勢の為めにするの暴横陋劣の精神」(一九〇〇年二月一七日)が引き継がれていることをきびしく批判するが、既成政党はその「専制政治家」の仲間入りを選択したのである。

三　治安警察法の進化と限界

1　社会民主党の結社禁止

逆説的な言い方になるが、治安警察法の制定は社会主義政党の結成の機運をうながした。公布直後、『労働世界』(一九〇〇年三月一五日)は「労働運動の前途」と題して、「今や治安警察法制定と供に既に開始した労働運動も其方針を一転して政事運動として決行せざる可からざる気運に至れり従つて労働者政党を組織するの必要は現出したり」と論じる。ストライキなどのような「児戯に類する運動」よりも、政治運動に進み出ることによって「正々堂々撰挙場に於て帝国議会に於て徐に其目的を達する」ことができるとするのである。とはいえ、社会民主党の創立にはまだ一年余かかる。

普選運動の高まりに加え、一九〇一(明治三四)年四月の『二六新報』主催の労働者大懇親会の成功と日鉄矯正会が「本会は社会主義を標榜となし諸労働問題を解釈する」と決議したことを契機に、片山潜の発議を受けて、四月二一日に社会主義政党結成の準備会が開かれ、五月一八日の社会民主党の創立に至る（詳細な論証は太田雅夫『初期社会主義史の研究』を参照）。社会民主党結党の動きが報じられると、警察は警戒と情報収集に努めた。「探偵はキツウ御骨折で発起者等の宅へ二度も三度もやつて来た。彼等は根ホリ葉ホリ尋ねている」と片山潜『労働世界』（片山潜『わが回想』下による）は報じ、安部磯雄は自宅を訪問した刑事に綱領を口授したことや管轄の神楽坂警察署長とのやりとりがあったことを、後年回想している（「明治三十四年の社会民主党」、『社会科学』一九二八年二月）。

この安部の回想によれば、宣言書の起草中に神楽坂警察署長が訪れ、「第一が軍備の縮小とか全廃とかいふこと、第二が重大なる問題に関しては一般人民をして直接に投票せしむるの方法を設くること（レフエレンダム）、第三が貴族院の廃止といふこと」の三項目を綱領のなかから削除すれば設立を禁止しない、という政府の意向を伝えた。安部は「理想主義で進む決心」にもとづき、これを拒否する。すると、五月一八日の創立の翌日、ユニテリアン協会の日曜演説を終えた安部に警察署長が面会を求め、「内務大臣末松謙澄は高等官会議を開き、社会民主党の設立に対し政府は如何なる態度を採るべきかを議した」として、「日本に於て社会主義を宣伝するのは時機尚早である」という結論を伝えた。結社禁止を予想した安部らは、印刷した宣言書の保管を分散し、押収の回避を図った（「明治三十四年の社会民主党」）。

五月二一日、結社禁止処分について政府の説明を聞くために、片山・木下・幸徳は末松内相に面会を求めるが果たせず、社会民主党は全体として治安に妨害があるという水野錬太郎秘書官の対応を聞くだけで終わった。『防長回天史』の編纂で末松と面識をもっていた堺利彦は、翌二二日、末松に会い、見解をただすが、「社会党は列国共に持てあまして全力を注いで鎮圧に力めてゐる、何も物ずきにあんなものを持つて来なくてもよい」(「日記」『堺利彦全集』第一巻所収)というものであった。

創立を前に宣言書が全国の新聞社に発送されていたことを知ると、内務省は「狼狽」し、急遽、各府県知事に掲載禁止の命令を送った(「明治三十四年の社会民主党」)。これに従わず宣言書の一部を掲載した『万朝報』『毎日新聞』『報知新聞』『日出国新聞』『新総房』、そして『労働世界』に対して、内務省は新聞紙条例違反で発売頒布の禁止と発行・編集人らの告発をおこなった。日本に社会主義政党の結成された事実そのものの抹殺を図ったのである。社会民主党の結社禁止とともに、この新聞紙条例違反事件は、初期社会主義運動に対する宣戦布告であった。

社会民主党の創立をめぐる弾圧は以上のような経緯をたどったが、そこで治安警察法はどのような機能を発揮したのだろうか。まず、研究団体である社会主義協会から発展し、啓蒙実践を掲げて社会民主党が結党する以上、「政事ニ関スル結社」として治安警察法第一条により、「結社組織ノ日ヨリ三日以内ニ社名、社則、事務所及其主幹者ノ氏名」を事務所所在の警察署に届け出ねばならなかった。創立を五月一八日とし、翌一九日、片山と木下を主幹者として神田警察署に「結社御届」が提出された。

前述のように、少なくとも安部は五月一〇日前後には神楽坂警察署長を通して政府のきびしい姿勢を知っており、その情報は最後の準備会となった一五日には他のメンバーにも伝えられていた可能性が高い。届出日の一九日昼には安部は結社禁止処分の必至を知り、木下らと善後策を協議する。そして、翌二〇日、神田警察署長の呼び出しを受けた木下は、「社会民主党は安寧秩序に妨害ありと認むるを以て治安警察法第八条第二項に依り其結社を禁止する」という内相名の禁止命令を手渡された。第八条第二項は内相による行政処分なので、秘密結社の結成とは異なり、結党したこと自体は処罰の対象とはならない。

「我等の顔は、雲霞の如き前途の希望に輝」き、「軽蔑と嘲笑との中へ踏み込んで、征服し啓発して行かねばならぬ」（木下尚江『神　人間　自由』、『木下尚江全集』第一一巻）と、意欲と決意に燃えていたこと、その活動の一つとして各地に遊説をおこなうことを考えていたこと（後年、木下の堺宛の書簡中に「立党ノ演説デモ東西諸所ニ催サネバナラズト拙者幹事トシテ内々苦心中ノ所神田警察カラノ呼出ニテ禁止命令ニ接シ大安心致矣」（一九二九年二月四日付）とある。『木下尚江全集』第一九巻所収）などは、創立の翌々日の結社禁止が予想外の命令であったことをうかがわせる。禁止命令に憤激した木下・片山らが末松内相に面会を求めていくのも、その「安寧秩序」妨害という理由に納得しがたかったがためであろう。

一方で、早晩の結社禁止の襲来を予測していたこともまた確かである。結社禁止が避けられないものならば、社会民主党の綱領をできるだけ「理想主義」的なものとし、「社会主義を経とし、民主々義を緯と」する旗幟を鮮明にしようとした。日本で初めての結党の事実と社会主義のめざすべきものをまず世に知らしめることに、重きが置かれた。それゆえ、警察の干渉を受ける前に宣言書を全国の新聞社などに郵送する手はずを整えた。また、安部は社会民主党の創立の直前、『六合雑誌』に「将来の大政党」（一九〇一年五月一五日）と題した論説を発表し、多分に結社禁止の事態を予想してであろう、社会民主党の綱領に照応する「社会主義の主唱する所」四項目を掲げた。そして、結社が禁止されてもそれは一時的のことであり、「将来の大政党」は社会主義にもとづくことが「世界の大勢」であると論じていた（拙著『初期社会主義思想論』参照）。

これに対して、内務省の措置はどのようにみるべきか。前述の安部に打診したという軍備縮小、一般人民の直接投票、貴族院廃止という民主主義的項目を政府が危険視したということは、それらにより現実的な脅威を感じとったということであろう。といって、社会主義的な項目にも危機感を抱いたことは、先の末松の「何も物ずきにあんなものを持つて来なくてもよい」という言に明らかであるし、何よりも民主主義的項目を除いて経済的な項目に絞って届け出た社会平民党の即日禁止処分がそれを雄弁に物語る。明治憲法体制下、統治体制そのものの全面的な転換でなければ実現の不可能な、広範で根本的な内容をもつ社会民主党の綱領は、どうあっても治安警察法の下では「安寧秩序」妨害に相当した。

むしろここで興味深いのは、この社会民主党の禁止と一九〇七（明治四〇）年二月の日本社会党の禁止の政府内部の手続きのちがいである。社会民主党の禁止は、すでに閣内不統一を理由に伊藤首相が辞表を提出し、後継内閣に難航しているという行政の機能不全に陥っている状況のなかで、末松内相が次官・警保局長・警視総監らによる高等官会議を開いて下した結論である（社会平民党の禁止は、後継の桂太郎内閣の内相内海忠勝の最初の仕事であるが、末松前内相の禁圧方針をそのまま踏襲した）。これに対し、日本社会党の場合は、後述するように原敬内相が閣議に了解を求め、意思統一を図ったうえで下した措置であった。つまり、社会民主党の結社禁止は、支配層全般のなかで意思統一をする必要もない当然の決定であったということになる。社会平民党の場合も同様である。社会主義政党であること自体が「安寧秩序」をみだすと判断された。

社会民主党の結社禁止の理由は、第八条の「安寧秩序」妨害という紋切り型のものであり、木下らの要求に対しても、末松内相らはその具体的な内容を明らかにしなかった。そこで木下は、内相らの「禁止の予決」の趣旨を「社会主義は則ち現社会の組織を根本的に改造せんと欲する者にして社会の秩序を紊乱する者なり」（「社会主義と日本」、『毎日新聞』一九〇一年五月二三日〔『木下尚江全集』第一四巻所収〕）などであったろうと推定する。さらに、六月四日の『帝国通信』が伝える「社会党に対する内務省の方針」を次のように記している（「社会主義に対する日本政府の方針」六月五日）。

内務省が如斯総体的に社会党を禁圧せんとする理由は同党の公言せる実行方法若くは其手段に就て是非を論定するにあらずして其理由とせる主義に於て所謂国家の存立と相容れざるものあり社会の成立と一致する能はざる主義は明かに個人の自由を抑制し個人の所有権を奪ひ

民法上の原則を根底より破壊せんとするものなり之れ国家今日の状態に於て到底許すべからざる処なるが故に断乎として禁圧せんとするにありと云ふ又以て同省の社会党に対する決心の如何に強硬なるかを知るべきなり

この方針は、宣言書を掲載した新聞を新聞紙条例第三三条の「社会の秩序」壊乱で告発する論理にも貫かれている。六月二六日、東京地方裁判所で開かれた『労働世界』『毎日新聞』に対する裁判で、検事名村伸はまず「社会民主党の宣言書全部が社会の秩序を紊乱する者なり」（木下「裁判所の智識」、『毎日新聞』一九〇一年六月二八日）と論告し、さらに「八ヶ条の理想を見て見るに何れもヒドイ、階級打破と云ひ、軍備廃止と云ひ、憲法の保護して居る私有財産権を打破せんとすることと云ひ、皆社会の秩序を乱す者であると云ふことは説明するまでもない。要するに此の記事全体は今日の状態を非として書かれた者であるので、啻に部分に於てのみならず全体としても社会の秩序を紊す者である」（『六合雑誌』一九〇一年七月）と述べたという。木下がこの論告を「大袈裟に大雑把」、「支離滅裂にして毫も要領を得ず」（「裁判所の智識」）と非難しようとも、政府当局にとって「今日の社会制度を非認して打破しようとする」社会主義政党の存続は一日たりとも認められなかった。

にもかかわらず、七月五日の東京地裁の判決は、宣言書の内容は「未だ社会の秩序を壊乱するの程度に達せさるものなり」（『労働世界』一九〇一年七月一一日）として、被告片山を無罪とした。

木下は「健全なる思想の裁判所内に存在することを卜すべき者」（「行政部の見解　司法部の判決」『毎日新聞』七月九日）と歓迎するが、これはむしろ例外であった。検察が控訴した第二審では逆転有罪となり、大審院で確定するのである。幸徳秋水が「此判決や即ち社会主義に関する事件に於て日本の司法権が下したる最初の確定意見」と評する千葉の『新総房』に対する大審院の有罪判決は、「該記事が社会の秩序を壊乱するものなることは記事自体に徴して認むるを得るを以て特に社会の秩序を壊乱すべき記事たることの理由を説明するの要なし」と問答無用に切り捨て、強権をむき出しにしていた（「民主党事件と大審院」、『万朝報』一九〇一年一一月一一日）。

その後、『労働世界』なども大審院で有罪が確定していく。一九〇二（明治三五）年三月二四日に『報知新聞』発行人に対してなされた判決の要旨は、「民主々義ト云ヒ階級制度ヲ全廃スルト云ヒ或ハ財富ノ分配ヲ公平ニスルト云フカ如キハ現時ノ制度ヲ破壊スルノ甚シキモノニシテ此等ノ理想ニ基キ政党ヲ組織シ同志ヲ集合スルニ於テハ社会ノ秩序ヲ害スルモノトス」（『大審院刑事判決録』第八輯第三巻）というものであった。「社会ノ秩序ヲ害スルモノ」の第一に「民主々義」をあげていることは、社会民主党創立の直前に、宣言書の起草者安部に向かって、神楽坂警察署長が政府の意向として伝えたことを想起させる。これに対して、木下は「憲法政治は形体にして民主々義は其の生命に非ずや」（「大審院の判決を評す」、『毎日新聞』一九〇二年三月二七日）と痛烈に批判する。

さて、社会民主党を結社禁止処分としたことは、治安警察法の絶大な威力を内務省自身が深く認識することになった。まだ立案から制定段階では明確に焦点を絞り切れていなかった治安警察法が、実際に社会主義政党の結成という事態に直面し、その抑圧取締にとって強力な武器となることが自覚されたのである。同時に、新聞紙条例も「社会秩序」壊乱を武器に有効に機能しうることも自覚された。一方、社会主義の運動側にしても、団体として政治運動に乗り出すには治安警察法第八条の厚い壁を、言論活動においては新聞紙条例第三三条の存在を意識せざるをえなくなった。

しかし、石川三四郎が七年後の「日本社会主義史」(日刊『平民新聞』一九〇七年一月~三月)に記すように、社会民主党の創立は「社会は青天に霹靂を聞けるが如く、驚きの眼を開いて之を迎へたり、而して社会主義に対して大に真面目に注目するに至りぬ」という衝撃をもって受け止められた。これが誇張でないことは、宣言書が内務省命令に反して新聞に発表されるや、「各地方より或は照介《ママ》し或は賛成し来る者甚だ多く」(「社会主義と日本」)という木下の記事にうかがえる。しかも、治安警察法による結社禁止と新聞紙条例違反による頒布禁止と告発の事実は、宣言書を掲載しなかった多くの新聞も報道したから、社会主義政党の出現したこととそれに対する政府の禁圧政策は広く知れ渡ることになった。

2 「労働運動死刑法」へ

治安警察法は「安寧秩序」の維持を、主に警察の行政処分によって確保しようとした。とくに労働者の団結加入やストライキなどの際の「暴行、脅迫若は公然誹毀」とストライキにおける「誘惑煽動」を禁止した第一七条の規定は、第三〇条の処罰規定をもちつつも、実際には労働運動全般への抑圧、そして個別的な争議やストライキなどへの事前の抑止として機能した。したがって、争議やストライキの件数、あるいは第三〇条で処罰された人数などは、一つの目安となりえても、治安警察法第一七条の威力を十分に説明したことにはならない。数値などによって測りえない抑止機能は、具体的な抑圧取締状況や当事者の証言で類推することになる。

農商務省の統計によれば、一八九八（明治三一）年の争議件数四三、参加人員六二九三人は、九九年には一五件、四二八四人、一九〇〇（明治三三）年には一一件、二三一六人と減少をたどった。これに照応して、共済制度の破綻などを原因に、「鉄工組合・活版工組合も、ともに、治安警察法による直接的な弾圧が適用される以前に、すでに衰退へのきざしが現われはじめていた」（大原慧「労働者運動と初期社会主義」、『講座日本史』六、一九七〇年）。しかし、片山によれば、一九〇一（明治三四）年には「復活の徴と労働運動の規模更に大ならんとするの徴」がみえた（『日本の労働運動』一九〇一年）。この年、争議の参加人員は一九四八人と減少したものの、件数は一八件に増加した。

すでに一八九八（明治三一）年四月の労働組合期成会大運動会の禁止、一八九九（明治三二）年一月の鉄工組合結成一周年紀年祭の解散（集会及政社法第四条による）など、労働運動に対する警察の抑圧は治安警察法制定以前にはじまっていた。制定の前後では労働運動自体が衰退傾向をみせていたため、警察の抑圧取締が本格化するのは、「復活の徴」があらわれはじめた一九〇一（明治三四）年からといえる。四月の二六新報社主催の日本労働者懇親会に対する抑圧がその皮切りとなった。開催直前、警視庁は「集会人は五千人を限る事」などの条件を付したほか、「各警察署の巡査をして各工場或は労働者の家に就きて「労働懇親会に行くやうなことあらば後々お前方の為めにならぬぞ」と云はしめた」（片山『日本の労働運動』）。翌一九〇二（明治三五）年の第二回懇親会は事前に禁止された。木下は、「看よ日本政府は労働者を指して多数集まれば治安を妨害するの恐ある者と断定したるに非ずや」（「労働者の大侮辱」、『毎日新聞』一九〇二年三月一五日）と抗議した。

一九〇一年九月一日、活版工組合誠友会の大会では早くも治安警察法の修正を決議している。それを『労働世界』に報告した岸上香摘（克己）は、「該法令の下に在て労働運動に従事するは恰も厳石の将さに堕ち来らむとする崖下に佇立するに異らざるものを、該令は直ちに労働運動の死命を制するものにてあるものを」と警告を発し、「向後に於ける吾等の運動の安全を計り、万一の際に於ける不測の禍害を未然に防遏せん」ことを求めた。岸上の見るところ、第一七条の危険性は次のような点にあった（以上、「治安警察令《ママ》の修正に就て」一九〇一年一〇月一日）。

吾等の恐る丶所は其法の精神に非らずして其解釈にある也、其適用にある也、換言すれば其程度にある也。誹毀、煽動、誘惑は、事実問題也、極端に解釈せば個人の対話も或は煽動たらむ、好意上の忠告も或は誘惑たらむ、無意味に発したる言も時として誹毀たることあらむ、吾等の懼る丶所は即ち此処にある也。

これとほぼ時期を一にして、幸徳秋水も労働運動への抑圧が強まっていくことを体感していた。「咄々怪事（警察の労働者迫害）」（『万朝報』一九〇一年一一月二九日）と題する論説で、「労働者の集会は屢ば警察の為に解散せしめられたり、其団結は屢ば警察の為めに禁止せられたり、其請願は屢ば警察の為に妨礙せられたり、如此くにして労働者に直接するの警察が、無法に其権力を振廻して彼等を迫害するに於ては我労働者の智徳の進歩、健康の保護、生活の改善、如何ぞ能く望み得んや」と痛撃するのである。ここで幸徳は、陸軍大演習の行幸時、日鉄矯正会の機関手に対する「警官偵吏の物色極めて厳」だったこと、「福島に置かれたる矯正会本部が突如同地警察より本月廿五日までに解散すべし、然らずんば処罰すべしとの厳命」を受けたことの二つを取りあげている。

第一七条が「労働運動の死命を制する」ほどの威力をもつことを再認識した警察は、ますますその機能の発揮に邁進する。それによって、片山が労働運動の「復活の徴」と呼んだものも、また萎まされていく。日露戦争にともなって経済の好況が生まれるまで、争議件数・参加人員はともに減少した。大原社会問題研究所編『社会・労働運動大年表』から、警察による抑圧取締の状況を拾ってみよう。

一九〇〇年　七月　名古屋の更紗染物職人八〇人、賃下げに反対しスト、首謀者九人拘引
一九〇一年　三月　大阪北区の友禅染工場職工四〇人、賃金問題でスト、二〇人拘引
　　　　　一二月　福岡県浮羽郡小作争議、小作人一八〇〇人、小作料永久一割減を要求、警察の介入で四〇〇人逮捕
一九〇二年一〇月　埼玉県春岡村小作人一〇〇余人、小作料引き下げ協議中に解散命令
一九〇三年　一月　東京江戸橋郵便電信局の配達夫二〇〇人、臨時手当支給からスト計画、首謀者一〇人拘引
　　　　　　　　　北炭幾春別炭坑坑夫、巡視への不満と賃上げ要求で騒擾、一人逮捕
　　　　　　　　　京都綿ネル会社争議、男工二〇〇人、監督排斥運動、貫徹、関西労働同盟会を組織して職工にストを働きかけた三人を第一七条で拘引、送検
　　　　　　　　　（三月）
　　　　　四月　労働者観桜会禁止に抗議する演説会、解散
　　　　　六月　大阪人力車夫争議、車夫信用組合結成大会を解散
　　　　　　　　　隅田川汽船会社の水火夫等三〇人、増給でスト計画、説諭される
　　　　一〇月　大阪西区の大阪鉄工所職工五〇〇人、賃金からの天引き反対で騒擾、首

謀者拘引
大阪巡航会社の船員六〇人、増給漏れへの不満でスト、首謀者一人、治安警察法違反で送検

これらのほかに、一九〇二（明治三五）年七月の呉造船工廠や同年八月の東京砲兵工廠のストライキにも警察や憲兵隊が出動している。東京砲兵工廠ストでは、端緒をつかむと、「本郷警察署の狼狽一方ならず直ちに十数名の巡査を派して解散を命じ尚ほ再度の集会を恐れて重立ちたる職工には角袖巡査を尾行せしむる等百方警戒を加へし」（『二六新報』一九〇二年八月一八日）という有様だった。また、一九〇三（明治三六）年五月、雨天を理由に臨時休業を命ぜられたことに不満を抱いた職工九五〇人による長崎の三菱造船所ストでは、治安警察法の第八条（集会の解散）と第一七条が発動された（『日本労働運動史料』第二巻）。

治安警察法の威力を悟ったのは警察だけではなかった。資本家もこれを振りかざしつつ、警察と連係しながら、労働者に有形無形の圧力をかけていく。公布施行を待ちかねたように、日本鉄道会社は「各工場各駅に治案《ママ》法を書出し或は巡公に依頼して此法を解釈否曲解し説諭否圧制に努めたり」（「日鉄治案法を乱用す」、『労働世界』一九〇〇年五月一日）という。また、大阪の柳内義之進は「大阪の各工場は大抵巡査の古手を使ふて居る、ソヲして此等古手巡査は多くの友人を警察に持つて居るからコマる」と、「大阪に於て労働運動を為すの困難」を嘆いていた（『労働世界』

一九〇一年四月一五日)。

もちろんこれらは争議・ストライキに至ったものに対する警察の直接的な干渉や抑圧の一部にすぎなく、ここに至らない多くの労使間の対立や騒擾に対しても、治安警察法の存在を背景とした警察の関与があった。その結果、治安警察法は「労働運動の死命を制する」とした岸上の警告は的中し、労働運動をとりまく状況は非常にきびしいものとなった。一九〇三(明治三六)年四月、片山は「治安警察法は労働運動に死刑を宣告せる者なり、労働者は団結の下に一致の運動をなすを得ず、雇主に対して賃銀及時間の運動は禁せられたり、現在の労働組合は殆んと有名無実の状態となり終れり。吾人の経験によるに現時は労働演説中「同盟罷工」の言葉あれば直に中止せらるを見る、以つて如何に政府者が労働者の権勢の伸張を恐怖するかを推知すべし」(「労働問題の過去現在及将来」、『太陽』第九巻第四号)と述べることになる。ここに治安警察法第一七条=「労働運動死刑法」という見方が定着する。

しかも労働運動への抑圧は第一七条によってのみではなかった。すでに屋外集会・多衆運動の制限や禁止規定は、『二六新報』主催の日本労働者大懇親会に対して発動されていたが、労働問題集会への警察官の臨監も大いに活用された。それは先の片山の証言にもあるが、木下も「言論の束縛—政府の恐懼」を指摘して、次のように論じる(「労働問題の侵害」、『毎日新聞』一九〇二年九月一四日)。

神田、下谷、本所等労働者の集合に利便なる場所に、労働問題演説会の開かれたること既に久しかりき、近頃に至りて警察の干渉俄に極めて八釜敷なれり、従来学術演説として自由に開会し来れるに、今や警察官は必ず会主を召喚して政談集会の届出を為さしむ、加之臨監の警部動もすれば忽ち立て「中止」を命令するなり、是れ果して何等の現象ぞ、……今や東京市内に起りたる警官の労働演説干渉は、決して一二警察の発明に非ずして、言ふまでもなく政府の厳命に出でたる者なり

また、木下は一九〇三（明治三六）年一二月の車夫問題演説会で、みずからも含め「殆ど十人の弁者にして無事に演了せるもの僅に一二なりしのみ」だったことに加え、閉会後の談話の場にも警察官が臨監した末に、「治安妨害と認め解散を命」じたことを報じている（「車夫談話会解散の記」、『毎日新聞』一九〇三年一二月二五日）。

争議・ストライキが頻発するようになった日露戦後においても、労働運動への抑圧取締の状況は変わらない。一九〇七（明治四〇）年三月一三日の日刊『平民新聞』は「警官と同盟罷工」という論説を掲げて、次のようにいう。

各地各工場の労働者が同盟罷工を為し若くば為さんとするや、未だ何等の暴行脅迫等の非行に出でざるに、警察官は直ちに認めて不穏となし、其集会を解散すべき旨を説諭し、命令し、

若くば就業を強制し、甚だしきは其所謂「首領」を拘引するもの頻々たるが如し　如此くにして日本の警察官は宛然資本家の手先たるの観あり……初めより直は資本家に在り、曲は労働者にあり、資本家は何時も温良なる者なり、労働者は不穏なる者なりとの偏見僻見を有して法の施行に当るが如きことあらば社会安寧の為めに極めて憂ふべきことにして而も吾人が日々接手せる通信は皆な警察官が此偏見僻見を有するに非るかを疑はしむ

この三カ月後、『社会新聞』は「彼の治安警察法は頗る危険なるものにて、同盟罷工をス、めしものを直ちに煽動屋として罰する」と痛撃し、「先づ団結と罷工の自由を与へよ」と叫ぶ（「労働者向上の途」一九〇七年六月二三日）。片山も、治安警察法に束縛されるために「労働者は憲法の保証する権利を有せず」（「団結と職業の自由」、『社会新聞』一九〇七年六月一六日）と断言する。

幸徳秋水が主に「言論、集会、運動、結社の自由」を束縛する観点から治安警察法を問題視したのに対し、片山は第一七条に象徴される「労働運動死刑法」たる運用の実態を糾弾しつづけた。一九〇三（明治三六）年四月の時点で、片山は「現行の治安警察法は政事運動に緩易にして労働運動に峻酷なり」（「労働問題の過去現在及将来」）と喝破していた。社会民主党の結社禁止など、初期社会主義運動の弾圧に治安警察法は絶対的な威力を発揮したとはいえ、労働運動の抑圧取締にこそ治安警察法の真価は発揮された、という意味で、片山の見方は正鵠を射ている。

すでに述べたように、治安警察法の実質的な起草者である有松英義は、議会審議においても、

『治安警察法講義』においても、ストライキを「労働者ノ権利」として肯定し、第一七条はそれにともなう暴行脅迫や誘惑煽動のみを処罰する規定であると、繰り返し言明していた。また「労務者」に対する処罰と「使用者」に対する処罰も公平に規定したとも語っていた。しかし、これらはことごとく覆される。労働者の団結やストライキそのものを違法・犯罪視して弾圧を強行する一方、資本家が「事業を廃し、工場を閉し、一時に数百数千の労働者を解雇するも、治安警察法を以て処分されたることとなし」（「警官と同盟罷工」）という状況は誰の目にも明らかであった。

そうした運用を可能とする解釈の種を有松が治安警察法に周到に埋め込んでおいたことは前述した。それが発芽し、「労働運動死刑法」にまで成長したのは、有松自身（とくに一九〇三年九月には警保局長就任）も含め、内務省当局者の現実の争議やストライキに対する強硬な抑圧取締方針にもとづく。積極的な運用によって治安警察法は「労働運動の死命を制する」ほどに進化を遂げ、効果的に労働運動を逼塞させうるのに成功した。

後日、米騒動後の社会運動全般の高揚のなかで、この第一七条の改正が論壇や議会で問題になりはじめると、守勢に立たされた内務省では、制定時の有松の説明に戻るような軌道修正を図る。一九一九（大正八）年三月、小山松壽の質問への答弁書で床次竹二郎内相は「治安警察法第十七条は労働団体の加入の強制若は其の防碍に付暴行脅迫等の不正手段を用ひ又は同盟解雇同盟罷業を遂行せしむるが為誘惑煽動することを禁止するものにして、穏健なる労働団体の成立等は之を阻碍するものに非すと認む」と述べる。これは、福田徳三が批判するように、「現内閣になつてから、そういふ態度を執る様にな」（一九一九年一〇月の黎明会講演「労働団結権及同盟罷工権の発達」『黎明講演集』第三巻第三輯）ったものであった。この原敬内閣下の軌道修正から逆に類推することになるが、一九〇〇年代から一〇年代後半の時期に至るまで、労働者の団結権やストライキ権を認めて争議・ストにともなう不法行為のみ処罰するという有松的な説明は意図的に忘れ去られ、労働運動の抑圧取締が最優先された。

当の有松自身も、制定時のみずからの説明を無視する。一九〇八（明治四一）年七月、二度目の警保局長に就任すると、「同盟罷工は社会主義とは別問題に属し国家の之に関与すべきに非ずと論ずる者あるも若し鉄道、電燈、水道等の労働者にして一朝同盟罷工するとせば、交通機関の閉止、水道の涸渇等の直接、治安に妨害あるを以て行政警察権に於て之を取締に《ママ》処罰するは至当のことなり」（『熊本評論』一九〇八年八月五日）と論じるのである。

「労働運動死刑法」が猛威を振るいはじめるなかで、一九〇七（明治四〇）年には足尾銅山争議、長崎三菱造船争議、別子銅山争議があいついで惹起し、争議件数・参加人員とも明治年間においてピークに達した。そして、物価の急上昇によって生活の窮乏化が深まるなかで、ストが頻発する事態に、治安警察法を楯に強権的な抑圧取締を図る政府・資本家に対して、世論の批判が向かいはじめた。「罷工騒の原因一に兇漢の煽動云々ありとの言訳は何分受取り難し。吾人は政府及び富豪の三省を促さゞるべからず」（「同盟罷工」、『大阪朝日新聞』一九〇七年六月一一日）、解雇に際して「其道を尽さずして之を窮地に陥らしめ、若し不穏の行動あれば直ちに警官之を拘禁する如きことあらんか、是れ資本家と国家と相協同して罪人を造るに異ならず」（「同盟罷工の続出と失業者」、『東京経済雑誌』一九〇八年六月二〇日）などの論が出現するのである。一方で、為政者側は「今日屢々西洋諸国に行はる丶同盟罷業の如きは、我国に於て殆ど之を見ること能はず、時として類似の事なきにあらざれども、自ら其性質を異にし、全く一時偶発の事に過ぎざるなり」（清浦奎吾「社会主義の将来に就て」、『太陽』一九〇六年一一月一日）と論陣を張るが、スト頻発という現実の前に説得力を失っていった。

ストライキをめぐる世論の動向は変化を見せはじめた。日露戦争前に一般的であった、労働運動を「西洋より移入せる邪説」とみなし、「実に平地に波を起さしむる者」（片山「海外渡航に当りて労働者諸君に告ぐ」、『社会主義』一九〇三年一二月一八日）とする非難は薄れていった。一九〇七（明治四〇）年六月一六日の『社会新聞』は、それを「世論の進歩」といい、「吾人は労働者の団結の権利あるを認む、罷業の権利あるを認む」（『国民新聞』）、「同盟罷工とは労働者の権利である」（『やまと新聞』）などを紹介する。こうした気運を敏感に察した社会政策学者たちは、「治警法一七条問題を議論の俎上に載せ始めた」。一九一〇（明治四三）年の戸田海市「労働者団結権ト治安警察法」（『京都法学会雑誌』）は、その嚆矢とされる（伊藤孝夫『大正デモクラシー期の法と社会』）。しかし、内務省の治安警察法運用の方針を軌道修正させるには、前述のように米騒動後まで待たねばならない。

3　初期社会主義運動の逼塞化へ

社会民主党と社会平民党のあいつぐ禁止後、一九〇一（明治三四）年六月、政社としての結党を断念した片山・木下・幸徳らは「社会主義の原理を討究し之を我邦に応用するの可否を考査するを目的とす」る社会主義協会を復活させた。この場合は非政社であるから、警察に届出をする必要はなかった。その後の片山と西川光二郎を中心とする活発な啓蒙宣伝活動は、「社会民主党は禁止せられたり、然れども社会主義の運命は之が為に未だ一毫をも損傷する無かりき、見よ、社会主義協会の運動は彼が如く益々猛烈に行はれしに非ずや、社会主義の種子は彼が如く多く広く深く蒔かれたるに非ずや」（石川三四郎『日本社会主義史』）と評されることになった。

欧米の社会主義運動では、法によって結社が禁止されると、秘密結社を結成して非合法活動を展開するが、日本の場合には、ほとんどそうした選択はなかった。それは、国家権力に対する抵抗の歴史の厚みのちがいに由来する。治安警察法の廃止は求めつつも、法自体を否定・無視して運動を進める発想を、日本の初期社会主義の段階はほぼもっていなかった。たとえば、幸徳も「多年一日予等の同志が議会に多数を占むるを得て、治安警察法を全廃するに至る迄は、姑く彼等の認定、中止に任すべし」（「社会主義と政府」、『万朝報』一九〇二年九月二六日）と述べたうえで、その社会主義鎮圧政策を非難するのである。

したがって、もし社会民主党が結社禁止とならなかったと仮定しても、その現実的な活動の余地は、しばらくの間、機関誌発行や演説会・茶話会、遊説などによる社会主義についての啓蒙宣伝と実際的綱領に掲げたうちのいくつかについての活動に限定されたと推測される。それは、復活した社会主義協会やつづく平民社の活動と実質的にあまり相違のないものになったのではないだろうか。言い換えれば、社会民主党の結社禁止によっても、日本の社会主義者たちはそれほど意気消沈することなく、社会主義協会や平民社の活動を着実に進展させたのである。

こうしたことを想起するのは、当事者の幸徳や木下がみずからの運動を「社会党」の運動とみなしていた節があるからである。北海道遊説に際し、各地で熱心な支持者と接した幸徳は、「社会主義は唯だ教育ある紳士、誠実なる労働者、真面目なる商人、熱血ある学生にして始めて能く奉持し得べき者なり、社会党は政友会に異なり、進歩党に異なり、利をもて集まる者にあらず、主義をもて合する団体なり」(「北遊漫録」、『万朝報』一九〇三年八月三〇日)と述べる。また、「社会党鎮圧の方法」「日本政府、対、社会党」などと頻繁に使う木下にとって、「吾人の党と云ふは政府御認許の形式に拘泥するに非ず」(「戦後思想界の準備」、『毎日新聞』一九〇五年三月九日)というものであった。これらでいう「党」とは、「なかま、ためにするところがあって結ばれた集団」というほどの意味である。治安警察法の「安寧秩序」の範囲内という「形式に拘泥」せず、社会主義協会・平民社を中心として展開される運動そのものを「社会党」とみなしているのである。

もちろん実質的に「社会党」的な活動がおこなわれたからといって、それへの抑圧取締が緩やかだったとか、不徹底だったとかいうことではない。社会民主党結党以前に比べ、はるかに活発な啓蒙宣伝運動が展開されただけに、治安警察法や新聞紙条例などによる抑圧取締の度合いも厳重化した。やはりこの厳重ぶりを数値でみることはできないので、また幸徳や木下らの証言を聞くことになる。

社会主義協会の演説会に警察の公然の干渉が加わったのは、一九〇二(明治三五)年九月一日の会からである。「警察の労働問題演説に対する態度明かに一変」(『労働世界』一九〇二年九月一三日)し、学術演説会を届出の必要な「政談集会」に変更させ、警察官が臨監し、西川の演説を中止させた。ついで九月二四日の学術演説会では、「神田の署長は開会前八名の制服巡査及七名の探偵と共に会場に乗り込み来り、会主に向ひて臨監に非ざるも監視すと言渡し乱暴にも西川、幸徳二氏に中止を命じ」(『労働世界』一九〇二年一〇月三日)た。木下は、これを「言論圧迫史の一頁」と呼び、「聞く、近来紳商なる者の間に於て、元老なる者の間に於て、社会主義に対する恐怖心切なり」(『毎日新聞』一九〇二年九月二六日)と断じた。一一月三日の浅草での演説会では、「聴衆六十余名外に警察より二十七名出席、会場の周囲三間位づゝに巡査が直立して警戒して居る」(『労働世界』一九〇二年一一月一三日)という厳戒ぶりだった。

そうした取締の強化は、政事に関わらない集会でも、「安寧秩序」妨害のおそれがあるとみなせば警察官は臨監ができ(第一一条)、また演説の中止を命じることができる(第一〇条)、という治安警察法の規定の発動による。以後、これが一般化する。先に引いた片山の「労働演説中「同盟罷工」の言葉あれば直ちに中止せらる」という一九〇三（明治三六）年四月の証言、一九〇三年一二月の車夫談話会閉会後の会にも警察官が臨監し、解散を命じたという木下の証言は、そうした状況の一端を示そう。一九〇四（明治三七）年九月の『社会主義』は、「抑社会主義演説会は学術演説として開会し来りし内、何時しか、警官の臨場を常とするに至り、余儀なく政談たらざるを得ざるに至つた」と記す。

警察の圧迫は演説会などへの干渉にとどまらなかった。幸徳は、一九〇三年四月三日の労働者懇親会が再び禁止されて以来、「社会主義者及び労働運動者に対する態度極めて物々しくなり来れり」、「多数の偵吏」による経歴や行動の調査がはじまった（「警視庁と社会主義」、『万朝報』一九〇三年四月二〇日）と、報じている。これは、一九〇四（明治三七）年五月ころの警視庁によるとされる「社会主義者調　一」（『原敬関係文書』第八巻所収）の作成などに結びついていくだろう。地方においても、警察の抑圧取締は加えられはじめた。片山らの各地の遊説では「到処其演説を中止され、解散され、或は辻々に貼れる広告紙を警官の為めに剥取られ、或は其筋の内命なりとて会場の貸与を拒絶され、或は未だ開会に至らざるに警官の為めに数百の聴衆を逐帰さるゝ」（幸徳「社会主義の迫害」、『万朝報』一九〇三年八月二一日）という有様だった。

社会主義への抑圧取締にあたっては、治安警察法以外の法令も活用動員された。一九〇三（明治三六）年四月三日、労働者懇親会の禁止にもかかわらず上野公園にあつまった労働者には、行政執行法が発動され、検束拘留がおこなわれた。八月、東京神田の道路で社会主義演説をおこなっていた青年には、道路交通取締規則が適用された（拘留一〇日、『社会主義』一九〇三年九月三日）。また、山口義三が営業していた本郷の下宿屋は、「二階楷子の幅営業規定より二分五厘足らずとの理由」（『社会主義』一九〇三年一二月一八日）で営業停止に追い込まれる、といった具合である。

西川光二郎の観測するところによれば、一九〇三（明治三六）年後半ころから、演説会の中止や解散が「反て人を呼ぶの具」となることに気づいた警察は、演説会への臨監を最小限にとどめ、経済的側面からも打撃を与えるために、児玉花外『社会主義詩集』などの社会主義出版物の発禁処分に転じた、という（「時観数則」、『社会主義』一九〇三年一一月一八日）。この取締の転換は、平民社が設立され、週刊『平民新聞』によって啓蒙宣伝活動がさらに活発化するにともない、加速する。非戦論への警戒もあり、出版法制による抑圧取締に比重を移していった。一九〇四（明治三七）年を振り返って、西川は「所謂治安を維持するに熱心なる、否神経過敏なる政府の、斯く社会主義の勃興し来りしを見て、何んじよう黙して止み得べき、先づ演説の中止は来れり、解散は来れり而して次に裁判事件の続出を見るに至れり」（「日本社会主義一年間の発達」、週刊『平民新聞』一九〇四年一二月二五日）と述べるのである。西川は、日本の社会主義者の最初の入獄となった堺利彦の新聞紙条例違反をはじめ、『平民新聞』の筆禍は三回を数え、『佐渡新聞』『函館朝日新聞』などを含む裁判事件は九件にのぼった、という。のちに日刊『平民新聞』が「裁判攻め」と呼ぶ状況が早くも生まれつつあった。これは、司法処分を通じて司法権力が初期社会主義運動の抑圧取締に本格的に参入してきたことを意味する。

日露戦争の展開にともない、「裁判攻め」が新たに有効な抑圧取締手段となる一方、警察の「特高警察」機能の発揮も本格化した（拙著『特高警察体制史』）。一九〇四年五月、警視庁が社会主義者の行動について「向後更に一層厳重なる監視」を加える方針を明らかにすると、各警察署は「競ふて社会主義者の行動を妨害し始めた」。「多くの探偵は頻りに社会主義者を訪問し社会主義協会員を見廻りて下らぬことを問糺し多くの警官は各演説会に至りて解散を命す」（以上、週刊『平民新聞』一九〇四年六月五日）という状況が現出したのである。『原敬関係文書』第八巻所収の「社会主義機関新聞摘要」や「明治三十七、八年間ニ於ケル社会主義者ノ演説抜粋」などからは、視察取締の精度の高まりがうかがえる。

この抑圧取締の本格化と連動して、一一月一三日には平民社創立一周年の記念園遊会を当日朝になって禁止し、同一六日には非政社であった社会主義協会を治安警察法第八条の「安寧秩序」妨害を理由に結社禁止とした。治安警察法の発動される機会は減少していくが、それでも要所要所で威力を発揮するとともに、「特高警察」機能全般の後ろ盾となっていった。

こうした抑圧取締の結果を、当局自身はどのように捉えただろうか。社会主義協会の結社禁止後、機関紙（『直言』）発行や演説会などの開催は「其実態ニ於テ社会主義協会当時ノ行動ト異ナルナク寧ロ其レヨリ甚シキモノアリ」と観測されたものの、取締の厳重化によって一九〇五（明治三八）年一〇月には平民社を解散に追い込み、「茲ニ全ク社会主義者ノ集団タル形骸ヲ失ヘリ」（「社会主義協会沿革及行動　二」『原敬関係文書』第八巻所収）とみなした。その後、社会主義陣営は分裂や再統合をへて日本社会党を結党し、電車賃値上げ反対運動などを展開していくが、それに対しても刑法を適用して凶徒聚集事件に仕立てあげるなど、「重立ツ者」を獄に捉え、一九〇六（明治三九）年五月には「何等著シキ活動ヲ見ス」（「社会主義沿革及行動　三」同前）と封殺を誇示するに至る。

この一気呵成の弾圧に乗じて、一九〇六年七月一日、安楽兼道警視総監は日本社会党の解散を原内相に求める。次のような理由が付された（「日本社会党禁止理由」同前）。

其眼中殆ント国家ナク又政府ナシ真ニ之レ我カ国体破壊ノ賊子タルノミナラス常識アル国民ノ苟モ口ニスベカラサルコトヲ公言スルモノナリ斯ノ如キ言論行動ヲ敢テシ安寧秩序ヲ紊乱スルニ至テハ最早此結社ノ存続ヲ寛容スルノ余地ナシ殊ニ憂フヘキハ思想ノ熟セサル青年学生ト無知ノ労働者ヲ誘ヒテ此危険ナル渦中ニ沈淪セシムルニ在リ……特ニ今ヤ幸徳伝次郎新タニ米国ヨリ帰朝シ凶徒聚集被告人亦出獄帰宅セシ為メ人心稍々同党ニ傾注スルノ趨向アリ彼等亦此ノ機ニ乗シ将来ノ発展ヲ企画シ社会ノ秩序ニ危害ヲ加ヘンコトヲ勉ムルノ兆候ヲ呈セリ今ヤ即チ安寧秩序保持ノ為メニ本結社ヲ禁止セラル、ノ時期到レルモノト信ス

これに対して、七月六日、原内相は「徒らに結社を解散するが如きをなさず、実際の行為を見て之を処置する」方針をとり、「前内閣の固陋家」の反発をみこして、閣議決定とした（『原敬日

記』）。

安楽警視総監は、おそらく同時に「日本社会党結社禁止後ニ於ケル取締意見」（『原敬関係文書』第八巻所収）を用意していた。原内相の判断により、この時点での結社禁止が見送られると、なおその「取締意見」の方向が重視されたはずである。そこでは、言論や集会による社会主義の鼓吹に対しては「最モ厳重ニ警察取締ヲ為シ毫モ仮借スル所ナク」とされており、とくに言論活動には「必ス検事ノ起訴ニ俟チ最モ厳重ナル制裁ニ付」すことを想定していた。その抑圧取締の一端を「日本社会党ノ由来及ビ其行動」（同前）から拾ってみる。

一九〇六年　九月　電車賃値上げ反対運動で、「ボイコット運動」というビラの配布に対し行政執行法適用で三人を検束
『光』掲載の「貧富の戦争」に対し、治安警察法第一六条により頒布禁止、告発
社会党演説会で荒畑寒村・森近運平らの演説に中止命令
一〇月　社会党演説会で大石誠之助・堺利彦の演説に中止命令
社会党演説会で一〇人中八人の演説に中止命令
一一月　『光』掲載の大杉栄「新兵諸君に与ふ」を告発
社会主義政談演説会で竹内善作らの演説に中止命令

一二月　社会主義政談演説会で森近・赤羽巌穴・石川三四郎の演説に中止命令

司法処分による「裁判攻め」の強化とともに、演説会への警戒も再び厳重となり、臨監した警察官によって「中止」が連発された。また、主だった社会主義者には「常ニ精密其動静ニ注視」する要視察人としての監視態勢が整いはじめていた。そこに足尾銅山争議の惹起に加え、日本社会党第二回大会での方針転換がおこなわれると、一九〇七（明治四〇）年二月二一日、ついに原内相も結社禁止処分に踏み切ることになる。禁止処分後の実際的取締に困難さが増すなどの「利害相伴ハサルニアラス」ことを認識しつつも、「明カニ現時ノ社会組織ニ対シ根本的ニ破壊ヲ企ツルモノニシテ既ニ国法ノ範囲ヲ逸シタルモノ」（「日本社会党解散閣議」、『原敬関係文書』第八巻）という判断が優先されたのである。

閣議決定という手続きを経て、翌二二日、安楽警視総監から堺・石川宛に内相による結社禁止が伝達された。その直後、日刊『平民新聞』は「治安警察法」という社説を掲げて、「吾人は久しく治安警察法の危険と野蛮とに堪へず、其暴横と圧虐とに堪へず、速に一日も速かに、斯る悪法律の廃止されんことを切望する」（一九〇七年二月二四日）と抗議の声をあげた。もちろん「其暴横と圧虐」は止むことなく、片山と田添鉄二による日本社会平民党（一九〇七年六月二五日）も、片山・鈴木楯夫による平民協会（一九〇七年一二月二一日）も、届出からまもなく結社禁止処分を受けることになった。日本社会平民党が「本党ハ憲法ノ範囲内ニ於テ社会主義ヲ主張シ労働者ノ当然享有スヘキ権利ノ拡張ヲ図ルヲ以テ目的トス」という党則を掲げ、また平民協会も「本会ハ憲法治下ニ於テ社会主義政策ノ実行ヲ努ム」という規則を掲げても、「従来ノ実績ニ徴シ公安上憂慮ニ堪へサルモノアル」（内務省警保局「社会主義沿革　第二」、『続・現代史資料』所収）などの判断で、もはや結党は認められなかった。初期社会主義運動の前に、治安警察法の存在が大きく立ちはだかることになったのである。

こうした取締姿勢の硬化は、石川三四郎が「足尾の暴動は鎮まりましたが、政府の暴動は鎮まらず、『平民新聞』の上に矢つぎ早やに、火花を放射し始めました」（『自叙伝』、『石川三四郎著作集』第八巻所収）と述べるように、「必ス検事ノ起訴ニ俟チ最モ厳重ナル制裁ニ付」すことの徹底としてあらわれた。社会党の結社禁止に合わせるように、第二八号の社会党大会の記事などを理由に発行兼編集人の石川が告発され、第五九号では「父母を蹴れ」で山口義三が、第六五号では「青年に訴ふ」の翻訳で大杉が、それぞれ新聞紙条例第三三条違反を問われるのである。第六二号（一九〇七年三月三〇日）では、これらの政府の攻勢を「裁判攻め」と呼び、「三両年来戦ひに戦ひ、疲れに疲れたる同志の運動は、政府当局の見込の如く一時頓挫するに至るやも知る可らず」と述べるところまで追いつめられる。人を獄に奪い、経済的な打撃をも加えうる「裁判攻め」はまもなく日刊『平民新聞』を廃刊に追い込むだけでなく、後続の社会主義機関紙類にも襲いかかることになる。

たとえば、『大阪平民新聞』の場合、第三号（一九〇七年七月一日）の社説「更に一歩を進めよ」

が筆禍（八月、発行兼編集人の森近運平に罰金四〇円の判決）にあった直後、第四号（七月一五日）の「大阪巡航会社の亡状」の記事が治安警察法第一七条の「誘惑若ハ煽動」にあたるとして、森近らが拘引・起訴され、森近は控訴審（一九〇八年二月）で重禁錮一五日と罰金二円の判決を受ける。「労働運動死刑法」たる第一七条は新聞記事の内容にも適用範囲を広げたわけである。これに対して、森近は「苛酷でも旧式でも、法律はまだよいが、警察と来た日には到底法律の比ではない。四号発行の翌日から終り迄、日夜正服巡査を派して出入者を誰何威嚇し、チヨツトの散歩にも尾行せしめて、地方問題の材料を蒐集することを殆んど不可能にした。警察が「必要と認め」た場合には如何なる乱暴でも出来る」（「敗北の一年」、『熊本評論』一九〇八年六月二〇日）と、治安警察法や新聞紙条例を背景とする警察の強権的な抑圧取締ぶりを突く。

こうした「裁判攻め」の主役となったのは司法権力、なかでも検察であるが、その社会主義運動抑圧への意欲は、警察の行政処分を第一の法益とした治安警察法の領域にも入り込んでくる。その手始めが一九〇八（明治四一）年一月の金曜講演会事件で、警察官の解散命令に従わなかったとして、治安警察法の第八条違反を適用して堺・大杉・山川均らを起訴に持ち込んだ。公判の論告で、検事は「被告等が平素唱道せる社会主義は現代社会の制度、組織に対し尤も危険なるもの也、這般の如きもその理由は兎に角法律の命令に服従せざりしものなれば、治安警察法違反として金刑よりは寧ろ体刑に処せられたし」（荒畑寒村「東京通信」、『熊本新聞』一九〇八年二月二〇日）と、社会主義そのものを罪悪視し、その根絶のための強権発動を隠そうともしない。こうして開発された治安警察法の新たな活用法は、四月には熊本評論社開催の講演会にもおよぶ。「学術講演の名に依り何等の届出でを為さずして、政治に亘る演説を為したり」(『熊本評論』一九〇八年四月二〇日)として起訴を強行するのである(治安警察法第二条第一項違反、第二〇条の罰則適用)。金曜講演会事件では、検事の論告通り、堺らは第二三条の罰則の適用で「軽禁錮一月一五日」の判決を受けたものの、熊本評論社事件では第一審は有罪ながら、第二審は無罪となった。

先の一九〇八年一月の金曜講演会事件あたりを境に、集会は弁士の中止にとどまらず、会そのものの解散へとエスカレートした。金曜講演会は三月の会も解散させられ、以後、公開演説会の断念を余儀なくされた。地方で開かれる社会主義演説会の多くも解散を強いられた。そして、六月の赤旗事件で警察の弾圧はピークに達する。

さて、西園寺内閣の原内相は「前内閣の固陋家」の強権的取締を批判して、「常ニ精密其動静ニ注視」する態勢を敷くことで、ある程度の融和策をとろうとしたが、それも途中で挫折し、上述の弾圧策に転じていた。それでも治安に不安をもつ「前内閣の固陋家」の総帥山県有朋は、一九〇八年六月の赤旗事件を機に西園寺内閣を「毒殺」する。山県の股肱の臣である平田東助内相の下、警保局長に復帰した有松は、すぐに社会主義に対する取締方針として、「主義の鼓吹のため雑誌、新聞を刊行し、公開演説をなすが如きは、絶対に禁止するを至当とす」(『熊本評論』一九〇八年八月五日)と表明した。それは、のちに大逆事件の真直中で有松自身が作成した「無政府主義取締ノ必要」(「有松英義文書」所収)中の一節、「取締ノ要義ハ結社集会出版居住移転ノ自由ヲ制限シ爆発物ピストル変装戒器ノ取締ヲ厳ニスルニ在リ」という確固たる信念と照応する。
こうして初期社会主義運動に対する抑圧取締上、社会民主党禁止から日本社会党禁止に至る過程を通じて、新聞紙条例（一九〇九年からは新聞紙法）・出版法と並んで、結社・集会・多衆運動に対する治安警察法の役割は確立していった。

4 治安警察法の威力と限界

ほぼ一年あまり存続した日本社会党を唯一の例外に、治安警察法は「安寧秩序」妨害を理由に、社会民主党以来の社会主義結社をほとんど届出直後に禁止処分とした。機関紙類に対する抑圧取締は新聞紙条例（のち新聞紙法）と出版法が分担する一方、演説会や茶話会などの集会の取締に治安警察法が発動され、猛威をふるったことは上述の通りである。社会主義に関わろうとするものにとって、治安警察法がどのような存在であったかは、次のエピソードがよく物語る。一九〇三（明治三六）年五月の雑誌『社会主義』が発売禁止となり、地方の郵便局に配達停止と警察への引き渡しの命令がでたことに対し、丹波の小学校教師の読者が駐在所巡査と抗論した際の報告である（『社会主義』一九〇三年六月一八日）。

吾は境遇の為に節操を替ふるが如き軟骨漢にあらず、小学教師の位置に居る故を以て社会主義を云ふ能はざらば何時にても退職申さん、足下の如き小人愚物は共に談するに足らず、宜しい社会主義を盗みたる警察官の夢をさますの時又あらむ、噫治安警察法何者ぞ、斯く人権を蹂躙するの甚だしき

厳密にいえばこの読者は、本来は新聞紙条例を根拠とする『社会主義』頒布の禁止が治安警察法でなされていると誤解している。しかし、「人権を蹂躙するの甚だしき」抑圧取締の根源が治安警察法にあると強く思いこんで誤解していることのほうが、むしろ重要な意味をもつ。治安警察法＝社会主義を「蹂躙」する悪法という認識が生まれている。

奥平康広氏が『治安維持法小史』の「序」で、「浮浪人として留置するという治安維持法」との弾圧経験当事者の認識を誤解と正しつつ、「浮浪罪とか予防検束とか、それ自体は治安維持法と関係なく成立した法制度が、思想取締り・集団規制の道具の一環として治安維持法を補完し、これに代位するものとしてはたらくようになった」と指摘されるのと同じ構造が、一九〇〇年代に、治安警察法と新聞紙条例や行政執行法などとの間に生まれていたといえる。少なくとも社会主義運動の前に大きく重く立ちはだかる壁の象徴として、治安警察法は一般に理解されるようになった。もっとも次第に「裁判攻め」が重なるにつれ、新聞紙条例などへの認識は深まったはずではあるが。

警察側にすれば、治安警察法を頂点に行政執行法や警察犯処罰令（一九〇八年制定）、さらに道

路交通取締規則などまでを総動員して、「特高警察」機能を軌道に乗せることに躍起となった。結社に対しては内務大臣による禁止命令があり、演説会・茶話会などに対しては警察官の臨監と中止・解散の権限があることが、しかもそれらはいずれも実質的に一方的かつ最終的な行政処分であることが、治安警察法の威力の源であった。

しかし、その警察の行政処分に法益の重点をおくことは、威力の源となる反面、弱点ないし限界性を内包することでもあった。「安寧秩序」妨害とみなしたすべての社会主義結社を禁止し、また集会を解散に追い込み、社会主義出版物を「裁判攻め」で封じ込めた結果、「刻下管内ニ於ケル社会主義者ノ状態ハ……何等著シキ活動ヲ見ス」という状況が現出するものの、なお社会主義者の根絶はできず、常に「未タ活動ヲ見ルニ至ラサルモ将来特ニ注意ヲ要スヘシ」(警視庁「社会主義沿革及行動　三」〔一九〇六年五月〕、『原敬関係文書』第八巻所収)という取締上の不安を払拭できない。集会の中止・解散という現象的な運動の阻止には有効ながら、その運動や思想そのものの根絶は治安警察法の行政処分によっては無理であった。

次第にその弱点が認識されはじめると、それを埋めるために、新聞紙条例などによる「裁判攻め」が考案された。また、治安警察法自体の司法処分の機能(たとえば集会の解散に従わなかった場合)も模索されたが、これは罰金刑か「二月以下ノ軽禁錮」程度の処罰しか科せられない規定のため、十分な弱点克服とはならなかった(一九〇八年二月の金曜講演会事件の公判で、堺・大杉は軽禁錮一月半の判決)。

そして、一九〇八（明治四一）年六月の赤旗事件が大きな転機となった。堺・大杉・山川・荒畑ら直接行動派の中枢を根こそぎ拘引し、「街頭其ノ他公衆ノ自由ニ交通スルコトヲ得ル場所」における「安寧秩序」妨害の行為を禁じた治安警察法第一六条違反（「一月以下ノ軽禁錮又ハ三十円以下ノ罰金」）の適用にとどまらず、「四月以上四年以下ノ重禁錮」を可能とする刑法の官吏抗拒罪を適用したのである。公判において、大杉が重禁錮二年半と罰金二五円、堺・山川が重禁錮二年と罰金二〇円などのきわめて重い判決を受けるのは、いうまでもなくこの官吏抗拒罪の成立を認めたからである。それが、「被告等は飽までも現代の制度と闘ひ、主義を実行せんとするものなれば頗る累犯の危険あり。是を捨て置く時は、現代の社会に一大害毒を流すの恐れあれば、宜しく今に於て厳罰を加へ法律の許す限りの極刑に処せられん事を希望す」（「赤旗事件公判」、『熊本評論』一九〇八年九月五日）という検事の論告そのままの論理から導かれたことは疑いない。

判決の量刑を察するに、おそらく罰金刑の部分が治安警察法の適用で、重禁錮の部分が刑法の官吏抗拒罪の適用であろう。いずれにしても、「今に於て厳罰を加へ法律の許す限りの極刑」とは、官吏抗拒罪の適用なしにはありえなかった。しかし、このことは治安警察法の限界性を露呈することになった。

支配層・取締当局がこれほどまでの「極刑」を要請したのは、社会主義運動・思想の根絶を念願したからである。したがって、大杉らが「まあ、二、三ヵ月、避暑にいったつもりでいるサ」（『寒村自伝』、『荒畑寒村著作集』第九巻）という気持ちで臨んだ公判は、従来とは様相を大きく異にし、検事の論告通り「思想裁判」そのものとなった。だが、この「現代の社会に一大害毒を流す」思想の所持者を裁くという点でも、治安警察法には限界性があった。司法処分に問えるのは、結社禁止や集会禁止の命令に従わなかった、その行為だけに限られるからである。

たまたま赤旗事件では警察官との衝突が惹起したために官吏抗拒罪を強引に適用したけれども、いつもそれが使えるわけではない。治安警察法とは別の、「現代の社会に一大害毒を流す」とみなした思想を、直接的に断罪しうる新たな取締法の必要性が認識されはじめる。実は、それは赤旗事件を前に、原内相のもとで研究に着手されていた。内務省からの要請を受けて、一九〇八年五月、外務大臣から欧米各国の在外公館に対し、「無政府主義社会主義者等取締方ニ関スル法規取調ノ件」が訓令された。そこには「無政府主義社会主義其他之ニ類スル危険ナル政治主義ヲ有スル者並ニ革命思想ヲ懐ケル外国亡命者ノ行動言論等取締方ニ関シ政府ニ於テ特ニ法規ヲ制定スヘキナルヤ否ヤニ付詮議中ニ有之候」（「過激派其他危険主義者取締関係雑件　取締法規之部　外国」、外交史料館所蔵）とあり、明らかに治安警察法とは異なる取締法規の検討がめざされていた。

この訓令への回答が順次内務省に送付される一九〇八（明治四一）年一二月には、赤旗事件を経て、桂内閣のもと、平田内相・有松警保局長のより強硬な取締態勢が敷かれていた。「国家ヲ破壊スルノ思想ヲ伝播シ国家ノ元気ヲ根底ヨリ滅却セントスルノ行動ニ対シテハ固ヨリ防禦ヲ為ササルヲ得ス」（「無政府主義取締ノ必要」）を信念とする有松が、送付された最新の各国の取締法令を積極的に研究した確率は高いとはいえ、「特高警察」機能をフル回転させることによって社会主義運動を実質的に押さえ込むことに成功したため、この時点で具体的な立案が浮上することはなかった。

大逆事件の衝撃に乗じて、一九一〇（明治四三）年九月、山県有朋は「社会破壊主義論」を明治天皇に上奏するが、それに付せられていた有松の起草と推測される「法律案」は、おそらくこの時の研究の蓄積の成果によっている。その第一条は「社会主義又ハ社会（共産）破壊主義ノ思想ヲ鼓吹シ国家ノ安寧ヲ害シ社会ノ秩序ヲ紊乱スルヲ目的トスル結社ヲ組織シ又ハ之ニ加入シ若ハ他人ニ対シ加入ヲ勧誘スルコトヲ禁ス」となっているほか（この罰則は「六月以上三年以下ノ懲役又ハ禁錮ニ処シ二百円以下ノ罰金ヲ付加ス」）、集会や出版活動なども重い処罰対象としていた。ただし、大逆事件によって社会主義運動の逼塞化が一挙に現出したため、ここでも新「法律案」は日の目をみることはなかった。それに代わり、「特高警察」機構の創出と態勢の厳重化が図られる（『特高警察体制史』参照）。

刑法の大逆罪の発動は、赤旗事件の官吏抗拒罪適用よりもはるかに強力に、広範に、かつ深い次元で社会主義運動と思想に壊滅的な打撃を与えた。検察・予審・公判を通じて、「被告人無政府共産主義者ニシテ、其信念ヲ遂行スル為大逆罪ヲ謀ル。動機ハ信念ナリ」（平沼騏一郎検事総長の論告）という断罪の方針が貫かれ、赤旗事件公判以上の「思想裁判」が徹底された。「能ク機微ニ察シテ其ノ陰謀ヲ偵知シ而後系統ヲ探テ連累ノ潜伏スル処ヲ量カリ」（有松「無政府主義取締ノ必要」）という「特高警察」機能の発揮は捜査上不可欠だったとはいえ、大逆事件全体の演出兼主役は司法権力、なかでも平沼らの率いる検察であった。

大逆事件の全過程において、治安警察法の出番はほとんどなかった。一九一〇年六月、長野県の小池伊一郎らの組織した「農民喚醒会」が秘密結社として検挙された事件が、おそらく唯一適用された例である（小池には軽禁錮八ヵ月の判決）。逼塞を強いられた社会主義陣営にもはや抗議の集会や多衆運動を展開する力はなく、したがって治安警察法が追い打ち的に発動される余地はなかった。大逆罪の威力のすさまじさの前に、治安警察法の限界性は直接的には露呈されることはなかったものの、社会主義運動・思想の根絶には有効ではない、という認識はさらに定まったはずである。ただし、眼前の社会主義運動をほぼ完全に逼塞させることに成功したため、新たな取締法の制定は当面不必要と考えられた。

それが日程に上るのはロシア革命と米騒動後の一九一〇年代終盤からであり、社会運動の再高揚に対応して、一九二二（大正一一）年の過激社会運動取締法案の立案につながっていく。「過激思想」の伝播や金銭の授受、さらに二三年前後には日本共産党をはじめ秘密結社が輩出する事態など、治安警察法では対処しえない状況が生じたのである。また、その時点では、治安警察法には「労働運動死刑法」の根源である第一七条撤廃の問題が突きつけられていた。

一九一〇年代以降の治安警察法をめぐっては、別の機会に論じることにする。

おわりに

初期社会主義運動にとって、治安警察法の存在はもっとも厚く、重い桎梏であった。警察の行政処分を法益の第一におくことから発する有効性と限界性をもちつつも、「特高警察」機能の創出と整備を促進する役割において、また司法権力の「裁判攻め」を保証するものとして、治安維持法が制定されるまで、治安警察法は社会主義の抑圧取締の基軸となっていた。

社会主義研究会から社会民主党、日本社会党へと初期社会主義運動が進化していくことに対応して、治安警察法も進化した。既述のように、演説会などの個別の演者の中止から会そのものの解散へ、結社の容認から全面禁止へなどは、運動の進展に即応して治安警察法の発動がエスカレートしていった事例である。その過程で、本来的に内包していた限界性も明らかになっていった。

本論は「治安警察法と初期社会主義運動」に焦点を絞って述べてきたが、治安警察法にとっては、初期社会主義運動ないし労働運動への抑圧取締は、その有する機能の一部であったことを再度確認しておきたい。前半で論じたように、治安警察法は明治憲法体制を守る安定的・恒久的な「警察法」として構想され、制定されていた。折からの初期社会主義・労働運動の勃興に対応を迫られることになったとはいえ、すべての結社・集会・多衆運動の規制こそ本来的な役割であった。

たとえば、届出を要する屋内集会二四一件・屋外集会二件、届出を要しない屋内集会八四五件・屋外集会九四件という警視庁管下の一九〇八(明治四一)年の件数(『警視庁統計書』)は、もちろん社会主義者の関わったものばかりではない。警保局「社会主義者沿革　第三」には、一九〇九(明治四二)年末から一一年四月までの片山らの社会主義者も加わった政談演説会二一件の開催状況を掲げているが、そこでは「官尊民卑ノ弊」「我国ノ貴族院」などと題して、「社会主義者(特別要視察人)」無編入の人物も演説している。政友会や立憲国民党などの主催する、現政府批判などの政談演説会も数多く開催されたはずであり、そうした「高等警察」次元の集会にも警察官は臨監し、演説の中止命令も発していた。

また、治安警察法関連の大審院の判決中、判例として登録・参照されていくのは、一九一一(明治四四)年一一月(「治安警察法第九条第二項ニ賞恤犯罪人ノ意義」)、一九一三(大正二)年一二月(治安警察法第一八条と「明治三十三年内務省令第三十六号ノ適用」〔「戒器、爆発物又ハ戒器ヲ仕込ミタル物件ノ携帯」の禁止〕)、一九一四(大正三)年七月(「治安警察法第八条解散命令ノ執行方法」「治安警察法第十二条ノ適用範囲」)などの各判決であるが、いずれも初期社会主義運動に直接的に関わる事件ではない。一九一四年七月の判決は、山口県下関市の築港問題の演説会に関するもので、「警察官カ治安警察法第八条ニ依リ集会ヲ解散シタルトキハ解散命令ノ執行方法トシテ会衆ハ勿論集会ノ主催者ヲモ現場ヨリ退去セシムルコトヲ得ルモノトス」(『大審院判決録』第二〇輯)として警察官の権限を全面的に認め、被告側の上告を棄却している。築港問題という地方自治に関わって紛糾する問題に対して、つまり「特高警察」とは分離した「高等警察」に属する事件に、治安警察法が発動されたわけで、それは立案・制定時に想定していた領域である。

一九〇六（明治三九）年四月、原敬内相は警視庁改革を全面的に実施するなかで、従来の政治警察偏重を排する「高等警察」改革を進めた。それに関連して、安楽警視総監は訓示のなかで、「高等警察ハ政機ノ変転ト社会ノ趨勢ニ伴フテ活動セサルヘカラス」と述べ、「殊ニ言論、集会印行等公共ノ安寧秩序ヲ妨害」する動向に対しては、「特ニ意ヲ法規ノ執行ニ致シ毫モ遺憾ナキヲ期スルヲ要ス」（警視庁『警視庁事務要録』一九〇八年）と強調した。社会主義運動・労働運動の進展にともない、「高等警察」中の「特高警察」機能の占める役割が高まってきており、大逆事件を経て「特高警察」体制が名実ともに分離・創出されていくわけだが、「公共ノ安寧秩序」妨害の動向・勢力はそれにとどまるものではなかった。日比谷焼打事件から第一次護憲運動、シーメンス事件、米騒動へとつづく「都市民衆騒擾」の状況など、いわゆる大正デモクラシー運動の高揚を考えれば、安楽警視総監の「高等警察ハ政機ノ変転ト社会ノ趨勢ニ伴フテ活動セサルヘカラス」という警告は見事に的中したといえる。下関の築港問題をめぐる係争も、この「社会ノ趨勢」の一端だろう。

そして、治安警察法はこうした方面の「公共ノ安寧秩序」の維持にも「毫モ遺憾」なく執行されたのである。それは明治憲法体制を守る安定的・恒久的な「警察法」の本質であった。社会主義運動・思想の根絶の武器としては有効ではなく、また一九一〇年代末からの新たな展開にも限界性ははっきりしていくが、一般的な「言論、集会印行等公共ノ安寧秩序ヲ妨害」するものに対して、治安警察法は制定から廃止までを通じて、ほぼ有効かつ不可欠な法規でありつづけた。

（付記）『国家学会雑誌』所収以外の「有松英義関係文書」の閲覧に際しては、東京大学法学部近代日本法政史料センターのご便宜を得た。

Ⅱ　資料篇

（山泉進・志村正昭編）

【資料一】

社会民主党宣言書

社会民主党の宣言

如何にして貧富の懸隔を打破すべきかは実に二十世紀に於けるの大問題なりとす、彼の十八世紀の末に当り仏国を中心として欧米諸国に伝播したる自由民権の思想は、政治上の平等主義を実現するに於て大なる効力ありしと雖も、爾来物質的の進歩著しく、昔時の貴族平民てふ階級制度に代ゆるに富者貧者てふ、更に忌むべき恐るべきものを以てするに至れり、抑も経済上の平等は本にして政治上の平等は末なり、故に立憲の政治を行ひて政権を公平に分配したりとするも、経済上の不公平にして除去せられざる限りは人民多数の不幸は依然として存すべし、是れ我党か政治問題を解するに当り全力を経済問題に傾注せんとする所以なりとす、

今や我国に於ける政治界の有様を見るに、政治機関は全く富者の手中に在るもの、如し、貴族院が少数の貴族富豪を代表するは言ふまでもなく、衆議院と雖も其内容を分析すれ

ば悉く地主資本家を代表せるものにあらざるはなし、されば今日の国会を称して富者の議会といふも決して誣言にあらざるなり、然れども記憶せよ国民の大多数を占むるものは田畠に鍬鋤を採る小作人、若くは工場に汗血を絞る労働者なることを、彼等は何が故に参政の権を有せざるか、何が故に自己の代表者を議会に送ること能はざるか、是れ果して彼等が無智無識なるためか、将に亦富者に比して彼等の道徳劣等なるが為か、否々決して然らざるなり、彼等は資産なきが為に其得べき所の権利を得る能はず、其受くべき教育をも受くる能はざるなり、彼等に生計の余裕を与へて教育を受くるの途を得せしむるは当に富者の務むべき所にあらずや、彼等の為に政治上の権利を伸張するは当に政党の為すべきことにあらずや

然るに今日の政党なるものは全く富者に使役せらるゝ所のものにして決して多数人民の意志を代表するものにあらず、今や国民の多数を占むる労働者小作人は無学無識にして、殆んど富者の一顧にも価せざるべしと雖も、彼等は実に財富の生産者なるが故に、将来の社会組織に於て重要の地位を占むるに至るべきは論を待たず、而して彼等をして其得べき地位を得せしむるは即ち社会全体の利福を増進する所以なりとす、我党は茲に多数人民の休戚を負ふて生れたり、然れども貧民を庇して富者を敵とするが如き狭量のものにあらず、而して其志す所は我国の富強を謀るにあれども、然も外国の利益を犠牲に供して顧みざるが如き唯我的のものにあらず、若し直裁に其抱負を言へば、我党は世界の

大勢に鑑み、経済の趨勢を察し、純然たる社会主義と民主主義に依り、貧富の懸隔を打破して全世界に平和主義の勝利を得せしめんことを欲するなり、故に我党は左に掲ぐる理想に向つて着々進まんことを期す

(1) 人種の差別政治の異同に拘はらず、人類は皆同胞たりとの主義を拡張すること
(2) 万国の平和を来す為には先づ軍備を全廃すること
(3) 階級制度を全廃すること
(4) 生産機関として必要なる土地及び資本を悉く公有とすること
(5) 鉄道、船舶、運河、橋梁の如き交通機関は悉くこれを公有とすること
(6) 財富の分配を公平にすること
(7) 人民をして平等に政権を得せしむること
(8) 人民をして平等に教育を受けしむる為に、国家は全く教育の費用を負担すべきこと

是れ我党の理想とする処なれども、今日これを実行するの難きは素より論を待たず、故に我党は左の如き綱領を定めて実際的運動を試みんことを期す

(1) 全国の鉄道を公有とすること
(2) 市街鉄道、電気事業、瓦斯事業等凡て独占的性質を有するものを市有とすること

(3)中央政府、各府県、各市町村の所有せる公有地を払い下ることを禁ずること

(4)都市に於ける土地は挙げて其都市の所有とする方針を採ること、若しこれを速に実行する能はざる場合には法律を設けて土地兼併を禁ずること

(5)専売権は政府にてこれを買上げること、即ち発明者に相当の報酬を与へ、而して人民には廉価に其発明物を使用せしむること

(6)家賃は其家屋の価格の幾分以上を徴収する能はずとの制限を設くること

(7)政府の事業は凡て政府自らこれに当り、決して一個人若くは私立会社に受負はしめざること

(8)酒税、醤油税、砂糖税の如き消費税はこれを全廃し之に代ふるに相続税、所得税及ひ其他の直接税を以てす

(9)高等小学を終るまでを義務教育年限とし、月謝を全廃し、公費を以て教科書を供給すること

(10)労働局を設置して労働に関する一切の事を調査せしむること

(11)学齢児童を労働に従事せしむることを禁ずること

(12)道徳健康に害ある事業に婦人を使役することを禁ずること

(13)少年及び婦女子の夜業を廃すること

(14)日曜日の労働を廃し日々の労働時間を八時間に制限すること

(15) 雇主責任法を設け労働者が服役中負傷したる場合には雇主をして相当の手当を為さしむること

(16) 労働組合法を設け労働者が自由に団結することを公認し、且つ適当の保護を与ふること

(17) 小作人保護の法を設くること

(18) 保険事業は一切政府事業となすこと

(19) 裁判入費は全く政府の負担となすこと

(20) 普通選挙法を実施すること

(21) 公平選挙法を採用すること

(22) 選挙は一切直接とし且つ無記名とすること

(23) 重大なる問題に関しては一般人民をして直接に投票せしむるの方法を設くること

(24) 死刑を全廃すること

(25) 貴族院を廃止すること

(26) 軍備を縮小すること

(27) 治安警察法を廃止すること

(28) 新聞条例を廃止すること

我党は此の如く社会主義を経とし、民主主義を緯として其旗幟を明白にせり、然れども世或は此二大主義に対して誤解を有するものあらん、彼等の中或者は社会民主党てふ名を以て頗る過激なるものと思ふならん、我党は何故に斯る党名を選び斯る綱領を公にするに至りしや、吾人は之に対して幾分か説明する処なかるべからず、抑も現社会の組織は何を以て根拠とせるかといふに、言ふまでもなく個人競争主義にして、其結果金権も政権も一方に集注し、多数の人民は為に奴隷の如き位置に立たざるべからざるに至れり、昔は労働者何れも簡単なる手道具を以て生産に従事せしが故に、彼は資本家の力を借るを要せず、全く独立の生活を営み得しと雖も、今や器械の発明益々精巧を極め、数百円乃至数万円の金を投ぜざれば容易に之を購ふを得ず、茲に於てか労働者は続々自宅工業を廃して工場工業に従事し、其器械に対するの有様は恰も魚の水に於けるが如くなれり、故に労働なるものは一の商品と同じく、需要供給の法則に従つて其価額を有することとなり、一朝需要の途絶へて工場閉鎖せらるゝに及べば、数万の壮丁は手を空くして飢餓の苦境に陥らざるべからず、是れ豈に現社会組織の不完全なるが為にあらずや

夫れ自由競争の名は甚だ美なりと雖も、吾人の組織せる社会に於ては全く競争を許さゞる多くの事情あるを奈何せん、世には独占事業と称するものありて、人一たびこれを専有すれば何人も之に向つて競争を試むること能はざるなり、彼の都会に於ける大地主の如きは其適例にして、彼は其土地の為に一臂の労を施さゞるも、人口増殖し、都市膨張

するに従ひて、其財産は数倍乃至数十倍するに至るべし、都会の土地が往々一坪幾十円若くは幾千円の価格を有するに至るは、全く土地が独占的性質を有し競争を許さゞるの結果にあらざるはなし、其他鉄道の如き、電気及び瓦斯事業の如き、何れも独占的性質を有するものにして、政府が鉄道の競争線を認可せざるも、一都市に二個の電気会社及び瓦斯会社を見ること稀なるも、其理由は全く茲に在り、故に独占的性質を有するもの、私有を許すは、即ち少数者を特に庇保する所以にして、其不公平たること素より論を待たず、凡そ社会の進歩発達に従ひて地価の騰貴すべきは経済学上の原理にして、何人も之を拒む能はざるべし、然るに其利益を社会全体に帰せずして、特り之を地主に与ふるとは何等の不公平ぞや、是れ我党が土地を始として、鉄道、電気、瓦斯等苟くも独占的性質を有するものを挙げて公有となさんことを主唱する所以なり

然れども経済上の難問は此等の事業を公有にするだけにては解釈せらるべきにあらず、何となれば普通の生産事業も近時漸く独占的性質を現さんとするに至りたればなり、彼のツラストが如何に広く流行するに至りしかを見よ、是れ生産事業に於て競争の行はるべからざるを示すものにして、経済界に於ては最早競争主義に換ゆるに協同主義を以てするの兆候を見はしたるものと言ふべし、然れども吾人はこれを以て已に発達の終極に近づきたるものとは考ふる能はず、生産者の協同は甚だ喜ぶべきが如しと雖も、彼等は自己の間に競争者を有せざるが故に、其物品の価額を上げて其利益を独占するを得べく、

斯くて消費者は全く彼等の犠牲とならざるべからざるなり、彼の米国の「スタンダード」石油会社を見よ、今や彼国に於ける石油の一手販売を為しつゝあるが故に、彼は競争者の恐るべきものを有せず、茲に於てか瓦斯と電気とに衝突せざる範囲内に於て、石油の代価を引上ぐるは彼の勝手になし得る所となれり、彼が一昨年に於て一億一千万弗の資本に対する八千万弗の利益を得而して其株券の相場も現今額面の五倍に達し居ることは決して怪むべきことにあらざるなり、近時人々の話柄となり居る合衆国鋼鉄会社の創立の如き、其協同資本は十億弗にして世界第一の会社と称せらる、此等の生産事業が将来経済界に於て、如何なる影響を及ぼすべきかは最も見易きの事にして、資本家と労働者の区画益々判然し、金権及び政権の分配が益々不公平になりゆくは火を睹るより明なりとす、労働は土地及び資本の助を借らずしては財富を生ずる能はず、然るに地主と資本家は生財の二要素を占有し、労働者が其生産物の大部を彼等に納むるにあらざれば其使用を許さゞるなり、多数の人民が貧困の境遇に在る豈に怪むに足らんや、我党が土地鉄道の如きもの、みならず、凡て生産に必要なる資本、即ち製造所の如き、若くは間接に生産に必要なる凡ての交通機関を公有にせんことを主張するは全く是が為にして、土地、資本、労働の三者を協同一致せしむるは人民多数の幸福を増進する所以なりと信ず、社会主義は決して資本及び土地を無視せんとするものにあらず、唯資本家と地主を全廃せんことを期するものなり、資本と土地を公有にせんとするは、労働者をして自由に此等を使用せしめんとするに在りて、或種の資本家及び地主の如く、労働より生ずる滋養分を吸収する処の寄生虫を除去せんとするに在るなり

更に進んで社会主義は分配を公平にせんことを目的とす、蓋し生財組織の不完全なる現今の社会に於て、配財の不公平に行はれつゝあることは当然の事にして、吾人か先づ生財組織を改めんとするは、其目的配財を公平にするに在るなり、吾人熟々現社会の有様を通観するに、人々の受くる報酬は必ずしも其人の勤怠賢愚には依らざるなり、故に人生の禍福は殆んど運命に依りて定まり、恰も富籤を引くが如きの観あり、人の此世に生るゝや、其富家の子たると貧家の子たるとは一に運命に依りて定まるにあらずや、幸にして富家に生れたるものは充分なる衣食住の供給を得、稍く長ずれば贅沢なる教育を受け、更に活劇社会に立つに及びては、啻に父祖伝来の資産彼を助くるのみならず、彼等の地位と信用は亦幾多の便宜を彼に与ふるなり、然るに貧者の子は之と異なり、衣食住の不足なるは言ふまでもなく、普通の教育さへも満足には受くる能はず、其競争場裡に立つに及びてや、彼には資産もなく、地位もなく、信用もなし、彼は実に空手を以て自己の為に活路を開拓せざるべからざるなり、人若し出発点を同くして競争を為すと言はゞ是れ真の競争に相違なきも、此世に生れ出づると共に已に其出発点を異にしたる者を捕へ来りて、これに競争を試みよと言はゞ、誰かこれを以て残酷なりと思はざるものあらんや、然れども現社会の所謂自由競争なるものは一として此種の競争にあらざるは

なし、資本家及び地主は独占的事業てふ金城鉄壁に依り、労働者は空手にて之に対抗せんとす、其勝敗の数予め知り得べきにあらずや、而して其所謂地主資本家なるものは一朝社会の風雲に乗じて僥倖を博したる者にあらずんば、何等の効績もなくして父祖の資産を相続したるものなり、是れ豈に公平なる配財と言ふべけんや、我党が最も重要なる主張として掲ぐる所のものは即ち公平なる配財に在りて、現社会より僥倖なるものを駆逐し、出来得る限り人々をして正当なる分配を受けしめんことを期す、彼の凡ての消費税を減少し、若くは全廃し之に代ふるに相続税、所得税及ひ其他の直接税を以てするが如き、何れも公平なる配財を実行するの手段にあらざるはなし

要するに社会主義の抱負は何人にも職業を与ふるの保証をなし、公平なる配財法によりて充分なる衣食住の供給をなし、疾病老衰等に対しては丁寧なる手当を為すに在り、故に社会主義の実行せらる、社会は即ち一大保険団体にして、人民は子孫の為に若くは自己の病傷老衰の為に貯蓄を為すの必要あらず、唯自己の力に応じて其職務を全ふせば、社会は彼に幸福なる生涯を送らしむることを保証すべし、人或は社会主義を誤解して全社会の財産を悉く没収し、更に之を全人口に平分するものなりと思へり、然れども是れ誤謬にして殆んど吾人の一顧にだも価せざるものといふべし、若し一国の全財産を全人口に平分せば、一人の所得は驚くべき程の少額ならん、誰か斯る少額の資産を以て安慰なる生活を営むを得んや、社会主義は決して一国の土地及び資本を分配せんとするもの

にはあらず、唯生財機関たる土地及び資本を公有として、其により生ずる所の財富を公平に分配せんと欲するのみ、而して一人の所得は果して幾何なるべきかこれを精算すること能はずと雖も、現社会に於ける生産が自由競争の為に如何に多く其額を減ぜられつゝあるかを想へば、社会主義の実行せらるゝ日に於て、其生産の大に増加すべきは決して疑ふべからざるなり、

斯の如く生存の根本たるべき衣食住即ち財富を公平に且つ充分に分配することを得ば、人々が享くる所の幸福をして比較的公平ならしむることは敢て困難なることにはあらざるべし、吾人は先づ人々をして平等に教育を受くるの特権を得せしめざるべからず、若し吾人の理想を言はんか、義務教育の年限を少くとも満二十歳までとなし、全く公費を以て学齢の青年を教育するに在り、然れども是れ現社会制度の下には到底実行すべからざるものなるを以て、我党は高等小学卒業までを以て義務教育年限となし、無月謝制度を取り、且つ公費を以て教科書を与ふることとしたり、教育は人生活動の泉源にして、国民たるものは誰にても之を受くるの権利を有するものなれば、社会が公費を以て国民教育を為すは真に当然の事なりといふべし、吾人が此の如く人々の生活と教育とを勉めて公平にせんと欲する所以のものは、貧富の懸隔の因て生する所多く此二点に存するを信ずるが故なり、

抑も人の生を此世に享くるや素より貴賤貧富の差別あるべき理なし、況んや貴族と平民

の称号を用ゆるに於ておや、貧富の懸隔は現今の経済組織より自然に発生し来りたる所なるを以て、尚ほ幾分か忍ぶべき所あり、然れども貴族制度の如きは全く人為的にして、自らを尊大にし他を侮蔑する所の虚栄心より出でたるものなれば、我党は民主々義の精神に依り、大に此貴族主義を排撃せざるべからざるを信ず、故に階級制度を全廃すべきは勿論の事なりと雖も、先づ其第一着手として貴族院の廃止を断行するは自然の順序なりといふべし、

次に民主々義が極力反対せんとするものを軍隊主義なりとす、今や世界の諸強国は軍備に忙はしく、単に腕力に依りて事の是非曲直を決せんとす、故に国際上に於ては道徳の制裁なく、殆んど白昼公然盗を為すの観あり、是れ啻に人類同胞主義の敵たるのみならず、民主々義発達の上に大なる防害を与ふるものなり、夫れ軍備を拡張する表面の口実は外寇に備ふるに在りと雖も、其裏面の目的は全く他に在り、諸強国が軍備を増加するは弱国を強迫して市場を開かしめ、以て其貨物の販路を拡めんとするか、若しくは内国に於ける民主主義の発達に備へんが為めなり、是れ即ち資本家てふ階級を保護せんとするものにして、平民たるものはこれが為に実に堪へ難き程の租税を負担しつゝあるなり、世界の諸強国は軍備の為に二百七十億弗の国債を起せり、而してこれが利子を払ふだけにても、三百万人以上の労働者が常に労役に服するの必要ありといふ、之に加ふるに幾十万の壮丁は常に戦役に服して不生産的生涯を送らざるべからず、彼の独逸の如く最も

軍隊熱に病める国に於ては、壮丁の多分を兵卒として徴集するが故に、田野に耕耘する所のものは、半白の老人若くは婦女のみなりと云ふ、噫これ何等の悲惨ぞや、戦争は素これ野蛮の遺風にして、明に文明主義と反対す、若し軍備を拡張して一朝外国と衝突するあらんか、其結果や実に恐るべきものあり、我にして幸に勝利を得るも、軍人は其功を恃みて専横に陥り、終に武断政治を行ふに至るべし、是れ古今の歴史に照らして明なる所なりとす、若し不幸にして戦敗の国とならんか、其惨状素より多言を要するまでもなし、兵は兇器なりとは古人も已に之を言へり、今日の如く万国其利害の関係を密にせるに当り、一朝剣戟を交へ弾丸を飛ばすことあらば、其害の大なる得て計るべからず、茲に於てか我党は軍備を縮小して漸次全滅に至らしめんことを期するなり、

人或は社会民主党を以て急劇なる説を唱へ、危険なる手段を採るものとなさん、然り吾人の説は頗る急劇なりと雖も、而も其手段は飽くまでも平和的なり、吾人は絶対的に戦争を非認するものにあらずや、国際の上に於て巳に然り、況んや個人の間に於ておや、彼の白刃を振ひ爆裂弾を投ずるが如きは、虚無党或は無政府党の事のみ、我社会民主党は全然腕力を用ゆることに反対するが故に、決して虚無党無政府党の愚に傚ふことをせざるなり、由来大改命を行ふに当りて、腕力の助を借りしこと少からざりしと雖も、是れ時勢の然らしむる所にして、決して吾人の傚ふべき所にあらず、我党の抱負は実に遠大にして、深く社会の根底より改造を企てんとするにあれば、彼の浮浪壮士が採る所の

乱暴手段の如きは断じて排斥せざるべからず、吾人は剣戟よりも鋭利なる筆と舌とを有せり、軍隊制度よりも尚ほ有力なるべき立憲政体を有せり、若し此等の手段を利用して吾人の抱負を実行せば、何ぞ白刃と爆裂弾との助を借るが如き愚を為すを要せんや、吾人が茲に政党の組織を為す所以のものは、即ち文明的手段たる此等の政治機関を利用せんとするに在り、

帝国議会は吾人が将来に於ける活劇場なり、他年一日我党の議員国会場裡に多数を占めなば、是れ即ち吾人の抱負を実行すべきの時機到達したるなり、然れども吾人が已に陳べたる如く、今日の議会は全く地主資本家の機関にして、彼等は之を濫用して自己の便宜を謀るの手段とせり、茲に於てか多数の人民は議会に於て自己の代表者を有する能はず、空しく手を拱して富者の為す所に任せざるべからず、噫これ立憲政治の目的ならんや、然らば如何にして多数の人民に政権を分配すべきか、これを為すの途一あり、即ち選挙法を改正して普通選挙法を断行すること是なり、選挙権にして一たび多数人民の手に帰せんか、彼等は最早自己の利福に達すべき第一難関を通過したるものなり、之に加ふるに公平選挙法を採用して、少数者の意見をも代表し得るの途を開かば、社会民主党員の数如何に僅少なりと雖も、尚ほ数名の代表者を議会に送るを得べし、故に我党は其目的を達する最初の手段として、先づ選挙法の改正を絶叫せんと欲す、

然れども教育なき人民に選挙権を与ふることは多少の危険なきにあらず、彼等にして自

治制に慣れざる限りは、或は選挙権を濫用することもあらん。殊に今日の如く貧者が全く富者に圧抑せられ居る場合に於ては、彼等は必ず資本家たる人の意向に従ひて投票せざるを得ざるべし、されば彼等に選挙権を与ふるの途を講ずると共に、彼等に適当の教育と訓練を与ふるは刻下の急務なりと信ず、吾人は政府が人口の大部を占むる労働者及び小作人の為に、必要なる保護を与ふることを要求すると共に、彼等が自由に団結し得るの法律を定めんことを望む、団結は労働者の生命にして、彼等の為には唯一の武器なり、彼等はこれに依りて自治の精神を養ふのみならず、幾多の教育と訓練を受くるを得べし、然るに資本家は往々にして彼等の団結を嫌忌し、甚しきに至りては其団結に加入するものを解雇すること少からず、彼の関西紡績業者の如き、自らは鞏固なる団体を造りながら、労働者が団体を結ぶことには極力反対しつゝあり、故に労働者にして其規則に触るゝあれば忽ち解雇の刑に処せらるゝのみならず、彼は決して紡績業者の団体に加入せる会社に於ては其位地を得ること能はざるなり、此の如きは飽くまでも労働者を無智無学の境遇に置き、而して之を牛馬の如くに酷使せんとするものにして、吾人は人道の為に、且つ経済発達の為に断然之を排撃せざるを得ざるなり、之を要するに、我党は労働組合法なるものを設け、治安に妨害なき限りに於ては自由に労働者の団結を許し、彼等をして自助自衛の途を講ぜしめんことを期す、

吾人の主張は当に以上陳べたるが如し、我党は実に時勢の必要に応じ、此の如きの抱負

を以て生れたるなり、見るべし社会主義は個人的競争主義、唯我的軍隊主義に反対するものにして、民主々義は人為的貴族主義の対照なることを、之を概言すれば社会民主党は貴賤貧富の懸隔を打破し、人民全体の福祉を増進することを目的となすものなり、噫これ世界の大勢の趣く所にして人類終極の目的にあらずや、

社会民主党々則

目　的

第一条　我党は社会主義を実行するを以て目的とす。

名　称

第二条　我党は社会民主党と称す。

位　置

第三条　我党の事務所を神田仲猿楽町九番地に設く。

会　員

第四条　一定の職業を有する者会員二名の紹介を以て入党を申込み評議員会の決議を経たる時は会員たることを得、党則に反き其他党の名誉を毀損したる者は評議員

会の決議を以て之を除名す。

第五条　役　員

幹事二名評議員若干名を置き大会に於て之を選挙す。

第六条　会　費

会員は党費として毎月貳銭を納むべし。

社会民主党はドンな者てあるか（「雑報」欄〔第四面〕）

此度出来た新政党は如何なものであるかと云ふと先づ第一に此党は何にか職業を以て居る正直な人で我党の主義に賛成な人で組織る○第二に本部を神田仲猿楽町九番地に置きます○第三に此労働者の政党は目的を達する為めに次の様な仕事をする　一演説会及討論会を開く事」一小冊を発行する事」一党報を発行する事」一地方遊説員を出す事」一大会（年二回）小会（時々）を開く事」一運動会をやる事」一労働問題の研究をする事（誰れでも郵券を入れて労働問題に関することを聞かる、と本部は親切に夫れに答へます）」一労働会館を建てる事に骨折ります」一労働倶楽部及共働店を建てることを奨励します」一労働者の貯金を奨励する種々の方法を講じます○第四に春と秋と二度大会を開ひて運動の方針などを協議をする都合なり○第五に小集会、演説会などは幹事が適当だと思つた時に時々開き○第六に地方の党員から請求があると幹事は評議の上で遊説員を送る○第七に此党へ入党しようと思ふ人は会員二名以上の紹介を持て来ぬと行きませぬ」但し二名以上の紹介があつても幹事が評議員に相談し善い人だと思はぬ者は断る積りだ○第八に労働団体が全体で入党をしようと云ふ場合には其の団体の代表者から幹事へ其の事を申込めばよいそうだ○第九に定まつた職業を持てる労働者及職工には入党に於ても又万事軽便にするそうた○第十に党費は月二銭で、党員は年三度位に（八銭づゝ）之を本部へ払い込まれたならよかろう○第十一に党の名誉を汚がしたり、党則に背ひたり、党へ不利益な事をした者は除名か退党を命じるのだと云ふ」故に労働者に取りては実に善ひ政党である、

社会主義に関する書物（「広告」欄〔第四面〕）

社会主義（村井知至著定価十五銭）

社会問題解釈法（安部磯雄著定価一円二十銭）
近世社会主義評論（久松義典著定価一円）
現時の社会主義（民友社編定価十銭）
労働保護論（川上《（ママ）》清著定価五十銭）
日本の労働運動（片山潜 西川光二郎 合著定価四十銭）
近世社会主義（福井準造著定価一円）

『労働世界』臨時発刊第七九号、一九〇一年五月二〇日
法政大学大原社会問題研究所所蔵

※漢字は現行のものにあらためた。原文にはほとんどの漢字にルビがふられているが、複刻にあたってはすべて省略した。また、変体がなは現行の字体にあらためた。

【資料二】

創立者と回想（伝記・研究文献を含む）

ここには次のものを掲載する。①社会民主党創立者六名の略歴、②創立者の社会民主党に関係する論説とそれらが含まれる著作集、全集、遺稿集類、③創立者たちについての代表的な評伝と創立者と社会民主党の関係について言及している論文についての目録、④創立者たちの社会民主党についての回想記、ただし西川光次郎については直接言及した文章がないので間接的に言及している文章を収録した。

片山潜（かたやま　せん）一八五九〜一九三三

美作国粂郡羽出木村の庄屋の家系に生れる。本名は藪木菅太郎で次男であった。農業に従事するかたわら学問で身を立てることを志す。後、片山幾太郎の養子となり片山姓を名乗った。一八八一（明治一四）年上京、漢学塾で学ぶ。八四年暮渡米、スクールボーイとして働きながら学び、グリンネル大学の学部と大学院を卒業、またアンドーヴァ神学校からエール大学神学部に進み、これも卒業する。九六年帰国、『六合雑誌』の編集にかかわり、『英国今日之社会』『鉄道新論』を刊行する。翌九七年、神田三崎町にキングスレー館を開設、クリスチャンとして社会事業を志した。また社会問題研究会の結成に参加し評議員、労働組合期成会の幹事、鉄工組合の本部参事員となり機関紙『労働世界』の主筆となる。さらに社会政策学会にも入会した。翌年社会主義研究会の設立に参加する。一九〇〇(明治三三)年普通選挙期成同盟会に参加、同年一一月普通選挙同盟会に改組し労働新聞社を事務所とする。〇三年『都市社会主義』『我社会主義』を刊行、翌年第二インターのアムステルダム大会に出席、プレハーノフと握手をして日露戦争に反対の意を世界に訴える。〇七年『社会新聞』を創刊、議会政策を唱え幸徳秋水らの直接行動論と対立する。「大逆事件」後、東京の市電ストを煽動した容疑で入獄、一四年国内での運動の困難さを痛感しサンフランシスコに渡り『平民』を発行する。一六年リュトヘルスの要請によりニューヨークへ行き「レフトウィング」に加わり、トロツキーらと交わる。また、アメリカ共産党の結成に尽力する。二一年極東勤労者大会を組織するため革命後のロシアに入り、死去するまでコミンテルンの最高幹部として日本共産党の設立など共産主義運動に捧げた。

片山が社会主義に関心をもつにいたったのは、グリンネル大学在学中にキリスト教社会主義者イリーの著作やドーソンのラサール伝を読んだことが大きかった。

全集はないが、片山潜生誕百年記念会編『片山潜著作集』(全三巻、河出書房新社、一九五九年一一月～一九六〇年五月)が刊行されている。

年譜と著作目録は、『片山潜著作集』(前掲)の巻末掲載の他、『前衛』(一九五九年一一月号、臨時増刊・片山潜生誕百年を記念して)、労働運動史研究会編集『労働運動史研究』(No.18、片山潜生誕百年記念特集号、一九五九年一一月)、岸本英太郎・渡辺春男・小山弘健『片山潜』(一・二部、後掲)、隅谷三喜男『片山潜』(後掲)、『科学と思想』(No.51・片山潜没後五十周年、一九八四年一月号)、に掲載されている。また『わが回想』(下巻、後掲)には年譜が掲載されている。

〈関係著作〉

『日本の労働運動』（西川光次郎共著、労働新聞社、一九〇一年五月）＊社会民主党についての直接的な言及はないが、口絵として創立者六名の写真の他、労働組合期成会鉄工組合本部、労働新聞社、安部磯雄、片山潜、幸徳秋水、河上清らの写真が飾られている。

片山潜「新海国と社会主義の実行」（『六合雑誌』八月一五日・九月一五日・一〇月一五日・一一月一五日・一九〇二年二月一五日・三月一五日・四月一五日）

『社会改良手段　普通選挙』（信州普通選挙同盟会、一九〇一年一〇月）＊「社会主義は斧で普通選挙は其柄なり」との立場から執筆した八〇頁のパンフレットで、幸徳秋水「普通選挙に就て」と西川光次郎「普通選挙と社会改良」が付録として付されている。

Labour Movement in Japan, Chicago : Charles H. Kerr and Co., 1918.＊第Ⅱ章"A PERIOD OF SUCCESS"のなかの"SOCIAL DEMOCRATIC PARTY"で言及している。戦後、岸本英太郎が「片山潜と明治労働運動史——Sen Katayama ; "THE LABOUR　MOVEMENT IN JAPAN"の紹介とコメンタール」（京都帝国大学経済学会『経済論叢』一九四七年七月）で紹介し、山辺健太郎訳・註の「日本における労働運動」（『日本の労働運動』岩波文庫、一九五二年三月所収）があり、また片山潜生誕百年記念会編『片山潜著作集』第一巻（河出書房新社、一九五九年一一月）にも翻訳が収録されている。

片山潜「日本におけるマルクス主義の誕生と発展の問題によせて」（『K・I』、ロシア語版一九三三年三月）＊「社会民主党の結成」として言及、邦訳は『前衛』（一九五九年五・六月）並びに片山潜生誕百年記念会編『片山潜著作集』第三巻（一九六〇年五月）に収録。

片山潜『わが回想』（下巻、徳間書房、一九六七年一二月）＊第八章「社会民主党の綱領・宣言」〈後掲〉

なお、片山潜には上掲とは別に改造社版『自伝』（一九二二年五月刊）、またそれに訂正と増補を加えた岩波書店版『自伝』（一九五四年二月刊）、戦後には日本共産党史資料委員会監修『片山潜集』（第一巻、真理社、一九四九年二月）に「自伝」が収録されているが、一八九九（明治三二）年までの記述で社会民主党についての直接的な言及はない。

〈評伝と論文〉
岸本英太郎・渡辺春男・小山弘健『片山潜』（第一部、未来社、一九五九年一二月）
隅谷三喜男『片山潜』（東京大学出版会、一九六〇年一二月、UP選書、一九七七年六月）
辻野功『明治の革命家たち』（有信堂、一九七〇年一二月）＊「片山潜――改良に徹した労働者の友」
ハイマン・カブリン（辻野・高井・鈴木訳）『アジアの革命家　片山潜』（合同出版、一九七三年二月）
河村望『片山潜』（汐文社、一九七四年一月）
有山輝雄「片山潜」（田中浩編『近代日本のジャーナリスト』、御茶の水書房、一九八七年二月所収）
大原慧『片山潜の思想と大逆事件』（論創社、一九九五年一一月）
小森孝児「〈労働世界〉創刊100年と片山潜」（隅谷三喜男監修・小森好児解説『〈労働世界〉と片山潜』、日本機関紙出版センター、一九九七年七月所収）

〈回想〉
片山潜『わが回想』（下巻、徳間書店、一九六七年一二月、第八章「社会民主党の綱領・宣言」〈抄録〉）

『労働世界』は一八九九年〔明治32〕一月一日発行号に於て、初めて社会主義欄を設けて茲に殆んど毎号の紙上に於て社会主義運動に関する世界状勢と其主義主張を掲載して来た。実際運動場裡の社会主義も主張して来たので、我が読者の労働者が社会主義を理解し、之によって労働問題を解決せんと、之が第一着手として普通選挙期成同盟会に入会せんとすることを表白するに至りたるは、正しき方向を辿れるものである。

果せる哉、五月一日発行の『労働世界』は、「日鉄矯正会の意気込み」〔同会は記念すべき決議を為せり〕との見出しを以て左の如く報ぜり。

「日鉄矯正会は四月十七日から十九日まで上野山城屋で開催した大会に於て一つの特筆大書すべき決議を為した。実に全日本の労働者の記念すべき一大決議を為した。夫は外ではない、日鉄矯正会平支部の提出にかかる『本会は社会主義を標榜となし、諸労働問題を解釈すること、其第一の方法として普通選挙同盟会へ加入すること』と云う議案を決議したとのことである。随分賛否の議論があったが、トウトウ決議したことである。

「労働者が社会主義の立場に立つのは労働者として至当の事、労働者が其地位を自覚すれば、斯う来なくてはならぬことである。今日矯正会が日本で有力なる組合でありながら厳正に此決議を為したことは実に我邦労働者の先覚者と云える‼

ドウカ矯正会の諸君、労働者の先覚者たるの任務を充分に尽してくれ、敢て望む！」

日鉄機関工組合矯正会は一千余名の組合員を有し、今や既に六七万円の罷工資金を有する有力なる労働組合である。

此勢力ある、結束堅固なる組合が、其大会に於て社会主義を標榜して諸労働問題を解釈する。政治運動に参加する第一着手として、普通選挙同盟会に団体加入の決議を為したことは、我が邦労働問題解決の途上に於て一大進歩と云わねばならぬ。予は此決議通過の報を得て、我々社会主義者は断然立って社会主義の政党を組織すべき時機の熟せりと断じ、予は先ず当時『毎日新聞』の主筆をしていた木下尚江に計るに、我々は社会党組織の時来れるを以てした。

木下尚江は予の説に賛成した故に、安部及び幸徳等に予は直接面会して、日鉄矯正会大会の決議を告げ、此際我々が社会党を結成すれば矯正会員は之に加盟すべし。故に社会党を結成するは刻下の急務、而も結党の好機逸すべからずと予は熱心に勧誘した。

何人も反対する者なく、予は四月二十一日の夕方鉄工組合の本部の楼上に社会党結党の相談会を開き、当日会する者は六人、安部〔磯雄〕、西川〔光二郎〕、幸徳〔秋水〕、木下、河上〔清〕及び片山であった。社会主義研究会時代から、又社会主義協会に改名して社会主義者のみの団体となってからも、我々は此六人以外に社会党組織の相談を持ちかける者はなかった。

当夕集った六人中、主として相談の議に乗ったものは、幸徳、木下、安部、片山であった。河上と西川は運動及び経験に於ても新しい故に、殆んど発言は為さなかった。党名を社会民主党とすると云う提議は無論予の主張であったと記憶する。無論之に賛成したものは第一に幸徳、安部、木下で、他も反対はなく決定した。

而して宣言綱領の起草には、安部と幸徳との間に譲り合いがあったが、結局安部が先ず執筆することになり、細目に関しては大体を相談して、当夜の会合は終って再会を期して分れた。

此間予は一八九八年〔明治31〕夏、我々が東北遊説を為した際、一ノ関で初めて会交した日鉄矯正会の安居彦太郎氏とは常に通信を為して矯正会内の状勢を知り、安居氏の言によると労働者の政党即ち社会党が組織されれば、矯正会員は全部入党する意気込みであることを報じていたので、予は他の同志を説く上に充分の結党理由を持っておった。其後時日を記憶せぬが、五月になってから宣言綱領が出来て、通知を安部から得て、之を討議する為に鉄工本部で会合を開いた。愈々結党日を五月二十日に決定して其日に所轄警察署に届くように時間を計って結党の届出を木下と片山の名で為し、宣言の発表は『労働世界』の臨時増刊を以て為した。我々は五月一日に結党を発表したかったが、準備が出来なかった為に延ばした。只五月一日発行の『労働世界』には「社会民主党起らんとす」の見出しの下に左の数行が書いてある。

「去月廿四日は我邦労働者の永く記念すべき日なり。安部磯雄、木下尚江、幸徳伝次郎、河上清、西川光二郎及び片山潜の六社会主義者が鉄工組合本部に集り、普通選挙及び労働者保護を実行せんとする目的を以て社会民主党組織の第一回協議を開けり。其発表も近きにありと」

併し同日発行の『労働世界』英文欄には一層詳しく社会民主党結党の理由を述べて社説を掲載してある。其要点は、

「日本には今を去る十一年前に憲法が出来た。立法部に代表者を出す為に選挙権を有する者は十五円以上の直接国税の納税者即ち国民中の最小部分が有権者である。彼等は自分勝手な法律を、富豪に利益ある法律のみを制定して、労働者保護、労働者の利益の為には一つの法律をも制定しない。

却って労働者を圧迫する悪法を制定し、且労働者を搾取する間接税増加の法律を制定して労働者の膏血を搾っている。吾人は最早や彼等有権者を信用せぬ。我々は自己を信用するにあることを知った。而して我々は勃興して政権を我々労働者の掌中に握る事が必要で完全に正当である事を確信する」

而して社会民主党組織の為の相談会の模様を記し、左の言を以て結んでいる。

「結党は本月中旬であろう。併しながら、最早や既に党が結党されたのも同じことである。如何となれ

ば結党の時期は夙に成熟しているから」

社会民主党組織の社説と同時に、日鉄矯正会大会に於る社会主義の決議と普通選挙同盟会へ加盟の決議をも委しい説明付きで発表しておる。

社会民主党の結党に関しては五月十五日発行の『労働世界』の雑報欄に於て、決定的報道を「社会民主党生る」の見出しで掲載している。

「去る四月二十八日午後九時から鉄工組合本部に集って安部、片山、木下、幸徳、河上、西川等が組織せんことを決議した社会民主党は、

（1）人類同胞主義　（2）万国平和=軍備廃止　（3）階級制度打破　（4）生産機関及び交通機関の公有　（5）分配の公平　（6）政権の平等　（7）自由教育

の七ヶ条を理想とし、此の理想に達するの道行としては、治安警察法の廃止、工場法の制定、労働組合法の制定、雇主賠償法の制定、普通選挙の実行等を計らんとするのである。政綱及び趣意書は臨時発刊で諸君に御目にかけることが出来ようと考える。

社会民主党は真正に社会主義を信じている、而も真面目な人のみで組織しつつあるのであるから、一定の職業を持てる者ならば誰でも入党が出来る。

因に記す。社会民主党組織の事が新聞に出てから、探偵はキツウ御骨折で発起者等の宅へ二度も三度もやって来た。彼等は根ホリ葉ホリ尋ねているが、別に謀叛をするのではなく正々堂々としてるので只ウルサク感ずる」

社会民主党は愈々五月二十日に正式に結党届を出し、同時に一般社会に発表することに決定して着々其準備を為した。而して予等は啻に『労働世界』の臨時発行だけで世間に発表したのでは範囲が狭く迅速で

ないから、宣言綱領の校正刷《プルーフ》を沢山に取って、之を十九日の夜中各新聞社に郵送若しくは配布した。而して五月二十日朝の日刊新聞で、宣言綱領の一部若しくは重要部分を掲載したのは、東京では、『毎日』、『大和《やまと》』、『報知』及び『万朝』、地方では『新房総』と『東海新聞』である。宣言、綱領及び説明の全部を掲載したのは『労働世界』である。

斯く五月二十日に都下の朝刊新聞が社会民主党の宣言綱領の重要部分を掲載したことは全国に向って非常の衝動を与えた。予は此等の新聞を見て喜んでいた所が、かねて社会民主党の結党届を出しておいたのが二十日の午前十時に所轄警察署に届き、同日十二時には早速禁止命令が内務大臣末松謙澄の名で下された。而して、『労働世界』臨時発刊第七十九号、即ち社会民主党の宣言書を掲載したものも、治安に妨害ありとして、発売頒布を禁止されて、同日朝市ヶ谷の秀英社から持って来たばかりの五千部のものを神田区署の更科警部が来て差押えて持って去った。

而して『労働世界』編集人、予片山潜を起訴した。予はそれでも四五十部を誤魔化して取っておいて同志に配った。我々は斯ることに無経験であったから、殆んど宣言書の全部を没収されたのだ。然れども都下の四大日刊新聞が宣言書の重要部分を掲載して配布した故に、社会民主党の宣言綱領の重要要点は一般社会に知れ渡り、之が直接間接の影響は偉大なものであったに相違ない。此社会民主党の宣言は約九千六百八十余言になる長文のもので、我が邦初めての無産階級政党の宣言で、歴史上重要なる文献である。予は茲に之を記するであろう。〈「社会民主党の宣言」「社会民主党党則」〈【資料二】掲載〉を省略〉

前記社会民主党の宣言綱領は、実に今を去る三十年の昔に発表したものである。

吾人は既記の歴史によって知る如く、日本は日清戦争を去る六年、日露関係は益々衝突の危機に迫り、経済界、殊に産業界は沈衰の極に在り。戦争危険の圧迫は一般国民をしてドウセ免れぬものならば早く来る方がいいとの絶望の声を発せしむる程であった。然れども労働運動は産業の不振に伴うて寧ろ沈滞に在りしも、前年議会を通過して制定された治安警察法は、一新機軸を我が労働運動の上に及ぼし、『労働世界』は率先して労働者の政治運動を鼓吹して来りたる故に、我が労働運動は一種の新生命を吹き込まれた。

斯くて社会主義は労働者の政治的宣言綱領なりとの思想が先覚労働者に宣伝された結果として、日鉄矯正会の如く社会主義を標榜して労働問題を解決すべしという地位に進展せることは既に記したるが如くである。

然り而して戦争の結果多大の償金を清国より奪取し、従って産業の勃興、一攫千金の富豪は雨後の筍の如く勃起して一般世間の注意を牽き、しかのみならず数年前に実行せし金本位制度は債権者、資本家階級を利益し、茲に貧富の懸隔は社会の弊害として絶叫さるるに至る。我が社会民主党の宣言の冒頭に於て「如何にして貧富の懸隔を打破すべきかは、実に二十世紀に於ける大問題なり」と断言せるは慥かに当時我が日本の労働者の頭脳を刺激せし言であった。而して社会民主党の理想として掲げたる八個は、決して実行不可能の理想として主張したるものではない。それは我々の直ちに実行せんとして掲げた最小限の要求、二十八ヶ条の要求と之が説明条件に於て明らかである。左の言辞は以て我が社会民主党の実際的なるを知らん。曰く「我国の政治機関は全く富者の掌中に在る」、「衆議院は資本家地主を代表するものにあらざるはなし」、「国民の大多数を占むるものは田畑に鍬鋤を採る小作人、若しくは工場に汗血を絞る労働者、彼等は実に財富の生産者なるが故に、将来の社会組織に於て重要なる地位を占むるに至るべきは論を待たず」、「社会主義は土地と資本を無視するものにあらず、只資本家と地主を全廃せんことを期す」、「地主資本家は労働より生ずる滋養分を吸収する寄生虫」と断案を下し、「自由競争を廃して協同主義を実現せん」と主張し、社会民主党の実現せんとする「社会は一大保険団体にして、只自己の力に応じて其職務を全うせば、社会は彼に幸福なる生涯を送らしむることを保証すべし」、分配の公平、自由教育、普通及び公平選挙、職業の自由等を与えんことを主張し、党が反対して打破せんとするものは軍隊主義、戦争、階級制度全廃、貴族院廃止等は実際的要求として掲げ、之が実行に向って努力すべしと誓約する。「我党の抱負は実に遠大にして、深く社会の根底より改造を企んとするに在り」と。以て其主張の決して温柔なるものにあらざることを証せり。

然り、政府は即日社会民主党を禁止して、之が宣言を発行した五新聞と一雑誌を没収して其発行人を告訴した。政府の与えた社会民主党解散理由は「治安に妨害あり」であった。啻に社会民主党を解散したばかりではない。政府は之と同一意味の論文を掲載することをも禁止した。何故に政府が社会民主党を禁止したかはとりどりに評判された。社会民主党の民主なる文字が、治安に妨害ありとして禁止したものであろうと云う者多く、然らば我々は宜しく他の平穏なる党名で届け出ずべしと一決し、予は木下と連名で六月三日の日付を以て社会平民党として之が届け出を為した。所が之も亦同時に解散の命令を喰った。

当時の政府は幾分形式的の所があった。従ってそれだけに、口実を設け事を為すの自由を有せり。例えば我々が政談演説会を開く、集会条例に従って、二日前に演題、演説者を記して届出でる必要がある。若し演説が臨監の警官に中止され、演説会が解散された場合には、我々は即時に聴衆に向って、之を教育若しくは学術演説会として新たな学術的演題を選んで演説会を継続することが出来た。同一方法は政党運動に於ても行われた。

社会民主党も社会平民党も同じく禁止された。我々は月余ならずしてかねて社会主義者の運動機関とせし社会主義協会の名の下で社会主義の宣伝を開始した。社会主義協会は政党でなかった故に、我々は社会民主党を組織したのだ。今や協会の規則を制定して之を発表し、決めて毎月一回大演説会（小演説会は屢々）を開き、社会主義を宣伝・主張した。之に政府は更に干渉しなかった。六月九日に協会の例会を開き、協会の規約改正及び之が拡張を計り、新会員の募集を為すことに決定して此旨を六月二十一日発行の『労働世界』で発表した。

「社会主義協会改正規則

第一条　名称

本会は社会主義協会と称す

第二条　目的

社会主義の原理を討究し、之を我邦に応用するの可否を考査するを以て目的とす

第三条　役員

本会に幹事二名を置き会務を処理せしむ

第四条　会員

一定の職業を有し社会主義に賛同する者は会員たるを得。会員にして本会の体面を汚し、又は会員たるの義務を尽さざる者は除名す

第五条　事業

毎月一回例会を開き、社会主義及び社会問題を研究す。又時々演説及び討論の公会を開くことあるべし

第六条　報告

本会は当分の内、労働世界を以て会務を報告す

第七条　会費

毎月金十銭を会員より徴収し本協会を維持す（本会に関する凡ての通信は東京、神田、三崎町労働新聞社へ宛てらるべし。猶入会を申込まるる人は会費を添え、其職業を明記せらるべし）」

社会主義協会の活動は益々発展した。之は後に記することとし、『労働世界』七月十一日発行の英文欄に於て予が書いた裁判の模様を左に訳出してみよう。

「社会民主党の宣言綱領掲載に対する最初の裁判

裁判は去年二十六日東京地方裁判所に於て開催された。裁判長・中西、検事・名村によって裁判が進行した。被告等——労働世界の片山潜と他二新聞の記者二名、即ち、毎日及びやまとは午前九時に第二刑事法廷に出頭した。此裁判は社会民主党の宣言綱領を其各新聞、雑誌に掲載せしことを治安に妨害ありとして同一に起訴されたと雖も、片山潜が即ち宣言綱領の著者であり、同時に労働世界の記者編集人であり、而も社会民主党の主たる創立者でありと云う点より、片山潜が此裁判の中心人物となったのである。故に裁判長の対片山訊問及び検事の論告も全く片山潜に集中して為された。裁判は公開された。多数の聴衆、殊に労働者は来た。

当該判事がお定りの訊問を被告等に向って為した後で、片山潜を起立せしめて鋭く訊問を進めた。

裁判長　何故其方は特別発刊で宣言を発行したか。

片山潜　より速かに、公衆をして我が社会民主党の結党を知らしめんが為でありました。

長　それは宣言の主義を実行せんとする目的であったか、即ち社会民主党の主義を社会に告ぐることによって之を実際化せんとするのか。
潜　それは他の問題であります。私は社会民主党の宣言を公衆に知らせる為に印刷して発行したので、それが実行されようと実行されまいと私が此処に裁判されておる事件と関係はありませぬ。私は只公衆に知らしめん目的のみで発行したのであります。
長　しかく其方は事柄を討論する必要はない。然れども其方は主義を実行に移さんとする希望を持っておるか。
潜　無論そうであります。
長　若しも斯る記事が発行されたならば、社会の秩序を紊乱すると考えないか、即ち社会の階級制度を廃止し、軍備を廃止し、富の分配を公平又は財富を公有にしたならば？
潜　私は社会の秩序を紊乱するとは考えませんでした。却って之が発表は社会を益すると信じました。
長　其方は社会民主党の幹事である。其方は或る基礎を持って……社会党を基礎として……外国の或る物を基礎として、宣言を発表したのであるか。其方は或る基礎を持っているか。
潜　否、夫は組織的関係を持っておりませぬ。我々は深き注意と思慮とを廻らした後に、斯の宣言を起草しましたのであります。我々は無論外国で成功的に試みた社会主義の原則の或る物を採用致しました。然れども我国の憲法は欧州諸国の其等と異っております故に、主義と理想と之が実行と応用の方法も亦欧州社会党のそれとは相違する所があらねばなりませぬ。
長　其方は外国語を知っているか。
潜　漢文を読み、英語を理解致します。
前記の問答が終ってから検事名村が主として片山潜に対して論告した。而も彼は労働世界の記者に対する論告は他の二新聞にもあてはまると云って、検事は労働世界掲載の宣言書の非難抗撃を為したあとで左の言を宣言中より引いた。『吾人の説は頗る急激なりと雖も、而も其手段は飽迄も平和的なり……。彼の白刃を振るい爆裂弾を投ずるが如きは、虚無党或は無政府主義者の事のみ。我社会民主党は全然腕力を用ゆることに反対するが故に、決して虚無党、無政府主義者の愚に倣うことをせざるなり』。此等の言に従えば、党は物質的に非合法の行為を敢えて為さず。されど無形には日本の社会秩序を攪乱し破壊する。八ヶ条の党が達成せんとする其理想に関して階級制度打破は軍人・貴族社会及び現社会の平民の破壊を意味し、富の分配の公平を計ることは、経済界の競争の結果である貧富間の相違を、不法に平均せんとするものである。而して此等の理想——『総べての人々は同胞なり』、『軍備の全廃』、『各人民をして平等の政権を有たしめよ』は皆社会の秩序を紊乱するであろう。全体の記事は社会の平和と秩序とを攪乱するであろう。故に一々之を指摘するの必要はない。労働世界の被告片山は宣言の著者にして発行者であって、同時に他の新聞の源泉である、宜しく彼を他の者等よりも一層手強く処罰すべきである、云々と論告した。

片山潜の主任弁護士本田桓虎氏始め其外十人の弁護士は立って発行人等の無罪を主張した。最後に被告片山潜は立って検事が私有財産の廃止を唱うるは、憲法の保護する財産権を侵犯するものだと云うが、『今日の社会制度の下に於てこそ、富が少数者の掌中に集りて大多数の者は無産になる。而して各人の私有財産が危くされている。であるから、吾等はそれを防ぐ為に社会主義を唱うるのだ』と検事の議論を論破した。七月一日に判決の言い渡しがある筈であったが、三日となり五日迄延びた。予の友人間の意見によると判決の延びるのは善兆である。多分は無罪説多きが為ならんと。愈々七月五日は来た。判決は左の如し。

判決言渡書

東京市神田区三崎町三丁目一番地
労働世界発行兼編集人
平民　片　山　潜
十二月生四十二歳

右ニ対スル新聞紙条令違反被告事件ニ付キ当地方裁判所ハ判決スルコト左ノ如シ
被告潜ヲ無罪トス
理　由
被告ハ労働新聞社ガ発行スル労働世界ノ発行兼編集人ニシテ、明治三十四年五月二十日臨時発刊労働世界第七十九号紙上ニ社会民主党ノ宣言ト題シ、先ズ其冒頭ニ於テ如何ニシテ貧富ノ懸隔ヲ打破スベキカハ、実ニ二十世紀ノ大問題ナリト説キ起シ（と述べ、宣言の政治状勢八ヶ条の理想と二十八ヶ条の実行綱領と之が説明の要点を記して左の結論を為した）、最後ニ社会民主党ハ貴賤貧富ノ懸隔ヲ打破シ、人民全体ノ福祉ヲ増進スルヲ目的トスト説述シタ記事ヲ編集掲載シテ之ヲ発行シタル事実アリト雖モ、該記載事項ハ未ダ社会ノ秩序ヲ壊乱スルノ程度ニ達セザルモノナリト認定シ、刑事訴訟法第二百六十三条ノ規定ニ従イ、主文ノ如ク判決ス
検事名村伸、本件ニ干与、明治三十四年七月五日言渡ス」
検事は無罪の判決を不服として上告した。

社会民主党が解散されたのは、軍備の撤廃を綱領に入れた為であるとの批評を為す者あり。故に我々は社会平民党の組織の届を六月三日に出した所が、又此結社は安寧秩序に妨害ありとして禁止された。然れども我々社会主義者は政党結社にあらざる社会主義協会の名義の下に盛んに社会主義の宣伝をした。『労働世界』は労働者の機関であって労働運動の宣伝を為し、又労働組合の機関であると雖も、又社会主義の宣伝、其運動の情報機関となり、進んで社会主義の理論も掲載して之が鼓吹に努めた。又社会主義欄に於ては欧州各国の社会主義運動の状勢を報道した。六月一日、十一日及び同二十一日の三回に亙りてポーランド社会党の奮闘史と其活動を紹介し、七月より八月一日の四回に亙ってイタリアの社会党の活動状態を紹介・宣伝し、進んでデンマークの社会党を紹介すること三回にして、各国の社会党の運動方法及び其発展過程を記載して社会主義の宣伝を為した。又各国社会主義運動の状勢を報道して我が労働者の社会主義教育に努力した。ロシアの学生一揆の如きは詳細に報じている。

〈注〉本文中の亀甲括弧〔 〕は、原著作のままとした。

安部磯雄（あべ　いそお）一八六五～一九四九

福岡、黒田藩、馬廻役二百石の士族の家系に生れる。維新後は没落し、それがキリスト教に近づけ、社会主義に関心をもつ遠因になった。一八七九（明治一二）年同志社に入学、八二年新島襄より洗礼を受ける。在学中にラーネッドから社会主義についての講義を聴いた。卒業演説は「宗教と経済」と題するもので、精神救済と共に社会救済の必要性を説いた。同級生に社会主義研究会の会長となる村井知至がいた。九一年渡米、ハートフォード神学校を卒業し、ロンドン、ベルリンを経由して九五年帰国、一時同志社で教鞭をとるも九九年上京し東京専門学校に勤務する。この間社会主義研究会、労働組合期成会に入会、一九〇〇（明治三三）年社会主義研究会が改組された社会主義協会の会長に就任する。また、ユニテリアン派の機関雑誌『六合雑誌』の編集長を務め、社会主義の必要性を説いた。〇一年『社会問題解釈法』を出版する。また、体育部長、野球部長に就任し、チームプレーの大切さを説き、六大学野球の基礎をきづいた。他方で、演説が人格の発達や品性の向上に役立つと考え、雄弁会の活動にも力を注いだ。同年暮、都下の学生一千名ばかりを引率して足尾鉱毒の被災地を視察、学生たちは学生鉱毒救済会を組織し、路傍演説を行い鉱毒地の悲惨さを訴えた。また、家庭を必要に応じて分配する社会主義の場と考え、婦人の地位向上、子供を尊重することの大切さを説いた。〇三年幸徳秋水らにより創刊された週間『平民新聞』を支援し平和主義の重要性を説いたが、弾圧が厳しくなるにつれて合法主義を堅持し、運動からは離れ実践的な社会主義を研究した。二四年日本フェビアン協会、政治研究会に参加、無産運動にコミットし、二六年労農党顧問、社会民衆党の委員長に就任する。三二年社会大衆党委員長、衆議院に当選するも、四〇年議員辞職、戦後は日本学生野球協会の会長に就任したりした。

安部は、社会主義者になった理由として、同志社時代にキリスト教徒となり「貧民」の救済に関心を抱いたこと、直接的にはハートフォード神学校時代にベラミーの『ルッキング・バックワード』を読み、「恰も盲人の目が開きて天日を仰いだる感」に打たれたことを挙げている。

全集や著作集は刊行されていない。

年譜と著作目録としては、早稲田大学校史資料室編『安部磯雄（その著作と生涯）』（一九六四年一〇月）、『日本社会主義の父　安部磯雄』（後掲）に掲載されたものがある。その後作成された詳しい著作目録としては、松田義男編「安部磯雄著作目録」（『安部磯雄の研究』早稲田大学社会科学研究所〈安部磯雄研究部会〉一九九〇年九月所収）、その改定版として「安部磯雄著作目録（改定版）―１８８７（明治20）年～１９４９（昭和24）年―」(on line at http://www4.ocn.ne.jp/~ymatsuda/abe_mokuroku_mokuzi.html) がある。

〈関係著作〉

『社会問題解釈法』（東京専門学校出版部、一九〇一年四月一日）＊第七章「根本的改革」において社会主義を論じている。

「将来の大政党」（『六合雑誌』一九〇一年五月一五日・無署名）＊【資料三】掲載

「社会民主党の宣言」（『労働世界』第七八号臨時増刊）＊【資料二】に収録、その後の紹介については【資料四】を参照。

「社会政策学会員に質す」（『毎日新聞』一九〇一年七月一二日、島田三郎『世界之大問題 社会主義概評』一九〇一年一〇月刊再録）＊【資料三】掲載

「社会主義小史」（副島八十六編集『開国五十年史』下巻、開国五十年史発行所、一九〇八年一月）＊『明治社会主義史論』（岸本英一郎編・解説、青木文庫、一九五五年四月所収。改装版『資料 日本社会運動思想史』第二巻、一九六八年四月）に収録されている。

「明治三十四年の社会民主党」（『社会科学』第四巻一号・特集「日本社会主義運動史」、一九二八年二月〈後掲〉）

なお、安部磯雄には、自伝『社会主義者となるまで』（改造社、一九三二年一月。明善社、一九四七年一一月）があるが、一八九五年の帰国までを記述し社会民主党への言及はない。

〈評伝と論文〉

片山哲『安部磯雄伝』（毎日新聞社、一九五八年六月）

岡本清一「安部磯雄・山川均」（和田洋一編『同志社の思想家たち』、同志社大学生協出版部、一九六五年一一月所収）

中村勝範『明治社会主義研究』（世界書院、一九六六年一二月）＊第三章「議会主義的社会主義者の責任――明治期の安部磯雄」

高野善一編著『日本社会主義の父 安部磯雄』（『安部磯雄』刊行会、一九七〇年五月）

辻野功『明治の革命家たち』（有信堂、一九七〇年一二月）＊「安部磯雄――理想に徹したキリスト教社会主義者」

山泉進「社会主義と博愛の精神〈安部磯雄〉」（早大社会科学研究所・日本近代思想部会編『近代日本と早稲田の思想群像』Ｉ、早稲田大学出版部、一九八一年一一月所収）

松田義男「木下尚江・安部磯雄」（田中浩編『近代日本のジャーナリスト』、御茶の水書房、一九八七年二月）

佐藤能丸「安部磯雄と早稲田大学」（早稲田大学社会科学研究所［安部磯雄研究部会］『安部磯雄の研究』、一九九〇年九月所収）

荻野富士夫「初期社会主義における安部磯雄の思想」（同右）

〈回想〉

「明治三十四年の社会民主党」（『社会科学』特集「日本社会主義運動史」、第四巻一号、改造社、一九二八年二月）

明治三十四年即ち今から二十六年前に社会主義を標榜する社会民主党が生れたといふことは、其当時に於ては勿論のこと、今日に於ても、余り突飛なことではなかつたかと考へる人があるかも知れぬ。私は親しく其創立に与つて居たのであるから、先づ何故に私共が急遽社会民主党を組織するに至つたか其動機を述べて見たいと思ふ。

其当時全国の鉄道は殆んど全部私立会社によりて経営されて居たのであるが、上野から青森に至る現在の東北本線は日本鉄道株式会社が経営して居たのである。而して同会社の機関士及び火夫から成る有力なる労働組合があつて、数万円の積立金さへ所有して居た。片山潜君は専ら労働組合運動に従事してゐたのであるから、日本鉄道会社内に在る労働組合の幹部と親密なる関係を有して居たことは言ふまでもない。片山君は神田区三崎町にキングスリー館を設けて労働運動と社会主義運動を起し、一方芝区ユニテリヤン協会（現在の労働総同盟本部）に於ては明治三十一年頃から社会問題研究会なるものが起り、これが三十二年頃から社会主義研究会となり、ユニテリヤン協会の教壇は殆んど社会主義的思想の宣伝場となつた。而して当時の社会主義者が労働階級を主なる宣伝の目標としたことは言ふまでもない。日本鉄道会社の労働組合内にも社会主義の思想は漸次受け入れられるようになつたので、若し社会主義を基礎として政党が組織されるならば二千有余の組合員は悉くこれに参加すべしといふ意味のことを幹部から片山君に伝へたのであつた。片山君は好機来れりと考へこれを同志の人々に通告し、明治三十四年四月二十一日初めて日本橋区本石町の労働組合期成会事務所に有志会を開くことになつた。出席者は片山潜、幸徳伝次郎、木下尚江、西川光次郎、河上清、安部磯雄の六人であつた。政党組織には何人も異議がなかつたので直に綱領の細目に亘りて協議し、基礎的綱領として八ケ条、実行的綱領として二十八ケ条を決定し、此等の綱領を説明する所の宣言書は衆議によりて私が執筆することになつた。

数日の後一名の刑事は私の宅に来り面会を求めた。私は直に其用事の何であるかを推測し得たので直に客間に招じたけれども、刑事は早稲田大学（当時は東京専門学校）の事や世間の出来事などを話題にして容易に本論に触れない。私はモドカシク考へたので、『あなたの御用は私共が近い中に組織せんとする政党のことではありませんか』と切り出した所が、『実はそうです』と如何にも遠慮らしい態度を見せた。其時私はまだ宣言書の執筆には取りかゝつて居なかつたけれども、ホンノ筋書のような綱領だけならば、これを示しても差支ないと言つた。刑事は手帳を出し、私は原稿ようのものを取出して左の綱領を一言一句も洩さずに口授した。

我党は左に掲ぐる基礎的綱領の理想に向つて着々進まんことを期す。

（1）人類の差別政治の異同に拘はらず、人類は皆同胞たりとの主義を拡張すること
（2）万国の平和を来す為には先づ軍備を全廃すること
（3）階級制度を全廃すること
（4）生産機関として必要なる土地及び資本を悉く公有とすること
（5）鉄道、船舶、運河、橋梁の如き交通機関は悉くこれを公有とすること
（6）財富の分配を公平にすること
（7）人民をして平等に政権を得せしむること
（8）人民をして平等に教育を受けしむる為に国家は全部教育の費用を負担すべきこと

是れ我党の理想とする所なれども、今日これを実行するの難きは素より論を待たず。故に我党は左の如き綱領を定めて実際的運動を試みんことを期す

（1）全国の鉄道を公有とする事

(2) 市街鉄道、電気事業、瓦斯事業等凡て独占的性質を有するものを市有とすること
(3) 中央政府、各府県、各市町村の所有せる公有地を払ひ下げる事を禁ずること
(4) 都市に於ける土地は挙げて其都市の所有とする方針を採ること、若しこれを速に実行する能はざる場合には法を設けて土地兼併を禁ずること
(5) 専売権は政府にてこれを買上げること、即ち発明者に相当の報酬を与へ、而して人民には廉価に其発明物を使用せしむること
(6) 家賃は其家屋の価格の幾分以上を徴収する能はざるとの制限を設くること
(7) 政府の事業は凡て政府自らこれに当り、決して一個人若くは私立会社に受負はしめざること
(8) 酒税、醤油税、砂糖税の如き消費税はこれを全廃し、これに代ふるに相続税、所得税及び其他の直接税を以てすること
(9) 高等小学校を終るまでを義務教育年限となし、月謝を全廃し、公費を以て教科書を供給すること
(10) 労働局を設置して労働に関する一切の事を調査せしむること
(11) 学齢児童を労働に従事せしむる事を禁ずること
(12) 道徳健康に害ある事業に婦人を使役する事を禁ずること
(13) 少年及び婦女子の夜業を廃すること
(14) 日曜日の労働を廃し日々の労働時間を制限すること
(15) 雇主責任法を設け労働者が服役中負傷したる場合には雇主をして相当の手当を為さしむること
(16) 労働組合法を設け労働者が自由に団結することを公認し、且つ適当の保護を与ふること

(17) 小作人保護法を設くること
(18) 保険事業は一切政府事業となすこと
(19) 裁判入費は全部政府の負担となすこと
(20) 普通選挙法を実施すること
(21) 公平選挙法（比例代表法の意）を採用すること
(22) 選挙は一切直接とし且つ無記名とすること
(23) 重大なる問題に関しては一般人民をして直接に投票せしむるの方法を設くること
(24) 死刑を全廃すること
(25) 貴族院を廃止すること
(26) 軍備を縮小すること
(27) 治安警察法を廃止すること
(28) 新聞条例を廃止すること

刑事が此等の条項を一々筆記した後私は約一時間に亘り各項に就き大体の説明をしたのであるが、刑事は熱心に傾聴して『こんな政党が出来たならば必ず多数の賛成者があるでしようね！』と感嘆の声を洩らした。私は宣言書の原稿が出来上つた後これを印刷する前に先づ刑事に示すべしとのことを約束したゝめ、其後も刑事は数度私の宅を訪問した。のみならず管轄署の署長までが私の宅に来るやうになつた。元来私は秘密といふことが嫌ひだから、殆んど何事でも警察官には知らせることにして居る。歴代の政府は可なり悪辣な探偵政治をやつて居るかも知れないが、私は決して暴を以て暴に報ゆることはしない。殊に私は警察官を憎んだり或はこれに抵抗することを極めて無意義なこと、考へる。何となれば彼等は単に上官の命令によつて動いて居るのであつて、必ずしも彼等自身の意志に因るものでないからである。

宣言書の原稿が将に印刷に廻はされんとする数日前に署長は又私の宅を訪問した。署長は既に宣言書の内容を知つて居るのであつて、実は其ことに関し政府側の意見を伝へるため私に面会を求めたのである。彼の言ふ所に拠れば、若し私共が綱領の中から三ケ条だけを削除するならば、政府は社会民主党の設立を禁止しないといふのであつた。其三ケ条といふのは第一が軍備の縮小とか全廃とかいふこと、第二が重大なる問題に関しては一般人民をして直接に投票せしむるの方法を設くること（レフエレンダム）、第三が貴族院の廃止といふことであつた。若し私共が此等の点に就て譲歩的態度を取つて居たならば我国最初の無産政党は既に明治三十四年に設立されて居る筈であつた。然し私共は飽くまでも理想主義で進む決心であつたから、此等の三ケ条を削除することは卑怯の行為であると考へ断然これを拒絶することにした。署長は其後も私の宅を訪問して、若し宣言書が印刷になつたならば自分の友人達に見せたいから是非五六部をもらひたいと申込んだ。勿論私はこれを快諾した。

宣言書の原稿もいよ〳〵出来たので如何なる形式でこれを発表すべきかにつき私共は協議したのであるが、片山君の発行して居る『労働世界』の臨時発刊とするのが最も便利であると考へられた。当時片山君は独力で此小雑誌を月二回発行してゐたのであるが、社会民主党宣言書は『労働世界』の第七十九号として三十四年の五月二十日に発行されたのである。新聞は四頁であつて、三頁は宣言書で埋め、残りの一頁には社会民主党々則や社会主義に関する書籍の広告を載せ、本号に限り定価一銭といふことにした。然し売るといふのは名のみであつて、宣伝が目的であつたことはいふまでもない。私共が最も重きを置いたのは全国の新聞であつたから、同じ五月二十日の紙上に一斉に発表されるやう全国の新聞社に宣言書を送ることにした。

宣言書発表の前々日は日曜日であつた。其頃私は殆んど毎日曜ユニテリアン協会の教壇で演説をして居た。講堂は四五百人の聴衆を容れることが出来るのであつたが、毎日曜昼夜二回の演説会を開いたにも拘はらず、講堂は何時も満員であつた。其当時の基督教会でこれ程の聴衆を集め得たものは極めて少かつたように思ふ。これは市内の交通機関が不充分であつて、芝方面の聴衆が神田まで出かけることが出来ぬといふ理由もあつたとは考へるけれども、其主なる原因がユニテリアン協会が社会主義思想を宣伝する唯一の講壇であるといふ点にあつたことは疑がない。宣言書発表の前々日私は午前十時から講演することになつて居たのであるから、例の如く四五百人の聴衆を前にして演説を始めた。間もなく私は聴衆の中に幾回も私の宅に来た署長が居るのを発見したけれども、私は別に気にすることもなく私の講演を続けて居た。私の話は予定通り正午に終つたのであるが、署長は私の前に進み来り、会釈をしながら別室で談話をすることを要求した。聴衆が解散した後私は署長を別室に案内したのであるが、彼の用事は単なる報告に過ぎなかつた。彼の語つた所に拠れば其前日であつたか時の内務大臣末松謙澄は高等官会議を開き、社会民主党の設立に対し政府は如何なる態度を採るべきかを議したらしい。其会議に於ける内務大臣の意見を約言すれば左の如きものであると署長は私に話して呉れた。『社会主義は近年独逸に於て大分盛んになつて来たようであるが、独逸皇帝は極力之を排斥して居られるから、我国も同一方針を取るのが適当であると思ふ。兎に角日本に於て社会主義を宣伝するのは時期尚早である』。内務大臣の言にしては何等の反対意見がなかつたので、社会民主党は結党届を出すと同時に解散を命ぜられることになつた。これが署長の齎らした報告の大意である。私は署長の好意に報ゆるため久しくこれを秘密にして居たけれども、署長も今は故人となつて居るから、私は其当時の事情を明にするため、此の事実を公にすることにした。

私は署長の口から政府の決心を聴いたので、私共も其積りで準備せねばならぬことがあるから、島田三郎氏が経営されて居た毎日新聞社に至り木下尚江君に面会して種々協議する所があつた。第一に考へたのは宣言書のことで、政党が禁止さるれば宣言書は当然押収さるべきものである。五千部も印刷した宣言書を片山君の宅に残し置くことは押収の危険があるから、私共は各三百乃至五百部づ、を自宅に持ち帰ることにした。それでも尚ほ不安であるから私は或学生に依頼して早稲田の学生間に配布せしむることにした。社会民主党が解散を命ぜられ、警察が片山君の宅を臨検した時には単に二三百部の宣言書が残つて居るに過ぎなかつた。

私共同志の一人は其当時内務省の嘱託として勤務して居たのであるが、如何に内務省が私共の計画に対して狼狽したかを私共に語つて呉れたことがある。私共の計画は前に述べた如く全国の新聞社に宣言書を送り五月二十日を期して一斉にこれを紙上に掲載せしむることであつた。其前日に至り此計画を知つた内務省は大に驚き各府県知事に長文の電報を送り社会民主党の宣言書を新聞に掲載することを一切禁止すべきことを命令したといふのである。地方の新聞では既に植字を終つたのもあり、或は印刷に着手して居たのもあつたから、此命令により大狼狽をやつたものも少なくなかつたといふことである。然るに内務省の命令に背きて宣言書の一部を掲載した新聞もあつた。東京の万朝報、毎日新聞、報知新聞、地方の日出国新聞、及び片山君の労働世界は各二十円の罰金に処せられた。

然し、此等の新聞や雑誌に対する追及はこれに止まらなかつた。検事は此等の新聞雑誌が社会の秩序を紊乱するが如き宣言書を掲載したことを理由として告訴したのである。其結果六月二十六日東京地方裁判所に於て公判が開かれ、名村検事は大体次のような論告を為したのである。『社会民主党の宣言書を読んでみるに、初めに八ケ条の理想が掲げられてあつて次に此理想は今日直ちに行ふことが出来ぬから、先づ下の綱領の理想から始めるといふて二十八ケ条の綱領を示して居るが、此八ケ条の理想と二十八ケ条の綱領とは何れが主であるかといふに無論それは八ケ条である。二十八ケ条の綱領は唯八ケ条の理想に達する途行として行はんとするに過ぎない。であるから此宣言書が社会の秩序を紊すものなるや否やは八ケ条の理想を主として吟味した上で定めねばならぬ。さて八ケ条の理想を見るに何れも極端である。階級打破といひ、軍備廃止といひ、憲法の保護して居る私有財産権の打破といひ、皆社会の秩序を紊すものであることは説明するまでもない。よつて片山潜は新聞条例第三十三条及第三十七条を以て、其他の被告人は同三十三条を以て所罰ありたし』といふのが検事の要求であつた。これに対し十人の弁護士は交る〳〵立つて論駁を試みたのであるが、超へて七月五日判決があり、『如何に宣言書を推究するも到底社会の秩序を壊乱するものと認定することは出来ぬ』といふ理由で被告は悉く無罪を宣告された。今から二十六年前に於て社会主義が比較的寛大に取扱はれて居たことは我国の社会運動史上顕著なる事実の一つであると言はなければならぬ。

木下尚江（きのした　なおえ）一八六九～一九三七

松本藩戸田氏に仕えた下級武士の家庭に生れた。維新後、家庭の没落のなかで「蒼白な厭世児」として生長した。松本中学時代にクロムウェルを知り革命の野心を胸に抱いたという。一八八八（明治二一）年東京専門学校を卒業、帰郷し『信陽日報』の記者となる。九三年代言人試験に合格、松本で法律事務所を開く。この年松本美似教会で洗礼をうける。九六年石川半山の後を継いで『信濃日報』主筆、中村太八郎らと社会問題研究を目的とした平等会をつくる。翌年には社会問題研究会、普通選挙同盟会を結成するが、恐喝取材の容疑で拘引され、九八年控訴院での無罪判決を得るまで一年四ヶ月の入獄を強いられる。九九年上京『毎日新聞』記者となり、以後廃娼、足尾鉱毒、星亨汚職問題などに健筆を揮う。九九年結成の普通選挙期成同盟会に入会、また一九〇〇（明治三三）年には社会主義協会に入会、『足尾鉱毒問題』『廃娼之急務』を刊行する。〇二年総選挙に前橋から立候補する。幸徳秋水らの平民社を支援、筆禍事件の弁護を引き受ける。〇四年から『毎日新聞』に小説「火の柱」「良人の自白」を連載する。また翌年安部磯雄らとキリスト教社会主義の立場から『新紀元』を創刊する。〇六年幸徳の帰国後、ともに日本社会党に入党した。しかし、母の死を契機にして運動からの離脱を決心し、『毎日新聞』を退社、『新紀元』も廃刊、伊香保山中にこもり執筆活動に専念する。『懺悔』を刊行する。「大逆事件」の頃には、岡田虎二郎の静座法に専心していた。一三年田中正造の臨終に立会い、後年『田中正造翁』を出版、二三年島田三郎が死去すると全集の刊行に尽力した。晩年は明治文学談話会などで話をした。

木下は社会主義者となった理由として、キリスト教の「四海同胞主義」の影響を挙げ、しかし同時に地上における生存競争の悲劇を見、この点に社会主義の「経済論」の有効性を感じたと述懐している。ただ、精神と現実の矛盾も、結局はキリストの「人格」、あるいはキリストの言論行動のなかに於ては溶解されているとも述べ、精神性を重視している。

『木下尚江集』（明治文学全集、第四五巻、筑摩書房、一九六五年八月）、『木下尚江著作集』（全一四巻、明治文献、一九六八年四月〜一九七二年五月）、武田清子編・解説『木下尚江集』（近代日本思想体系10、筑摩書房、一九七五年七月）、『木下尚江全集』（全二〇巻、教文館、一九九〇年一月から刊行中）がある。

年譜並びに著作については、後掲の山極圭司による評伝、筑摩書房版『木下尚江集』等に掲載されている。なお、一九〇二年三月一日から九月三〇日にいたる『毎日新聞』に掲載された、無署名論説を含む木下尚江の論説記事については、後神俊文編『民の声・野の歌』（木下尚江研究資料No.3、ペリカン書房、一九六五年八月）による詳しい検証が行われている。

〈関係著作〉

「咄々怪事　社会民主党禁止さる」（『毎日新聞』一九〇一年五月二一日・無署名）＊【資料三】掲載

「社会民主党と内務省の意向」（『毎日新聞』五月二二日・無署名）＊【資料三】掲載

「社会主義と日本」（『毎日新聞』五月二三日・無署名）＊【資料三】掲載

「社会主義に対する日本政府の方針」（『毎日新聞』六月五日・無署名）＊【資料三】掲載

「裁判所の智識」（『毎日新聞』六月二八日・傍聴生）＊【資料三】掲載

「行政部の見解　司法部の判決」（『毎日新聞』七月九日・無署名）＊【資料三】掲載

「大審院の判決を評す」（『毎日新聞』一九〇二年三月二七・二八日・平和平等主義の一人）＊【資料三】掲載

「弔『五月二十日』——社会民主党禁止の一周忌」（『毎日新聞』一九〇二年五月二一日）＊【資料三】掲載

「『五月二〇日』を迎ふ——社会民主党禁止の第四周年」（週刊『平民新聞』一九〇四年五月一五日）

「禁党の記念」（『直言』一九〇五年五月二一日）

「幸徳秋水と僕——叛逆児の悩みを語る」（『東京朝日』一九三三年四月一五日・一六日・一七日・一八日・一九日・二〇日）＊後、『神 人間 自由』〈後掲〉に収録され、『木下尚江著作集』（第一四巻、後神俊文解題、明治文献、一九七二年五月）、『木下尚江全集』（第一一巻、後神俊文編・解説、教文館、一九九五年一一月）に再録されている。

「自由主義者・島田三郎」（『中央公論』一九三三年五月）＊『神 人間 自由』〈後掲〉に収録される。

『神 人間 自由』（中央公論社、一九三四年九月）

『木下尚江全集』(第一四巻［論説・感想集3］、岡野幸江解説　教文館、一九九六年一〇月・第一五巻［論説・感想集4］、後神俊文解説　同、一九九七年三月)

〈評伝と論文〉

山極圭司『木下尚江――一先覚者の闘いと悩み』(理論社、一九五五年一二月) ＊第三章「正義人道のたたかい」・「社会民主党」

柳田泉『日本革命の予言者・木下尚江』(春秋社、一九六一年五月) ＊V「予言者の活動」(四)「社会主義的活動」・(イ)「社会民主党」

中村勝範『明治社会主義研究』(世界書院、一九六五年一二月) ＊第一章「日本的社会主義の課題――木下尚江」

山田貞光「明治期の普通選挙運動と雑誌『普通選挙』について」(『雑誌「普通選挙」第2号、第4号［復刻版］』解説、山学舎、一九七一年六月)

林廣吉「解説」(『木下尚江著作集』第一四巻［『神 人間 自由』］、明治文献、一九七二年五月所収)

山極圭司『評伝 木下尚江』(三省堂、一九七七年五月) ＊第三章・「九　社会民主党」

『木下尚江』(信州人物風土記・近代を拓く、第三巻、銀河書房、一九八六年五月)

岡崎一「木下尚江の書簡二通」(『初期社会主義研究』第二号、一九八八年四月)

後神俊文『木下尚江考』(近代文芸社、一九九四年一月)

松田義男「木下尚江の政治思想――非軍事的社会発展と積極的平和の理念」(（1）（2）『早稲田大学史記要』第28・29号、一九九六年九月・一九九七年九月)

〈回想〉

「幸徳秋水と僕——反逆児の悩みを語る」(『神 人間 自由』、中央公論社、一九三四年九月刊)

一

君よ。明治三十四年、僕が始めて社会党の創立に関係した時、安部磯雄、片山潜の二君は、年齢においても学識においても、長者として尊敬して居たが、親密な友情を有つて居たのは、幸徳秋水であつた。彼は僕より二つ年下であつた。幸徳を友人にしてくれたのは石川半山だ。

僕がまだ二十代で、故郷で弁護士をして居た時、石川は土地の新聞主筆として招かれて来た。彼が好んで自分の師友の評判をする時、「幸徳秋水」の名前を頻りと吹聴した。

石川が始めて故郷岡山を出て東京へ遊学の折、当時東洋のルソーと謳はれて居た中江兆民を、大阪に訪問した。その兆民先生のムサくるしい玄関で、彼は始めて幸徳を見た。幸徳はなたゝ豆煙管をたゝいて、時勢を論じたさうだ。明治二十年の冬、保安条例で兆民が東京を逐はれた時、当時十七歳の幸徳も、師匠に同伴して大阪へ行つたものと思はれる。

『兆民門下の麒麟児だよ』

と、石川は盛んに幸徳を推称した。

僕が東京へ出て「毎日新聞」へ入社したのは、石川のお蔭であつた。

二

三十二年の春、僕が上京後間も無い頃、或朝石川の下宿で話して居ると、襖の外に、

『石川――』

と、やさしく呼ぶ声がした。

『はいれ』

と、石川が大きな声でいふと、スウと襖が開いた。

見ると、色は小黒いが眉目の秀麗な、小柄な若い男が立つて居る。僕を見て、躊躇して居る様子、

『はいれ』

と石川が又呼んだ。

『可いか――』

というたその口元に、妙に処女のやうな羞恥がもれた。

これが幸徳であつた。彼は文章と識見とで、当時既に「万朝報」紙上の名華であつた。

僕に幸徳の事を口を極めて称讃した如く、石川は、僕の事をも幸徳に、輪に輪をかけて話して置いたものらしい。初対面ながら、古馴染のやうな気がしてすつかり打ち解けて語ることが出来た。

時は日清戦争の後、支那の償金がはいつて、事業熱の勃興と共に、始めて日本に「労働問題」といふ熟語が伝はり、職工の間に組合組織が競ひ起る一方、学者思想家の間には、「社会問題」が盛んに論議される新時代であつた。

僕の入社した「毎日新聞」でも、社長の島田三郎先生が、去年の暮、旧い関係の政党を脱退して自由独

立の身となり、言論文章で新機運を呼び起こさうといふ意気溌剌の折柄で、「青年」「労働者」「婦人」これが先生の三要目で、現に「青年革進会」の会長であり、たしか活版工組合の会長でもあつたやうに記憶する。

その頃、芝園橋側のユニテリヤン協会といふは、仏教、耶蘇教の自由家若くは脱走家の団体で、会長の佐治実然といふはもと本願寺派の才人、村井知至、安部磯雄などいふは、組合教会の秀才であつた。この協会の中にまた「社会主義研究会」といふのが出来て、これには協会外の人も加入して居た。幸徳もその会員の一人で、僕にも入会を勧めたが、僕は「研究会」といふやうなものは嫌ひだというて、拒絶したことを覚えて居る。

三

安部君とは、妙な所で知合ひになつた。

明治三十二年の暮だと思ふ。埼玉の県会が公娼設置の建議案を通過した。畢竟遊廓新設地の地価をあげて腹を肥やさうといふ魂胆だが、表面の理由は、日本鉄道会社大宮工場の如き、職工労働者の巣窟のために、風教衛生上、公娼設置の急務があるといふのだ。

これを聞いた大宮工場の労働組合が、憤起して反対運動の声を挙げた。島田先生も応援演説に行かれるので、僕にも同行を勧められた。その朝、大雪の降る中を上野停車場へ行つた。先生と立ちながら話して居る人を見ると、中肉中背、黒の外套に中折帽子、赭ら顔に鳩のやうな柔和な目、如何にも清高の感じのする年少紳士だ。これが早稲田の新教授安部磯雄君であつた。安部君も矢張り大宮へ行くのだ。

大宮では、かねて会場に借りて置いた劇場が、公娼派の圧迫で急に断つて来た。寺を借りようとしても、貸して呉れない。やむを得ず、長屋建ての狭い「労働倶楽部」を臨時の演説場。庭前を板で囲つて露天の傍聴席だ。

物々しき警察の警戒——屋内へまで大きな雪が舞ひ込む。聴衆は真つ白になつて、吹雪の中に立つて居た。

この一事で公娼案は全滅した。

当時、砲兵工廠と大宮工場とは、労働運動の中心で、片山潜、高野房太郎などいふ指導者の名は、官署や会社の方面へは、蛇蝎のやうに響いて居た。

この埼玉における公娼反対の成功が、やがて東京における廃娼運動の勃興を促し、更に多方面へ大小幾多の波瀾を及ぼし、その結果、内務省が急に省令を出して「娼妓の自由廃業権」を承認せねばならぬことになつた。

四

新聞社へ幸徳が尋ねて来た。僕の顔を見るといきなり、

『おい、社会党をやらう』

『ウム、やらう』

かういつて、立つたまゝ、瞬きもせずに見合つて居たが、やがてニツコと笑つて、直ぐに彼は帰つて行つた。

日を経た後『創立委員会を開くから、呉服橋外の鉄工組合事務所へ来て呉れ』と、幸徳から知らせて来た。どんな顔が寄るかと思ひながら行つて見た。安部君が来て居る。片山君が来てゐる。西川光二郎君といふ「労働世界」の年少記者を、片山が連れて来て居る。「万朝報」の河上清君といふが来て居る。それに幸徳と僕、都合六人だ。

当時の事だから、お手本は自然ドイツだ。名称は「社会民主党」少し明細な「宣言書」をだす事。宣言書は、幸徳の文章でやるべき所だが、幸徳は辞退して先輩に譲つた。衆望で、安部君が筆をとることになつた。費用は、差当り五円持ち寄りの三十円。幹事二名――片山君と僕。事務所は、神田仲猿楽町の僕の借宅。

我等の顔は、雲霞の如き前途の希望に輝いた。けれど、幹事といふ僕の眼前には、差迫つた一つの問題がある。党が成立した上は、直ぐ世間へ発表せねばならぬ。東京を振り出しに、西は名古屋、京都、大阪、東は仙台――せめてこれくらゐのところでは、一つ集会をやらねばならぬ。然る所、安部君は教授の繋累で、地方出張の時間の自由が無いといふ。幸徳は、『僕は筆でやるから、演説は是非勘弁して呉れ』といふのだ。

片山君は学問もあり経験もある。彼が一たび憎悪に燃えて、野獣の如く叫ぶ瞬間、頑強粗野な体躯面貌は、あたかも岩石の聳ゆる如くに聴衆を圧倒する。然しそれがもし壺にはまらぬ場合、兎角満場倦怠の不安がある。

今や我等は、同志の前へ行くのでは無い。軽蔑と嘲笑との中へ踏み込んで、征服し啓発して行かねばならぬのだ――

こんなことをひとり思うて居ると、届け出てから五六日、警察署の呼出状が来た。行つて見ると警視庁の「禁止命令」だ。

さて、政府は党を禁止したのみでなく、宣言書を載せた新聞紙をことごとく告発した。この時まで一般社会は、社会党の問題に対して、「書生輩の児戯」以上、実は未だ一向に注意を払つて居なかつたものだ。「禁止」次いで「告発」――世間は始めて漸く目を見張つて来た。

都下の新聞社がいづれも有罪の判決を受け、法の明文に従つて判決書の全文を各紙上に満載した時、犯罪の主体たる「宣言書」が、改めて全部判決書中に掲げられて再び紙上に現はれた時、読者は新奇の熱情に誘はれて、一字も余すまじと精読した。かうした不思議な因縁で、「社会主義」といふ記憶が電気メッキの如くに、国民の心裏に焼きつけられてしまつた。

ユニテリヤン協会では、今や「社会主義研究会」の看板を持て余ました。それを我々の方へ貰ひ受けて「社会主義協会」と塗り替へて、毎月講演会など開くことにした。三十六年の暮、日露両国の交渉が危機に迫つた時「非戦論」を発表したのも、この社会主義協会だ。

幸徳秋水（こうとく　しゅうすい）一八七一～一九一一
高知県の西南、四万十川の河口にほど近い中村に生れる。本名は伝次郎。生家は薬種商と酒造業を営む商家であったが、誕生の翌年、父篤明は他界し、母親多治のもとで育てられた。兄、亀治がいたが、親戚の養子となったため、商家、俵屋を継ぐ運命になった。幼くして自由民権思想の影響を受け、一八八七（明治二〇）年東京に出て林有造の書生となるも保安条例により退去を命じられた。翌年、大阪にて中江兆民の学僕となり再度上京し、国民英学会にて学んだ。九三年『自由新聞』に翻訳係として入社、以後、新聞記者の道を歩む。九七年社会問題研究会に入会、翌年二月『万朝報』に入社、社会主義研究会に入る。九九年普通選挙期成同盟会幹事、一九〇一（明治三四）年『二十世紀之怪物帝国主義』を刊行する。〇三年『社会主義神髄』を刊行、社会主義の啓蒙書として大きな影響を与えた。その年秋、日露開戦論が強まるなか非戦論を主張し、堺利彦とともに『万朝報』を退社、平民社を設立して週刊『平民新聞』を発刊する。〇五年筆禍事件にて五ヶ月間の入獄、出獄後、保養と運動の場を求めて渡米、五ヶ月間ほど滞在する。帰国後、従来の運動方針であった普通選挙運動を批判して直接行動論を主張、また思想的にもクロポトキンの「無政府共産主義」に傾いていく。そのため、社会主義運動は議会政策派と直接行動派に分裂する。〇九年クロポトキンの『麵麭の略取』を翻訳し刊行、発禁処分を受ける。同年、朝報社時代に結婚した師岡千代子と離婚、管野須賀子と同居し『自由思想』を発行するも、発禁と罰金処分を受ける。一〇年六月、湯河原において「大逆事件」の容疑にて逮捕。翌年一月一八日大審院にて死刑判決をうけ、同月二四日東京監獄にて刑死する。

秋水は「社会主義者」になった動機について、境遇と読書とを挙げ、土佐に生れて自由民権思想の影響を受けたこと、また教育環境に恵まれず常に「不平」の気持ちがあったこと、ヘンリー・ジョージやシャッフルの書物の影響をうけたこと、などを記している。

全集としては、『幸徳秋水全集』（全九巻・別巻二巻・補巻一巻、明治文献、一九六八年三月〜一九七三年一一月）がある。とりわけ補巻は『大逆事件アルバム——幸徳秋水とその周辺』と題された写真集である。アンソロジーとしては、『幸徳秋水』（日本の名著44、中央公論社、一九七〇年九月）、『幸徳秋水集』（近代日本思想体系13、飛鳥井雅道編・解題、筑摩書房、一九七五年一一月）がある。

年譜と著作文献は『幸徳秋水全集』（別巻二、明治文献、一九七三年一一月）、大野みち代編『幸徳秋水』

（人物書誌体系3、日外アソシエーツ株式会社、一九八二年六月）ほか、前掲のアンソロジー、後掲の飛鳥井雅道他の評伝、絲屋寿雄『幸徳秋水研究』（後掲）などに掲載されている。

〈関係著作〉

「社会党鎮圧策」（『万朝報』一九〇一年五月二四日、幸徳生）＊【資料三】掲載

「日本の民主主義」（『万朝報』五月三〇日、秋水）＊【資料三】掲載

「危険を自覚せよ」（『万朝報』社説、七月三日、秋水）

「社会主義の大勢」（『日本人』八月二〇日、幸徳伝次郎）

「普通選挙に就て」（片山潜『社会改良手段 普通選挙』信州普通選挙同盟会、一九〇一年一〇月二八日、付録所収）

「民主党事件と大審院」（『万朝報』一一月一一日、無署名）＊【資料三】掲載

「普通選挙」（『万朝報』一九〇二年二月二四日、無署名）

「序」（高山樗陰『無絃琴』鳴皐書院、一九〇二年八月二〇日所収〈後掲〉）＊『日本プロレタリア文学大系』（序巻、三一書房、一九六五年三月）、『明治文学全集』（第八三・明治社会主義文学集（一）、筑摩書房、一九六五年七月）、『幸徳秋水全集』（第八巻、明治文献、一九七二年六月）に再録されている。

幸徳秋水『長広舌』（人文社、一九〇二年二月二〇日）＊『万朝報』や『日本人』等に掲載された論説などのアンソロジーで、「日本の民主主義」と「社会主義の大勢」（改題「帝国主義の衰運」）が収録されている。

〈評伝〉

『幸徳秋水全集』（第三巻、明治文献、一九六八年三月・第四巻、同、一九六八年六月）

田中惣五郎『幸徳秋水』（理論社、一九五五年一〇月）
絲屋寿雄『幸徳秋水研究』（青木書店、一九六七年七月。増訂版、日本図書センター、一九八七年一〇月）
飛鳥井雅道『幸徳秋水――直接行動論の源流』（中公新書、一九六九年六月）
神崎清『実録　幸徳秋水』（読売新聞社、一九七一年一一月）
大原慧『幸徳秋水の思想と大逆事件』（青木書店、一九七七年六月）
坂本武人『幸徳秋水――明治社会主義の一等星』（清水新書、一九八四年一〇月）
塩田庄兵衛『幸徳秋水』（新日本新書、一九九三年六月）

〈回想〉
幸徳秋水「高山樗陰著『無弦琴』序」（嗚皐書院、明治三五年八月二〇日）

去年五月予等同志と社会民主党を組織するや、有司怒つて其結社を禁し、全国に打電して尽く其宣言綱領を公にする者を罰す、連坐する者、都下に在ては『万朝報』、『報知新聞』、『日出国新聞』、『労働世界』、地方に在ては千葉の『新総房』なりき

当時『新総房』の此事を論する、正大の議、侃諤の筆、同颸の渚を払ふが如く、大水の堤を決するが如く、真に人意を壮にする者有り、予是より日に『新総房』を愛読す、読むこと益々多くして、而して益々其気の鋭に、其才の英に、其情の粋なるに感ず、謂らく満身の至誠至忠溢れて文を成すものに非すんば、曷ぞ能く如此くなるを得んや、他年一日機到るの時、社会革命の風雲は必ず南総の一角より捲起せらる、を見んと、其筆者を問へば即ち高山樗陰君なり

予於是乎未見の同志高山樗陰君あることを知れり、古人曰く、志同しきものは千里と雖も合壁に均しと、何ぞ其地を異にするを以てせん、何ぞ其面を識らざるを以てせん、而も想ふ一たび相逢ふて酣飲し、心を指して誓ひ、杯を擲つて英雄を罵らば、其快幾何ぞやと、何ぞ料らん爾後未た一年ならず、涙を呑で我未見の同志の遺稿に序するの運命を有せんとは

夫れ死の悲しきは、有為の士中道志を齎して死するより悲しきは莫し、君年僅に三十、未た大に其材を伸へ、其志を行ふに遑あらず、溘焉白玉楼中の人となる、何そ皇天の無情なる、抑も亦死生の命ある耶、嗚呼真に懐を成し難き哉然れども君の意気精神は、君の文章と共に留め得て、凛乎として千秋也、之を読む者、懦夫亦為めに起つの慨あり、也日幸に正義真理の大濤澎湃として、現時社会の罪悪を一洗し去るの時あらば、予は一篇『無弦琴』が十年天地の正気を鼓舞作興せるの力、与つて多きに居るを信せすんばあらざる也、予等未見の同志亦誓つて君の志を継き、君の志に背かざる可し、蕪詩二首、君を弔して以て序に代ふと云ふ。

荻花楓葉酒鐙秋　藹々停雲一曲愁　無頼二分明月夕　玉人何在旧紅楼
浅酌濃蘭沅芷秋　遠遊独鶴一天愁　酒星落徂留詩巻　南国人登白玉楼

庚寅八月

秋水　幸　徳　伝

〈漢詩注釈（川上哲正）〉

（一）　荻花楓葉　酒鐙の秋
　藹々たる停雲　一曲の愁
　無頼に二分す　明月の夕

玉人　何ぞ旧紅楼に在らん

（二）　浅酌す　澧蘭沅芷の秋
遠遊す　独鶴一天の愁
酒星は落徂して詩巻を留め
南国の人　白玉楼に登れり

○「荻花楓葉」は白居易の「琵琶行」に「楓葉荻花秋瑟瑟（索々）」とあるに拠る。○「藹々停雲」は陶淵明の「停雲詩」に「停雲靄々、時雨濛々」とあるに拠る。「藹々」は雲のたなびくさまであり、「停雲詩」は親友を思う詩である。○「無頼二分明月夕」は徐凝の「憶揚州詩」に「天下三分明月夜、二分無頼是揚州」とあるに拠る。天下の明月は三分するが、二分するほどの揚州の月はまことに天下第一であるとの意を受けてのことであろうか。「無頼」は愛する極、わざと罵る言葉であるという。○「玉人」は玉のように皎潔な人或は美女を指すが、ここでは樗陰のことであり、「白玉楼」に帰した人、「二分明月」の意を踏えた言葉であろう。
○「澧蘭沅芷」は屈原の『楚辞』「九歌（四）湘夫人」に「沅有芷兮澧有蘭、思公子兮未敢言」とあるに拠る。「澧蘭」はともに香草であり、ここでは樗陰をいう。秋水との絡みがあるやもしれない。○「遠遊」は『楚辞』の編名であり、志が遂げられなかった屈原に託す言葉である。○「独鶴」は謝朓の「遊敬亭山詩」に「独鶴方朝唳」とある。○「酒星」は酒を主る星の名。李白の「月下詩」に「天若不愛酒、酒星不在天」とある。ここでは酒を愛した樗陰をいう。○「南国人」の「南国」とは樗陰の故郷房総であり、

「南国人」は樗陰その人をいう。〇「白玉楼」は李賀の死にまつわる故事にちなみ、文人が死後にゆく天上の楼閣であり、生前の「旧紅楼」に対応する。

（一）荻花は白く楓葉は色づき、酒杯を傾ける秋。たなびく停雲に亡友をおもってわが愁をうたう。天下を二分するほどの明月の夕べは愛すべきも、かつて旧き紅楼に酒杯を傾けた玉人はもはやいない。

（二）澧水の蘭、沅水の芷の香草に思いを致して、静かに酒を酌む秋。天空に飛ぶ独鶴の愁に樗陰をおもう。李白に比すべき樗陰は酒星となって死んで詩を残し、南国の人、樗陰は遥か白玉楼に逝ってしまった。

河上清（かわかみ　きよし）一八七三〜一九四九

米沢の下級士族の家庭において七人兄弟姉妹の末っ子として生れたが、幼くして両親と二人の兄を亡くした。祖母と兄一人、三人の姉が残された。本名は宮下雄七であったが、一九歳の時徴兵を逃れるため河上清に変更した。貧困のなかで米沢中学校に進んだが、在学中に読んだ東海散士（柴四朗）『佳人之奇遇』の影響を受け、アメリカに憧れを抱くようになる。一八九〇（明治二三）年、同郷の退役軍人曾根俊虎の書生として上京、慶応義塾に入学する。一年足らずして、旧米沢藩主の長男の世話係となり東京法学院に通学、ここで田島錦治と出会い社会問題や社会主義について学んだ。九五年恋愛事件がもとで上杉家を解雇、今度はメソジスト派の牧師本多庸一が院長を務める青山学院に入学、英語研究に没頭し、他方学内雑誌にカール・マルクスを称賛する文章を書いたりしたが、後年カールというミドルネームを用いる理由にもなった。九七年労働組合期成会に入会、この年田島錦治の名前を冠して『日本現時之社会問題』を出版、また自著として『労働保護論』も刊行した。九八年社会主義研究会の会員となり「英国の土地制度」や「フーリエの社会主義」についての報告を行っている。九九年には普通選挙期成同盟会に加入、もちろん改組された社会主義協会にも参加した。投稿の採用が契機となり、一九〇〇(明治三三)年『万朝報』に入社した。「入社の辞」には、「正義」のために「権勢」や「富力」と闘う覚悟であることが述べられている。この年『実効主義教育学』を刊行、労働問題と教育の結び付きを論じた。〇一年、社会民主党の禁止直後、アメリカへ留学しアイオワ大学で政治学を学ぶ。一年足らずで書き上げた修士論文は国内においても英文のまま *The Political Ideas of Modern Japan* (1903)として刊行された。ついでウィスコンシン大学に移ったが病を得てシアトルで療養、ここでミルドレッドと出会い結婚する。この間、『万朝報』にも記事を送っていたが、ボストンの『ノース・アメリカン・レヴュー』に中国の現状についての記事を書いたのをきっかけにして、フリーランサーのジャーナリストとして出発する。一三年サンフランシスコに移住、第一次大戦中のアジアにおける日本の立場を擁護した。二二年以後、ワシントンに居を定め、日米関係あるいはアメリカとアジアの関係について数多くの時事論文を発表した。日米開戦後、敵性外国人として一時的に拘留されたこともあるが、アメリカの対日戦略に協力した。生涯に数多くの文章を残し、Wフーバーの指摘によれば、四〇冊程の著書と著名なアメリカ雑誌への寄稿が二一〇、『中央公論』などの日本語雑誌に掲載された記事は六五、日米両新聞に書いた記事も七〇〇を越えていると指摘されている。

〈関係著作〉

「生命ある新政党の必要」(『万朝報』五月九日、河上翠陵) ＊【資料三】掲載

「独逸政史の一節（末松内相の一考を煩す）」（『万朝報』五月二五日、河上翠陵）＊【資料三】掲載

『通俗独逸歴史』（通俗百科全書第二三編、博文館、八月三〇日）＊第九章「日耳曼帝国最近の情勢」・第三節「社会党」

Socialism in Japan, *The International Socialist Review*, Chicago, Feb. 1902

The Political Ideas of Modern Japan, Tokyo : Shokwabo, 1903 ＊東京の裳華房から一九〇三年六月一五日に英文で刊行された。第一七章"Growth of Social Democratic Party"で社会民主党の成立や性格について分析的に言及している。詳しくは、論文篇の山泉進論文を参照のこと。

〈評伝と論文〉

隅谷三喜男『ともしびをかかげて』（日本基督教団、一九六〇年一一月）

古森義久『嵐に書く——日米の半世紀を生きたジャーナリストの記録』（毎日新聞社、一九八七年三月）

松野良寅「異色のリベラリスト　河上清」（『東北の長崎——米沢洋学の系譜』ぎょうせい、一九八八年一一月所収）

William D. Hoover, The Japanese Journalist K. K. Kawakami -- Evaluates International Organizations in Early Showa Japan : Idealism Shrouded in Pessimism（『戦間期のアジア太平洋地域——国際関係とその展開』早稲田大学社会科学研究所、一九九六年八月）

〈回想〉

「日本における社会主義」（『インターナショナル・ソーシャリスト・レヴュー』一九〇二年二月）

立憲政治が日本に誕生してから、一一年の歳月が経過した。しかしながら、この立法と行政を律するあたらしい制度を採り入れたことによって、はたして人民大衆はどれほどの幸福と繁栄を手に入れただろうか？　西洋の文明を我々の「おとぎの国」へ導入する事業を始めてから、一世代を越える年月が経った。その文明はいったいどの程度まで、人間の抱える苦しみを減らしてくれただろうか？　西洋式の生産の方法が、我々の住む島国の帝国で始まってから、すでに二〇年になろうとしており、いまや大規模な工場制度が、急速に古い小規模生産方式に取って代わろうとしている。この驚くべき産業の革命は、労働者階級に対してなにをもたらしたのだろうか？　我々は、西洋の国民教育制度を導入した。男性と女性双方のための大学をつくり、国中に多くの専門学校と師範学校を設け、そして何十万の初等・中等学校を持っている。けれども、こうして張りめぐらされた数々の教育機関が、そうした階級の無力な、もっとも文明の光を必要としている人たちに、いったいどれほど知的な恩恵を与えたというのだろうか？

我々の国の驚異的な物質的進歩が、西洋化によるものであることは疑いようのないことである。国の生産力は大規模に増大し、国富の総計は途方もない規模に達し、商業取引は国内・国外ともに急速に拡大している。しかし私はここで、わが国における急激な産業発展を賛美する統計を読者の前に積み上げて、困惑させるつもりではない。日本がもはや、アジア的情況に沈滞する国ではなく、西洋列強と同様の偉大なる文明への入口に立っている国であることを指摘すれば、それで充分である。しかしながら、壮大な物質的進歩も、道徳的な涵養と無縁であっては、なんの利益ももたらさないのである。さらに、進歩の過程に多くの有害物がつきまとうとき、進歩の価値はそうした有害物が社会に与える損害によって、多くはだいなしになってしまうのである。日本の文明にもまた、あかるい光の側面だけではなく、暗い闇の側面があるのだ。

数千年にわたって日本国民の魂であった武士道の精神は、政治と産業両面の巨大な革命のうねりにさらされて足元が崩れ、もはや消え失せようとしている。しかも、この失われた道徳的原理に代わり得るものは、今に至るもまだあらわれていないのである。社会のあらゆる階層、とりわけ富裕な人びとの間に広まった拝金主義の考えは、圧倒的な力を持ち、もはや抑制できないものになってしまっている。古い日本の武士道に由来する誠心、寛容、情け深さ、そしてなによりも自己犠牲の精神といったものは、貪欲な利益の追求や富への熱望にとってかわられつつある。いわゆる上流階級の人びとを動かすのは、自己犠牲ではなく利己心であり、その悪影響は、社会のすべての領域に蔓延し、もはや抗し難いものとなっている。このようにして、貧しい者と富める者との懸隔は、日増しに拡がっているのである。貧者の側は、嫉妬、敵意、不満、不安を抱き、富者の側は、慢心、浪費、奢侈、酒色を常とする。これらは、遠からず日本に確実に起こる大規模な社会闘争のほんの徴候に過ぎない。

こうした社会状況はすでに、多くのこころある人びとに対して、警報とは言えないまでも、警告となっている。産業革命によってもたらされる社会悪の救済策はなんであるか？ これが学識と先見の明を持つ人びとのこころを絶えず悩ましつづけている問題である。社会主義が「日出づる国」で着実に地歩を占めつつあるのは、驚くべきことではない。この国では、現在とひとつ前の世代を含む時代まで、平穏と平和、そして世間一般の繁栄が維持されてきたのである。社会主義が社会改革の唯一の手段であると唱える人びとは、数としてはまだ決して多いものではない。しかしそのほとんどは教養と常識を身につけており、さらにその少なからぬ者は、深い学識を持ち、近代の学問を充分に修めた人たちなのである。かれらは、現在の社会体制をはるかに越える展望を持ち、ヒューマニティーの偉大な原理を実現させようと熱望している人びとである。かれらのなかの何人かは大学で教鞭を執り、何人かは雑誌・新聞の編集者であり、そのほかの人たちも高い地位にある紳士である。さらに、見過ごしてならないのは、社会主義者であると公言している者以外に、社会に対する見方が全面的に社会主義的なのにもかかわらず、現在の状況ではあえてその事実を表明していない人びとが、多数存在するということである。

社会民主党という名称で、ひとつの政治団体が組織されたのは、去年の晩春のことであった。その発起人は、高い人格と見識を備え、かれらの同胞から尊敬され信頼されるに足る人たちである。発起人は、全部で五人であった。かれらの一人は、東京専門学校の政治学と文学の教授である。その学校は、かつて日本の首相を務めた大隈伯爵によって設立され、現在もその後援によって維持されている。ほかの二人は、東京の一流新聞紙の編集者であり、また残りの二人は、わが国で唯一の労働運動の機関紙である週刊誌『労働世界』の記者である。それゆえ、こうした人たちによって始められた政党は、かれらの多数同胞の共感を得られるだろうと、当然にも期待されたのであった。しかしながら、不幸なことにその団体は、世間に現れるや政府によって即座に禁止されたのである。禁止命令は、青天の霹靂の如く到来し、新しい政党が社会の秩序を紊乱させるような危険な性格のものではない、と信じていた人びとを驚愕させた。実際、当局に新政党の組織を禁止させた理由について、人びとはまったく知らされていないのである。社会民主党の究極の理想が、高邁な理論に基づいているのは確かである。けれども、すべての宗教、すべての主義は、既存の思想をはるかに越えたところに、その究極の目的を置くものである。ある政党が、その考え方があまりに崇高であるという理由で禁止されるというのであれば、そこになんらの進歩も改革もあり得ず、世界は停滞状況に陥り、やがて破綻し崩壊していかざるを得ないだろう。

ひとり社会民主党を禁止するだけでは飽きたらず、当局は東京で発行されている四つの日刊紙と一つの週刊誌の五月二〇日付の号を、社会主義者の綱領を掲載したという理由で発行停止とした。こうした一連の処置は、まったく効果がないように見える。なぜなら、禁止命令が出されたときにはすでに、そうした新聞・雑誌は配達が終わってしまっているものだからである。それでもこういう場合には、これらの新聞・雑誌は、警察による家宅捜索で多大な迷惑を蒙るうえに、さらに一時的な発行停止に続いて、法廷で罰金刑を言い渡されるという仕組になっているのである。二年ほど前につくられた「治安警察法」という名称の悪むべき法律がある。この法律によって、社会民主党と前記の四つの新聞は禁止させられたのである。この法律は、資本家の煽動で実現した。かれらは、労働者が眠りから覚醒してくることに危機感を持ち、政府と議会を説き伏せてこの抑圧的な法律をつくりだしたのであった。必要とみなしたときには、いつでも随意に新聞・雑誌を禁止できるといった権力を当局に与えたほかに、この法律には、労働運動をあらゆる側面で妨害できる条項が周到に盛り込まれていた。治安警察法のある限り、日本の労働者は完全に雇用主の意のままである。なぜなら、法律に違反することなく、労働者は雇用主に対してストライキをおこなうことができないからである。

それはともかく、まことに社会民主党の綱領は、進歩的で崇高な思想を具体化したものであった。それは発起人たち、とくに東京専門学校の教授である安部によって、カール・マルクスとフリードリッヒ・エンゲルスが一八四八年に書いた「共産党宣言」にならって執筆されたものである。それは日本でかつて公表された政党の宣言のなかで、もっともすぐれたものである。その宣言では、現在の社会組織の欠陥と不完全さについて論じたのち、党の理想として次の項目を列挙している。

Ⅰ　全世界万人の兄弟愛

Ⅱ　陸海軍の廃止と国際平和の確立

Ⅲ　政治上並びに経済上の階級差別の廃止
Ⅳ　土地と資本の共有
Ⅴ　鉄道、船舶、運河、橋梁等の交通機関の公有
Ⅵ　富の平等な分配
Ⅶ　政治的権利の全人民に対する平等な分配
Ⅷ　人民にたいする政府負担による完全な教育

以上が弾圧された社会民主党が実現しようとした理想項目である。しかし、これらは社会がさらに改善され進化されることによってのみ実現されうるものである。他方で、綱領は次のように宣言している。我々は最終目標に向つて不断に近づいていき、これらの理想を実現可能にするあらゆる手段を手に入れておく必要がある、と。それ故に、宣言は、現在の社会に存在する数多くの害悪を減少させていくために次のような実際的綱領を採用することを公表している。

1. 政府は全国の鉄道を悉く所有し経営すること
2. 路面鉄道、電気、ガス供給は都市の行政機関により管理されること
3. 町や市の土地は悉く都市行政機関により所有されること
4. 政府は特許権を保持すること、ただし発明者に対して相応の報酬が支払われるべきこと
5. 政府は家屋の価値に応じて屋賃を調整すること
6. 間接税にかえて直接税が採用されること
7. 初等教育は無料とし、教科書も無料で配給されること
8. 労働局が設置され、労働階級に関するあらゆる事項が調査されること

9. 一定年齢以下の児童の工場での労働が禁止されること
10. 女性が健康や道徳に害ある職業に従事することを禁ずること
11. 未成年者や女性の深夜労働を禁止すること
12. 日曜日の労働を禁止すること
13. 八時間労働法が制定されること
14. 雇用者責任法がすにやかに実行されること
15. 労働者の団結権が完全に保証されること
16. 工場法がすみやかに公布されること
17. 農民保護のための立法措置が講ぜられること
18. 保険事業はすべて政府により企画され管理されること
19. 普通選挙が採用されること
20. 原則に関わる重大問題に関してレファレンダムが執られること
21. 裁判は、社会の全構成員に対し無料かつ無報酬で行われること
22. 貴族院は廃止されること
23. 常備軍は削減されること
24. 治安警察法はすみやかに撤廃されること
25. 新聞検閲は全面的に廃止されること
26. 選挙はすべて秘密投票によって行われ、代理投票は禁止されること

この宣言のうち前の八項目は、厳密な意味での社会主義の概略を述べたものにほかならない。後半の二

六項目は、ヨーロッパ大陸で通常使われている意味において、社会主義的と言えるものである。事実、後半の綱領のなかのいくつかの項目は、西洋ではすでにもう実現されており、全く現実的な立法問題になっているのである。しかしながら、現在の日本政府の指導者である保守的な政治家たちにとっては、そうした現実的に実行可能なものであっても、耐えがたいほど過激なものに見えるのである。まして、宣言の前の部分で示された純粋な社会主義の教義は、かれらにとっていっそう耐えられないものであるに違いない。その上、「社会主義」という言葉は日本人にとってどこか耳慣れない言葉であり、人によっては驚くべき言葉なのである。「社会」という言葉は日本人にもなじみの言葉であるが、「主義者」がそこに付け加わると、なにかとてつもなく危険なものだという誤解を教育のない人びとに与えてしまうのである。言い換えれば、西洋諸国の、偏見にとらわれている人たちが誤解するように、日本人もまた「社会主義」「社会主義者」をそれぞれ、「アナーキズム」「アナーキスト」と混同して理解する傾向が存在するのである。さらにまた、「民主主義」と「帝国主義」とは、相いれない言葉なのである。主権が何千年もの間ただ独りの人物の上に存在してきた国、皇帝が憲法により「神聖で侵すべからざる」存在として宣言されている国、国民の大部分が現在の統治形態を完全に変革することを望ましいとも可能であるとも考えてこなかった国、このようなところでは民主主義がほんのわずかでも役割を果すことがあれば、皇室は言うに及ばず政治家たちさえも必然的に警戒的になるのである。社会民主党の宣言が表明している目的にかんする限り、我々には長い間崇められてきた皇統の継続を損なうような考えがあるとは思えなかった。また、党の発起人たちも帝国政府の転覆を意図しなかった。逆に、かれらは他の誰よりも天皇に対して忠誠心をもっていた。それ故、かれらが、経済的繁栄と同様に政治的権利があらゆる階層の人々に対して広く平等に分配されるべきであると考えたのは、国民大衆が天皇とより近しい関係になり、尊敬し敬愛するようになると信じていたからに他ならないからであろう。しかしながら、頭のなかには、今日の社会主義の趨勢は最終的には民主主義を実行し、帝国主義の廃絶にいたるであろうという考えがあったに違いない。宣言の行間を読めば、遅かれ早かれ、民主主義の完全な実現が暗示されていることに気付かざるを得ないであろう。実際のところ、日本の保守的政治家にあっては、「社会主義」という言葉よりも「民主主義」という言葉に恐怖を抱いたようにみえる。数年前に起きた次のようなことが思い出される。当時文部大臣の地位にあった尾崎氏が、文部省の高等官会議において行った演説で、全く意図せずして共和主義に言及したために辞任に追い込まれたことがあった。日本において大臣の地位につきたいと考えるような人物は、絶対に共和主義や民主主義に好意を寄せて演説してはならないのである。

弾圧を受けた社会民主党の綱領が、暗示的であれ間接的であれ厳格な意味での民主主義の実現を主張していたことをたとえ認めるとしても、我々は何故に宣言の刊行までもが許可されなかったかを理解することは出来ない。この論文においては、外国の同志たちは我々以上に社会民主主義の原則について熟知しているが故に、その点について議論をする必要はあるまい。それ故、ここでは社会民主主義は今世紀における複雑な大問題を解決へと導く偉大な社会哲学上の見解とだけ言えば十分であろう。そのようなものとして、社会民主主義は、その思想を自由に公表する権利を要求するのである。「思想の自由は信念の自由を含むだけではなく、信じないことの自由をも含んでいると、正しくも言われてきた」。その場合、意見を自由に表現できる権利はただ単に国家の形態にかぎられることではなく、同様に国家それ自体を否定することにおいても自由でなければならない。原則についてのこのような拡張がなければ、思想の自由は一つの笑い種にしかすぎない。イギリスや合衆国においては、理想主義者たちには自分たちの見解を役人に妨害されることなく表現することの出来る完全な自由が認められていて、それはかれらの見解がその国の憲法の原則を損なうようなものであってもそうなのである。合衆国のバファッローにおける最近の殺人事件がアナーキズムに対する不寛容さの兆候を生み出したこと、またローズヴェルト大統領の議会への教書のなかでもアナーキストに対し熱を込めて、遠慮会釈なく非難したことについて、私は悲しみ以上のものを感じている。しかしなお、私は次のことを信じている。アメリカという国家あるいは政府は、出版の検閲を確立することについては極めて用心深くしているし、アナーキストを根絶したり現在の政治秩序に根本的に反対する考えを唱道する政治組織を弾圧するために、当局に権限を授与するような法案を起草することについても警戒的であろう、と。政府の安全を維持する最も確実な方法は、いかに過激なものであれ教義に干渉することではないのである。今日、英国においていわゆる大英帝国並びにアイルランド正統ジャコバイト連盟に所属する少なからざる人間が存在することなど馬鹿げたことである。この団体の公言している目的は、王室の兄の家系の後継者たちに引継がれている「正統な」王統を復活させることを支援するというのである。しかし、世界のなかで英国ほど王室の安全なところはないのである。もし日本にこのジャコバイト連盟に類似した団体があったとしたら、日本政府は何と言うであろうか?

私の議論を本筋に戻して、日本における社会主義運動の別の側面に注目しておきたい。社会民主党の出現と即座の禁止に前後して、社会主義協会と称する組織が存在した。この協会は社会主義を基礎にした社会改良を目的と考えた人びとにより設立されたものであった。目標としたところは、イギリスのフェビアン協会と同様で次のようなものである。「ちょうどその時を待たなければならない。ファビウスがハンニバルとの戦において、起ち上らないことに対する多くの非難のなでも忍耐の限りを尽くして待ったように。しかし、時が至るやファビウスのように激しく撃ってでなければならない。さもなくば、待ったことが無駄になり実りのないものになるであろうから」と。現在のところ、協会のメンバーはたったの一五名であるし、会員を増やす努力もしていない。というのも、協会は社会の繁栄を真剣に憂え、社会主義を正しく理解している人だけを歓迎し、こうすることによって組織の中に煽動的な人が入ることを防いでいるのである。事実、発起人たちはフェビアン協会がイギリスにおいて達成し、また達成しつつある成果を日本においても実現することを望んでいるのである。こうして、その活動の領域は人びとの教育に置いている。教育の主な手段は、純粋な社会主義の教義や社会主義的な考え方を公表することである。社会主義協会は今のところ独自の機関紙をもっていない。しかし、ユニテリアン主義の日本での唯一の機関誌である『六合雑誌』が、寛大にもいわば日本フェビアン協会の会員によって書かれた論文を掲載するに十分な紙面を提供してきたのである。実際、『六合雑誌』の主筆は協会の主要な会員の一人でもある。前に言及した『労働世界』が社会主義協会を暖かく支援していることは言うまでもないことである。

社会主義協会は昨年の一一月の終わりで四年目にはいることになった。定期的な会合は月に一度、東京のユニテリアン・ホールの会議室で開かれている。この協会がいかにフェビアン協会に似ているかを示すために、ウッヅ氏の『イギリスの社会運動』と題された価値ある著作からフェビアン協会に関する二、三の個所を引用することによって、日本の協会のいくつかの側面を描いておきたい。社会主義協会の主要なメンバーについては、「全員が高い教育を受けた人たちであり、マルクスを始めとする社会主義者たちについて熱心に研究し、とりわけどのようにすれば社会主義の考え方を現実政治に活かすことが出来るかを検討している」。昨年四月、東京の中心部で開催された最初の大衆集会により、協会はかなりの程度まで、政治教育と活動へと踏み出すことになった。「協会の定期集会においては、主として社会主義の理論的側面や歴史的側面が議論されてきた」。「議論の口火となる論文が読まれると、経済上の様々な意見を持っている人々が一巡しながら、自分の見解を自由に発言する」。しかしながら不幸なことに、これまでのところ講演というやり方では、十分な資金がないために活力があり効果のある宣伝活動を遂行できていない。もちろん、自主的に会員たちはしばしば労働者の前で演説するするために、無料で工場地域へ出かけていくこともある。事実、社会主義協会の将来は非常に有望なものである。

社会民主党の結成が禁止された時、社会主義協会のメンバーたちは社会民主党の目的を保持するために全会一致で決議をおこなった。実のところ社会民主党の発起人たちは全員が社会主義協会のメンバーであったのである。党が致命的な打撃を政府から受けた時、発起人たちは、どのような進路をとることが日本において社会民主主義を広めていくために最も有効であるかについて、協会と協議を行った。熟考が重ねられた後、協議は次のような結論に達した。日本において社会主義を唱える先駆者たちは、思慮の浅い思想家にこの教義の本質に関して誤解を引起こしそうなやり方は極力避けるべきであると。換言すれば、日本の社会主義者は注意を重ね、法に従い、激情することなく暴力に訴えることもなく、平等と自由の福音を説かなければならないと。これはゆっくりとした歩みに見えようが、同時に最も安全で確実な一歩なのである。とりわけ、社会民主主義の教義に悲しいほどに無知である人々の国においては当てはまることである。このようにして、この不幸な党の発起人たちはその出自であった社会主義協会に帰ってきた。以後現在にいたるまで、彼等は市民大衆の間に、新しい政治・経済原理を普及させるために熱心に尽力している。わが日本政府は、社会主義者が文章や演説によりその思想を宣伝する場合には例外的に寛容である。しかし、社会主義者がさらに歩を進めて社会民主主義の旗のもとに政治的に組織する時には、わが当局は即座に阻止する。この事実は次のようなことを現している、政府は社会民主主義が政党の綱領として採択された場合には社会の安寧に害があると考え、他方、それが演壇や説教壇から説かれる場合や、新聞や書物で、また個人や非政治的団体の主催によって議論される場合には、全く害のないものと考えているということが。大きな矛盾が存在すると言えないであろうか？社会主義者が政治組織を結成して宣伝することと、個人や非政治団体によって同じことを行うことの間にどんな違いがあるのであろうか？実際、賢ぶった日本政府が満を持して、社会民主党をその誕生において圧殺し、その宣言を出版することを禁止する一方では、外国語か日本語かを問わず社会民主主義に関する文献があらゆる階層の人々の間に自由に流通することが許されているという事実は噴飯ものである。

日本の裁判所が、新聞に社会主義宣言を掲載したことにより起訴された五人の編集者に対してどのような判決を下したかは興味深く注目すべき事柄である。わが裁判官たちが全能の金の力により誘惑されるほど腐敗はしていないということ、また政府の権威により縮みあがるほど小胆でもないということを知って多少勇気付けられるかも知れない。また、彼等は思想の自由ということを無視するほど無知でもない。短い審理の後で、裁判所は編集者全員を直ちに無罪放免したことを感謝しよう！　この決定に対して検事は上級裁判所に控訴したにもかかわらず、上級裁判所は下級裁判所の決定を尊重するが故に、編集者たちに完全な無実の宣告を行うであろうことを信じる理由がある。ここで、次のように指摘することは公平なことであろう。日本の法律に従えば、新聞の編集者が、公共の安全を壊乱したとする記事を公刊して起訴された場合、判決が下るまでは逮捕されることはない。それ故、『インターナショナル・ソーシャリスト・レヴュー』の一〇月号に掲載された、同志片山は『労働世界』に社会主義宣言を掲載したために逮捕されたという点の声明については誤解である。

しかしながら、このような状況のなかで、依然として日本は自由の炎の洗礼を受けなければならない。報道や言論の権利、団結の自由が、もっと大幅に拡張されることがないならば、日本の立憲政治は中味のないお笑い種である。我々は、外国の兄弟たちが思想を表現すること、政治組織を結成することにおいてほぼ完全な自由が与えられている国に生まれていることを羨ましく思わざるを得ない。しかし、進歩の法則は厳格である。希望を以て闘おう、そうすればその法則はきっと日本のために為されるべきことを為すであろう！「古い専制主義は神の摂理により弾劾される。時は墓堀人として暗闇の中で働き続け、彼の専制主義の上に土塊を投げかけていく。やがて来ん日々はそれらをして無へと押しもどしていく」。

民主主義こそが未来である。

西川光次郎（にしかわ　みつじろう）一八七六〜一九四〇

淡路島、佐野の田畑、山林を所有する比較的裕福な家庭の三男として生れた。「光二郎」の表記を用いることもある。一八九三（明治二六）年同志社デイヴィスから洗礼を受ける。翌年札幌農学校予科に編入学、新渡戸稲造に出会い社会主義の思想を教えられた。九六年東京専門学校政治科へ入学、社会主義に関する著作を読み知識を深める。傍ら、精神的なものへの憧れも強く松村介石の演説に通った。卒業後、救世軍に入る希望を懐くも断念、島田三郎の『毎日新聞』に入社し労働関係記事の担当者となった。半年ほどで退社し、一九〇〇（明治三三）年内村鑑三が主宰する『東京独立雑誌』に勤務するが、内村と対立しこれまた半年あまりで退社、『東京評論』を創刊した。この間に社会主義協会に入会した。片山潜主宰の『労働世界』への入社は、ちょうど社会民主党結成の頃、『日本の労働運動』の口絵に掲載されている写真には、「労働世界記者」と紹介されているので、結成にはこの肩書きで参加したと考えるのが妥当であろう。禁止後、幸徳秋水とともに社会平民党の主幹者となるもこれまた禁止された。一九〇四年、平民社に入社、週刊『平民新聞』の発行にかかわる。翌年筆禍事件により幸徳とともに入獄、出獄後、山口孤剣と

『光』を創刊する。一九〇六年日本社会党幹事、電車賃値上反対運動で再び入獄、さらに翌年足尾暴動の取材中に拘引される。一九〇七年片山と『社会新聞』を創刊、翌年片山らと袂を分かち『東京社会新聞』を発刊する。この間、幸徳らの直接行動論に対抗して議会政策論を維持する。七月、電車事件の有罪が確定し、禁固二年の刑を受け千葉監獄に入獄。社会主義者としての活動は、地方遊説を含む演説に、執筆に、入獄にと行動派の立場を貫いた。一九一〇年「大逆事件」中に出獄、『心懐語』を出版し、社会主義運動からの離脱を宣言する。一九一四年『自働道話』を創刊、修養を説き生涯刊行を続けた。

社会主義者になった動機について、週刊『平民新聞』に西川は次のように書いている。札幌農学校時代、友人から社会主義という言葉を聞き電気にうたれたような衝撃を受け、『現時之社会主義』（民友社、一八九三年）や『新旧社会主義』（博文館、一八九四年）を読んだのがきっかけで、東京専門学校在学中の三年間は社会主義の研究に専念し、「社会主義伝道のために一身を犠牲に供せんとの決心」をして卒業した、と。

全集や著作集はない。遺稿集として西川光二郎遺著『入神第二』（子供の童話社、一九四一年一一月）と西川光二郎遺著『講演第二』（子供の童話社、一九四二年五月）が刊行されている。家系等については西川栄一『西川林蔵の末裔』（私家版、一九八八年一〇月）がある。

略年譜は遺稿集『入神第一』（前掲）に収録されているが、詳しい年譜、著作目録は田中英夫『西川光二郎小伝』（後掲）に掲載されている。

〈関係著作〉

『日本の労働運動』（片山潜共著、労働新聞社、一九〇一年五月一八日）＊片山潜の項参照

「労働者の為めに気焔を吐く」（『早稲田学報』五月二五日）

「社会主義の理想国たる瑞西」（『早稲田学報』九月三〇日）
『社会党』（内外出版協会、一九〇一年一〇月一六日）＊第一章緒言 労働運動の必要、第二章欧米の社会党、第三章結論 社会主義の理想国、の構成で、『労働世界』の「社会主義」欄に掲載した記事を中心としてまとめたもの。周子高の中国語訳『社会党』（上海・廣智書局、光緒二九年一月）がある。
「普通選挙と社会改良」（片山潜『社会改良手段 普通選挙』信州普通選挙同盟会、一九〇一年一〇月二八日、付録所収）
『青年の誤解』（自働道話社、一九二八年六月一〇日）
「何よりも魂の問題が大切」（『道』一九三三年一一月）

〈評伝と論文〉
新見貫次「西川光次郎――はじめての社会主義からの転向」（兵庫県教育委員会編『郷土百人の先覚者』兵庫県教育委員会、一九六七年七月所収）
しまね・きよし『明治社会主義者の転向』（東洋経済新報社、一九七六年二月）＊Ⅲ西川光次郎論
中村勝範「西川光二郎論――社会主義者になるまで」（『明治法制史政治史の諸問題』手塚豊教授退職記念論文集、慶応通信社、一九七七年三月所収）
山崎時彦「西川光二郎」（田中浩編『近代日本のジャーナリスト』御茶の水書房、一九八七年二月所収）
田中英夫『西川光二郎小伝』（みすず書房、一九九〇年七月）

〈回想〉

西川光二郎『青年の誤解』（自働道話社、一九二八年六月一〇日、〈抄録〉）

はしがき

私は青年時代に社会主義を信仰し、一時随分過激な行動をしたこともあるものであります。そうした経験のある所から、今日社会主義かぶれをして居る青年の多くにも、同様の考へ違ひあるべきを思ひ、先づ第一にこうした青年に一言を呈したい。

次に社会主義に関してとは別に、今から自分の青年時代のことを考へて見て、考へ違ひをして居たと思はる丶二つの点。夫を吟味して同じ誤解の、今の青年諸君の中にもあるべきを思ひ、それに就ても一言したい。

此の小著はこうした所より思立ちしものですから、青年諸君は勿論、青年指導の任にある人々、並に世の心ある父兄達にも、一読を希望せざるを得ませぬ。

一、改革者は人間悪を忘れて居る

（一）

第一に申上げたい事は、『改革者は人間悪を忘れて居る』と云ふ事に就てヾあります。

私は明治九年の四月、淡路国津名郡佐野村に生れた百姓の子です。大和の郡山中学の学生であつた時分に、友人に基督教信者があり、誘はれて時々教会へ行つたのが元で、卒業一年前に信者となりました。卒業後、北海道に赴きて札幌農学校（今の北大の前身）に入学しました。当初の考は、殖民事業を起すにあつたのですが、入学後間もなく、民友社から出版になつた『現時の社会主義』てふ小冊子を読みて、大に感動し、段々社会主義研究熱の高まるにつれて、農学がいやになり、札幌在学二年にして出京し、早稲田の東京専門学校（今の早稲田大学の前身）の英語政治科へ入学しました。

早稲田在学三年間、私は主として社会主義の書物ばかり読みました。而して段々深く、社会主義の指示する所によりて社会の制度だに改革せば、世に窮民は無くなるものと信ずるに至りました。けれども尚ほ基督教との関係もありて、当時私の一番崇拝した人物は、内村先生（鑑三）でした。それで卒業前より時々内村先生の東京独立雑誌へ投書しておりました。投書が採用されし場合、掲載号が先生自筆の上書きで送つて来らる丶と、無上にうれしがつたものでした。『動物政治』と題する短文が確か最初の投書であつたと記憶しております。

卒業後、一時島田三郎先生の毎日新聞に入社せしも、内村先生との前述の如き関係から、毎日新聞は半年にして退社し、東京独立雑誌の記者となりました。それは明治三十三年一月の三日から四日からでした。当時東京独立雑誌社は市外淀橋町角筈、今の精華高等女学校の所にありました。社員は坂井義三郎、安孫子貞次郎、中村諦梁、日箇原繁、及び小生で投書家としては児玉花外、平木白星、小塚空谷、高橋山風、宮田木仏、山県五十雄等の諸君がありました。

内村先生は、其の時、雑誌を主幹さる丶外に、角筈高等女学校を管理され、教頭を佐伯好郎氏がして居られました。

此の佐伯氏と内村先生との衝突が、独立雑誌の社員と先生との衝突ともなり、社員一同退社の結果、東京独立雑誌は廃刊となりました。退社後私共は、坂井君を先達として牛込の加賀町に一戸を借り受け、そこから『東京評論』と云ふ月刊雑誌を発刊しましたが、一ヶ年にして廃刊し、各々其の志す方向に進み、チリ〳〵バラ〳〵になつて仕舞ひました。

内村先生は独力で『聖書の研究』を発刊し、今尚ほ続けられて居ります。

私は内村先生に師事してから、先生の無教会主義にかぶれて教会を脱し、内村先生と衝突した頃から、先生に離れ、形の上では、基督教とは縁なしになつて仕舞ひました。

其の頃は、内面的にも、社会主義に対する熱の高まるにつれ、宗教熱は冷却しつゝあつたので、交際の上でも、宗教家との交際は次第に薄くなりて、社会主義者との交際は段々濃厚となりました。

私が片山潜氏と知合となりしは、東京評論時代からで、時々加賀町から三崎町に通ふて、片山氏発行の『労働世界』を手伝つて居た次第から、東京評論廃刊後は、専ら『労働世界』へ力を致すに至り、相談の結果『労働世界』を『社会主義』と改題して、私が編集主任になりました。

それからは私と片山氏とが主になりて、市内の各所で、毎月二三回づつ講演会も開いたものでした。当時は文書伝道も、講演の方も、私等が主で安部磯雄氏、幸徳秋水氏等は、傍から助力さるゝと云ふ次第でした。

それから十年余り、私は一生懸命に社会主義の為めに働きました。全く文字通り寝ても社会主義、さめても社会主義でした。従つて新聞記者をしたり、雑誌記者をして、十年以上も東京にありても、交際したのは社会主義者とのみで、有名な政治家や、実業家や、乃至は学者とは、全く交際をしませんでした。

元来単純な私が、学生時代には社会主義の本ばかり読み、世に出てからは社会主義者とのみ交際した様な次第から、いよく単純になつて仕舞つて居たのでした。社会の組織さへ変更すれば、現在の社会悪は凡て除去する事の出来るものと思ふて居たのでした。

併しいくら単純な私でも、十年も立つ中には自分の余りに一つの小さな型にはまり過ぎて居る事に、何時とはなしに気が付いて参りました。『いくら社会の仕組をかへても、社会の単位である個人の心中に、人間悪のある以上、そう甘くは行くまい』と云ふ事に気がつきはじめました。

自己改革即ち修養と云ふ事には、一切お構ひなしの連中が、口ち口ちに社会の改革と云ふ事のみ叫び、而して其の数の次第に増加して行くと云ふ事は、善い事か、悪い事か、疑はざるを得ぬとの気がして参りました。

こうした変化の、私の心中に起りつゝある際私は兇徒嘯集罪に問はれて、二年間千葉の監獄に投ぜられました。

日比谷公園で開いた電車値上げ反対大会の後で旗を立て、示威運動をやりました所、ついて来た弥次馬連が、電車や電車会社の窓ガラスへ投石して破りました。それで兇徒嘯集罪に問はれたのでした。之れは私にとりましては、全くよい時に、よい静思の機会を与へられたものでありました。それで私は獄中で、宗教の書や、修養の書をのみ愛読いたしました。其の結果、私はいよく

私のみならず、改革者は凡て人間悪を忘れて居る

と云ふ事を確かめました。

人間の中に、名誉欲、権力欲、利欲なぞの異常に強いもの、、案外に多い間は、社会は何んとしても、ほんとには改善さるゝものでない

と云ふ事が、深くく私の心に喰ひ入りました。

【資料三】

ドキュメント（日録と資料）

ここでは、「社会民主党」結成にむけての第一回準備協議会から禁止一年後に書かれた木下尚江の論説「弔『五月二十日』（社会民主党禁止の一周忌）」（『毎日新聞』五月二二日）までの間における、「社会民主党」関連の事項と新聞や雑誌などに掲載された記事・論説等一三四編について日を追ってまとめてみた。事項については、見出しを掲げ関連記事等を資料として付し、論説等については発行月日の個所に見出し等を付すことなく掲げた。「社会主義」関係の論文や論説についても参考のために幾つか掲載している。掲載にあたっては出来る限り原文を尊重しているが、内容に直接関係しない明らかな誤植や脱字等については訂正を加えたものもある。また『社会民主党宣言書』中の「理想」八項目、「綱領」二八項目については、記事により語句、表記において多少の違いがあるが、煩雑を避けるため注記して省略した。なお、〈　〉の部分は編者が付したものである。

一九〇一（明治三四）年

四　月　＊一日　安部磯雄『社会問題解釈法』刊

＊三日　二六新報社主催、第一回日本労働者大懇親会開催

＊二〇日　幸徳秋水『二十世紀之怪物　帝国主義』刊

二一日（日）　**創立者六名、第一回協議会を労働組合期成会本部にて開催する。**

1「社会民主党起らんとす」（『労働世界』記事・五月一日）

去月二十四日は我邦労働者の永く記念すべき日なり、安部磯雄、木下尚江、幸徳伝次郎、河上清、

西川光二郎及片山潜の六社会主義者か組合本部に集り普通選挙及労働者保護を実行せんとする目的を以て社会民主党組織の第一回協議を開けり其発表も近きにありと

２「社会民主党の組織」（『六合雑誌』記事・五月一五日）

日本に於て未だ嘗て見ざる新政党――社会民主党は顕はれ来つた。先月二十一日、片山潜、安部磯雄、幸徳伝次郎、河上清、木下尚江、西川光次郎の諸氏は日本橋区本石町労働組合期成会事務所に会し、社会民主党てふ新政党組織のことを相談した。一言にして表はさば社会主義を標榜する一政党を作るといふのである。而して其党名を「社会民主党」と称したのは、実に思断つたやり方である。同時に之が綱領宣言の提案もあつたそうである。〈後略〉

二八日（日）　**創立者六名、第二回協議会を鉄工組合本部にて開催。党名を社会民主党とし、宣言綱領の発表を決定する。**

３「社会民主党生る」（『労働世界』記事・五月一五日、片山潜『わが回想』下巻）

去る四月二十八日午後九時から鉄工組合本部に集って安部、片山、木下、幸徳、川上、西川等が組織せんことを決議した社会民主党は、

（1）人類同胞主義（2）万国平和＝軍備廃止（3）階級制度打破（4）生産機関及び交通機関の公有（5）分配の公平（6）政権の平等（7）自由教育

の七ヶ条を理想とし、此の理想に達するの道行としては、治安警察法の廃止、工場法の制定、労働組合法の制定、雇主賠償法の制定、普通選挙の実行等を計らんとするのである。政綱及び趣意書は臨時発刊で諸君に御目にかけることが出来ようと考える。

社会民主党は真正に社会主義を信じている、而も真面目な人のみで組織しつつあるのであるから、

一定の職業を持てる者ならば誰でも入党が出来る。因に記す。社会民主党組織の事が新聞に出てから、探偵はキツウ御骨折で発起者等の宅へ二度も三度もやって来た。彼等は根ホリ葉ホリ尋ねているが、別に謀叛をするのではなく正々堂々としてるので、只ウルサク感ずる

4「社会民主党組織の計画」(『毎日新聞』記事・四月三〇日)

安部磯雄、片山潜、河上清、幸徳秋水、木下尚江、西川光二郎の諸氏一昨日午前十時より本石町鉄工組合本部に会合し社会主義を取る政党組織の事を協議したるが其名称を社会民主党と称し近々其宣言綱領を発表することに決定したり

五　月　＊一日　『労働世界』に「社会主義」欄掲載開始

＊二日　伊藤首相辞表提出、西園寺臨時代理

五日(日)　創立者六名、第三回協議会を労働組合期成会事務所にて開催する。

5「社会民主党の会合」(『毎日新聞』記事・五月七日)

一昨五日夜片山潜、安部磯雄、西川光次郎、幸徳伝次郎、河上清、木下尚江の諸氏は日本橋区本石町なる労働組合期成会の事務所に会合し兼ねて計画せる社会民主党発表に就ての準備に就き協議せり又其宣言書綱領等は目下起草中にて不日脱稿すべく来る十二日を以て決定する筈

6「社会民主党の組織」(『六合雑誌』記事・五月一五日〈承前〉)

尚本月五日、前記諸氏は又々同所に会合し、同党発表に就ての準備を協議せられたとのことである。尚其綱領宣言等は目下起草中で、不日脱稿すべしと承はる。右綱領宣言の出来上りたる時は、正々堂々之を世に問ふと言ふことである。吾人は今其草案を有せざるが故に、何とも之を評論する

ことが出来ないが、他日其発表を俟つて、聊か吾人の意見をも述べたいと思ふて居る。尚序に同党に就て、吾人の聞得たる所を記しおかんに、同党は決して軽挙妄動を企つる者でない、又過激なる手段を取る者でもない。寧ろ温和に紳士らしく振舞ふとのことである。世人或は同党の名を聞て、忽ち之は不平党なり、社会的革命党なり杯と想像するかも知れぬが、実際同党の有力者に就きて之を糺せば、決して々々左様の者ではない。同党有力者は孰れも恒産恒心ある紳士にして、決して不平などいふ卑劣なる根性より事を起す者でない。諸氏は飽迄も温和の方法を以て其主義を叫ぶといふ積りであつて、決して妄に事を好む底の事をやらないのである。諸氏は平和主義を取り、腕力主義を取らぬ人々だから、之を世の壮士不平家の団体の如く思ふは少しく諸氏の為に気の毒なやうに思はれる。尚も一つ吾人の聞いたことを言う。諸氏は已に右言ふ如き精神を以て之を組織せらる、のであるから、決して叨に多数人の来り投ずるを願はない、唯十人でも二十人でも差問ない、健全なる人物を得れば可なりといふ考で、若し世の壮士無頼漢杯が入党を申込む時は、固より之を謝絶するのみならず、何人にても、其人が職業あり、恒産あり、紳士たるの品格あるを確めたる上でなくば、入党を許さない積りだそうだ。して見れば同党の如きは真に公明正大なる精神を以て成れる者と思はれる。固より意見の相異は何人にも免れぬことであるから、同党に対しても、意見の上より反対する人は固よりあるだろうが、其精神に至つては、何人と雖も尤むべき所がない。以上は吾人が聞き得たる所であるから、聊か記して世の誤解を去るは、又同党諸氏の為に寃を雪ぐの一であらうと思ふ。

九日（木）

7 河上翠陵〈河上清〉「生命ある新政党の必要」

（『万朝報』五月九日）

主義は政党の生命なり、主義の上に立たざる政党は決して永続する能はざるなり。主義は政党の腐敗を予防するの防腐剤なり。主義を以て進退の標準を決せざる政党は必ずや堕落の極に陥らざるべからず。現時の各政党が或は気息奄々として半死の状態に陥り、或は不正不義の行動を恣にして底止する所を知らざる所以のもの、職として一定の主義無きの致す所に非ざるは無し。進歩党や、自由党や、其の始めは与に堂々たる一大主義を以て起りたりき。而かも彼等は久しからずして其の主義を忘却し。徒らに名利に走りて、多年の抱負を棄て。濫りに政権を求めて、宿昔の主張の犠牲に供し。或は人気を投ぜんとして区々の小策を弄し。或は眼前の小利害を慮りて、百年の深謀を忘る。而して彼等が当初の意気や、主張や、精神や、今は全然見るべからざるに非ずや。吾人は敢て茲に政党堕落の歴史を詳述せんと欲する者に非ざるも、唯少しく其の近状を叙して其の如何に主義を重んぜざるかを論ぜん。看よ、進歩党が多年の持論たる軍備縮小、三税復旧説を放抛して、俄然として増税案に賛成せるは何の為めぞや、彼等は口に積極主義を叫び時勢の必要を唱ふるも、其の実は唯俗人の意気に投じて以て其衰頽せる党勢を挽回せんとするに汲々たるの外何等の考慮する所なきに非ずや、而して貴族院が増税に反対し与論亦貴族院に同情を表するに及んで、彼れ進歩党の領袖は竊に上院の硬派を指嗾し煽動して、増税反対の気焔を高めたるに非ずや。知るべし、進歩党の所謂旗幟変更なるものは、決して其の主義政見に基ける者に非ざることを。彼れ既に主義政見に依て行動せずして、徒らに人気を投合せんことを力む、其の行動の反復度なき素より怪しむに足らざるなり、而して其の蠢爾として殆んど死せるが如きもの亦当然なりと謂ふべし。更に自由党の行動を見よ、彼が初め自由平等の説を主張するや、社会の迫害を恐れず、政府の圧制を恐れず、生を棄て血を流すも其の主張を貫徹せんとするの意気や頗る壮なるものありき。而かも彼は終に其の主張を棄て、藩閥内閣と握手したり、専擅主義の鼓吹者たる伊藤侯の幕下に走れり。而して其の当初の主義精神に至ては今や全く見るべからざるに非ずや。宜なる哉自由党の内部日に腐敗し、天下の人心漸く之を離れたることや。

然り進歩党も自由党も与に其の主義を棄てて只一時の利益を求むるに汲々たり。是れ其の党勢日に萎靡して殆んど死に瀕せる所以なり。此の時に当て確固不動の主義を立て、、天下に呼号し、眼前の小利害を顧みず、俗人の嚮背を憂ひず、唯其の確信と主義とに依て勇往邁進するの政党あらば、其の終に天下の同情を引きて、将来政界の一大勢力と為るや決して疑を容れざるなり。見よ、人心は既に進歩党の猾策奸智に餮けるに非ずや。見よ、国民は既に自由党の腐敗堕落に呆れたるに非ずや。是れ実に主義ある新政党が速に起るべきの時なり。主義を以て生命と為すの政党は、仮し初には社会の同情を得る能はざることあるも、終には一大勢力と為りて最後の勝利を得るや必せり。故に吾人は固く信ず、政党の生命は政権に非ず、金力に非ず、権謀に非ず、術数に非ずして、唯一の主義に在ることを。苟も牢乎不抜の大主義を以て進退行動せば、必ずしも財力の大を要せざるなり、必ずしも政権を求るを要せざるなり、又焉んぞ公侯の爵位ある者を首領とするの要あらんや。吾人は久しく斯くの如き政党の起らんことを希望し、之が創建に向て微力を尽さんと欲せり。彼の社会民主党の創立の如き是れ豈に時勢の必要に応じたるものに非ずして何ぞや。

一五日（水）

8「将来の大政党」（『六合雑誌』社論・五月一五日）

七八年前に於ては政党に加入せる者の信用厚くして、何等の政党にも属せざる人は無所属の者と称せられ、殆んど節操なきが如くに思はれたのであるが、今日の形勢は全く一変して新に政党に加入するものあれば彼は何か為にする所ありて入党したりと疑はれ、政党を脱するものは清廉の士であると思はるゝに至つた、一言にして言へば政党てふものは一般世人の信用を失し唯名利を目的とするもの、団体であると解せらるゝに至つた、勿論過渡時代の出来事として考ふれば幾分か忍ぶべき処もあるが、兎に角我国政治発達の上には大なる障碍と言はねばならぬ、何故に政党は此の如く腐敗したるかといふに、種々なる源因あるが中に吾人は政綱の明白ならざるを以て其原因の主要なるものと思ふ

試に憲政本党とか政友会とか、将た亦帝国党とかいふもの、綱領を採り来りて比較して見れば、其綱領に判然たる区別を見出すことは出来ない、此等の政党は唯感情の上から、或は利害の点から互に反目して居るのであつて、何も堂々たる主義によりて争ふて居るのではない、米国の「リパッブリキヤン」党と「デモクラット」党との間には政治経済等の意見に於て画然相違した処がある、英国の保守党と自由党との間に於ても亦其通りであるが、我国の政党は唯政権奪略の為に争ふのであつて、少しも主義綱領の為に戦ふのではない、其結果甲の党を脱して乙の党に入りたりとて持説の上に何等の変動も生じない、其処で此の如き人は多少変節者として世人に疎まるゝことはあらふが、決して変説者として責めらるゝことはないのである、茲に於て我国人が政党を選ぶに当りては別段主義綱領に着眼する必要はなく、唯名利を得る手段としては何れの政党が最も都合宜しきやを考へるだけの争である、斯くては政党に対する節操といふもの、存在し得べき道理はない、主義綱領の為には己が生命を賭すべしとの熱心は到底望み難き事である、されば今日の如く政党の堕落し来りたるも決して怪むべきことでない

自由党にせよ進歩党にせよ随分名誉ある歴史を有して居る、今日は猫の如く従順なるものとなつて居るが、其当初に於ては猛虎の如き元気を有して居た、吾人は必ずしも今日の政党が各特種の旗

幟を有せねばならぬとは言はぬ、若し人心を新にするが如き題目をさへ有すれば、たとひ各政党が同様の綱領を有するとしても其活気を維持することの出来るは明白なることである、彼の自由党及び進歩党が十九世紀の特産物たる民主主義を天下に呼号したる時には、よし少数の人々は蛇蝎の如くこれを嫌忌したるにせよ、多数の人々は大にこれを歓迎し、終に国会開設を見るに至つたのである、其時に於ける板垣大隈の二首領は実に宗教的熱心を以て自由民権を主唱し、国人が彼等を渇仰するや殆んど宗徒の祖師に対するが如くであつた、民主々義は其時に於て好個の題目となり、これが為には幾多の志士が血を濺いだる事もあつたのである、然し星移り物換はり今日となつては民主々義が先づ第一着の勝利を占むることになつたから、茲に政治上の発達に一頓挫を来すこととなつた、時代の変遷は実に驚くべきものであつて、世人は最早旧来の民主々義には満足を表せぬ様になつた、今日如何に人々が平民主義を唱へても、已に一たび民友社の平民主義を聴きたる国民は再び其耳を傾くるの勇気がなくなつた、樹木も一と通り其生長を終れば遂に枯死して再び其新芽を発するが如く、嘗つて国民を動かせし民主々義は一たび衰死の有様に陥りたれども、今は亦新衣裳を着けて再び国民の視聴を動かすべき時となつたのである

何故に板垣大隈によりて唱導せられたる民主々義が今日に至りて其活力を失ひたるかと云ふに、政治上から割り出したる民主々義なるものは或程度まで実行せらるゝことはあるも、其以上に於ては全く絶望的であるからである、仏国革命に依りて宣伝せられたる政治上の民主々義は其根拠が甚だ薄弱であるといふことは、今日社会が発達し行く有様を見れば明白である、人類の不平等は唯政治上の不平均からのみ来るものではない、更にこれよりも大なる原因は他にあるので、吾人はこれが経済上の不平等であることを断言する、たとひ普通選挙が充分に行はれたとするも、若し貧富の懸隔甚だしければ政権は矢張富人の手に落ちる事

になるは決して疑ふべからざることである、数千人の職工を使用せる資本家は容易に彼等の投票を購ふことも出来る、亦圧制的に自己の欲する処に向つて投票せしむることも出来る、故に今日の如き社会に於ては富者は却つて其政権を握るの便益を多く有して居るといふても差支はない、されば政治を根拠とせる民主々義が今日に於て其勢力を失つたといふのも決して怪むべきことではない、若し将来人心を動かす所の大主義が此世に現はる丶とすれば、其は必ず経済を根拠として民主々義を唱ふるものに相違ない

明治十二三年の頃に唱へられたる民主々義は実に青天の霹靂であつて、其時代の人々は実に異様の感を以て之に対した、板垣氏の如きは殆んど兇手に斃れんとした位である、然れども今日となりては殆んど板垣氏の願望は遂げられ、最早民主々義に対して異議を唱ふるものはなき有様となつた、然し人世は妙なもので、何事も新奇なる間は人々が其に対して信用を措かざるのみならず、却つて種々なる疑惑を抱くものである、若し今日吾人が主唱する社会主義を根拠として綱領を編み、これを政党組織にでもして世に公にしたならば、人々は必ず一驚を喫するであらふ、然し吾人は切に読者の反省を仰ぎたいことがある、抑も民主々義の発達は今日の有様にて止むべきであるか、将た亦今一段の進歩を為すべきであるか、これは実に深重なる考究を要すべき問題である

吾人は到底自由党や進歩党に依りて唱導せらる丶処の民主々義に満足することが出来ぬ、民主々義自然の発達より考ふれば是非経済上の平等を唱へねばならぬのである、故に吾人が予想する将来の大政党とは即ち経済上の民主々義を主唱する処のものであつて、取りも直さず社会主義を明白直截に主唱する所のものである、吾人は今茲に社会主義の主唱する所を一々掲ぐるの必要を感ぜないが、試に三四の点を挙げて見たい

一凡ての生財機関及び交通機関を挙げて公有となすこと

二貧富の懸隔を減するために分配を公平にすること
三階級制度を全廃して政権を平等にすること
四軍備を縮小して漸次全滅に至らしむること
以上陳べたる四ケ条の如きは未だ社会主義の全部を現はしたるものではないが、此四ケ条だけにてこれを今日まで有りふれたる処の政党の綱領に比較して見れば其相違の程度が明白となるであらう、進歩党や自由党の綱領は単に漠然たることを掲げて居るので、其中には何等の目立たしいものもない、吾人はこれに対して少しも不同意を唱へる様なる点はないが、其代りに其綱領の為に熱心を引き起すが如きことは毛頭ないのである、これに比すれば社会主義の唱ふる処は実に堂々たるものであつて、其所説の明瞭直截なるだけ人心を動かす其力も多い、
将来の大政党は亦多数の人民を味方とするものでなくてはならぬ、民主々義の本領は少数貴族の為に多数人民の利益を犠牲にすることに反対するのである、然るに今日の自由党や進歩党は決して多数人民の休戚を負ふて立て居るのではない、試に我衆議院議員なるものを見るに、何れも富者を代表せるものであるから、其議決する処は悉く富者の利益を図るのであつて、少しも多数人民の利益を慮ることはない、地租増徴の説が起れば三百の議員は殆んど地主の代表者であるからこれに反対を試みる、砂糖税や酒税の如き消費税の貧民を苦むるものなることは彼等よくこれを承知しながら、咄嗟の間に増税案を可決するといふ有様である、恰も仏国革命時代に於ける平民が間もなく時代の風雲に乗じて資本家となりたるが如く、明治十二三年頃の民権家は最早今日貴族的の人間と化し去つて仕舞つた、今日の政党が何れも爵位附の人物を首領に戴いて居るといふのも一の奇観である、民主々義も茲に至りて已に衰微の極に達したものと言はねばならぬ、今日の自由党も進歩党も少数資本家の味方否傀儡であつて、多数人民の為には却つて敵といふ方が適当である、茲に於てか

多数人民の意志を代表し、其権利を主唱する処の政党の必要があるので、吾人は彷彿として此の如き大政党の将来に起り来るを見るのである

労働者は我国に於ける一大潜勢力である、彼等は富の産出者であるのみならず実に一国に於て大多数を占めて居る階級である、彼等が今日比較的無勢力なるは無学の然らしむる所であつて、若し一朝彼等にして教育を受くれば其勢力や決して侮るべきものでない、彼等が何時まで無学の境遇に居るべきやは単に時間の問題にして、早晩彼等が自己の実力を自覚するに至るべきは疑ふべからざることである、労働者が社会主義を奉じて一段の活気と確信を得、社会主義が労働者に働きて始めて其真価を発することは欧米諸国の事実に照して明白である、今や独逸の議会には社会民主党七十有余の議席を占め、仏国に於ては公然社会主義を唱ふるミレラン氏商務大臣の椅子に倚り、白耳義に於ては社会主義者殆んど国会議員の半数を占め、欧米の諸都会に於ては社会主義の政策長足の進歩をなしつゝある、社会主義者は何れも宗教的熱心を以て労働者の間に其主義を宣伝しつゝあるが、如何なる無学なる社会主義者と雖も決して他党の為に自己の投票を売るが如きことは為さない、彼等の中には驚くべき確信と訓練があるのであるから、若し我国に於ても労働者を味方とし、社会主義を根拠として政党を組織するものがあるならば、終にこれが天下を風靡する程の大政党となることは疑ふべからざることである、是は決して吾人の一私言ではない、世界の大勢がこれを証して居るのである

9 「社会民主党の組織」(『教育時論』「時事偶感」・五月一五日)

聞くが如くんば、平生社会問題研究に熱心なる、片山、安部、河上、木下諸氏は、近日『社会民主党』といふ者を組織し、其宣言書綱領等は、機を見て之を発表すべしと、吾等は、未だ其宣言綱領を見ざるを以て、其党実際の組織精神如何を知る能はずと雖、既に『民主』を以て、党名に冠らし

たるより推度するときは、略其大概を想像するに難からず。吾等の想像にして果して誤まらずとせば、該党の組織は、全然我国体政制と、相衝突すべく、決して之を等閑に看過すべからず、我邦宇内無比の国体あり、万国不二の歴史あり、加ふるに欽定憲法の発布あり、断じて米仏諸国に用ひらるゝ、民主主義の発達を許すべからず。然るに今『民主』を以て其党に冠するもの出でんとす、是れ必ず一国主権の人民に在るべきを主張するもの、実に我国体を破壊し、歴史を無視し、憲法を蹂躙せるものと謂はざるべからず。果して然らば、『社会民主党』の組織は、偶ま天下の治安を妨害し、国家の基礎を危殆ならしむるもの、実に容易ならざる計画と謂ふべし。吾等は、未だ其内容如何を知らざるを以て、発起諸氏の真意、果して何の処に在るかを知らずと雖、社会民主党の組織、全く吾等の想像に反し、此言の空しく杞憂に属せんこと、切望の至に勝へざるなり。

一八日（土）　社会民主党の結成手続き完了される。

10「社会民主党組織せらる」（『毎日新聞』記事・五月二〇日）

兼ねて計画中なりし社会民主党は一昨十八日を以て結社の手続を了し〈後略〉

11片山潜・西川光次郎『日本の労働運動』（労働新聞社、五月一八日、再版六月一〇日）

序文

人民は沈黙し口を閉て敢て語らず、余は彼等沈黙者の為めに談らん、余は彼等小者の為めに大者に向て談らん、余は弱者の為めに強者に向て談らん。

余は失望して沈黙せる者の為めに談らん、余は云はんと欲して云ふ能はざる者の為めに談らん。余は云ふ能はざるも苦痛と不平と不満に堪ゆる能はずして動物的の声を発しつゝある者の為めに談らん。

余は人民の口たるべし、余の口には猿轡は無用なり、よし余の口より出血淋漓たるも余は語りて止まざればなり、余は凡てを談らずんば止まざるべし（ビクトル　ユーゴー）

余は凡ての方法によりて労働者の組織せられんことを望む、余は労働運動を祝す、之れ余が唯一の希望なり、国民をして労働者の声に聞かしめよ（ウエンデル　ヒリプ）

以上の言を以て序に代ふ、以上は著者が一日も忘る、能はざるの語なり

一九日（日）　社会民主党の結社届けを神田警察署に提出する。

12「社会民主党組織せらる」（『毎日新聞』記事・五月二〇日〈承前〉）

昨日幹事片山潜、木下尚江の両氏より神田警察署へ届出に及びぬ、

二〇日（月）　新聞各紙、社会民主党の結成を報道する。

13「社会民主党宣言書」（『労働世界』第79号臨時発刊）〈【資料二】参照〉

14「社会民主党組織せらる」（『毎日新聞』記事・五月二〇日〈承前〉）

〈承前〉其の党則及び宣言書は左の如し

社会民主党々則

（目的）第一条　我党は社会主義を実行するを以て目的とす、（名称）第二条　我党は社会民主党と称す、（位置）第三条　我党の事務所を神田区仲猿楽町九番地に設く、（会員）第四条　一定の職業を有する者会員二名の紹介を以て入党を申込み評議員会の決議を経たる時は会員たることを得、党則に反き其他党の名誉を毀損したる者は評議員会の決議を以て之を除名す、（役員）第五条　幹事二名評議員若干名を置き大会に於て之を選挙す（会費）第六条　会員は

党費として毎月二銭を納むべし

社会民主党の宣言（一）

如何にして貧富の懸隔を打破すべきかは実に二十世紀に於けるの大問題なりとす、彼の十八世紀の末に当り仏国を中心として欧米諸国に伝播したる自由民権の思想は、政治上の平等主義を実現するに於て大なる効力ありしと雖も、爾来物質的の進歩著しく昔時の貴族平民てふ階級制度に代ゆるに富者貧者てふ、更に忌むべき恐るべきものを以てするに至れり、抑も経済上の平等は本にして政治上の平等は末なり、故に立憲の政治を行ひて、政権を公平に分配したりとするも、経済上の不公平にして除去せられざる限りは人民多数の不幸は依然として存すべし、是れ我党か政治問題を解するに当り全力を経済問題に傾注せんとする所以なりとす（中略）

我党は茲に多数人民の休戚を負ふて生れたり、然れども貧民を庇して富者を敵とするが如き狭量のものにあらず、而して其志す所は我国の富強を謀るのにあれども、然も外国の利益を犠牲に供して顧みざるが如き唯我的のものにあらず、若し直裁に其抱負を言へば、我党は世界の大勢に鑑み、経済の趨勢を察し、純然たる社会主義と民主々義に依り、貧富の懸隔を打破して全世界に平和主義の勝利を得せしめんことを欲するなり、故に我党は左に掲ぐる理想に向つて着々進まんことを期す〈以下、「理想」八項目省略〉

是我党の理想とする処なれども、今日これを実行するの難きは素より論を待たず、故に我党は左の如き綱領を定めて実際的運動を試みんことを期す〈以下、「綱領」二八項目省略〉

15 「新政党出づ」（『万朝報』社説・五月二〇日）

政党に高尚の主義あり理想あらんことは、吾人の久しく渇望せし所也、然れども此事や決して之を今の腐敗し堕落せる政治家及び政党に向つて望む可らず、必ずや活気あり熱誠ある少壮後進の任とすべき所なるは、亦た吾人の久しく論道せし所也、而して今や社会民主党なる新政党の組織せら

る、に会ふ、夫れ或は庶幾からん乎
彼等が今後如何の運動を為し如何の事業功果を挙げ得べきやは、未だ知る可らずと雖も、其の宣言綱領を読むに、従来政党の宣言綱領と甚だ其選を異にする者あり、蓋し従来政党の主義綱領と称する者、或は憲法を遵奉すと云、或は外交を刷新すと云、或は商工の発達を期すと云ふが如き、千篇一律、漠然たる数行の抽象的文字を臚列するに過ぎずして、曾て確然一定せる方針に拠て、実際的諸問題に対する政見を告白せる者なし、是れ実に彼等が初めより告白すべき一定の意見経綸を有せざるが為めにして其言論行動の常に無責任に陥り、常に一身の情実、一時の利害の為めに左右せられて今日の腐敗堕落を致せる所以也、而して民主党の宣言が全く之に反して、堂々数千言、其主義理想と実際的経綸に就て極めて詳細なる方針意見を発表し、一に之に依て終始せんとするの慨あるは、其意見の当否は姑く措き、先づ吾人の心を得たる者也
彼等は社会主義を経とし、民主主義を緯とすと呼号す、其名未だ邦人の耳目に熟せざるが為めに、多少世人の誤解を招くなきに非ざるべしと雖も、現時世界文明の大勢は明らかに此等大主義を歓迎する者なるは疑ふ可らず、独逸の社会民主党は、嚮にビスマークの激烈なる迫害抑圧の為めに一時気息の奄々たるが如くなりしも、而も暴力は正義に勝たず、爾後彼等の勢力は油然として勃興し、今や独逸議会に於て七十有余の議席を有するに至れり、我国民主党にして真に正義なる主義方針に依て勇往して渝るなくんば、其発達決して難きにあらざるべし、要は彼等の熱心誠意如何耳

16「社会民主党の宣言（未完）」（『万朝報』記事・五月二〇日）

兼て噂ありし社会民主党は愈よ昨日を以て結社を届出で左の宣言書を発表せり
〈以下、『労働世界』第七九号掲載の「社会民主党の宣言」の「綱領」部分まで掲載、省略〉

17「社会民主党」（『報知新聞』記事・五月二〇日）

予て組織の噂ありし社会民主党といふもの愈よ昨日発兌の労働世界臨時増刊を以て発表されたり宣言書は数百行に亘れる長篇なるが要するに同党の理想とする所は

〈以下、「理想」八項目省略〉

と云ふに在れども今日之が実行の難きを知るを以て別に左の如き綱領を定めて実際の運動を試むべしといふに在り

〈以下、「綱領」二八項目省略〉

而してこの運動を遣るの手段に対しては最も平和的の方法を取り文明的機関に依りて立つべき事を期し彼の浮浪壮士が採る所の乱暴手段の如きは其最も恐る丶所なる旨を附記したり

18「社会民主党の宣言」(『日出国新聞』記事・五月二〇日)

予て一部有志者の間に計画ありし社会民主党組織の事は其後着々進行し愈々昨日を以て宣言書を発表したり今其大要を紹介せんに先づ冒頭に於て「如何にして貧富の懸隔を打破すべきかは実に二十世紀に於けるの大問題なり」と喝破し「本邦今日の政治機関は全く富者即ち貴族富豪若しくは地主資本家の壟断する所となり国民の多数を占むる労働者小作人は一般に度外視せられ居るも彼等をして其得べき地位を得せしむるは社会全体の利福を増進する所以にして我党は茲に多数人民の休戚を負ふて生れたり」と説き「我党は純然たる社会主義と民主々義に依り貧富の懸隔を打破して全世界に平和主義の勝利を得せしめんことを欲するものにして

〈以下、「理想」八項目省略〉

を理想とするものなるも今日之を実行するは固より困難なれば綱領として

〈以下、「綱領」二八項目省略〉

を規定し実際的運動を試みんことを期す」と説き滔々数千言を列ねて終りに「社会民主党は貴賤貧富の懸隔を打破し人民全体の福祉を増進するを目的とす」と述べたり

主義綱領大体に於て我輩の賛同するに躊躇せざ

る所今後益々健全の発達を遂げて沈滞せる我政界に一新動力を与ふるに至らんこと切望するものなり

19「社会民主党の結党」（『二六新報』記事・五月二〇日）

予て同志間に協議中なりし同党は愈々昨日神田警察署に向け結社届を差出し宣言書を発表したり

同日　**社会民主党、治安警察法**（第八条第二項）**により警視総監名で結社禁止命令を受ける。**

20「咄々怪事　社会民主党禁止せらる」（『毎日新聞』記事・五月二一日）

『社会民主党』の宣言綱領は昨日の本紙に掲げたれば、読者の記憶は尚ほ甚だ新たなるべし、然るに神田警察署は昨二十日、同党幹事を召喚して左の如き禁止の命令書を伝へぬ、

社会民主党主幹者

片山　潜

木下尚江

社会民主党は安寧秩序に妨害ありと認むるを以て治安警察法第八条二項に依り其結社を禁止する旨内務大臣より達せられたり

右伝達す

明治三十四年五月二十日

警視総監　安楽兼道

21「社会民主党解散せらる」（『労働世界』記事・六月一日）

去る二十日の朝十時に結社の届を出した社会民主党は、同日の正午十二時に解散の命を受けた、其間僅かに二時間!!　警視庁の敏腕実に驚くべし。而し聞く所によると、警視庁は内務省とも相談して届の出ぬ先きから解散の決議をして居つたのだと云ふことだ、解散の理由は別とするも之は不都合だ。

解散の理由は治安防害と云ふ四字だ、此の四字は政府の手で伸縮自在だから驚く。

同日　『労働世界』『毎日新聞』『万朝報』『報知新聞』『日出国新聞』の一雑誌、四新聞紙に対して、新聞紙条例（第三三条）により発売頒布停止、仮差押え処分が下される。同時に東京地方裁判所への告発がなされた。

22「主事と検事局」（『東京日日新聞』記事・五月二一日）

安立警視総監官房主事は昨日午後三時検事局に出頭し川淵検事正に会談したり右は社会民主党禁止後該宣言綱領様のものを記載したる新聞紙に対する処置に付協議せんが為めなりしならんといふ

23「足立主事の検事正訪問」（『国民新聞』記事・五月二一日）

〈『東京日日新聞』記事〈同右〉と同趣旨〉

二一日（火）　新聞各紙、社会民主党の結党禁止を報道する。

24「咄々怪事」（『毎日新聞』論説・五月二一日〈承前〉）

安寧秩序の妨害とは何ぞや

是れ啻に社会民主党に関する問題のみに非ずして、実に日本国民結社の自由に関する重要なる問題を包含す、社会民主党の諸氏が此の禁止処分に対する決心如何は吾人の与かり知らざる所なれ共、吾人は直ちに一般結社権問題として我国民及び当路者の猛省を促がすべき者あるを信ず、

所謂『安寧秩序の妨害』とは何ぞや、是れが認定は内務大臣の権内に在りと雖も、而かも其の認定を下だすが為めには、適切の事実と理由と是れ無かるべからず、内務大臣必らず説あらん、吾人未だ之を知ること能はざるを悲む、

結社禁止の予定

然るに更に怪むべきは、内務省に於ては尚ほ社会民主党の発表なきに当りて、数日前既に之を禁

止すべき内議を決定し居りたる事是れなり、結社未だ成らざるに、禁止令早くも整頓し居りたりとは、豈に咄々怪事に非ずや、

然らば該党の創立者たる人物其れ自身が安寧秩序を妨害すべき危険あるが為め乎、世人の知る所を以てすれば、彼等は従来曾て政治運動等に関与したることなく、有体に言へば、学を好み理を愛し特に其の私行に至りては、何れも半点の非難を受くべき者あるなし、彼等が『当世有志家』の遊食の徒多きを憂ひ自主独立の同志と共に事を永遠に期せんとするの精神は、其の規則第四条に於て会員の資格を規定し『一定の職業を有する』ことを以て其の要件となせるにて知るへきなり、彼等は皆な平和宗の信者なり、誰が之を呼ぶに安寧秩序の妨害者を以てすることを得んや、

然らば彼等は何事か安寧秩序を妨害すべき行為を演ぜしや、彼等は十九日を以て結社の届出をなし、二十日を以て宣言書を発表したるに過ぎず、彼等の行為只だ是れのみ、而して内務省は数日以前に於て禁止の内議を決定し、以て結社届の出づるを待ち居れりと云ふに至ては、常識の得て理解すること能はざる所なり

政府は名称に恐れし乎

弁ずる者曰く政府は「社会民主党」の名称に恐怖せり、是れ其の実体を看ざるに先ちて禁止の内議を決定せし所以なりと、ア、、此の如き愚痴の妄言は憲法政治を実施して既に十余年、二十世紀の日本に於て再び聴聞するの義務なき筈なり、況んや文学博士末松謙澄君が内務大臣たるの時に於て、復た此事あるべけんや、

然れ共社会民主党の禁止は現実なるを如何にせん、政府必ず説明すべき正々の理由あらん、社会民主党の諸氏亦た必ず堂々之に対して執るべき決意あらん、吾人は爰に内務大臣が濫りに認定権を用て結社の自由を蹂躙したる怪事を大書し、大憲が保護する権利の為めに国民の警醒を促がさずんばあらざるなり、

25 「社会民主党の結党禁止」(『報知新聞』記事・

五月二一日）

一昨日主旨綱領を具して結党届をなしたる社会民主党は昨日内務大臣より結党を禁止する旨達せられたり

26「社会民主党結党を禁ぜらる」（『東京日日新聞』記事・五月二一日）

一昨日を以て趣旨綱領を具して結党届を為したる社会民主党は昨日内務大臣より治安警察法第八条第二項に依り同党の組織は社会の安寧秩序を妨害するものと認め結党を禁止する旨達せられたりといふ

27「社会民主党の結党禁止」（『国民新聞』記事・五月二一日）

十九日主義綱領を具して結党届をなしたる社会民主党は二十日内務大臣より結党禁止を命ぜらる

28「社会民主党の結党禁止」（『読売新聞』記事・五月二一日）

一昨日主旨綱領を具して結社届をなしたる社会民主党は昨日内務大臣より結党を禁止する旨達せられたり

29「社会民主党の結党禁止」（『人民』記事・五月二一日）

一昨日主旨綱領を具して結党届をなしたる社会民主党は昨日内務大臣より結党を禁止する旨達せられたり

30「社会民主党の禁止」（『神戸又新日報』東京電話（二十日）記事・五月二一日）

幹事片山潜、木下尚江両氏の名義を以て昨日神田警察署に結党届を差出したる社会民主党は本日内務大臣より治安警察法第八条二項に拠り結党禁止を命ぜられたり

31「結党禁止」（『京都日出新聞』記事・五月二一日）

昨日趣旨綱領を附して結党届を差出したる社会民主党は本日内務大臣より結党を禁止せられたり

32「社会民主党の結党禁止（東京電話）」（『大阪毎日新聞』記事・五月二一日）

片山潜、幸徳秋水等の発起せる社会民主党は昨日趣旨綱領を具して結党届をなしたるに本日内務

大臣よりその結党を禁止する旨達せられたり

同日　『毎日新聞』『万朝報』『報知新聞』、社会民主党宣言書掲載により発売頒布停止処分と告発を受けたことを報道する。

33「毎日新聞告発せらる」（『毎日新聞』記事・五月二一日）

我毎日新聞が社会民主党組織せられし事を報道するや、政府は新聞紙条例第三十三条の違犯と認め、同条例第二十三条に依りて其発売頒布を停止せられたり

第三十三条は社会の秩序を壊乱する事項を記載したる場合を規定せる者なれば、政府は本紙の該記事を以て社会の秩序を壊乱する者と認めしが如し、然れ共吾人は全然之に服する能はざるを以て、法廷に於て其是非曲直を争ふ可きなり

34「本紙の発売頒布停止」（『日出国新聞』記事・五月二二日）

本月二十日発行日出国新聞第四千四百三十六号に「社会民主党の宣言」と題したる事項は新聞紙条例第三十三条違反と認められ同条例第二十三条に拠り昨日内務大臣より其発売頒布を停止し仮りに之を差押へ且右と同一主旨の事項の記載を停止すべき旨を命令せられたり

35「社会民主党の結党禁止」（『国民新聞』記事・五月二一日〈承前〉）

安立主事の検事正訪問

安立警視総監監房主事は二十日午後三時検事局に出頭し川淵検事正と会談したり多分社会民主党主義綱領等を記載したる新聞紙に対する処置に就いての協議なるべしと

新聞紙の告発

二十日内務大臣より其の結党を禁止せられたる社会民主党の主義綱領を記載したる新聞紙は同日を以て其の筋に告発せられ同時に該事項所載の新聞紙は押収せられたりと

36「社会民主党の禁止」（『二六新報』記事・五月二

一日）

一昨日を以て宣言及主義綱領を発表したる社会民主党は昨日其筋より結社の禁止を命ぜられ又其宣言書を掲載せる昨日の報知、万報、毎日三新聞は何れも発売を停止せられたり

同日『万朝報』第一版に「社会民主党の宣言」の続きを掲載、第二版・第三版において鉛版を削除するも、新聞紙条例の同一記事掲載禁止違反容疑で告発を受ける。

37「社会民主党の宣言」（『万朝報』第一版記事・五月二一日）

〈「宣言」中の「綱領」二八項目の後、「我党は此の如く社会主義を経とし」から、続く三段落終わり「寄生虫を除去せんとするに在り」までを掲載〉

38「万朝報発売頒布を停止せらる」（『万朝報』記事・五月二一日）

昨二十日発行の万朝報紙上新政党出づと題したる論説及び社会民主党の宣言と題する記事は新聞紙条例第三十三条違反と認められ同条例二十三条により昨日内務大臣より其発売頒布を停止し仮に之を差押へ且つ右と同一主旨の論説及び事項の記載を停止すべき旨命ぜられたり而して此命令の警視庁より本社発行兼編集人に伝達せられたるは午後七時頃にて既に印刷に取懸らんとするの際なりしかば已むを得ず本紙一面に続載し置きたる社会民主党宣言の記事を抹殺したり読者幸に之を諒せよ

39「万朝報再び告発せらる」（『時事新報』記事・五月二一日）

万朝報は一昨日の紙上に於て社会民主党の宣言書を掲載したる為め其筋より告発せられ同時に内務大臣より同一趣旨の事項を掲載する事を禁ずる旨の命令ありたるが昨日の第一版の紙上に於て一昨日の続きを掲載したる廉を以て再び告発せられたりと

同日　**千葉町において発行の『新総房』新聞、宣言書掲載により発売頒布停止処分と告発を受ける**

40〈幸徳秋水〉「民主党事件と大審院」（『万朝報』社説・一一月一一日〈大審院判決書より引用〉）

前略明治三十四年五月二十一日発行の同新聞紙千七十四号の紙上に云々冒頭に於て如何にして貧富の懸隔を打破すべきかは実に二十世紀に於ける大問題なりと喝破し本邦今日の政治機関は富者即ち貴族富豪若くは地主資本家の壟断する所となり云々我党は純然たる社会主義民主々義に依り貧富の懸隔を打破し全世界に平和主義の勝利を得せしめんことを欲するものにして云々一先づ軍備を全廃すること三階級制度を全廃すること四生産機関として必要なる土地及び資本を悉く公有すること五鉄道船舶運河橋梁の如き交通機関は悉く之を公有とすること六財富の分配を公平にすること云々を理想とするものなるも今日之を実行するは困難なれば綱領として云々二十五貴族院を廃止すること二十六軍備を縮少すること二十七治安警察法を廃止すること二十八新聞紙条例を廃止することを規定し実際的運動を試みんことを期すと説き滔々数千言を列ねて終りに社会民主党は貴賤貧富の懸隔を打破し人民全体の福祉を増進するを目的とすと述べたりと掲記して頒布したるものにして〈後略〉

同日　**片山潜、幸徳秋水、木下尚江、末松内務大臣に面談を要求する。**

41「社会民主党と内務省の意向」（『毎日新聞』記事・五月二二日）

社会民主党は安寧秩序に妨害ありとして内務大臣之を禁止せしかば、同党発起者片山潜、幸徳伝次郎、木下尚江の三氏は昨日午後一時、内務省に赴き末松内相に面談を求めしに、秘書官水野練太郎氏代はりて応接せり、三氏は即ち社会民主党が安寧秩序に妨害ありとの認定を受けたるは、甚だ迷惑する所にして今後行動の都合もあれば、其の認定を受けたる理由を説明せられたしと言ひけるに、水野氏は其の認定は大臣の権内に在れば説明の限に非ずと答へぬ、三氏は認定と云へることは濫りに為すべき者に非ずして必ず相当の理由なかるべからずとて、更らに内相の弁明を求めければ、水野氏は之を末松氏に取り次ぎヤガて復た出で来りて曰く大臣の言はるゝには全体の上より看て治安に妨害ありと認めたる者なれば、今後同様の運動の廃止を希望すと、

内相と面談するに非ざれば到底要領を得ざるべきに付き三氏は其侭辞し去れりと云ふ

二二日(水)

42 堺利彦「三十歳記」(『堺利彦全集』第一巻、中央公論社、一九三三年五月)

今朝末松の処に行つて社会民主党に対する考を聞いた、末松は内務大臣として全力を尽して鎮圧すると云つて居る、末松も目先の見えぬ事を云つてゐる、丁度昔の人が自由民権家をいやがつたやうな事を云つてゐる、仕様がない、末松曰く、社会党は列国共に持てあまして全力を注いで鎮圧に力めてゐる、何も物ずきにあんなものを日本に持つて来なくてもよい、列国同様我政府も全力を注いで鎮圧せねばならぬ、丁度昔のメテルニヒが云つたやうな調子だ

43「社会民主党を評す」(『毎日新聞』社説・五月二二日)

社会改良を目的をする有志が、経済的理想を基礎として、一団体を組織すべしとは、吾人の久く耳にする所なり、其人々の中には、吾人の親く知る所の者あり、其素行謹厳にして、職を執ること誠実且勤勉、倹素簡朴力に食むの主義を実行し、又学理の研究に忠実にして、極めて進歩せる思想を懐く人あり、吾人は其団体の組織が、其人格と相□ふ者なるべきを信じ、竊に其現出を待ちたる

者なり、

然るに其組織成りて公衙に届出づるや、治安に害あるの団体として、結社禁止の命を受け、其趣意書を掲載せし新聞雑誌は、発売を差止められたり、吾人は発起者諸氏の人格を知るの故を以て、此結社の躁暴危激の者たらざるを想ひしに、今此報に接し、頗る意外の感無くんばあらず、

人間最終極度の理想は、現実と相合はざる者なり、現実を主とする儒教も、其根底に共和主義と解釈すべき思想を有す、虚無寂滅を理想とする老仏は、更に之より太甚き者あり、然れ共是等の教が、古来人類の進歩と安寧とを裨け、我国に伝播して、国体を保ち権利を高めたること昭晰なり、四海同朋、上下平等、兵を銷し、□を撤し、個人均く福利を享有すべしとの理想は、所謂理想にして、何人も現下に之を行はんとする者あらず、唯此信念を基礎として、現在の不平等を減ぜんと欲し、過大の軍備を縮めんと欲し、過度の差別を少くせんと欲するに於て、初めて実地の問題と為すべし、此現実の問題は、利害討究の範囲に属し、之を行ふの手段如何は、初めて政治論として之を評すべきなり、是より以上彼の理想如何は各個胸底の信念にして、恰も儒仏諸教の信仰と同く、実際政論の範囲に属せざるなり、社会民主党の理想は、理想として吾人之を度外に置き、其事実問題の列掲ヶ条を見るも、吾人の実際意見と合はざる者亦頗る多し、然れ共此事項には直接治安を妨ぐる者ありと見認むべき者あらず、之を行ふの手段は、未だ一も之を実現せずんば、其禁止せられたるは果して何によるや、嗚呼吾人之を知れり、其社名の新奇にして、人耳を轟励するの一点に在るなるべし、

社会の二字は既に世人の耳に熟せり、之に学の一字を附すれば、極めて平允に感じ、之に党の一字を副れば甚危険に想ふ人あり、民権の字面は耳に熟するも、民主の二字は共和の意義に混ずるの迷あり、今回新成の団体、社会民主党といふ、是れ当局に異常の感を与へて、禁止の命に接せし所

以なるべし、然れ共其字面は未だ事実を明示するに足らざるなり、蓋し此命名の由来は、洋語のソシアルデモクラチックパーチーを直訳せる者なるべし、現在の進歩せる社会学的経済家は、ソシアルデモクラチックパーチーの綱領を賛する者多く、我国各学校の講壇にも、屢々講話せられ、雑誌にも著書にも其説続々論述せられ居るなり、敢て奇説新論として駭観すべき程の者にもあらず、其或るケ条は実地の政治家之を採用する者亦多し、独の故宰相ビスマーク公、英の現殖民大臣チエムバーレーン氏の如きは、其尤世に知られたる者なり、蓋しソシアルデモクラチックパーチーを初めて組織せるは、有名なるフエルヂナンドラツサールにして（千八百六十三年）此人の綱表、□来ビ公の手を経て、独逸に実行せられたる者あり、此二個の巨人位置相同からず、其経歴殊異なりしも、互に其佳所を見認め、知己を以て相許せしが如し、ビ公ラ氏を評して曰く

ラッサールは予の相見たる人の中に於て尤聡明にして且愉快なる者といふべし、高尚の志を懐ける人なり、彼れは決して共和主義の人に非ず、却て強固なる国家の観念と、君主の主義と、其胸中に燃ゆるを知る、彼れが実行を期するの理想は、独逸帝国に在り、是れ彼我相一致するの点なり（千八百七十三年九月十七日国会議場の演説）

之を要するに、社会学的改良説は、主として経済上の不平等を救治せんとして世に出でたる者、其伝播に努むる人を総概して社会党といふ、其中一種過激の徒あり、之を行ふに力を以てし、時に現実の社会制度と劇戦せしことあり、是れ社会党の名、直ちに異様の観念を俗間に生ぜしむる所以なり、ビ公がラ氏に対する感想彼れの如くにしても□来其説の一部を実行するに躊躇せざりき。而かも公は一面にソシアルデモクラチックパーチーと大に争ひて之を鎮圧したることあり、是れ其実行の手段と相争へる者にして、其説の原理と相戦へるに非ず、英相チエムバーレーン氏が、バーミム

ガム市を改革せる者は、純然たる社会主義の実現なり、而して英国の各市、模して之に倣ふに至る、社会主義其者は敢て詭激の説に非ず、然れ共理想を総概して一時に実行せんとするは空想なり、吾人は一方に理想に対して危険の感を懐くを俗論と為し、一方に国情を洞看せずして、直ちに理想を実現せんとするを空論と為す、見は高遠ならんを望み、行は着実ならんを欲す、発表其事に於て、吾人社会民主党の危険を感せず、若し其の過ちを求めば、其文字の余りに直訳にして庸俗を驚駭せしの一点に在らん歟

同日　片山潜、木下尚江、幸徳秋水、河上清、西川光二郎、会合し今後の方針を確認する。

44「社会主義と日本」（『毎日新聞』記事・五月二三日）

社会民主党の将来

一旦禁止の命令に応じたる社会民主党の発起者等は、直に新組織を為して届出づる筈なりしも、一方に新聞紙条例違犯の刑事問題起りければ、片山潜、西川光次郎、幸徳伝次郎、河上清、木下尚江の五氏は昨日会合の上、今後の方針を左の如く決定せしと云ふ

該党の宣言を掲載せる四新聞一雑誌が治安妨害の廉を以て告発せられたる以上は、公判開廷も遠きに非ざるべし、宣言書の禁止と結社の禁止とは其事二なれ共畢竟同一の精神より出てたる者にして、国家を代表する検事は公判廷に於て必ず治安妨害の理由を説明すべく、裁判所は独立の思想を以て何等の判決を下たさゝるべからず、去れば新党の発表は兎に角新聞条例違犯事件の第一審判決の日を待つ事とせん、

又た先きに社会民主党計画の事新聞紙上に現はれてより以来、各地方より或は照介し或は賛成し来る者甚だ多く発起者諸氏は一々回答すること能はざりし程なりしと云へば政府は今回禁止政略と

同時に各地方官に対しても必ず取締上の厳令を発せしなるべし

同日　**新聞各紙の報道**

45「結党禁止と新聞紙の告発」(『信濃毎日』記事・五月二二日)

本県松本市出身の木下尚江氏等が去十九日主義綱領を具して結党届をなしたる社会民主党は一昨二十日内務大臣より結党禁止を命ぜられたり又其主義綱領を記載したる報知新聞、万朝報、毎日新聞、日出国新聞の四新聞及び労働世界は新聞紙条例第三十三条に依り、発売を禁止され同時に其筋に告発せられたりと云ふ

同日　**高山樗陰、この日『新総房』に論説を掲載か。**

46「社会主義と政府の方針」(高山樗陰『無絃琴』一九〇二年八月)

吾人と社会民主党と本相関する所無し、然れども政府が社会民主党の成立を聞きて、倉皇狼狽、其結党を禁止し、宣言の頒布を禁じたる処置に至りては、吾人の甚だ解し能はざる所にして、吾人は之を以て社会主義者に対する政府の偏見が、終に将来に於て大なる迫害を同主義者に与ふるに至らんことを恐るゝものなり。

社会主義なるものは、固より現社会の経済的組織に殆ど根本的変革を加ふるを以て其理想とするものにして、今日の制度とは結局に於て相容れざるものなりと雖、しかも今日の社会主義は、決して空想の為めに軽挙暴動するものにあらずして、理論と実際と相調和して、着実に其理想とする所の社会的経済組織を現化するに至らんとするものなりとす。而して今日の社会的経済組織が、根本に於て一大欠坎ありて、之れを以ては到底人類社会を永遠に持続し、人類を幸福の境地に致すこと能はざることは、今は分明にして争ひ無き所たり、

而して此欠坎を救治するが為めには、社会主義の唱道する所の、術語に所謂社会政策なるものを実行するの外無きことは、亦争ふべからざる所なり、只此欠坎を自覚することとの遅速が、此策を必要とすることの早晩をなすあるのみ、然らは即ち今日の為政者が決すべき所の点は、只社会其れ自身が経済組織の欠坎を自覚して、必す社会政策を実行せよと迫らざるを得ざる状態に陥るまで打捨て置くの愚を学ふべきか、将た欠坎より生する害毒の未だ甚しきに至らさる前より、漸次に之を救治して、当さに来るべき大破裂大衝突を未然に防止するの智を為すへきか、二者其一に在り。而して後者の智の誠に前者の愚に優るは言を要せざる所なり。

此の如く社会主義なるもの、利害得失は、顕著にして疑を容るべき無きに拘はらず、今日の為政者にして猶ほ之れを嫌厭するものあるを免かれざるは、全く今日の社会主義の内容の如何なるものなるかを知らずして、これを以て恰も欧洲に初生当時の空想に馳せ、過激に過ぎたるものと同一様なりとするの誤信より出づるにあらされば、何事も新思想の流行を喜はざる保守的感情より出つるものに外ならざるなり。しかし為政者が此の如き浅見近慮を以て此を嫌忌するは甚だ憂ふべきことにして、恐くはこれが為め、社会政策が平和の間に実行せられ、平和の間に現社会組織より新社会組織に遷移するを妨げて、終に一大破裂を招致するに至らん。

彼の自由平等論の如きは、全く上の権力を殺いでこれを下に移したるものにして、当時の為政者が極力之を圧服すべく務めたるは無理ならぬことなりと雖、しかも必至の事は人力の防ぐところにあらさるは、今日に於て人民の自由平等は全く確認せられざる所無きに至れるを見ても知るべし。今や此社会主義なるもの亦現社会の経済組織に於て、人類の一部に与へられたる特権を殺ぎて、万民に平等の幸福を与へむとするものにして、現社会に於て特権を有するものが、これを否拒せんとするは勿論なりと雖、しかも是れ亦能く拒くべきの事にあらざるなり。現社会に於て利益を有するものが、其利益を保持せんが為めに、強ひて新組織の輸入を禦ぐを為さば、必至は終に強力を以てこれを迫るに至るべし。事此に至る即ち是れ国家民生の不幸にして、これをして然るに至らしめざるには、即ち為政者が深思遠慮今日より意を此問題に留めて、漸を以て社会組織変革の大業を平和の間に完成するの端を開くに在り。

吾人と社会民主党と相関する所無し、随て其結党の禁止せらる、と否とは、吾人の当否を此に議せんとする所にあらざるなり、只此党や社会主義を基礎として、我国に興れる最先の政党にして、而して今忽ちに禁止せらる、を見ては、吾人は政府の方針が全然社会主義を杜絶せむとするに在る無からむかを疑はさるを得さるものあり、而して社会主義の実行に対する吾人の意見は前の如きものあり、政府にして保守的思想に駆られて、強ひてこれを否拒するか如きあらは、事の必至は終に国家をして大憂患に遭遇するの日あらんことを恐る、を以て、乃ち此にこれを論ずるのみ。吾人は当局者の必す偏見と浅慮とを去りて、此問題に対せんことを望まさるを得ざるなり。

二三日（木）

47 「社会主義と日本」（『毎日新聞』記事・五月二三日）

現政府の方針

社会民主党禁止の議が同党発表に先ちて内務省内に決定し居りたることは、既に報道せる所の如し、即ち同党計画の議あるを聞くや、末松内相は警保局長、警視総監等と会して禁止の予決を為せる由にて其の趣旨実に左の如し

一、社会主義は即ち現社会の組織を根本的に改造せんと欲する者にして社会の秩序を紊乱する者なり、今や泰西各国の政府は皆な社会主義の為めに苦しめらる、故に日本に於ては、

今日に於てビスマルク等の故智に倣ひ、之を厳禁せざるべからず、

一、若し今日社会主義を標榜する政社を公許するが如きことあらば、該主義の蔓延は最早や防禦すべからず、故に飽くまでも之を鎮圧するの強硬政略を執らざるべからず

政府の方針実に「社会主義」を蛇蝎視するに在れば、社会民主党に対して禁止の命令を下たせるも当然なり、然れ共「社会主義」の智識は政府の官吏が心付かざりし間に於て、既に我国の読書社会に漲溢し、講壇に雑誌に今や尤も流行する題目は則ち社会主義なる現況なり、去れば社会民主党の発表に驚愕して社会主義鎮圧の方針を定めたる政府は、今後必ず干渉政略を強行し、漸く自由寛大に赴ける言論社会も時ならぬ恐慌を起すに至らんか、

同日　**新聞各紙の報道**

48「社会民主党の禁止」(『九州日日新聞』記事・五月二三日)

片山潜、幸徳秋水等の発起せる社会民主党は去十九日趣旨綱領を具して結党届をなしたるに二十日内務大臣よりその結党を禁止する旨達せられたり

49「社会民主党宣言書記載の新聞」(同右)

別項報道の如く社会民主党なるものは去二十日禁止を命ぜられたるが尚該宣言書の事項を記載したる新聞紙は二十日その筋に告発せられ且該記事の新聞紙は押収せられたりといふ

50「社会民主党の結党禁止」(『福岡日日新聞』記事・五月二三日)

〈右と同趣旨、省略〉

51「社会問題」(『人民』社説・五月二三日)

社会的思想、漸く我国に普及しつゝあり、最も喜ぶべきの現象なりと謂はざるべからず。

然りと雖も、社会問題の四字は、従来我国民に誤解せられ、社会主義を以て、無政府主義、革命

主義と視做されつゝあり、吾人は政府が社会問題、労力問題の名を懼るゝこと蛇蝎の如くなる、其小心を一笑すと雖も、苟も社会的思想に忠実なるものは、勉めて其誤解を避けざるべからず、若し反て非常行ふべからざるの論を試みて、自ら快とするあらば、社会的思想は、或は之を萌芽に枯らすの虞なきに非ず。

人は麵包のみにて活くるものに非ずと謂ふも、人は麵包なくんば活くる能はず、麵包は人生最終の問題ならずとするも、人生最始の問題なり、経済上に自由なる人民に非ずんば、政治上に自由なる人民たる能はず、是を以て現代の社会問題は、十の八九、其起因を経済的現象に有す、大資本家事業家及び労力者の関繋を円融にし、社会各階級の利害を調和し、人道の最も完全に発揮せられたる社会共同生活を見んとするは、穏健忠実なる社会論者の主張にして今日社会問題の研究、社会思想の普及を抑阻せんとするは、近世的精神に向て眼を閉づるものと謂ふべし。

独り顧みて我国経済の発達を見るに、果して欧米諸国と同一の程度に在るや否や、欧米に在ては、直に実地に応用するを必要とする社会問題も、我国に在ては、未雨綢繆の問題ならざるべからざるものあり、欧米の識者は早く已に物質的文明の弊を説き、物質的文明其物の価値を疑ふものあるに至れり、我国に在て、若し欧米諸国は既に物質的文明の弊に耐へずと謂つて、物質的文明を呪咀するものあらば、是れ豈儒生学士時務に迂なるものに非ずや、欧米諸国が今日富の発達を致したるは、機械的工場組織行はれ、産業的大革命を遂行したるに在り、我国に在ては、幾許か機械的工場組織行はれたりとする乎、之を外国貿易に見るに、輸出品は多く製造品なり、輸出品は多く農産物なり、僅に紡績糸が近年支那及び朝鮮に輸出せらるゝに至りたるのみ、此の如くにして世界列強と商戦場裡に角逐して、最終の勝利を博し得べしとする乎、富の一処に集中するは憂ふべし、労力者が奴隷の状態に沈淪するは悲むべしと雖も、我国に在て之を大声疾呼するは、聊か無病伸吟に類するなき乎、土地資本の国有といふが如きは、固より一種の空想のみ、吾人は寧ろ我国が商工国民として世界に雄飛せんには、偏に産業的革命の大ならざるを懼る、偏に機械的工場組織の盛ならざるを懼る、偏に富者の衆からざらんことを懼る、偏に競争の自由ならざらんことを懼る。

社会問題は生産交換に依りて生じたる利益が、如何に分配せらるゝかを研究するの問題なり、分配問題と謂はんよりも、人道の問題なり、人情の問題なり、吾人は社会問題を以て、社会各階級の利害を調和按排するを目的と為さんことを望む、之に反して各階級の衝突軋轢を刺激し、平地に波瀾を捲かんとするものあるに至ては、極力之を排斥せざるべからず。

憲法の施行以来、我国は政治上の紛争に日も維れ足らず、国際競争益す盛にして、極東最も其圧迫を被むるに方り、内に和して外に伸ぶる能はず、日暮れて途遠きの感なき能はざるなり、若し政治上の紛争、未だ全く収まらざるに、更に社会上の紛争を挑撥し、政府と人民、資本家と労力者と反目嫉視するが如きあらば、断じて国家の得策に非ず、吾人は一面富の発達を望むと同時に、一面社会的思想を普及せしめ、社会的政策、社会的慈善、社会的公徳、社会的事業の進行を願はざるを得ず、従て深く社会論者に規する所なき能はず。

二四日（金）

52 幸徳生〈幸徳秋水〉「社会党鎮圧策」（『万朝報』社説・五月二四日）

末松謙澄君は社会主義者の運動を鎮圧するに全力を注がんと公言せりと伝ふ、ケンブリッヂ大学の教育を受けて、更に日本文学博士の学位を有せる末松君の為めに、斯く迄に嫌忌し憎悪せられんことは、一般社会主義者に取ては実に意想の外に出る所ならん、然れども吾人は、社会主義也者が此如く嫌忌し憎悪すべき者なるや、将た之を鎮圧するに全力を注ぐは其当を得たる者なるやに就て、決して論評を試むる者に非ず、吾人は嚮日這様の言論を禁止するの命令に接して謹で之を遵奉し居る者なれば也。

然り社会主義者の運動鎮圧の可否に就ては吾人之を言ふこと能はずと雖も、其鎮圧の方法如何に就て末松君の一考を煩はす所あるは、甚だ無用の事に非ずして、而して末松君も亦た吾人の親切を諒とせらるゝならんと信ず。

社会主義的思想が善か悪かは姑く措くも、否な末松君の考ふるが如く、非常に危険にして憎悪すべき者なりとするも、而も此思想が近時我国民の間に駸々として弘通し居れるは、争ふ可らざるの事実也、是れ吾人の私言に非ず、彼の政府の准機関を以て称せられ居るヂヤパンタイムス新聞の如きすら、現に一昨の紙上に於て、日本に於ける社会主義と題する論説中、左の如き意味を述ぶるを見たり、曰く、近時社会主義的思想が我後進青年中に徐々に且つ堅固に蔓延し居れることは、ベラミーの回顧、キツドの進化論の訳本が大に歓迎せらるゝを見ても知る可し、我国の社会主義者中には才学ある者尠なからず、彼等は久しく講演に演説に新聞雑誌に於て此主義の弘通と研究に努めたりしが、其尽力の頗る成功したるより愈よ実際の政治問題に向つて開戦せんとし社会民主党てふ団体を起せるに、其綱領中に不穏の条項ありしが為めに禁ぜられたり云々と、而してヂヤパンタイムスは更に、当局の処置は其権限を逸したりとは言ふ可らず、又其命令宜しきを得ずといふ可らざるも、彼等が平和穏当の方法を取りたるに対して、直に之を禁止せるは急遽と厳酷に失せるの観ありと言へるが如き口気を洩せり、政府の准機関と称せらるゝ者にして猶ほ如此く観ぜるなり、況んや日本の社会主義的思想の流行は、実に学者の講究弘布に始まりて、近年社会の腐敗に絶望し経済界の乱調に苦痛せる人心が、翕然として之に依て其活路を発見せんとする者なるが故に、其勢力の進歩は実に驚く可き者ある也、故に今日に於て之が鎮圧の目的を達せんとせば、実に非常の手段方法を要すべし。

吾人を以て之を見れば、今後日本に於ける社会主義者の運動を鎮圧するには、先づ社会主義的思想を根底より剪除せざる可らず、之を成さんとせば、現時社会主義者を尽く国外に放逐し、政治、経済、倫理、宗教、哲学の著書を焼尽し、且つ今後是等著書の輸入を禁止せざる可らず、末松君にして能く此方法を決行するの勇気と決断と手腕とを有するに於ては、或は末松君の一代位ゐは鎮圧の功を奏することを得ん、若し此如くなる能はずとせば、難い哉社会主義者の運動を二十世紀の今日に鎮圧することや、敢て末松君の一考を煩はすと云ふ。

53「新聞紙条例違反事件」(『時事新報』裁判彙報・五月二四日)

万朝報、日出国、毎日、報知、労働世界の五新聞に係る新聞紙条例違犯事件は東京地方裁判所第四刑事部の係りにて来月上旬頃公判を開かるべしと

54「社会民主党の禁止」(『九州日日新聞』社説・五月二四日)

社会主義の興起は社会組織の欠陥より生ずる最も恐るべき現象なり我国古来の社会的状態は徳義の清泉を以て社会の乾燥を潤し強者は弱者を助け、富者は貧者を憐み其間靄々たる和気瀰漫して貧弱の抑圧を観る甚しきに至らず優勝劣敗の競争又劇甚を観ざるを以て幸に社会主義の発生を観るなくして今日に至りしなり、然れども社会進歩の趨向を自然に放任せんか其欠陥は遂に社会主義の発生を観る寧ろ自然の形勢ならんか吾人は近日東都の文士政客中に社会民主党なる者を組織して直に禁止に逢ひたるの暴漢あるを聴き天の陰雨せざるに及んで牖戸を綢繆するの必要頗る切実なるを感ぜずんばあらず

然らば則社会主義とは何者ぞ、社会主義中には幾多の種類あり共産主義あり無政府主義あり公有主義あり其他温和なる者、猛然なる者ありて之を

概説す可らずと雖も、要するに貧富を平均せんが為めに社会組織の改革を要求する貧困社会の経済哲学と解釈するを得ん、而して其目的が富の不平均を匡正して平等均一の福祉を得んとする者たるは縷説を要せざる所なり夫れ差別は社会自然の状態にして此差別を故らに破壊して貧富を混一し平等に帰せしめんとす万々行ふ可らざるの事実にして、爾も此行ふ可らざる事を遂行せんとするに至りては其危険にして社会の害毒たるは寔に測る可らざる者あらん社会民主党の禁止は固より当然の事にして吾人の当局者の措置を賛同する所なり然れども其団体なる形態は法令によりて之を禁止するを得ん其無形の思想精神に至りては法律の能く左右する所に非ず是、以て我国将来の社会の為めに之を計るに社会主義の興起を未然に防くは今日止む可らざるの必要にあらずや

社会主義の発生は社会の欠陥に伴ふの結果なりとせば之を防ぐ先づ現代社会の欠陥に向て之が匡正を計らざる可らず是れ実に吾人の平素唱導する国家社会主義一名改良社会政策の必要ある所以にして改良社会政策は貧富の調和を善くし富の分配を適度にし雇主と雇人、地主と小作人、若くは資本主と労働者等の関係の如きは此主義の当然解釈して料理案排を計るべき処にして依て以て一方に自由放任の結果、優勝劣敗の惨況を救ひ一方には又社会主義の暴激を抑えるを得べし、是れ吾人が社会将来の憂を慮り天下に率先して此主義を鼓吹したる所以にして又た今日の時勢に於て必要欠ぐ可らざる所なりと確信するなり

蓋し欧州社会党の現状を観るに其主張の没道理なるよりも寧ろ其運動の過激猛烈なるにあり今回組織せんとせし社会民主党なる者の如き其主義の果して何れにありしやを詳知せずと雖、之が発起者は何れも文士政客の輩なりしが為め主張の非理なるは言ふ迄もなき処なり其運動は未だ甚しき猛烈に至るの憂少し若し一旦此主義蔓延し其徒類衆多となり下層労働者等を其中に蒐集して暗中に飛躍を試みるが如きに至らば其害悪の深大なる寔に

計る可らざる者あらんとす豈に恐れて且つ恐れざる可んや吾人は社会民主党なる者の起らんとせしを観て吾人宿昔の主張の益々時勢に切に其闡明の益々止む可らざる者あるを信じて疑はざるなり

55「富豪に対する警鐘乱打（所謂社会民主党に就いて）」（『九州日報』社説・五月二四日）

十九世紀は政治的革命に向つて其の全力を傾注したりき、而して殆んど其の総てを為し遂げたりき、其の未だ全く遂げられざりし者僅に露西亜と支那とありと雖も、露国に在りて知識の源泉たるべき大学の講坐よりして、支那に在りては啓発の要因たるべき外囲の列国よりして、頻りに革命は唱道せられて今将に成るに垂んとす、是れ十九世紀に澎湃の濤を挙げたる余波のみ余沫のみ、十九世紀の大原動力は、余波余沫猶ほ且つ能く此の事業を完成しうべきのみ、思ふに二十世紀は即ち社会的革命の時代か、吾人は政治的革命なるものが果して民衆の幸福を増進したるものなるや否やを知らず、或点に於いては専制政治は寧ろ立憲政治若しくば共和政治に優るものあるを見れば也、従つて政治的革命の是非を論ずるものにあらず、只、政治的革命が前世紀進運の大原動力にして、民衆の最も好みたる所なりしを言ふのみ、即ち来るべき社会的革命も又斯くの如きのみ、吾人は必らずしも社会的革命を以て真に民衆の幸福を増進するものなりと信ずるものにあらず、何となれば労働者が富豪（資本家）の意のまゝに働作するは、却つて生産を増益することあるを見れば也、即ち社会的革命の是非を言ふものにあらずと雖も、只、此の社会的革命の命運が二十世紀必至のものたることを警告せんとする也、前世紀に於いて、物の見事に政治的革命を成功したる世界幾億の民衆は、其の勝ち誇りたる鋭気に乗じて、更に此の世紀に於いて他の偉大なる革命事業を遂行せんと意気捲きつゝあるの潜流を観取せんことを要する也。

過日東京に社会民主党なるものを組織せんとするものあり、其の之れが組織者は、未だ多く信を世に伝せざるものなるが故に、見て以て多く之れに望みを置くを要せざるが如しと雖も、社会的革命は政治的革命に異なり、多くば無名の人によりて唱道せられ、多くば無名の人によりて遂げらる、此の点に於いて決して雲烟過眼に付すること能はざる也、且つや天に口なし人をして言はしむとは、太甚だ陳腐の言なるだけに、最も多大の真理を含む、社会的革命の気運は西洋に於いては早く既に其の萌芽を現はしたるも、豈是れ東洋に於いて陳呉たることなからんや、政府は竟に其の結党を禁じ、其の宣言綱領を掲載せる二三新聞紙の発売頒布を禁じ、其の未だ掲載せざるものに対して警告したるが故に、多く人目に触れずして已むべしと雖も、社会改善の声の如きは、元と人の声にあらずして天の声也、此の革命の方法は、二三私人に依りて作為されたるものにあらずして、深く民衆の心臆に浸染せるものなり、陳渉呉広なしとも必らず陳呉は出でん、陳呉起りたるが故に秦は滅びたるにあらず、秦の天下は革命さるべく既に命運の熟したりしものありしを知らば、社会は社会民主党なるもの、第一声を蔽ひ得たりとして安意すべきにあらざる也。

政治的革命の動機は、一人若しくば一団の私したる政権を奪ひて之を多衆に配つにありし、故に此の革命の争ひは治者と被治者となりし、社会的革命の動機は、要するに労働者が資本家に対する利益分配の公平ならんことを迫るもの也、故に此の革命の争ひは富豪と貧民となり、如何に富豪に左袒して観察するも、一事業に対して平等なる権利を有すべき「資本」と「労働」とが、其の利得の分配に於いては、「資本」に多く与えられて「労働」に少なくされつ、あるは事実なり、富者は益々富みつ、、貧者は依然貧なるは争ふべからざる事実にあらずや、社会的革命＝之れを穏当に言へは社会改善＝は要するに此の弊を打破するに在り、富豪に警告す、二十世紀は卿等に向ひて頻りに警鐘を乱打しつ、あり、曾て政治的革命が遂に血を流すの大惨事を演じ出したるが如く、今にして尚ほ顧みるなく、恬然として国家の保護が富者に厚くして貧者に薄きに狎れんには、或は此の悲惨のことを演じ出すなきを保せず、豈に畏れて恐れさるべけんや、曽て一滴の血を見ることもなくして平穏に政治的革命を遂げたる我日本は、更に平穏に社会的革命を遂ぐるの先駆たるの名誉を荷ふも亦可ならずや、富豪に警告す、早く進んで社会改善の実を遂げよ、社会の平穏なる改善は実に卿等の手を煩はさゞるべからず、是れ実に卿等の義務なるのみならず実に卿等一己に取りても永久の大利益なり、富豪の手に依りて成さるべき社会改善の方策に至りては、他日更に稿を改めて問ふ所あらんか。

同日

56「社会民主党と内務省」(『京都日出新聞』記事・五月二四日)

〈『毎日新聞』五月二二日掲載の「社会民主党と内務省の意向」と同趣旨、省略〉

二五日(土)

57「社会主義と社会改善」(『中央新聞』中央時言・五月二五日)

社会改善の問題は、今日に於て最とも講究せざるべからざる問題にして、識者の斉しく其必要を認むる所なり。然れども独逸社会党の首領マークスが嘗て唱道したるが如き極端の社会主義民主々義を号呼して得たりと為すが如きは、所謂薪を抱きて火を救ふの類にあらずとせんや

民主的国体の邦国に在ては、或る程度までは社会自由主義に由て社会改善の目的を達するを得べきも、君主的国体の邦国に於ては、国家社会政策に由るに非ざれば、社会改善の功を奏せんこと殆ど難し。而して我国は歴史よりするも、国体よりするも、国家社会政策を実行するに便にして、君主は資本主と労働者とを調和するの威徳を有するが故に、極端なる社会主義民主々義を唱道するの

必要を見ず、然るに此歴史と国体とを顧みずして、社会主義の空想に瞑眩し共産的国家の建設を夢想するが如きは、吾人の断して取らざる所也

目下の社会問題を講究せんとする者、社会主義に偏して我国の国体国性を蔑みするの弊に陥らずんば、即ち幸ならんのみ

58「社会民主党発起者の協議」(『京都日出新聞』記事・五月二五日)

〈『毎日新聞』五月二三日掲載の「社会主義と日本」「社会民主党の将来」記事の要約、省略〉

二六日(日)

59河上翠陵〈清〉「独逸政史の一節(末松内相の一考を煩す)」(『万朝報』社説・五月二六日)

請ふ吾人をして正直に歴史を談らしめよ。然り粉飾なく誇張なく有の侭に事実を明言せしめよ。

千八百七十八年ビスマルクは有名なる鎮圧令を議会に提出して其の協賛を得全力を挙げて社会党を撲滅せんと欲し、翌年の議員選挙に際し、此の鎮圧令を励行して社会党を困しめたるを以て同年に於ける党の投票数は著しく減少したり。而かも是れ唯表面の形勢のみ。社会民主党の裡面には敵愾の念鬱勃として禁ずる能はざるものあり。其の潜勢力は却つて非常の勢を以て膨脹したり。故に同年の選挙に於ては総べての妨害と総べての虐待にも拘らず、其投票数の著しく減少したるにも拘らず、社会民主党は却て前年より多数の議員を出だせり。此時に方てや党の機関新聞は尽く停止せられ、其書冊記録は尽く頒布を禁ぜられ、其の公会は解散せられ、其演説は禁止せられ、其の結社は解散を命ぜられ、甚しきは党員の会合に席を貸したる旅店貸席の主人に至るまで一ケ月以上一年以下の禁錮を以て罰せられたり。されど斯の如き鎮圧策は果して幾何の功を奏したるか。読者もし左の一表に就て、社会民主党の投票数と其選出代議士の数とを見ば思ひ半に過るものあらん。

年度	投票数	選出議員

一八七一	一二三、九七五	二
一八七四	三五一、九五二	九
一八七七	四九三、二八八	十二
一八七八	四三七、一五八	九
一八八一	三一一、九六一	十三
一八八四	五四九、〇〇〇	……
一八八七	七七四、一二八	……
一八九〇	一、四二七、〇〇〇	……

即ち鎮圧令の励行せられたる年に於て、社会党の代議士は俄然十三人の多きに達したるを見る。鉄血宰相の失望想見すべきなり。古来圧制干渉は決して立憲政治の下に於る政党に対するの良策に非ず。而も在朝の政治家往々にして警察の爪牙を藉て敵党を倒さんとするは、愚も亦甚しと謂べし。

鎮圧令の未だ発布せられざるや、独逸社会党の気焔甚だ揚らず、其機関新聞雑誌は三十種ありしと雖も何れも収支相償はずして破産に瀕せり。加之党の内部には漸く紛争の端を開きて動もすれば分裂の虞あり。若し外部の刺激なく、自然の趨勢に放任せば、社会民主党の頽勢は容易に挽回すべからざりしなり。此時に当りてビスマルクが鎮圧令を下したるは、却て社会党の為に興奮剤を投じたるが如し。社会党は図らずも強劇なる興奮剤を与へられて、沈鬱衰労の状を脱して、再たび勃然として起てり。外界の迫害干渉は却て内部の小争を調訂して党員の結合を鞏固にし、労働者は争て党の為めに殉するの心を決し、一たび支離滅裂の醜態を現はさんとせる社会党は俄然として燎原の勢を致せり。吾人は独逸の近世史を読んで此に至る毎に未だ曾て鉄血宰相の鎮圧令に感謝せずんばあらず。

＊　＊　＊　＊

歴史は繰返すものなり。如上の歴史は将に絶東の一島国に於て繰返されんとす。噫、是れ果して国家の幸か不幸か。而して又社会主義の幸か不幸か。請ふ如上の歴史其ものをして之に答へしめよ。

末松君足下、余は切に足下が近世社会党の主張と其の発達と其の現状とを研究せられんこと

を望む。足下にして若し之を研究するの意あらば、余は足下の為めに適当なる参考書を指示するの労を惜まざるべし

二七日（月）

60 「社会党に対する恐怖」（『日出国新聞』社説・五月二七日）

隣国露西亜は其専制政治と国教とを維持するため多くの暴力を使用し、其非を鳴したる鴻儒トルストイ伯は国外に放逐せられんとしつゝあり、専制に倦みたる国民が自由と平等とを希望するは当然の結果にして、之に対する抑圧鎮止は寧ろ其火に赴くの油たるなり、此理を悟らざるは独り露国の当局者のみにあらず

社会主義を以て専ら欧米人の教へし所とするは誤なり、支邦にも日本にも社会主義あり、人々が平等を欲し偏倚を嫌ふの念は即ち社会主義なり、富即ち吾人の生活に必要なるものは我も人の如くならんことを欲し、権即ち吾人の進退に必要なるものは我も人の如くならんことを欲す、これ人情の自然にして必しも舶来の珍説を須たざるなり、富の平等ならざる今日、権の偏倚せる今日に於て、平等を欲し偏倚を嫌ふものに向て、□するに乱民を以てするは、国民を納税の動物、貧弱者を富強者の奴隷と前定せるものゝ為なり、太古蒙昧の時代に於てさへ既に許さるべからず、況んや今日に於てをや、露国政府と其愚を同ふするものゝ為は社会主義を誘発すると均しく、之を社会党大結成の導火と謂ふも妨なきなり

現時の状態に於て華族制の改正（世襲華族の廃止）選挙法の改正（普通選挙）相続税、奢侈税の計画、土地国有論の如きは最早十分に研究せらるべき機会なり、而して乱民を研究にはあらざる也

頃日社会党の小結成あり、当局者は直に其禁止を命じ、其趣意書を抄載したる新聞紙は告発せられたり、社会党に対する恐怖の情は一面政府の為に之を去るに力め、社会党の決して乱民にあらざ

ることを弁説し、皇室及び国家をして、少数の貴族と少数の富人とを味方とせしむるは、多数の国民と多数の貧人とを味方とするの、極て無窮の業たるに及ばざるを挙示せざるを得ず

二八日（火）

61馬山生「復び社会問題に就て（絶対的禁圧の法ありや）」（『九州日報』社説・五月二八日）

社会的革命の是非善悪は姑らく問ふ所にあらざるは既に前に之を述べつ、但、必らずや近き未来に於いて之を実験せざるべからざる運命あることを牢記すれば足れりとす。

社会問題なるもの、率然之れを見る、殆んど邦家の安寧を害し秩序を紊るもの、如く然り、当路者は倉皇として禁圧に是れ力むるは素より謂はれなしとせざる也、されど仔細に潜流の赴むく所を観ず、何如に之れを禁圧せんとするも遂に徒労に属するを知る也、徒労に属するは猶ほ可也、或は之を禁圧するの急にして且つ太甚しきだけ其れだけ其の激して起るの早く且つ太甚しからずんば多幸となすのみ。

吾人も亦社会問題の起るを以て大に邦家の為めに憂ふべしとなす也、之れを絶対的に禁圧せんことを願ふの情は当路者と富者とに少しも遜るなきもの也、而かし其の方法を講じて一も之を発見し得ざりしを悲しむ也、否、社会問題に就いては前世紀より諸学者□最も慎重精密の講究を経たるもの也、彼等は其の結論に於いて悉く一致して曰く、社会問題の起るは至当也、現社会は甚しく欠陥に富みたるものなれば也、然れども社会の突如として湧起し来るは或は惨事を生せざるなきを保せず、之を拒□するに一も方法なし、否一策あるのみ、社会問題を起らざらしめんには社会を改善するに在るのみと、是れ殆んど「彼れを助くるの方法なし唯彼れをして自殺せしむるの一策のみ」と言ふと相□せずや、此点に於いて当路者と富者とは深く考慮すべきものあらん。

社会民主党の結党と、其の宣言綱領の頒布を禁じ得たるが為めに、政府は恬然として社会問題の湧起を禁じ得たりと為さんは余りに楽天的坊ッチヤン的也、是れ其の形に於いて制し得たるのみ、其心に於いては決して禁じ得たるにあらず、或は之れによりて益々深く激せしめたるものあらん、若し政府に於いて絶対的に之れを禁制せんと欲せば、社会に関する一切の書籍を焼き悉くし、向後一切之れが出版と輸入とを禁じ、社会主義者を悉く殺了し、若し資産家に対して少しだも不平ある労働者は直ちに之を殺すの覚悟なかるべからず、社会問題の原野は荒草漫々たり、一点の火之れに入るも直ちに炎々たる大火を□すべし、当路者は能く此の一点の火だも入れざる覚悟ありや。

思ふに斯くの如きは難中の難なり、即ち換言すれば社会問題禁圧の方法なき也、如かず当路者と富豪と先づ進んで社会改善の途を進まんには。

三〇日（木）

62 秋水〈幸徳秋水〉「日本の民主主義」（『万朝報』社説・五月三〇日）

「古のふみ見るたびに思ふ哉、己が治むる国は如何にと」「綾錦とり重ても思ふかな、寒さ掩はむ袖もなき身を」嗚呼其民人を恤み其家国を念とし玉ふの深き、何ぞ一に如此くなるや、吾人は誦して二首の御製に至る毎に、感極まつて泣かずんばあらず

窃に惟ふに古今東西の英主賢君、其徳四海に溢れ沢千載に垂るゝ者は、皆一に其民人を以て念となすの深に由らずんばあらず、而して我宗祖列聖の大八洲に君臨する、綿綿二千五百年の長き、此御趣意御精神は曾て一日も休することなかりき、彼の高津の宮の、民の富は即ち朕の富なりと詔らせ玉ひ、延喜の帝の、寒夜御衣を脱し玉へるが如き、実に此御趣意御精神の時に臨んで大に発揚せられたる者にして、吾人は此御趣意、御精神を名けて、完全なる民主々義と名くるの甚だ適当なる

ことを信ず

夫れ然り而して吾人の所謂民主々義が、国史の上に無前の光輝を放てるは、実に今上の維新中興の際に在りき、戊辰三月、畏くも親く天地神明に誓ひ玉へる五個条の御誓文を見よ、彼万機公論に決すと云ひ、上下心を一にすと云ひ、官文一途庶民に至るまで各其志を遂げしめんと云ひ、天地の公道に基くと云ひ、知識を世界に求むと云ふ、豈に是れ所謂民主々義の神髄精華を発揮し尽して余蘊なき者に非ずや、吾人を以て漫に牽強の説を為すと言ふこと勿れ、明治六年木戸孝允欧洲より還るや、其当路者に与ふるの意見書は、実に一部御誓文の義解として見るべき者也、曰く

(上略) 夫れ政規は一国の是とする所に憑り以て之を定む、百官有司の憶見に従ひ妄に軒輊を為すを得ざる也、天下細大事務、此を以て処置の準則と為す、其慮る所の深き期す所の遠き、億兆士民、誰か敢て宸哀の隆渥を感戴奉承せざらんや、但文明の国君主擅制を得ず、闔国人民一致協合、共に其意を致し、以て国務を条列し、而して後其裁判を課し、之を一局に委托し名て政府と謂ふ、有司をして各其事に当らしむ、有司たる者亦各一致協合、民意を保全し、重く其躬を責め、国務に従事す、非常の変に遭ふと雖も、民意の与する所に非ざれば、即ち敢て措置を縦にするを得ず、政府の厳密斯の如きなり (中略) 恭く惟に前日詔旨天下を以て皇家の私有となさず、民と偕に居り民と偕に守るを誓ふ、夫れ天下の事務一として天下の人民に関渉せざるなければ、即ち天下の人民亦自ら天下人民の尽すべき務めあり、豈只循々然朝命を聞て奔走し、意を受て升降するのみにして可ならんや

嗚呼今の大臣、今の官吏、今の議員、今の国民は再び之を読で果して如何の感を為すや、彼の御誓文は実に如此きの御趣意を以て発せられ、維新中興の事業、諸般の改革は実に如此きの御精神を以て着々実行せられたりし也、否な是れ古来宗祖列聖の永く執持し一貫し玉へるの大主義にして、

而して一朝今上の英資を得て、其無前の光輝を発揮するを得たる者也

故に当時民主々義の政治上に活動せる勢力は恰も破竹の如く、詔勅、布達、御沙汰書の如き、一として民意を主とするの文字を見ざるなく、公議与論の語を掲げざるはなし、遂に輔相、議定、参与の如き大臣をすら一時公選を以て之を任ずるに至りたりき、何ぞ其盛なるや、而して是れ実に我国今日の進歩隆興、能く欧洲列国と角逐するを得るに至れる所以に非ずや、思ふて叡旨の深きに及ぶ、吾人は常に感極まつて泣かずんばあらず

夫れ所謂民主々義を以て、共和政治の専有物となし、立君政治と両立せずと信ずる者あらば、是れ大なる誤り也、堯舜は実に民主々義者なりき、禹湯文武も民主々義者なりき、而して古来其君主の尤も完全に、尤も熱心に之を執持し代表し実行せるは、実に我日本に如くはなし、我万世一系の宝祚、宇内に冠絶して、振々無窮に栄ふる所以、豈に偶然ならんや

然り、之を民主々義と名く可らずんば、即ち之を忠君主義と名くるも可也、愛国主義と名くるも可也、但だ万機民意を主とし玉ふの御誓文、木戸公の所謂、民と偕に居り民と共に守るの御趣意、御精神は、炳乎として日月と光を争ふ、是れ我国是也、国体也、之に背き之を忌む者は、実に陛下の罪人也、而して宗祖列聖の罪人なるを断言する也

三一日（金）

63 「社会政策及び労働問題」（『東京日日新聞』社説・五月三一日、六月一日、二日）

〈前略・六月二日（下）〉

欧洲の社会党及び社会政策なるもの皆其の国民経済上の事情より来るものにして固より理論的範疇の之れに準たるものあるにあらず概して之を言へば働かんと欲するも職業なく職業あるも以て生活を支ふるに足らざるの労働者が其の境遇に迫ら

れて時に中庸を得ざるの行動に陥るは殆ど其の通態たるを免れず而して其の境遇以て世間の同情を惹くに足り其の頭数の以て一箇の勢力たるに足るに至るや功名の徒従て之れを利用せんことを思ふ仏国社会党の数々革命を企つるもの主として之れが為なり然れども労働者にして漫に野心家の機械となるが如きは独り国家社会に利あらざるのみならず労働者自ら亦窮厄を招くことあるを以て欧洲の社会党は已に幾度の経験を重ねて漸く其の非を悟りたるの傾あり是れ甚だ喜ぶべしと雖も社会党の行動正順ならんよりは寧ろ初より社会党なきに若かず社会政策の巧妙を求めんよりは寧ろ之を用ゐるの必要なきに若かざるは論を竢たず熟々帝国の政史に徴するに我が　皇室は常に富豪の兼併を抑止し貧窮を憐み孤弱を助くるを以て歴世の　皇謨とせられ普天の下率土の浜一の無告の民あるべからざるを期し玉ふ而して徳川幕府の施政方針亦此の旨を奉体し主として小農を保護し窮民を扶掖するに力めたるを以て日本今日の社会に於て貧富の懸隔甚だしからず貧者労働者の比較的に幸福なる境遇にあるを得たり是れ我が国民に社会病の症候を認めざる一大因たらずんばあらず近年国内工業発達し労働者の数大に増加したりと雖も労働者は多く経済否運の影響を受けず今日疾苦を訴へて国家の救恤を求むるものは労働者にあらずして却て資本家にあるの奇観を呈し来れり彼の商工業者又は銀行家は曰く戦後我が市場に輸入せる資本の多くは労働者の手に落ちたり曰く貿易否況を呈するも贅沢品の輸入多きものは労働者の奢侈なるが為なりと吾曹は必ず此等の言を信なりとせず而も労働者果して幾分なりとも幸福なる境遇にありとせばたとひ一部資本家の不平ありとするも帝国経済の大局より打算して寧ろ喜ぶべきの顕象とすべし且つ今に於て十分の予備を為さず異日経済上止むを得ざるの変局に際会して乍ち多数無告の民を出し帝国の工業政策は他の欧洲諸国に於けると同じく社会政策と相待ちて之を講ずるの必要を見るに至るが如くんば為に経済上及び政治上の沮害を

生ずるもの将に測るべからざらんとす是れ吾曹が社会的窮厄を避くるを以て帝国百年の長計なりとする所以にして建国以来　王政の大旨亦之れに外ならざるなり

社会党の為に説く政論に二種あり其の一は絶対的君主政治に依らんとするもの其の二は絶対的共和政治に依らんとするもの是れなり乃ち一人の専制力を以てせんとするものと多数の専制力を以てせんとするものとの別ありと雖も学者理論家及び進歩したる社会党は多く前者を択ぶが如し是れ公正慈仁等の徳、多数に依るよりも一人に仰ぐを確実なりとするを以てなり蓋し社会主義の根拠は他力を仮りて労働者を保護せんとするにありて自由独立は其の求むる所にあらず而して若し多数勢力の下に立たんとせば金力其の他各種の重力は常に労働者に与せずして往々少数資本家の跋扈を致すの結果となるべし故に社会主義実行の理想は遂に世界の民主政治を破壊して悉く君主政治と為すに至らざれば止まざるべし独逸の社会党が自ら社会民主党と称するが如きは其の根拠多く工業繁盛の区に在り而してハンブルヒ、ブレーメン、リューベックの如きは実に孛漏生王国と雁行して独逸帝国の主権者たる自治体なるが故に其の市民は固より独逸皇帝の臣民といふべからず従て彼れ等が民主の名称を冒すは固より当然なるも他の君主国に於て社会主義を倡道するものが漫然模擬して同じく民主の名号を用ゐるが如きは大義に於て許すべからざると共に事実に於て癡呆の甚しきものなり況や民主的国土より出でたる社会党と雖も大規模の社会政策は君主政治に由るに非ざれば之を行ふに便ならざるを認むるに於てをや其の他国憲を紛更するの見を挟みて社会主義を唱ふるの徒の如きは其志真に労働者の為に計り社会の窮厄を救ふにあらずして名を社会党に托して窮民を玩弄し奇矯世に衒はんとするもの、み国家は固より之を鎮圧するに力むべきのみならず労働者も亦此の輩の玩弄物たるべからざるや無論なり

六月 ＊一日 『労働世界』旬刊・安部磯雄特別顧問、幸徳、木下、河上奇書家
＊二日 桂太郎内閣（第一次）成立
＊九日 社会主義協会、規約改正
＊二一日 星亨暗殺される

一日（土） **発起人集会し、社会平民党の結成を決議する。**

64「社会平民党」（『毎日新聞』記事・六月四日）

曩きに社会民主党を組織して直に禁止の厳命に接したる諸氏は、一たびは宣言書発表の為めに告発されたるは新聞紙条例違犯の公判開かるゝまで暫時緘黙すべく決議せしも、右公判の開廷は何時なるべきや、未だ知るべからざるが故に、彼等諸氏は去一日夜を以て集会の上

一、我等は政府意思の在る所を詳にせすと雖も、可及的平和温柔の態度を以て之に応すべき事
一、名称を「社会平民党」と改むる事
一、規則を改め主として経済問題を以て綱領中に列挙する事

等を決議し、事務所を麻布宮村町七十一番に移し昨日幹事幸徳伝次郎、西川光次郎の両氏より所轄警察署へ届出てたり、

65「社会民主党の禁止」（『東洋時論』記事・六月一日）

社会民主党は末松内相の禁止する処となれり、此党にして、彼惨憺たる虚無党、共産党の如き者にして、我国体を殺傷するに於ては因より禁止せさる可からす、然れとも社会主義を平和に解決する党派ならんには決して禁止するの要なきなり、如何となれば社会問題は政府の公力に依り外迫を打破するを得べきも、近年社会の腐敗、経済界の乱調は社会主義の事実は社会の下底を流通しつゝあるなり、只外面に露出するを恐れて之を鎮圧する時は暗潮は倍急激の勢を養成して、却て危険を醸すのみ、今後日本に於ける社会主義を抱懐する者を鎮圧せんと欲せば、秦始皇に倣ひ、社会主義

学者を坑にし政治学、哲学、経済学、社会学の書籍を委く火中に投せざる可からず、難哉々々』

66「治安妨害」（『労働世界』論説・六月一日）

「治安に妨害あり安寧秩序を乱すの恐れあり」此言や実に重大なる而も深遠なる関係を社会に有し其使用如何によりては真に国家の安寧を乱すに至ることあり、社会の秩序を紛雑せしむるに至ることあり、天下の名刀も之を悪人に持たしめんか良民を殺害して社会を乱すや必せり、然れども有識の士をして之を所持せしめんか社会の秩序と安寧は此の名刀の為めに維持さるべし、之を要するに安寧秩序を保持するは国家治安の責任を有する人の人物如何にあり、国家の安寧は一に民情を察し社会の大勢を洞観して人民多数の意向に従つて之が統治の任に当に在なり是れ明治の初年我賢明なる天皇陛下が

「万機公論に決す」と云ふ実に天下に比類なき公平なる詔勅を我々下民に賜ひたる所以なりと信ず。抑も治安妨害とか安寧秩序とか云ふ言の下に発動する当局者の行為が実に其宜しきを得ると否とは社会の安寧に大関係あり豈謹慎せざるべけんや。吾人は常に警察権の神聖を保たれんことを唱道し又我労働者に向つても之を尊敬し且遵守して其逆鱗に抗触する勿れと戒告し来りしが今回又もや此戒告を繰り返すの必要に迫られたり噫此権や其使用者の如何に依り時に或は圧制に終ることあり、良民を虐ることあり治安平和を妨害することあり、人民の意思を抑へ其自由を妨害することあり、実に国家の不幸なり然れども斯る場合に際して労働者よ汝等は決して乱暴に出ずることなかれ謹慎以て良民たるの実を天下に表白し以て良政治の行はる、秋を待つべし然り良政治を行ふに努むべし

此の際此の論を充分にせば又も○○に接するの恐れあるか故に少しく遠慮したり諸君言外の意を読まれよ

三日（月）　社会平民党（幹事、幸徳伝次郎・

西川光次郎、事務所、麻布宮前町七十一番）を届け出るも、即日禁止処分を受ける。〈社会平民党々則は「社会主義者沿革（第一）」に所載、本書太田論文七二～五頁掲載〉

67「社会主義に対する日本政府の方針」（『毎日新聞』論説・六月五日）

社会平民党の禁止　桂内閣一着の事業

一昨日を以て社会平民党の結社届出ありし由は前号既に之を報せり、然るに同日午後五時を以て禁止の厳命は再び下たれり、

同党幹事幸徳伝次郎氏が一昨日午前九時を以て麻布警察署へ結社の届出をなすや、同署長は同党の事情に就て種々質問する所あり、幸徳氏は委細之を説明して引き取りしに、同日午後五時、同警察署は幸徳氏に向て即刻出頭すべき儀申通し、至れば則ち安寧秩序を妨害する者と認め之を禁止すとの新内務大臣内海忠勝氏の命令書を伝達せり、去二日の日曜日を以て親任式を挙げたる桂内閣は其第一着の事業として「社会主義鎮圧令」を挙行せり、

警視庁の干渉

一昨夜七時半頃なりき、警視庁は電話を以て我社の編集局へ交渉し来れり曰く

「社会平民党は本日直に禁止の命令を伝へたり、就ては若し同党に関する記事御掲載相成しならば一切抹殺せられたし是れ官房主事よりの御命令なり」

宿直の我社員は之に応して曰く

「同党結社の事実は之を掲載しあり、然れ共事実を掲載したることは何等治安の妨害となるべき心配なきに非ずや」

然るに警視庁は曰く

「否な、世人をして同党結社の事を知らしむることが既に良しからず、社会党とか平民党とか云ふ文字が新聞紙上に発表せらるゝことが、甚だ穏かならず」

我社員は其の干渉の寧ろ甚だ馬鹿々々しきに驚き、「新紙は既に印刷し了りたれば今更ら如何ともすべからず」と言ひしに、彼は「去らば何れ上官の意見を伺ふべし」とて、交渉の局を結べり、

警視庁吏の言は必ず上官の命令を誤伝したる者なるべし、二十世紀の日本に於て彼の如き頑冥不霊の見解を抱く警視総監あるべきは吾人の信ずること能はざる所なれば也

内務省の意見

社会主義の結社に対する両回の禁止命令は、是れ我国に於ける言論結社の自由、延ひて学問研究の自由に至大関係を有する重要問題にして国民の深く注意すべき所、而して「社会民主党」に対する禁止は、当時の内相末松氏が予め属僚と協議準備し置きたる所なりしも今回「社会平民党」に対する禁止命令が如何にして出て来りしやは頗る疑ふべき者あり、該党発起者は極めて温順の態度を執り、其の綱領には只だ経済教育に関する者のみを掲げ、政治事項に関する者は一切之を省き、何等無学の暴吏たりとも復た「治安妨害」の妄認を下たすべき余地なしと云ひ居たりしに、此日始めて出省したる内海新内相に依りて即時禁止の厳命を受けしは、発起者諸氏も憤然たりしならん、然るに昨日の「帝国通信」は社会党に対する内務省の方針なりとて左の一報を齎らしたれば、掲げて世人の参考に供す、

曩きには社会民主党なるもの結社届出の当日直に禁圧せられ今又社会平民党即時に解散を命ぜられたるが主務省の社会党に対する方針は前内相末松男が極力禁圧の意見を持し省内の有力者亦同一意見を以て省議茲に確定したる処にして新内相内海男も亦敢て此主義を変更するの決心あるを聞かず省議を是認して継承することなるべし而して内務省が如斯絶対的に社会党を禁圧せんとする理由は同党の公言せる実行方法若くは其手段に就て是非を論定するにあらずして其理由とせる主義に於て所謂国家の存立と相容れさるものあり社会の成立と一致する能はざる

主義は明かに個人の自由を抑制し個人の所有権を奪ひ民法上の原則を根底より破壊せんとするものなり之れ国家今日の状態に於て到底許すべからざる処なるが故に断乎として禁圧せんとするにありと云ふ又以て同省の社会党に対する決心の如何に強硬なるかを知るべきなり

68「社会平民党も解散さる」（『労働世界』六月一日）

曩に禁止されたる社会民主党の連中は去る三日社会平民党を組織して其の届出を為した所又解散!!

69「社会党に対する内務省の方針」（『太陽』海内彙報・七月五日）

曩きには社会民主党なるもの結社届出の当日直に禁圧せられ今亦社会平民党即時に解散を命ぜられたり理由は同党の公言せる実行の方法若くは其手段に就て是非を論定するにあらずして其理由とせる主義に於て所謂国家の存立と相容れず社会の成立と一致する能はざるが故也、

四日（火）

70「為政者と社会的運動」（『万朝報』社説・六月四日）

水激すれば岩を砕き。鼠窮すれば猫を嚙む。人間の事亦斯くの如し。吾人は為政者が漫に民間有志の政治運動に干渉するの、却て社稷国家の安寧を破る者なることを念ふ。

虚無党を見よ、無政府党を見よ、破壊党を見よ。彼等は最初より陰険殺伐なる団体に非ざりしなり。彼等は高尚なる理想に依り温和なる手段を以て、社会を改良し政治を改善せんと試みたるに過ぎず。而かも為政者が彼等の目的思想を誤解し、不法なる手段を以て彼等の運動を鎮圧撲滅せんと欲するに及んで、公然たる団体は変じて秘密結社となれり。公明正大なる運動は変じて陰険なる運動となれり。宣言と政綱とは変じて爆裂弾と白刃と為れり。吾人は毫も彼等破壊党の為す所に賛同する者に非ざるも、而かも彼等を駆て彼が如き危険なる団体たらしめたるは当局者の処置宜しきを得ざるものありしことを認めざる能はず。

夫れ積漸の習俗を矯正し、一世の気風を改むる猶且つ幾多の歳月と苦心とを要す。況んや、数千年来持続し来りて其の基礎牢乎たる現代の社会組織を改むるに於てをや。是れ豈十年二十年の能くする所ならんや。是れ豈に尋常の苦心と経営との能くする所ならんや。故に吾人は平生竊に謂らく、志士仁人の社会改良に志す者は決して短慮なるべからず、漫りに成功に急ぐべからずと。唯鞏固不動の意と犠牲献身の念と博愛慈仁の情と堅忍耐久の心とを以て、徐々として進歩すべきのみ。寸を取れば更に寸を進み、尺を得れば更に尺を進む。斯くの如くにして志を変ずること無くんば、目的の彼岸に達すること必ずしも難からざるなり。唯彼等が斯くの如くなる能はずして、往々常道を逸し、急激の手段に訴へ、以て終に一部の国民に蛇蝎視せらるゝに至る所以のもの、職として為政者が彼等に対するの処置を誤りしの致す所に由ざるは無し。念ふて、此に至る毎に吾人は未だ曾て喟然として長大息せずんばあらず。

読者請ふ吾人を以て虚無党、無政府党に同情を寄するものと誤解する勿れ。彼等が社会改造の大事業が十年二十年の間に遂行せらるべき者に非ざることを思はず、将た新主義新思想が常に社会と為政者とに迫害せらるゝものなることを思はず、忽ちにして過激兇暴なる手段を取るに至りしは吾人の極めて遺憾とする所なり。日本の社会運動に志すの士は断じて彼等の如き短慮に倣はざるべきなり。如何に迫害せらるゝも、幾度鉄窓の中に投ぜらるゝも、飽くまでも平和の手段を取り、飽くまでも着実の歩調を取り、以て徐に世人の疑惑誤解を解くことを務めざるべからず。斯くの如くにして始めて能く社会改良の事を企つるを得べきなり。

五日（水）

71久津見息忠〈蕨村〉「社会民主党の禁止」(『日本人』論説・六月五日)

苟も空気の中にある物、之を打てば必ずや鳴らざるを得ず。鳴れば其物小なりと雖、人之に耳を聳て目を注がん。社会民主党の結党を禁止したる意志が、果して其党を世の耳目に触れしめず、社会の表面に立たしめざることを欲するにあらば、結果は反て反対に出づべし。余は内務大臣が甚だ賢ならざる挙を企てたりしことを惜しむ。

余は近世社会主義を以て、其根本に誤謬ありとするもの也。欧洲の社会党も亦此誤謬を免るゝことを得ざるが故に、必ずしも之に賛成せず。社会民主党に対するや其感亦同一なり。其隆興することを望むよりは、寧ろ其根本の誤謬を正さんことを欲する也。然れども社会民主党は固よりアリーマン、タイホン、シヴアの類にあらず。破壊の悪神は社会民主党の党与にあらずして、再興の善神ミトラー、ホーラス、ヴイシユヌの類却て其好侶伴たる可し。蓋し社会主義の徒が社会を改革せんとするは、即ち内に其存する悲惨なる生存競争を除きて、同社会の人に幸福を平等に享受せしめんと欲するにあり。其根本の理想には二三の誤謬なきにあらずと雖、是れ敢て唯破壊を喜ぶの神、治安の妨害を好むの悪神を友とするにあらず。故に余は彼の党と根本の理想に於て、見る所を異にするに拘はらず、彼の党を治安妨害の邪神と認むることを欲せず。反て其厄病神の如くに視られたりしことを悲しむ。

政府と異りたる思想を懐くは、決して悪事にあらず。国民を挙げて悉く政府の思ふ所と異ならざる思想を懐かしめ、然らざるものは之を抑圧して、敢て頭首を揚ぐることを得ざらしめんとするは、専制政府の事なり。露国は今之を敢てして反て往々虚無党の暴挙を招けり。徂徠派の学者に論語を講せしむれば、異端を攻撃するは之れ害ありとす。即ち攻むるを修むると訓せず、攻撃の意に取る也、露国は現に此攻撃を企てゝ、而して此害を受けつゝあるにあらずや。今社会民主党を抑圧す、力の上に於ては固より成効すべし、而かも果して其害なきことを得る乎。公に許されざる芸妓の売淫が、現に私かに所在に行はれて、益す其盛なるを致し、而して其害を社会に及ぼすこと決して小少ならざるを見ずや。公の結党を許されずんば秘密の結社とならん。秘密の結社にして秘密の探偵の為に発かるゝの恐あらば、其不平は欝結し累積し、遂に爆発の禍を見るに到らん。歴史は能く繰り返へすと云ふと雖、今日に於て仏国の革命前、其政府が民間の党派を圧したるが如き手段に出づるは、之を智ある政治家と云ふべき乎。立憲政治の世に於て、専制政府の事を行ふて恬然たるは、啻に其挙の愚なるのみならず、時代の思想に適せざるものたり。余は内務大臣が責めては徂徠派の学者の如く、異端を攻撃するは害ありて益なきことを覚るに到らんことを望む。之を望むは必すしも社会民主党の為のみにあらず、実に歴史の繰り返さんことを恐れて也。実に彼の党をして秘密危険の性質に変せしめんことを憂いて也。更に言を切にしていへば、国家の真の治安を思へば也。

政府の社会主義を蛇蝎視するは、独り東洋の一帝国に於ける事のみならず、如何なる国に於ても、幾んど同一なり。然れども其主義の語る所は悉く斥くべきものゝみにあらず、鉄道国有の如き、労働者保護の如き、普通教育制度の如き、所得税法の如き、政権の分配の如き、固より政治の権利、社会の貧富を平均ならしめんとするの思想に出で、多くは社会主義の語る所なり。而かも現に能く各国政府の採用する所と成れるにあらすや。而して土地国有、資本公有、即ち一切の生産機関を挙けて公有ならしめ、以て一切の人を無階級の中に居らしめんとするが如き、社会主義の語る所にして、甚たしく現社会の制度に反対するものは、今や唯言説に止まれり。思想界中の現象のみ。現実界には何等の禍害を見ず。而して今日の社会の進歩としては、社会主義の語る所も、亦必ずしも悉く斥くべきにあらざること斯の如きものありとせば、其主義を執るの党派を呪詛するは、唯夫れ愛憎好悪を以てするもの、度量の広からざるを示す耳。嫌ふのみだも、猶ほ且褊狭を免れず。敢て之を出生せしめざらんとするは、即ち小量狭懐の甚だしき所以、内務大臣の是に出でたる、殊に厭ふ可し。

如何なる社会にも二つの勢力あることを忘る可らず。一は個人の利害を後にして、先づ全社会の保持を力むるの勢力、一は個人の理想を以て社会の現制度に反対し、之を其理想の如くになさんとするの勢力なり。前なるは保守の勢力、後なるは改革の勢力なり。保守の勢力は現社会を賛成するもの、改革の勢力は之に反対するもの也。保守の勢力ありて現社会は維持せらる、素より欠くべからざるの勢力なりと雖も、別に改革の勢力なくは社会の進歩なし。啻に進歩なきのみならず、溜れる水の腐敗し易きが如く、動かざる社会は腐敗を招かざるを得ず。行政、司法は多くの場合に於て保守の勢力たり、立法は改革の一原動力たる性質を有するもの也。然れども改革の勢力たるものは、独り立法府のみならんや。千種万類、社会に出生するの理論、党派、結社の中にも亦必ずや存せざる可らず。現社会を標準として之を見れば、是れ皆非社会的の運動なり。社会主義なるものも亦此非会的運動の一たるを失はず。蓋し個人の理想に描き出したる蜃気楼的社会を以て、現社会の反対に立ち、之を改革せんとする所以、即ち現社会より見れば其社会を非とするの運動なれば也。非社会的の運動なるが故に随て改革的勢力の一なり。保守の勢力に反対するは勿論、行政、司法機関よりして反対せらるべきは固より已むを得ざる所なり。然れども行政、司法の官にあるものが其反対なるの故を以て、敢て之を咀い之を禁するは当らず、社会進歩の一原動力を抑圧するは、即ち自から腐敗を招かんとするものなるが故なり。社会の進歩は一方に於て行政、司法等保守の勢力ありて社会の秩序を維持し、他方に於て理論、党派、結社等改革の勢力あり、非社会的の運動を以て其社会の組織に変化を起さしめ、而して之を改造しつゝあるの間に於て得ざるべきもの、敢て強ひて其非社会的運動を抑圧するは、社会の進歩を阻害する所以あり。保守の勢力なる行政、司法の機関と雖、這般の消息を解して功に酌斟する所なかる可らず。社会民主党の禁止は此意味に於て、明に行政官が深思熟慮を缺けることを表示したるが如し。

今日の社会組織に於て、甚だしく苦痛を感ずるものは労働的階級なり。若し一点人道を思はゞ此階級に深厚なる同情を有せざる可らず。而かも敢て富者の財産を奪ふて、之を此階級に分配することを要せず。又敢て総ての資本家の生命を断ち、其資本を労働者の有たらしむることをも要せず。社会主義の徒と雖、今日は斯の如き乱暴なることを語らず行はざる也。唯夫れ労働的階級の教育、利益、保護を厚くし、之を他の階級と同一にせんことを欲する耳。此点に於ては社会主義に根本的誤謬ありとする余と雖、敢て之に同意するに吝ならず。之れが為に一切の資本を公有に移せよと云ひ、総ての発明権を個人に有せしむ可らずと唱ふるは、其致富、発明の能力を以て社会全体の多年の累積、相儔、継承に出づとし、発明も、発見も、致富も、皆是れ社会の作す所にして、個人の独り自から造る所にあらずとなす二三学者の説に淵源したるもの、而かも個人の智力能力の出所論、原因論にして明解とならざる以上は、是れ未だ俄かに首肯すべきものにあらず。此点に於て余は社会主義の根本的誤謬を指摘し得べしとなすものなりと雖、而かも其労働的階級に同情厚きの点に於ては、人道を解せざる暴戻の徒の外には恐らくは社会主義の人を称揚せざるものなかる可しとす。社会民主党が此点に於て十二分の注意ありながら行政官をして之を覚らしむることを得ず。遂に内務大臣をして労働的階級に同情深厚なる政党を抑圧したるもの、即ち憫むべき労働者に残忍なるものなりとの汚名を得せしめ畢はんぬ。誠に惜しむべき事なる哉。

思想の流動は猶ほ水の流るゝが如し。其大に流動するや洪水に似たり。人力は得て防ぐ可らず。苟も道の通すべく隙の入るべきあらば、滔々として流入流出せざることなし。今帝国にして四海悉く之を密封し得たりとせんも、水の漏入を防ぐ能はざるが如く、思想の流入を妨ぐることを得ず。カル、・マークスの思想も入らん。サン・シモンの言論も来らん。エングルスも、ベラミーも、ロベルトソンも、ベーベルも皆滴潜となりて潜入し来り、而して後ち邦人に依りて溜水となり、涓々の水となり、漸く其流域を広くし、滔々の流となりて我が思想界を浸すに到る可し。此時に当りて設令へば人あり、堤防を造りて之を止めんとするも、其浸入の勢や或る程度に到らされば止む可らず。今日は即ち此或る程度に到らんとして流動したる初め耳。之を止めんとすれば即ち却て之を激せしめん耳。之を止むるもの若し果して這般の思想の流入を根本的に忌み、一切之を防止せんとする乎。是れ大洋の水を内海に入れざらんと欲し、洋中に堤防を築かんとするの愚挙に同じ。露国は今現に此愚挙を敢てし、国境に輸入図書の審査官を置くと雖、然れども西欧の民主思想は既に流入し来れり。其名門華冑の中にだもトルストイ伯の如き人を出せるにあらずや。況んや税関に輸入図書の審査部なき帝国の如きをや。其思想の流入は到底防くべからず。一方に其思想の流入を自由ならしめつゝ、他方に其結果を抑圧す。自家撞着は固より免る可らざる所、其為す能はざるを為さんとしたるの愚も亦其所なり。社会主義の根本には誤謬ありとなすもの、即ち其小反対に立つものすら、既に斯の如く社会民主党禁止の愚挙なりしを知る。独り内務大臣の之を覚らざりしは、帝国の真の治安の為に切に遺憾の至りに耐へす。

七日（金）

72「暴行者に対する真の政党」（『万朝報』社説・六月七日）

曩に四五の有志、社会《ソシヤル、》民主《デモクラシー》の主義の為に一の党を作り、其綱領を発表するや、内務省は直ちに警視庁をして其党を解散せしめ、其綱領の頒布を禁ぜしめたり、我が朝報の如きも其綱領の一部分を記載して報道したるが為に一二日の間発売頒布を禁ぜられ、猶も法律違反者として告発を被りたり

近く数日前、右の有志は更に其綱領の本来平穏なるを又一層平穏にし社会平民党の名を以て結党せんとしたるに、又直ちに届出の即日を以て解散を命ぜられ、府下の諸新聞も亦其の結党の事実と解散の事実とを報道することを差止められたり、吾人は内務省の此所業の殆ど言論の自由と結社の自由とに対する一の暴行たるを認めざる能はず

左の一文は右結党者の一人が吾人に寄せたる私書なり、情状の一斑を知るに足るを以て特に掲ぐ

拝啓嚮に民主党禁止の命之れ有り候後、各地方未見同志の吊問、引きも切らざる有様に候故、到底此まゝ黙止することを得ず更に昨朝午前九時、平民党と改称し、単に労働者保護、教育普及、独占事業公有のみを綱領に掲げて届出候所、同午後四時又々禁止の命に接し候、当局官吏は如何に穏和なる目的手段方法にても小生等の結社は決して許さゞる事に決定し居れりと覚え候、是に於て小生等の結社の自由は全く剥奪せられ候者に候

而も彼等は昨夜七時頃電話を以て各新聞社へ平民党結社の雑報記載之れ無き様、依頼し候由、朝報社三版係は此依頼に○○○○○○○○○○○○○○○○本日欄外に出居候、毎日新聞は事実の報道を何故禁ずるやと問ひしに警視庁に於ては社会とか平民とかの字は不穏なりと答候由、報知新聞の如きは右の雑報を全く抹殺し居候、右の有様にて小生等が、否各新聞が出版の自由も全く剥奪致され候

斯くては小生等今後幾回結社致し候とも禁止さる可く、演説会を開き候ても一語社会平民に及べば中止さる可きは明白に候斯の如くムチヤなるに至ては小生等は殆ど何の思想をも発表する能はず発表すれば直ちに奇禍に罹る可く、内

務省警視庁の馬鹿なるは言語に絶し候、小生等は俗吏を敵手にして犬死する程の愚に非ざるも此有様にては社会改革は河清を待つが如きのみならず、此儘泣寝入るは天下同志に対し愧づ可きの極に候て髀肉鳴て患へ難く候へども憤慨の余未だ策の出る所を知らず候、如何の運動方法が小生等の目的を達するに便なる可きか高教を賜り度く候（下略）

是を読む者誰れか結党者の窮状を察せざらん、然れども此の「ムチヤ」なる「言語に絶したる」暴行者と争ふは、真に所謂「犬死」のみ策に似て策に非ず

為政者、憲法を省みずに暴行し、之と対峙す可き政党も亦其暴行に加担する者、最近数年間の我が政治上の実況なり、今日の問題は「如何にして此暴行者の下に於て暴行を受けざる社会党を作る可きや」に在らずして「此暴行者を制し得る憲法的の公明なる政党を作る」に在り、先づ暴行者を制肘する政党を作り、言論結社と云ふが如き憲法の自由を恢復したる後ならでは社会党を作るに由なし

吾人は社会党と全然主義を同くする者には非ず、従て社会党の為に之を言ふに非ず、唯だ我国の現在の為めに、将来の為めに、憲法の為めに、百般の公義的事業の為に之を云ふ、先づ社会党ならざる、公明の政党を作れ、今の我国に暴行者ありて政党無し、政党を興して今の政府と云ひ今の政党と云へる暴行者を取鎮めざれば一切の事、河清を待つが如けんのみ、此の暴行以外の政党を作る有志者は無きか、有らば来れ、吾人進んで執鞭の労に従はん、無くば請う隗より始めん哉

一〇日（月）

73 告天子「『社会問題解釈法』を読む」（『読売新聞』書評・六月一〇日、一二四日、七月一日、〈省略〉）

一一日（火）

74「本紙の裁判」（『労働世界』記事・六月一一日）

本紙七十九号は社会民主党の宣言綱領を載せた為めに発売を禁止され、且つ告発されたが、此の事件の裁判に就ては本田竹虎氏主任として弁護さるること、なり、外四五名の弁護士も義侠的に尽さるる筈だ。

一五日（土）　毎日新聞主催、神田青年会館での演説会

75石川安次郎〈半山〉「社会主義とは何ぞや」（『東京経済雑誌』講演筆記・六月二九日）

此一篇は六月十五日神田青年会館に於て演説したる大意を筆記したる者なり

満場の諸君

過般来友人の間に、社会民主党とか社会平民党と申す様な者を組織して、之を届け出で、内務大臣が之を禁止致した結果「社会主義とは何ぞや」と云ふ疑問は、世人の間に高まつて居りますが、我輩は此際を以て平生社会主義に対して懐抱せる所見を開陳して見たいと考える、

今より三四前に、伊藤侯爵が経済学協会へ臨席せられたことが有る、其の時望月小太郎、松本君平、小手川豊次郎の諸君が頌徳表を捧呈したので、我輩も亦起て演説をなし、余は従来伊藤侯に反対の態度を取ッた一人で有るけれども、尚侯爵の此の協会に来臨せらる事を歓迎する、蓋し余が侯爵に反対した所以は、決して個人の感情からではない、実に主義が違ふからで有る、侯爵は国家主義、余は個人主義で有る、経済学協会員の多数は、田口君を始じめ、個人主義に賛成の人が多いから、侯爵に於ても此会に臨席せられた以上は、個人主義を研究せられんことを望むと言ッたら、其の後に添田寿一君が起て我輩の演説を駁撃して、巧みに一種の演説をしたが、伊藤侯に於ては、却て我輩の演説を喜び、「自分は半分は社会主義なれども、半分は個人主義で有るから、決して君の敵で

ない、チト遊びに来玉へ」と言はれたことが有る、

其頃我輩は恰かも社会問題研究会と云ふ者を設立して、社会主義を研究した事も有る、又十年ばかり前に庚寅新誌や経済雑誌に於て、社会主義に関する文を書いたことも有るが、其中に「仏国に於ける経済思想の進歩」と題する一文を六七回に渉りて、経済雑誌に連載致した者は、最も我輩の社会主義に対する意向を示した者で有る、其頃発表した意見は、我輩は今日と雖も、之を変するの必要を見ない者で、其以後の研究に於ても、我輩は社会党の言動中、賛成すべき者と何分にも賛成することの出来ない者とある事を見て居る一人で有る、

第一　社会主義は宗教なり

我輩の見る所を以てすれば、社会主義は一の宗教で有る、貧民を憐れみ、富の分配を公平にすると云ふ理想は、実に立派な信仰個条で有つて、基督教、仏教の精神に符合致し、宗教として之を信奉するは、誠に美事で有る、

抑も社会主義と申す一語は、千八百三十年頃英国のロバート、ヲーウエンの団体が唱へ始め、千八百五十三年頃に仏国人レボーの著述中に「社会主義は逝けり」との趣意を以て書いた時から、広く世界に用ひらるゝに至つたので有りますけれど、社会主義は此の語の行はれざる前から、既に社会に提唱せられた者で有つて、基督教は勿論社会主義で有る、プラトーも社会主義を唱へ、トーマス、ムーアのユートピアも社会主義に違いない、ルーソーの民約論も明からに社会主義で有る、

社会主義又は社会党と云ふ名目の出来て後、其の唱ふる所に付て考査する時は、我輩は明白に之を宗教と視ることの出来る証拠を有して居る、

〈中略〉

第五　個人的経営と国家的政策

社会主義は一種の宗教で有るから、之を宗教の範囲に止め、宗教家が或は感化院を設け、或は孤児院を立てる様に、各自の力の及ぶ範囲に於て、其の理想を実行するは頗る美事で有つて、且つ最

も成功し易き方案で有る、〈中略〉
我輩は社会主義の人が、之を宗教と認めて、各個人の工場に利用し、其の同志者の間に実行して、共同労働と共同分配を行ふことを認むる者で、之を政治運動となし、一種の政府万能主義に似たる方針を取て進むことは社会の為めに甚だ有害なる者と断定せなければならぬ、
今日の世界政府に向て社会主義を説き、政府万能主義を勧むるは、実に猫に鰹節を与へ、盗賊に武器を与ふる様な者で、人民の幸福は之れが為めに非常に減少せらるゝで有らうふと恐れる次第で有ります、

76「労働問題に就て」(『東京経済雑誌』記事・六月一五日)

我国に於ける労働問題は未だ欧洲各国に於ける如く切迫し居らざるも、該問題に向て研究解釈を試みんとするもの民間の少壮者間に少なからず、曩には社会民主党なるものを組織して其の筋より解散を命ぜられ、次でまた其変名なる平民社会党なるものを組織して前轍を踏むに至れり、右に関して当局者の語る処を聞くに、該団体の行動の如何は予め知るべからずして、或は単に労働問題の研究に止まるのみなるやも計られざるも、今日の制度より観察せば其意志の如何を論ぜず、斯の如き団体の存立を認むる能はず云々、去りながら已に一度起りたる問題なれば今後同一の趣旨を以て起るべきは勿論殊に政府に於ても数年来研究しつゝある工場法すら未だ何時発布せらるべきの見込なく、従て数多の工場に於ける労働者と工場主は随意行動を為して、往々双方の衝突を来たし為に該問題の勃興を一層催起せしむるやの感なきにあらざれば、思ふに本問題の将来は大に見るべきものあらんか、

77「都市的社会主義の勝利」(『六合雑誌』論説・六月一五日)

社会主義が政治上の運動として成功すべきや否やは一の疑問である。独逸の議会にては議員四百名許の内七十有余の議席は社会民主党に占められ

て居る、仏蘭西の現内閣は農商務長官の椅子を社会主義者ミレラン氏に与へ、白耳義に於ては社会党員の数殆んど半数に達せんとする有様である、然し今後此等の諸国に於て社会主義が如何なる程度まで其抱負を実行し得べきやは容易に預言し得べき事でない、今日では彼等が国会に於ける勢力未だ多数を占むる訳にゆかんのであるから、其綱領を実行するといふ場合には至り居らぬ、故に社会主義の利害得失を判断するに当りては国会場裡に於ける該主議の勢力は未だ何等の材料をも吾人に与へぬのである、然し社会主義の価値を定むべき材料は続々他の所に見はれつゝある、欧米諸国に於ける都会の政治が如何なる点に向つて発達しつゝあるかを見よ、何人も滔々として大勢の赴く所を認めずには居られまい、大都会の市政は何れも社会主義者の主唱しつゝある方針に向つて発達しつゝあるのである、吾人はこれを称して都市的社会主義の勝利であるといふことを躊躇しない

吾人は近来都市に於ける社会主義の発達を叙する前に、一応独逸の社会政策に付て陳述するの必要があると思ふ、独逸政府が労働者に対する政策なるものは世界中比類なき程に親切なるものであつて、其中殊に吾人の注目すべきはビスマークが労働者の為に強制保険法を設けたると、現皇帝が千八百九十年伯林に万国労働会議を開きたる以来鋭意労働保護法を発布することに勉めたることである、原来独逸の皇帝が人民保護に忠実なりし事は争ふべかざる歴史上の事実であるが、最近三十年間に於て所謂国家社会主義なるもの、盛に行はるゝに至りたるは全く社会民主党の刺撃に依るものと言はねばならぬ、彼の東京日々新聞が去月より本月にかけて三回程社会政策と労働問題とを論じたる中に、ビスマークの政策を以て社会主義に何等の関係なきが如く論じ居るは頗る奇怪の事である、ビスマークは何が故に一大飛躍をなして彼の強制保険法を実行するに至りしか、若し当時の事情を詳細に探究せば明に其政策が社会民主党の刺撃に出でしものなることは疑ふことが出来まい、

ビスマークは集会条例、出版条例、保安条例（後我国の政治家が採用して林有造、尾崎行雄などを三里以外に放逐せしもの）などを設けて社会民主党の鎮圧に従事したが、彼の手腕を以てしても到底社会主義を撲滅するの難きことを知つたから、全く其方針を改め、社会民主党の裏をかいて労働者保護といふ方針を採る様になつたのである、現に其時にはビスマークを攻撃して彼は社会党に降つたものであると批難した人もあつた、これがビスマークが採りたる国家社会主義の由来であつて、今日我国でも国家社会主義を唱導して居る人は大分ある様であるが、吾人は彼の独逸の国家社会主義なるものが社会民主党の刺撃を受けずして彼の如く発達し得たや否や甚だ疑はざるを得ない、社会主義者の眼より見れば国家社会主義は純粋なる社会主義に到達する一階段であるから、少しもこれに反対する処はないが、然しこれを以て社会の一大病根たる貧富の懸隔を打破し得べしとは考へぬのである、国家社会主義の起源を尋ぬれば極めて曖昧なる思想より出でたるものであつて、一方には社会主義の勢力の到底争ふべからざるを見て幾分かこれに心を寄せ、一方には保守的勢力に遠慮する処があつて其所信を大胆に直截に陳べ得ぬのである。それでこれを進歩思想と保守思想の雑種児といふも差支ない、吾人は此の如く国家社会主義の立場の極めて曖昧なるを断言するのであるが、兎に角此の如き雑種児の生る丶に至りたるを見ても社会主義の主唱する処が社会政策上漸次必要になり来りたる事は争ふべからざる事実である

　近頃北米合衆国の大都市に於ては社会主義の精神が破竹の勢を以て進みつ丶ある、大都会に於て最も重要なる問題の一として数ふべきは慥に街鉄問題であるが、今二三の実例を挙げて此問題が如何に解せられつ丶あるかを論じて見たい、〈後略〉

78白石喜之助「第十九世紀以前の社会主義」（『六合雑誌』論文・六月一五日、七月一五日、八月一五日）

社会主義は其本質より云へば決して新らしきも

のにあらず、唯だ社会主義即ちSocialismと云ふ名称と一切の富は労働者の労働に帰すべきものなりてふ社会主義者の議論が近世の産物たるのみ、其目的とする分配の均一を願ふに於ては古今を通じて其揆を一にす、固より社会主義は孰れの時代に於ても等しく活動し来れりと云ふにはあらず、或時代に於ては此精神殆んど麻痺昏睡せしことあり、一時抑圧制止せられたることなきにあらず、然れども之れ人類自然の性情より湧出する精神なるが故に、時にありてか勃然興起して社会の新舞台に現出すること正に歴史上の事実なりと知るべし

社会主義は下等人民が其生活の状態を上進せんと勉むる形に於ては歴史とともに古より存在して歴史上社会変遷の最も緊要なるものを形成するものなり、又社会主義は自由平等に関する画策なりと云ふの意味にては政治的社会とともに人間階級の分離とともに貧富の区別とともに古より存在す、而かも正当なる平等を確立し之れを永続せしめんと欲する社会主義の精神に至ては東西古今に亘りて其範囲極めて広濶なるものありと云はざる可からず〈後略〉

79 久松狷堂〈義典〉「日本の社会結社と白耳義の労働党」(『東京経済雑誌』論説・六月一五日)

社会民主党は、呱々の産声揚ぐる間もなく縊殺され、次で生れし社会平民党も、即時に解散を命ぜられしより、今後社会団体の起るべき見込は、当分先づ絶え果てぬと申すべき歟、今ま政府がこの処分に及びたる理由として伝へらるゝ所を聞くに、同党の公言せる実行方法、若くは其の手段に就て、是非を論定するにあらず、其の理由とする主義に於て、国家の存立と相容れざるものあり、社会の成立と一致する能はざる主義は、明かに個人の自由を抑制し、個人の所有権を奪ひ、民法上の原則を根柢より破壊せんとするもの、故に断乎として抑圧せんとするにありと云へり、政府の方針若し果してこゝに在りとせんか、社会主義の団体は、愈々以て日本に成立を容れざることゝ看做

ざる丶を得ず、「かの英国に於ては、たとへ共和政治を唱ふる者あるも、政府は一切搆はず、米国に於ては、君主政体論を主張する者あるも、当局は不問に附すべし、日本政府の処置は、児戯に等し」と論評せし横浜の西字新聞の如き観念は、内国人中にありや否やを知らざれども、兎に角か丶る事は、人権問題の消長に於て、重大の関係あるものなるに、世間の公議は、これを冷淡に看過したるが如き、吾人の甚だ解せざる所なり、

社会主義は、果して国家の存立と相容れざるもの乎、社会主義は、個人の自由を抑制し、個人の所有権を奪ふものなる乎、こは実に重大なる論題にして、吾人は迚も一言してこ丶に説尽すこと能はざれども、苟も近代欧米の社会的情勢を審にし、二十世紀に於る事物進化の実況に通ずる識者ならんには吾人の説明を待たず、百も承知二百も合点の筈なり、然れども当路者の中、若しいよ〳〵かの「マンチエストル」派の旧学説を墨株し、例の個人主義、放任主義、又は自助主義を執りて、施政の一方針となさんと欲する者あらば、民間の志士識者たるもの、唯これを頑見僻想とし、西字新聞の如き筆法にて嘲弄的批評を下すべきにあらず、宜しく彼れ当局者に向て教誨訓諭の労を執り、彼等が知見を進め思想を開き、当世紀に於る世界的進化の大勢を達観せしむるの嚮導者たらざるべからず、又他の一面に於ては、実際問題の利害得喪上より、明白的切なる事例を挙げ、以て大に発明開悟する所あらしめんを要す、夫れ社会問題の要は、経済と倫理にあり、主義目的の運用及び施設に於ては、政治と離るべからざること勿論なれども、決して政論政策のみに熱中すべきにあらず、故に吾人が今日の如き社会主義の幼穉極まる日本に於て、社会家に望む所は、一日も早く経済的協合に斯主義を持込みたる団体を、陸続として設立することにありとす、

経済的協合の手近き一例は、共働商会なり、こは現に東京及び各地方に幾ヶ所も成立せるものにして、日本鉄工組合、若くは日本鉄道職員組合の

如き、已に数年の継続より、非常の便利と利益を享けつゝあるものとす、この社会的結社は、共同作業の主義に由り、諸人が日用生活上の必要を充たし、其の間に互に博愛平等の観念を養ふものなれば、幼穉なる日本社会の開発手段として、吾人先づこれを勧誘せざるを得ず、因て吾人は、今より八年前に於ける白耳義国労働党の近状を挙げ、同国には、国中到る処蜘網の如くに設立せられたる共働商会が能く労働階級の地位と生活を改良し、多年養成の結果として現はれたる労働党の団結と、その非常の大勢力とは遂に一挙して政府に普通選挙を施行せしめ、議院内に年来我儘を働きたる自由党を踏み倒して、自ら第一位を占むるに至りたる次第を略説し、以て同志者に戒告すべし、〈後略〉

一九日（水）

80「『社会主義』の公判（六月二十六日）」（『毎日新聞』記事・六月一九日）

社会民主党の宣言書を掲載したる毎日、万朝、報知、日出、労働世界の四新聞一雑誌が安寧秩序を妨害せる者として起訴されしことは兼ねて報道せしが右公判は愈々来二十六日、東京地方裁判所に於て開廷せらる、之を告発したるは警視庁官房課警部小出今朝氏にして、之を起訴したるは曩きに検事局総辞職の際一人躊躇したる検事名村伸氏なり、又今回公判の裁判長は先般公盗事件の公判に陪席判事として、主として之を調査したる中西周徳氏なり、

二〇日（木）

81 黙堂〈平井金三〉「社会党の禁止」（『社会』論説・六月二〇日）

先頃一部の有志者は社会民主党を組織して即時に解散の運命に逢へり、之に就て吾人の意見を徴する読者少なからず、今其委曲に渉りて論議する

こと能はずと雖も、吾人の見地は極めて簡明なり。

一に曰く。凡そ従来成立せるもの、外は、何事も善良風俗に非ずとなして、新奇のものを悉く悪視するは頑固、守旧の儕輩なり、仏教も伝来の当時は排せられき、基督教も排せられき、欧米も異人として排せられき、然り西洋の学問も明治に至りて始めて自由を得たるなり。若し既存事物の外に新要素を容る、を拒むあらば、歴史は其例証を与へて余りあり。之れ秩序を過重する儕輩にして、時の役人、時の学者は多く之に与みす。

二に曰く。理想、学説を実行すれば直ちに社会の改革成ると信じ、根本的に現組織の破壊に力むるは急進過激の儕輩なり。仏国の革命能く之れを示す、彼等は自由民権、天賦権利、社会契約等の説を理想として之を実行せん為めに血を流し、人を殺せり、急進の行為、時に大改革を惹起することあるも、仏国流は好ましからざることなり。之れ未定問題を確信して直ちに実行を試みるもの、時の不平家、時の少壮者多く之に与みす。

三に曰く。秩序なき進歩は真の進歩に非ず、進歩なき秩序は真の秩序に非ず、能く両者の権衡を計りて着々改進に従事する者之れ改良家なり、経世家なり。英国の風之に近し。

抑も社会党とは何者ぞや、単に貧弱者の権利拡張、生活改進を目的とするか、噫誰か貧弱者に同情を寄する行為を妨害するの権利を有するぞ、而かも社会主義は未定問題なり、理想なり、今国民性を顧みずして直ちに我国に於て之を政治運動として実行せんとするは、前に挙げたる第二の範囲内たるを免れざる趣あり。

或は云く、西洋には已に之れあり、独逸を見よ、年々其党員増加すと、社会主義の何物たる、其幾分理想とすべきものあるは我輩之を認めざるに非ずと雖も、社会主義者の自ら云ふが如く、之れ幾百年の後に或は期せらるべきものなり、今日是非の評論区々として定まらず、社会学上、経済学上未だ確乎不抜の方法と認許せられたるものに非ず、仮令甲国に於て多少の効績ありとするも、乙国に於て必ずしも適当せりと云ふこと能はず。試みに思へ、葉煙草専売の如き彼にあつては効果を呈せるも、我にありては密造密売の弊多く、政府は遂に厳重なる規則を発布するに至れり、発布の結果果して如何、耕作者は其煩に堪へずして将来大に収穫を減じ却つて外国輸入を増すの傾向顕然たるに非ずや、鉄道国有亦太た可なりと雖も、官設鉄道先づ賃銀を引上げ、皆之に倣ふの始末にして、該主義者の理想の現はるゝことなく、今日の勢ひ唯株主を肥やすに止まらん。何事も其国民性を基礎とせざれば凡て皮相、外面の虚飾に過ぎざるものなり。

或は云く、社会党を禁止するも社会主義の言論著作は滔々として普及しつゝあり、彼を禁止せんには之をも禁止すべきに非ずやと。然れども思想界の産物は思想界に限らる、之を政治運動として実行するものと同一視すべきに非ず、言論は極めて自由にして複雑なるを可とす、之を束縛するは愚なり。若し夫れ社会主義を是認し、之を以て良好の政策と信ずるの気運に至れば、政府之を禁止するも民間の思想行為の成熟は如何とも圧抑すべからず。然るに之を今日に見るに、社会党の禁止に対して同情を寄するの声なく、世間の冷々淡々として敢て論議せざるは、畢竟我国人の未だ其思想に熟せざるを表するものと云ふべし。

或は云はく、斯かる主義は容易に世の賛成を得ざる者之を待つは百年黄河の河清を待つに異ならざらん、泰西にありては已に有力の学者も之を賛成するありと、然かも実際上社会主義の多分は未定問題なり、未だ其根本の理想は実行せられたることなし、其幾分は国家の手に成れるものあるも、純正なる社会民主党の所謂理想は、未経験物なり。之を実行する豈に相当の順序を経ずして可ならんや。

或は云はん、先頃禁止せられしものは、直ちに理想の実行を期せず、太た穏当の者なりしと、吾人は其実質を詳かにせざれば、彼に対して是非の評論を下すこと能はざるも、而かも其特に悪感を惹起するの経歴ある名称を付せしは誤りなりしなり。名は実の賓、実際の運動に効果あらしめんとせば、特更らに奇激に渉るを慎まざるべからず、若し自今其の運動に注目せられ、其行動自由ならざる如きことあらんか、寧ろ事業其者の為めに不幸ならず

二一日（金）

82「生命の樹」（『労働世界』記事・六月二一日）

社会民主党は禁止され、社会平民党も禁止されたけれども、我等の主義は生命の樹の様なものでドヲしても死なぬから安心だ、吾等は此の主義の子だから吾等も容易には死なぬ、禁止されても〳〵色を変じ形を異にして現はれるであろう。

権兵衛氏曰く「権兵衛が種蒔きや烏がホヂくる三度に一度は生へずはなるまい」と、其の通りだ。

二六日（水）東京地方裁判所において、『労働世界』『毎日新聞』『日出国新聞』に対する公判開始される。

83「社会民主党事件の公判」（『毎日新聞』記事・六月二六日）

社会民主党の宣言及び綱領を記載したる為め其筋より告発せられし新聞条例違反被告事件は報知、日出国、万朝、労働新聞、我社等何れも本日午前十時より地方裁判所刑事第四部中西判事の掛にて公判を開かる丶筈なるが我社の弁護人は曩に増俸問題に付き同盟辞職したる十六法官の内梅田幸一郎、本田桓虎、□岡大英、奥田畯、原元蔵、松沢九郎の六氏並に朝倉外茂鉄、塩入太輔の二氏熱心弁護さる丶こととなれり

84「社会主義に対する公判」（『毎日新聞』記事・六月二七日）

同公判は昨日午後一時半より開廷せり、裁判長は中西用徳、陪席は中村太郎、玉川致の二氏にして、検事は名村伸氏なりき、此日報知、万朝両新

聞社は弁護人より延期を願出でければ、労働世界、日出国新聞及び本社の三社に対して、訊問を始めたり

検事は社会民主党宣言書全部が、社会の秩序を妨害する者なりとて、極めて冷淡にして要領を得ざる論告をなし、之に対し本社及び労働世界の弁護人、原元蔵、石井為吉、松沢九郎、本田桓虎の四氏及び本社の弁護人塩入太輔、朝倉外茂鉄の二氏、順次明了熱心に検事の論告を弁駁し、次に日出国新聞弁護人南雲、天野、桜井、野口四氏又た痛切に論弁せり、最後に被告の一人片山潜氏は、検事論告の妄を尤も熱心に論駁し、裁判長は七月一日を以て、裁判宣告すべき旨を弁じて午後四時十分閉廷せり

85「社会民主党宣言書掲載事件公判」(『二六新報』記事・六月二七日)

同公判は昨日東京地方裁判所に於て開かれ中西裁判長の定式訊問、名村検事の公訴申立ありし後事実の審問に移り左の問答ありたり(▲は判官△は被告片山)

▲彼宣言書を臨事発刊としたるは如何

△至急を要するからです

▲彼宣言書の主義即社会民主々義を社会に称道して実行する積りか

△そは別問題です私は社会民主党の宣言書を紹介即記載したまでゝす実行と否とは当事件とは関係ありません只如此宣言書ありしを報道したるのみです

▲そを理論を云はず実際右の主義を実行する希望ありしか

△然り希望は万々あります

▲彼の宣言書中の一より八まで又次の一より二十八迄の記事は即財産を共有にするとか分配を公平にするとか軍備を廃するとか階級を廃すとか云ふ記事は之を掲載すれば社会の秩序を壊乱すると思はざりしか

△別に紊乱すると思はず却て掲載するこそ善き事と信じました

▲其方は社会民主党の幹事である彼の宣言書は何か拠る所ありて……即西洋の或者に拠り……社会党より……宣言書を出す事になりたではないか何か拠る所あるであらう

△否自分の考、理想を書たものである勿論西洋の社会党の主義の中でも執るべきは執つた、併し我日本には万国に異なる国体もあれば私共の主義、理想は西洋の社会党とは大に異なる所あります

▲其方は外国語は何国に通ずるや

△支那語英語ですラテンも少々イケます仏独は英を通じてやります

裁判長対片山潜の問答其他毎日、日出国新聞の編集人発行人の事実審問あり続て証拠調を為し終て名村立会検事は弁論を為すべく起立せり（つゞく）

〈二八日・続き〉

名村検事は労働世界の記事には其終に「吾人の説は頗る急劇なりと雖も其手段は飽迄平和的なり……彼の白刃を振ひ爆裂弾を投ずる如きは虚無党無政府党の事のみ我社会民主党は全然腕力を用ゆることに反対するが故に決して虚無党無政府党の愚に倣ふことをせざるなり」とあり敢て有形的不法の行為を行はざるも無形的に日本今日の社会の秩序を紊乱否破壊せんとするものである彼の記事中の「我党は左に掲ぐる理想に向て着々進まんことを期す」とて八個の項目を挙げたる中「階級制度を全廃す」の如きは現今我社会の華士族平民の階級を打破するのみならず畏れ多くも………の階級をも認めざるに至るべく、財産の分配を公平にすれば経済界の生存競争の結果なる貧富を無法に平均するに至り其外「人類は同胞也」「軍備を廃すべし」「人民をして平等に政権を得せしむべし」等の事一として我現時の社会の秩序を紊乱するにあらざる者なし余は一々記事の各部に就て詳論せざるも記事全体尽く我社会の秩序（今後の日本はイザ知らず）を乱るものなり云々と弁論し原、石井、松沢、本田、朝倉、関口、天野、桜井、野

口の各弁護士は交々起て

本件記事を社会の秩序紊乱罪となしたるは単に社会民主党なる名辞のみを見て其内容を究めざる罪ならむ、検事は進歩したる社会、今後の日本はいざ知らず今日の社会に在ては秩序を乱ると論じたるが彼の宣言書も今日直に実行すとは云つて居らぬ八個の理想を記したる後「是れ我党の理想とする所なれども今日之を実行するの難きは素より論を俟ず故に我党は左の如き綱領を定て実際的運動を試ん」云々とあつて二十八項を挙げ即ち「全国の鉄道を公有とすべし」「専売権は政府に之を買上ぐべし」「酒税醤油税砂糖税の如き消費税は之を全廃すべし」「小作人保護の法を設くべし」「普通選挙を実施すべし」「貴族院も廃すべし」「軍備を縮少すべし」「新聞紙条例を廃すべし」等皆我社会に実行され得べき事柄を云て居る

階級制度に就て検事は畏多くも……と迄論じたが是れ実に牽強附会の甚しきものである世間何人かまた如斯解釈を試むる華士族廃止論や軍備縮少論や普通選挙実行論小作人保護論、消費税全廃説鉄道国有論富資分配論等は世間幾多の新聞紙、著書、演説等によりて盛に吹聴されて居る、彼の労働世界の記事畢竟何かあらん若し彼記事掲載を以て社会の秩序を乱るものとせば政府は何故世上幾多の著書、新聞紙、演説等が日に月に社会の秩序を紊乱しつゝあるを禁ぜざるかとイト冷嘲の口調を以て弁駁し去り

塩入弁護士は新聞紙条例旧新の沿革を説き政治上の理論が新聞紙条例第三十三条に包含せざることを説明し尚我日本現時の社会は彼宣言書の記事即ち世間にありふれたる政治論、経済論、社会論を読だとてそれで社会の秩序を乱る様なおはづかしい、よはい社会でない寧ろ斯る記事掲載を告発して世間の問題とする政府こそ却て秩序を紊乱するものにあらずやと揶揄し気焔万丈次で片山潜の論駁あり裁判長は七月一日午前九時宣告の旨を告げて閉廷したり

86 「新聞条例違犯事件」(『時事新報』記事・六月二

七日）

万朝報、日出国、報知、毎日、労働世界等各新聞雑誌社の編集人に係る新聞紙条例違犯被告事件は昨日午後一時より東京地方裁判所第四刑事部に於て公判を開かる

87「本紙の公判」（『労働世界』記事・七月一一日）

去月二十六日東京地方裁判所で開かれた、本紙外毎日、日出国二新聞（万朝と報知は延期）の社会民主党宣言書掲載事件の公判のことは前号欄外に一寸と記して置いたが、本号で詳細な報道をしよう。

二十六日九時から公判を開くと云ふから記者は八時頃から出かけたが、午後の二時まで待たされた、さて二時が来て公判が開かる、と、初めに中西裁判長の定式諮問があつて次に検事の論告があつた、記者は検事の論告を聴いて実に其の乱暴なのに驚いた、其の余りに無学なのに驚いた。

検事の論告の大要はコウである、民主党の宣言書に初め理想として八ヶ条を掲げ、次に此の理想に達する道行として二十八ヶ条の項目を掲げてあるが、後の二十八ヶ条は理想に達する道行だからツマリ八ヶ条が主意なのである、だから此の宣言書が治安妨害となるのは後の二十八ヶ条よりも前の八ヶ条なのである、シテ此の八ヶ条を見るに何れもヒドイ、軍備廃止の如き、階級打破の如きは最もヒドイ、其他ドレも今日の社会制度を非認して打破しようとするのであるから秩序を乱す者たること明白だ、依て相当の所罰ありたし云々。

当日の弁護士は本社の弁護士本田桓虎氏を始め十人であつて、何れも立て「政党の宣言書を見るに実行策よりも理想を主意とすることの不当なる事」「宣言書中の八ヶ条及二十八ヶ条のドレでも一つ〳〵にすると既に新聞雑誌で度々述べられたことである、ソウして何人も秩序を乱す者と認めなかつたのである、然かるに一所になつて出た為めに秩序を乱すと云ふのは非理だ」「軍備廃止、階級打破等の如きは屢々云はれた語で、学者も論ずるし、政治家も云ふて居る云々」等の語を以て

検事の論告をメチヤ〳〵にした。

最終に被告片山潜は立て検事が、私有財産の廃止を唱ふるは憲法の保護せる財産権を犯す者だと云ふたのを「今日の社会制度の下に於てこそ富が少数者の手に集りて各人の私有財産か危くされて居る、であるから吾等は夫を防ぐ為めに社会主義を唱ふるのだ」と云ふて論破した、四時半閉廷。

裁判言渡は七月一日と云ふことであつたが、三日にのび、又五日にのびた。


88「社会民主党事件の公判」（『六合雑誌』記事・七月一五日）

社会民主党の宣言書を掲載したとの故で告発されて居つた労働世界、毎日新聞、及日出国新聞の公判が去月二十六日東京地方裁判所で開かれた、万朝報知の二新聞も同事件で一所に告発されたのであるけれども都合あつて延期願を出したので、此の日は一雑誌二新聞のみ公判された。

公判は午前九時に開かる、とのことであるから記者は八時頃から出かけたが午後二時まで待たされた、二時になつてやつと開かれ、初めに中西裁判長の定式諮問があり、次に名村検事の論告があつた、其の大意はコウである。

社会民主党の宣言書を読んで見るに、初めに八ケ条の理想が掲げられてあつて、次に此の理想は今日直ちに行ふことが出来ぬから先づ下の綱領の実行から始めると云ふて二十八ケ条の綱領を掲げてあるが、此の八ケ条の理想と二十八ケ条の綱領とはドチラが主かと云ふに無論八ケ条が主である、二十八ケ条の綱領は唯だ八ケ条の理想に達する道行として行はんとする者に過ぎない、であるから此の宣言書が社会の秩序を紊す者なるや否やは八ケ条の理想を主として吟味した上で定めねばならぬ。

さて八ケ条の理想を見て見るに何れもヒドイ、階級打破と云ひ、軍備廃止と云ひ、憲法の保護して居る私有財産権を打破せんとすることと云ひ、皆社会の秩序を乱す者であると云ふことは説明するまでもない。

要するに此の記事全体は今日の状態を非として書かれた者であるで、啻に部分に於てのみならず全体としても社会の秩序を紊す者であるから、被告片山潜（労働世界）は新聞条例第三十三条及第三十七条を以て、鈴木真三郎（日出国）山口仁之助（毎日）篠原健三郎（毎日）の三人は同第三十三条を以て所罰ありたし云々。

検事の論告は以上の如く、極めて要領を得ぬものであるが、十人の弁護士はコモ〴〵立て之を論破し終つた。弁護士の弁論の要点はコウである。

「社会民主党は政党である、政党の宣言書を見るに綱領よりも理想に重きを置くは如何にも不当である、不道理である」「此の宣言書中の八ケ条及二十八ケ条のドノ箇条でも決して新奇な者ではない、何れも之まで度々新聞雑誌に書かれ政治家によつても述べられた者であるけれども社会の秩序を紊すなど、云はれたことは一度もなかつたのである、然るに今社会民主党宣言書と云ふ名の下に沢山の箇条が集められて発表されたので秩序を紊すと云はる、之れは実に理屈に合はぬことだ」「今日の社会を是とせぬから秩序を紊すと云へば、凡ての社会改良家は罰せらる、こととなる、之れは実に乱暴の極だ。」

最後に被告片山潜は「今日の社会制度の下に於てこそ個人の私有財産権が危くされて居るから、吾等は社会主義によつて之を救はんとするのであると述べて検事の「憲法の保護して居る財産権云々の語」を論破し、次に裁判言渡は七月一日午後九時たることが告げられて閉廷となつた。

七月一日が三日に延び、三日が五日に延び、五日にも午前九時と云ふのが十一時まで待たされたけれども、「如何に之を推究するも到底社会の秩序を壊乱する者と認定する能はす」と云ふ理由で無罪と宣告された。

検事の論告が余りに没常識であるで定めて有罪を宣告さる、ならんと思ふて居つたのに、意外!!実に意外千万にも無罪が宣告された。

之で兎に角に我国でも社会主義の運動が法律上

認められたのであるから、社会主義者に取つては一大勝利だ。此の上は啻だ行政官との衝突のみだ。

二八日

89傍聴生〈木下尚江〉「裁判所の智識」(『毎日新聞』論説・六月二八日)

社会民主党の宣言書を掲載したる新聞紙が「社会の秩序を乱る」ものとして起訴されたることは、日本に於ける言論自由の実質を試験すべき者として、吾人が其の開廷の日を待てる所なりき、公判は一昨日を以て東京地方裁判所第二号法廷に開かれぬ、吾人が尤も聞かんことを希望したるは、国家を代表する検事の論告なりき、

待てる甲斐なく検事の論告は極めて不充分にして又た極めて不完全なりき、而かも其の態度言論の不謹慎なるは決して法官の威信を維持する所以ならざることを感ぜしめぬ、聞く彼は其名を名村伸氏と呼び、過般検事局総辞職の際只一人践み留まりたる人物なりと云ふ、

彼は先づ「社会民主党の宣言書全部が社会の秩序を紊乱する者なり」と論告せり、然れ共何人と雖も斯の如き空言を信ずる者あらざるべし、「鉄道公有論」が何故に社会の秩序を紊乱するや、現に日本に於ては国家自ら鉄道を経営しつゝあるに非すや、「高等小学にまで義務教育を拡張すべし」との綱領が何故に社会の秩序を紊乱するや、何故に尋常小学を以て義務教育となすは社会の秩序を保ち、之を拡張せば之を紊乱するや、ア、検事は其の職分を誤解せり、彼は有罪の論告を維持することを以て尤も能く検事の職を尽す者となせり、故に大袈裟に大雑駁に斯の論告を試みて、識者の哄笑を顧みざりしなり、

彼にして若し強ひて宣言書全部が秩序紊乱の罪あることを論ぜんと欲せば、彼は常に宣言書の根抵たる「社会主義」「民主々議」を捉へて之を論駁せざるべからざりしなり、然るに彼は一言半語の之に及ぶ者無かりき、彼の論告が支離滅裂にし

て毫も要領を得ず、弁護士の弁駁に対して最終の弁論をも試むること能はざりしは、決して適当に検事の職分を尽くしたる者と評すること能はざるなり、是れ吾人が彼の為めに惜む所なりき、彼は又た特に宣言書中「軍備全廃を理想とす」との一項を挙けて社会の秩序を紊乱する者なりと云へり、然れ共軍備全廃は是れ万国の学者と政治家とが皆な前途に希望する共通の理想にして、今や国家の手を以て平和会議は設けらるゝに非ずや、「軍備全廃の理想」を指して秩序紊乱となすは、世界の広き人類の多き、古今を貫き東西に通し天下只だ日本東京地方裁判所検事名村伸君一人のみならん、

彼は又た「階級制度全廃の理想」を指して秩序紊乱なりとし、更らに語を進めて曰く「階級制度全廃は恐れ多くも皇室に対して云為するの意味を含むものなり」と、弁護士は立て痛快に之を論破せり、曰く「階級制度の打破は是れ豈に日本国民の与論に非ずや、階級の打破は社会を進歩改善せしむる所以なり、誰か之を秩序紊乱と云ふものぞ、検事若し之を以て皇室を云為する者となさば是れ新聞紙条例違犯に非ずして、刑法上の侵害なり、秩序紊乱罪にあらずして朝憲紊乱罪なり、検事何ぞ朝憲紊乱の起訴を試みざるや」と、検事一語の答ふる者なし、

蓋し名村検事の脳裡には「進歩」「改革」の理解を有せざる者と覚ぼし、彼の論法を以て之を推せば「行為」は「紊乱」なり、「動作」は紊乱なり、現在の事物に向て評論を試むるたに「紊乱」なり、豈に驚くべきに非ずや、吾人は彼の弁論の余りに不理無法なるを聴きて、是れ彼の本心に非ざることを信し、畢竟有罪論を主張することが検事の職分を誤解したるより来れる失体なることを諒せんと欲す、若し彼にして真面目に之を主張したる者なりとせば、彼は到底尋常人物に非るべければなり、

吾人は検事の論告に依りて裁判所内一部の智識を試験することを得たり、更らに判事の判決を待つて他の一部の能力を評論せん

三〇日（日）

90「新総房罰せらる」（『独立新聞』記事・六月三〇日）

千葉町にて発行せる日刊新総房は先般社会民主党の宣言書を掲載せし為め告発せられしが今回千葉地方裁判所に於て罰金二十円に処せられたり

七月　＊一六日　河上清渡米
　　　＊二〇日　理想団結成

一日（月）

91一記者「社会問題（資本家と労働者）」（『人民』社説・七月一日）

記者一夕米沢の客舎に在り、一青年が来て軒眉聳肩、ユートピヤ的なる社会主義を唱ふるを聴いて、転た操觚者の責の重且つ大なるを念ひ、憮然として嘆息せずんばあらず。

吾人の如く積極進取の主義を執るものに在つては改革といひ、革命といふ、皆耳に快からざるに非ず、独り改革にも革命にも理論的と実行的とあるを知らざるべからず、実行、理論に先たず、理論、実行に先だつを以て吾人は新鮮なる理論を歓迎するに躊躇せずと雖も、其理論なるものは、必ず歴史的に帰納し演繹せられ、時に及で実行し得らるゝものならざるべからず、挟泰山越北海底の理論は、吾人固より取らず、若し夫れ漫に非常喜ぶべきの論を為して自ら快とし又は血□にして思慮未だ熟せざるものゝ感情神経を激刺して、徒に社会の秩序を破壊せんとするが如きは、予言者の□分に非ず、社会に先て社会を導く先覚者の責任にも非ざるなり。

改革といひ、革命といふ、漫然実行し得べきに非ず、其計画の熟せりといふを以て、必ずしも直に実行し得べきに非ず、調和の手段を尽くし、仲裁の方法を尽くしたる後、四囲の境遇之を必要とし、天意人心の已むを得ずとするに至て、改革始めて行はるべきなり、故に改革といふが如きは、双手空拳の克く為す所に非ず、期月の克く功を奏し得べきに非ず、吾人は世に改革の先駆と為り、革命の先鋒と為り、命を鋒鏑に殞したるもの、心事を憐む、ルーテルの前、幾多のルーテルありて、ルーテルの宗教革命の大業始めて成れり、西郷、木戸、大久保の前、幾多の西郷、木戸、大久保ありて、西郷、木戸、大久保の維新の大業始めて成れり、成敗を以て人物を論ずべからずと雖も、若も学を衒ひ名を博せんが為に、故らに非常行ふべからざるの論を唱ふるは、固に世□人心の賊にして、識者の排撃する所と為るは、亦洵に已むを得ざるなり。

吾人は社会主義を主持するものなるを公言するを憚からず、然りと雖も、社会主義を主持するものは、必ず労働者を激刺煽揚して、資本家に向て刃を加へしむる伊庭想太郎たらしめざるべからざるの必要は知ず安くに在る、若し資本家にして事業家にして飽くまで労働者を虐遇酷使するあらば、文明の名を以て、人道の名を以て、正義の名を以て、資本家事業家に向て、大打撃を加へ、労働者を塗炭より救ふも、亦慈悲の業たるべしと雖も、今日に於て斯かる徴候を認むる能はざるのみならず、資本家事業家労働者の利害得失は、固より調和折衷し得べきものたり、世に自家の利害を犠牲にし他を虐遇酷使して、自ら喜ぶものあらずとせば、資本と労働とは、調和せざるべからず、資本と労働とは、経済社会の双生児なるを知らずや。

〈後略〉

五日（金）　**東京地方裁判所、『労働世界』『毎日新聞』『日出国新聞』に対し無罪判決を下す。**

92「社会民主党事件の無罪」（『毎日新聞』記事・七月六日）

本社が曩に社会民主党の宣言、綱領を掲げたる為め、内務の当局者は之を以て社会の秩序を紊乱するものと認め、地方裁判所に告発したる被告事件の判決言渡は、都合に依り数日延期されたるが、愈々昨日午後一時東京地方裁判所刑事第四部に於て中西用徳、中村太郎、玉川次致三判事の手に依りて判決を与へられたり、其判決に依れば

曩に毎日新聞紙上に掲けたる、社会党の宣言及び綱領なるものは、如何に之を推究するも到底社会の秩序を壊乱するものと認定する能はす依りて被告は共に無罪とす

と云ふに在り、判決言渡書の全文は、本紙第五面に掲けたるが如し

93「本社被告事件の判決書」（『毎日新聞』判決謄本・七月六日）

本紙第二面に見ゆる如く、社会民主党事件の裁判言渡書は左の如し

判決

東京市芝区田村町三番地士族
毎日新聞発行兼印刷人
篠原健三郎
弘化四年十月生

同市京橋区入船町五丁目一番地平民
毎日新聞編集人
山口仁之助
万延元年一月生

右両名に対する明治三十四年ち第一〇七二号新聞紙条例違犯被告事件に付き当裁判所は検事名村伸立会ひ弁論を経て判決すること左の如し

主文

被告健三郎及仁之助は各無罪

理由

被告健三郎は東京市京橋区尾張町新地七番地毎日新聞社発行の毎日新聞の発行人、被告仁之助は同新聞の編集人にして仁之助は明治三十四年五月二十日発行に係る同新聞第九千二百七十八号の第二面に於て社会民主党組織せらるとの表題の下に〈以下五月二〇日掲載「社会民主党組織せらる」記事、省略〉なる記事を編集し健三郎は其記事を載せる

たる該新聞紙を発行したるものにして其事実は被告両名の当公廷に於ける任意の自白並に前段に録せる所と同一の記事を載せ発行兼印刷人篠原健三郎編集人山口仁之助なる文字をも掲げたる本件記録中の毎日新聞第九千二百七十八号を対照して之を確認するに足るも右記載の事項は其全部を総合し若くは其各部分を分割して審案するも未だ社会の秩序を壊乱するものと謂ふを得ざるものなれば被告両名の前顕行為は孰れも罪と為らざるに因り共に刑事訴訟法第二百三十六条第二百二十四条前段の規定に基き主文の通り判決するものなり

明治三十四年七月五日東京地方裁判所第四刑事部公廷に於て検事名村伸立会ひ言渡す

裁判長判事　中西用徳

判事　玉川次致

判事　中村太郎

裁判所書記　市橋敏雄

原本に依り此謄本を作るものなり

明治三十四年七月六日

裁判所書記　矢作利喜

94 「判決言渡書」（『労働世界』判決謄本・七月一一日）

東京市神田区三崎町三丁目一番地

平民労働世界発行兼編集人

片山潜

十二月生四十二歳

右に対する新聞紙条例違反被告事件に付き当地方裁判所は判決すること左の如し

主文

被告潜を無罪とす

理由

被告は東京市神田区三崎町三丁目一番地労働新聞社か発行する労働世界に発行兼編集人にして明治三十四年五月二十日臨時発刊労働世界第七十九号紙上に社会民主党の宣言と題し先づ其の冒頭に於て如何にして貧富の懸隔を打破す可きかは実に二十世紀に於ける大問題なりと説き起し本邦今日の政治機関は全く富者即ち貴族富豪若くは地主資

本家の独占する所となり国民の多数を占むる無学無識の労働者小作人は全く富者に使役せられ殆んと富者の一顧に価せさる可しと雖も彼等をして其得可き地位を得せしむるは社会全体の利福を増進する所以にして我党は茲に多数人民の休戚を負ふて生れたりと説き我党は純然たる社会主義と民主主義に依り貧富の懸隔を打破して全世界に平和主義の勝利を得せしめんことを欲するものにして左に掲ぐる理想に向つて着々進まんことを期す〈以下、「理想」八項目省略〉是れ我党の理想とする処なるも今日之を実行するは固より困難なれば綱領として〈以下、「綱領」二八項目省略〉

を規定し実際的運動を試みんことを期すと説き我党は何故に社会民主党なる名を選ひ斯る綱領を公にするに至しや其理由を説明して抑も現社会の組織は個人競争主義を根拠とせり其結果政権も金権も一方に集注し多数の人民は為めに奴隷の位置に立たさる可からさるに到れりと説き世には独占的事業と称するものありて人一度之を専有すれば何人も之に向て競争を試みる能はす故に土地を始めとして鉄道電気瓦斯等苟も独占的性質を有するもの、私有を許すは少数者を特に庇保する所以にして不公平なること論を俟たす是に我党か是等の独占的性質を有するものを挙けて公有となさんことを主唱する所以なりと説き労働は土地及ひ資本の助を借らすして財富を生すること能はす然るに地主と資本家は生財の二要素を占有し労働者は其生産物の大部分を彼等に納むるに非されば其使用を許さ、るなり多数の人民か貧困の境遇に在る豈に怪むに足らんや云々資本と土地を公有にせんとするは労働者をして自由に是等を使用せしめんとするに在りと説き社会主義は其目的配財を公平にするにあり吾人熟々現社会の有様を通観するに人々受くる報酬は必しも其人の勤怠賢愚には依らさるなり故に人生の禍福は殆んと運命に依りて定まり幸にして富家に生まれたるものは充分なる衣食住供給を得贅沢なる教育を受け社会に立つに及ひては父祖伝来の資産彼を助くるのみならす彼等の地位と信用は亦幾多の便宜を彼に与ふるなり反之貧者の子は衣食住の不足なるは言ふ迄もなく普通の教育さへ満足に受くる能はす社会に立つに当つては資産地位信用なし彼は実に空手を以て自己の為めに活路を開拓せさる可からさるなり云々我党か最も重要なる主張として掲くるものは即ち公平なる配財にありて現社会より僥倖なるものを駆逐し出来得る限り人々をして正当なる分配を受けしめんことを期す彼の凡ての消費税を減少若くは全廃し之に代ふるに相続税所得税及ひ其他の直接税を以てするか如きは何れも公平に配財を実行するの手段に非るはなしと説き社会主義は決して一国の土地及ひ資本を分配せんとするものに非す唯生産機関たる土地及ひ資本を公有として之より生する所の財富を公平に分配せんと欲するのみと説き若し吾人の理想を謂はんか義務教育の年限を少くとも満二十歳迄とし全く公費を以て学令の青年を教育するにあり然れとも是に現社会の制度の下には実行す可からさるを以て我党は高等小学卒業迄を義務教育年限とし無月謝制度を取り且つ公費を以て国民教育をなすは当然の事なりと謂ふ可しと説き貴族制度の如きは全く人為的にして自ら尊大にし他を侮蔑するの虚栄心より出てたるものなれは大に貴族主義を排斥せさる可からさるを信す故に階級制度を全廃す可きは勿論の事なりと雖も先つ其第一着手として貴族院の廃止を断行するは自然の順序なりと云ふ可しと説き今や世界の諸強国は軍備に忙しく単に腕力に依りて事の是非曲直を決せんとするも是れ民主主義発達の上に大なる妨害を与ふるものなるより（中略）我党は軍備を縮少して漸次全滅に到らしめんことを期するなりと説き吾人の説は頗る急激なりと雖も腕力を用ふるの愚に倣はす鋭利なる筆と舌とを以て根底より社会を改造するを企つるにありと説き今日の議会は全く地主資本家の機関にして彼等は之を濫用して自己の便宜を計るの手段とせり此に於てか多数の人民は議会に於て自己の代表者を有すること能はす空しく手を拱して富者の為す所に任かす噫是

れ立憲政体の目的ならんや然らは如何にして人民に政権を分配す可きや即ち選挙法を改正し普通選挙法を断行するに在りと説き我党は労働組合法なるものを設け治安に妨害なき限りに於ては自由に労働者の団結を許し彼等をして自助自衛の道を講せしめんことを期すと説き最後に社会民主党は貴賤貧富の懸隔を打破し人民全体の福祉を増進するを目的とすと説述したる記事を編集掲載して之を発行したる事実ありと雖も該記載事項は未だ社会の秩序を壊乱するの程度に達せさるものなりと認定し刑事訴訟法第二百三十六条第二百二十四条の規定に従ひ主文の如く判決す

検事名村伸本件に干与明治三十四年七月五日言渡す

東京地方裁判所第四刑事部

裁判長判事　中西用徳

判事　玉川仕致

判事　中村太郎

裁判所書記　市橋敏雄

原本に依り此謄本を作るものなり

明治三十四年七月六日

東京地方裁判所

裁判所書記　矢作利喜

95「雑誌一新聞の無罪」（『独立新聞』記事・七月六日）

労働社会の編集人片山潜毎日新聞編集人山口仁之助同発行人篠原健三郎の三氏は昨日午後四時東京地方裁判所の刑事第四部にて新聞紙条例違犯事件は各無罪と宣告せられたり

96「公訴」（『労働世界』欄外記事・七月一一日）

本紙か無罪を宣告されたる当日検事は控訴をなしたり、控訴院に於ける公判日は未だ確定せず、

八日（月）**『報知新聞』『万朝報』に対する東京地方裁判所での公判開始される。**

97「本社の新聞紙条例違犯事件」（『報知新聞』記事・七月九日）

社会民主党の宣言書を掲載せしため告発せられたる本社の新聞紙条例違犯事件は昨日午後一時より東京地方裁判所にて開廷、発行人中村政吉、編集人六郷剛吉郎両氏に対して事実の審問をなし中村氏は当日風邪のため出社せざる故発行の事に預らずと答え六郷氏は右は社会の出来事として掲載せしものにして自由党の宣言、進歩党の宣言を掲載せしに異ならず元より社会の秩序を紊乱するの意志なしと答へ証拠調に移りしが同日万朝報の発行人も同件にて同時に取調を受け之れが証人申請に暇取りしため本社の事件も従つて中止となり更に来る十日開廷のこと、なれり

同日　**社会政策学会の声明書掲載される。**

98「社会政策と社会主義」（『人民』記事・七月八日〜九日）

左の一篇は和田垣法学博士幸田法学士等の手に依りて組織せられたる社会政策学会が動もすれば曩に禁止を命ぜられたる彼の社会民主党なるものと同一視し社会政策と社会主義とを混同し以て之を焚かんとするものあらんことを恐れ其□然趣を異にせる所以を明にせるもの

余輩は放任主義に反対す何となれば極端なる利己心の発動と制限なき自由競争とは貧富の懸隔を甚しくすればなり余輩は又社会主義に反対す何となれば現在の経済組織を破壊し資本家の絶滅を図るは国運の進歩に害あればなり余輩の主義とする所は現在の私有的経済組織を維持し其範囲内に於て箇人の活動と国家の権力とに依て階級の軋轢を防ぎ社会の調和を期するに在り余輩の目的は着実に社会問題を解釈するに在り余輩の理想は労働と資本との調和に在り。

顧ふに社会政策の趣旨たる穏当着実にして毫も社会の秩序□国家の安寧と相戻る処なきに反して社会主義は現在の社会制度及国家組織を破壊するに非んば到底実行す可からざるものなることは学

理の一定せる処にして社会主義者も亦之を承認せり欧州に於て社会問題を以て雲烟過眼に附する極端なる放任主義者は措て問はず苟も此問題が将来に関係するを知る者は社会政策が此問題に関する惟一の解釈方法たることを認めざるはなし然るに我邦有識者にして二者の間明瞭なる畛域の存ぜることを知らざる者あるは転た痛嘆に堪へず余輩が茲に本論を公にするもの亦已むを得ざるなり。

現在の経済組織の基礎を為すもの二あり曰く自由競争曰く私有財産是れなり此二者に対して公共の利益国家の必要に応じて相当の範囲に於て之れを制限するは近世国家の当然為すべきの任務なることは固より疑を容れざる所なり然れども主義の上より又理想の上より此二者に対して打撃を加ふる者は則ち現在の経済組織を破壊せんとする者なり且夫れ此二者は経済進歩の最大要任なり今若し現在の社会に於て現在の人類に対し之れを除去せよと云ふ者あらば此れ吾人の経済生活をして原始時代に復帰せしめんとする者に非ずして何んぞや然るに社会主義は漫然之れを排斥し土地資本を公有にし自由競争を杜絶し総ての生産機関は之れを国家若しくは自治体の所有と為し総ての生産事業は其の種類の何たるを問はず之れを公共の事業と為さんとす何ぞ其の謬妄の甚だしきや。（つゞく）

〈八日〉

抑も社会主義なるものは其の由つて来る遠し而して其理想は古来易はることなきも実行の方法に就ては十九世紀の中葉に至るまで其流派は多岐にして其説く処汪洋荒唐なるもの多かりき然るに「カール、マークス」の著者一たび世に現はるゝや独逸に於ける社会主義者は靡然として同一の旗幟の下に集まれり現今英仏両国に在つては社会主義者の主張する所未だ全く一に帰せざるの看なきにあらざるも其多数は概ね「マークス」に私淑せざるは無し「マークス」の誕生地たり又欧洲社会党の中心たる独逸に在りては今や社会主義の解釈は全く合一せられたり而して翻つて今我邦社会主義者の主張する所を按ずるに当初に在つては其観念甚だ明確を欠きたりしも夫の宣言なる者を見るに「マークス」の学説に基けるもの、如し殊に其名称が独逸に於ける社会主義者の団体と同一なるを見て亦之を知るに足るべし余輩は我邦の今代史に於て仮りにも社会党の□現てふ一節を加ふるの不幸を悲しむと同時に我邦に於ける社会主義の観念は此宣言に依つて始めて明確となり世人をして社会主義と社会政策との間に画然たる区別を為すことを得せしめたるを悦ぶなり而して所謂社会主義なるものがは到頭社会問題を解釈するに足らざるを見るなり曾て東京市に於て市街鉄道問題の勃興せるに際し自由放任主義に基ける私有論に反対し社会政策の上より市有論を主張せるに徴しても余輩の見る□を知るに足らん。

　自由競争と私有財産とを基礎とせる現在の社会組織を維持し其範囲内に於て社会問題を解釈するの余地は実に綽然たるものあり幼者婦女の保護の為めに制定する工場法労働者の権利実益を保障する職工組合労働者の生計を安固ならしむる所の共済組合若くは労働保険制細民の勤倹貯蓄を奨励する所の消費組合の如き此等の社会政策は現在の経済組織と相容れざるものにあらず欧洲に在て既に実効の顕著なるものあり余輩は此種の画策に依つて漸次我邦の社会問題を解決せんと欲す。

　余輩が工場法と云ひ職工組合と云ひ労働保険と云ひ各種の社会政策を主張するは是等の方法に非んば社会問題を解決する能はざることを確信せるが為めなり若し夫れ其理想を異にせるも一二其政策を同ふせるものあるが為めに社会政策と社会主義とを混同することあらんか社会党の鎮圧に全力を委したる「ビスマーク」も独乙今帝も均しく社会主義者なりと云はざるべからず奈何となれば「ビスマーク」は欧洲に於ける労働保険制の創立者にて独乙今帝に工場法に対しては国務同盟を締結せんとしたる程の熱心なる賛成者なればなり社会主義者が其宣言綱領中余輩の夙に主張したる所のもの例へば工場法職工組合消費組合の如し抑も此等は社会主義者の理想とせる所の土地資本公有

の主義と何等与らず然るに採つて以て其綱領となせし所以のもの其主義たる架空の臆説にして到底実行を期する能はざることを発見し終に余輩の主張するものを取り之を以て其旗幟に銘するに至りしに過ぎざるのみ是に由りて之を観れば其理想に就きては社会政策は所謂社会主義なるものと実に画然たる□別あること亦疑を容れず世間亦之に関して謬見を抱くものなくんば特り余輩の幸而已ならんや。(完)

九日(火)

99「行政部の見解 司法部の判決――社会主義に対する検事の控訴」(『毎日新聞』論説・七月九日)

社会民主党禁止の処分を断行したる政府は該党宣言書を掲載したる諸新聞紙に対し、社会の秩序を紊乱する者として起訴の手続に及びたること、及び東京地方裁判所が之に向て無罪の判決を宣告したりしことは読者諸君の既に知得せらる、所なり、然るに検事は之に服せずして控訴に及びたれば尚ほ引き続き社会の問題たるべし、

控訴院が之に対して如何なる見解を取るやは未だ知るべからずと雖も、社会主義に対する異論と、之を以て安寧秩序を害する者とするとは別問題なり、而して社会主義を説くを以て安寧秩序を害する者となすが如きは常識ある者の為し能はざる所にして、日本国民言論の権利上大に注意すべき所なり、試に検事の論告と判事の判決とが其の見解上雲泥の相異あるを看よ、検事は論告して曰く、

「社会民主党の宣言綱領は全部社会の秩序を妨害する者なり」と、

爰に於てか彼は人類同胞主義も、世界平和主義も悉く治安妨害なりとの滑稽に陥れり、

然るに判事は判決して曰く

「右記載の事項、宣言書は其全部を綜合し若くは其各部を分割して審案するも、未だ社会の秩序を壊乱する者と謂ふことを得ざる者なり」と、

検事の論告の余りに不論理なるは偶々以て其の

窮迫を醸すべく、判事の宣告の明瞭なるは健全なる思想の裁判所内に存在することを卜すべき者にして、世人をして其意を強ふせしむるに足る

100 「社会政策学会の弁明書」(『毎日新聞』記事・七月九日)

和田垣謙三、金井延、桑田熊三諸氏の組織せる社会政策学会にては社会民主党禁止の結果として、同学会が社会主義に非ざることを弁解せん為め一篇の文書を公布せり、其の大要左の如し

余輩は放任主義に反対す何となれば極端なる利己心の発動と制限無き自由競争とは貧富の懸隔を甚だしくすればなり余輩は又社会主義に反対す何となれば現在の経済組織を破壊し資本家の絶滅を図るは国運の進歩に害あればなり余輩の主義とする処は現在の私有的経済組織を維持し其範囲内に於て箇人の活動と国家の権力とに依て階級の軋轢を防ぎ社会の調和を期するに在り(中略)

近時我邦社会主義を標榜せるものあり此の時に当つて世間動もすれば社会主義と社会政策との間に画然たる区別を立つることなく余輩の主張する処を以て社会主義と混同する者あり顧ふに社会政策の趣旨たる穏当着実にして毫も社会の秩序及び国家の安寧と相戻る処無きに反して社会主義は現在の社会制度及国家組織を破壊するに非んば到底実行す可からざるものなることは学理の一定せる処にして社会主義者も亦之れを承認せり(中略)

現在の経済組織の基礎を為すもの二あり曰く自由競争曰く私有財産是れなり此二者に対して公共の利益国家の必要に応じて相当の範囲に於て之れを制限するは近世国家の当然為すべきの任務なることは固より疑を容れざる処なり然れども主義の上より又理想の上より此二者に向つて打撃を加ふる者は則ち現在の経済組織を破壊せんとする者なり且夫れ此二者は経済進歩の最大要件なり今若し現在の社会に於て現在の人類に対し之れを除去せよと云ふ者あらば是れ吾人

の経済生活をしいて原始時代に復帰せしめんとする者に非ずして何んぞや（中略）
社会主義者は其宣言に於て幾多の綱領を列記せり其中に就きては余輩の夙に主張したる処のものあり例へば工場法職工組合消費組合の如し抑も是等の綱領は社会主義者の理想とせる処の土地資本公有の主義と何等の関係なきものたり然るに彼等が採つて以て其綱領となせし所以は他無し彼等は其主義たる架空の臆説にして到底実行を期する能はざることを発見し終に余輩の主張するものを取り之を以て其旗幟に銘するに至りしのみ是れ実に社会政策は社会問題を解釈する惟一の方法たることを証明するものに非るか余輩が工場法と云ひ職工組合と云ひ労働保険と云ひ各種の社会政策を主張するは是等の方法に非んば社会問題を解釈する能はざることを確信せるが為めなり夫の社会主義者の如く其理想と其綱領と全く相背馳するは余輩の取らざる所なり云々

101「社会主義と政府」（『報知新聞』記事・七月九日）
政府が社会民主党に解散を命じ其記事を掲げたる新聞紙に刑事上の訴追を試むる等の激烈なる手続を取り居れる理由を聞くに社会問題の研究団体発生し且つ研究したる結果を実行せんとするもの出づるも政府は固より其当事者の自由意志及び行動を束縛するものに非ず左れど国体を破壊し国法以外の所為に出でんとするが如き所謂る社会主義てふ危険なる主張に対しては政府は断然之が胞芽をも発生せしめざるを期す故に民主主義と云ふが如き矯激の名を冠するものは国体擁護の上に於て政府之を黙過する能はずと保安の任に在る官僚は語れり

一〇日（水）『報知新聞』『万朝報』に対する第二回公判開かれ、無罪判決の言渡し下される。

102 「社会民主党事件公判」(『万朝報』記事・七月一一日)

社会民主党に関する本社の被告事件第二回公判は昨日午後一時より開廷、中西判事、名村検事、被告本社署名人村田藤次郎、弁護士塩谷恒太郎、朝倉外茂鉄、平岡万次郎、今村力三郎等出廷し検事は先づ、被告は其新聞紙を警視庁へ納本前に発売頒布したることを発見したれば新聞紙条例第十二条に依り更に此点に於ても起訴する旨を告げ裁判長は被告の訊問を始め次で検事の請求に依り証人として警視庁警部小出今朝治を召喚し当時発行停止命令書を達せる手続時刻等を取調べ更に弁護士の請求にて本社員鈴木省吾を召喚して同じく停止命令を受取りたる手続を訊問せしが検事は突如犯罪捜査の必要ありとて休憩を請求し二時半休憩、少時にして再び開廷検事は証人として警視庁第四部給仕頭岩野徹を召喚せんことを請求し弁護人は之に反対せしも合議の末許可することとなり次回は追て沙汰すべき筈にて同日は是にて閉廷せり時に午後三時半

103 「本社の被告事件」(『報知新聞』記事・七月一一日〜一六日)

万朝報及本社に係る民主党宣言書掲載被告事件は昨日東京地方裁判所に於て開かれ中西裁判長は前日に続き万朝報発行兼編集人村田藤次郎を訊問中名村検事は更に本件に関連して納本以前発売せる廉ありと認て之が起訴を為し裁判長亦之を受理して審問を開き証人として警視庁の小出警部及万朝社員鈴木省吾の証言を聞き結局二十一日発行に係る万朝報三版共納本以前発売頒布せしや否の取調上検事の請求により警視庁の当直岩野徹なる者を喚問すること丶なりて同社の進行を止め午後二時半より本社の審問に移り結局無罪と宣告されたり其弁論の模様並に判決文は次号に記載すべし〈一一日〉

昨紙処報の如く社会民主党宣言書を掲載したる本社被告事件は中西裁判長の裁判の下に予期の如く無罪の宣告を受け(其判決文は明日の紙上)たる

が当日名村検事の論告及塩谷平岡二弁護士が弁論の大要は左の如くなりし

▲名村検事の論告は本件と罪状を一にする毎日、やまと、労働世界は曩に無罪を判決されたりと雖本官は飽まで有罪を主張するものありとも遠く独逸及英国に於ける社会党の実情を引例し殊に宣言趣意書中階級制度の全廃云々は恐れ多くも皇室に対し奉り甚不敬の極にて該趣意は理想なりと云ふと雖も全く社会の秩序を紊乱するのみか延て朝憲をも紊すこと明なれば条例に拠て相当の処分ありたしと縷々数百言を陳じて有罪の請求を為たり

▲平岡弁護士の弁論　被告発行人中村政吉は只今陳述の如く当時病気不在の為め其情を知らざりし者に付同人に対しては勿論無罪の宣告を望む又編集人六郷剛吉郎は該宣言書を編集して紙上に掲載せしと雖も此は社会の耳目を以て任ずる新聞なるもの、責任上一個の出来事として新党の成立趣旨を摘録したるに過ぎずして一言半句も同情を表せしものにあらず尚一歩を進めていへば仮令之に同情を表して民主党を擁護したりとするも決して社会の秩序を紊乱せるものとは思はれず検事は英独に於ける社会党を引例し直に之に倣はんとするも日本は日本の国体に伴ふ制度あるを以て敢て他邦の例を引くの要なし又軍備の縮少人種の差別政治の異同に拘らず人類は皆同胞なりとのこと等其理想とする一より六に至る趣意の如きは古来より伝はる仏書或は聖書に明に羅列せられあるのみか常に新聞雑誌に論難せられつ、ありしものを今事新しく如斯記事が社会の秩序を紊乱すると認められしは甚不可思議千万果して若し斯る記事が社会の秩序保安を害すると認めばあらゆる仏書も聖書も焼却せざる可らず仏書聖書其他の雑書に同一趣意の記事あるも社会を紊さずして独り新聞紙が秩序を紊乱するとして罪せらる、理由なく況や今之を実行するとも実行せよともいふに非らずして文字の如く一の理想即ち夢物語に過ぎざれば勿論無罪の判決を望む云々〈一二日〉

塩谷弁護士の弁駁　平田氏の弁論終るや諧謔奇

弁の塩谷弁護士は起つて曰く私は本件に対し一も弁論を要せぬ考であつた処があまり熱心なる名村検事の論告に対し一言弁じて置きます、本来社会の改善進歩の導火線は「不平」なるものでこの不平が絶たら社会は少しも火気がなくなる今日本現時の制度が悉く適切で国民は現制度に満足の意を表するかと云ふと恐らく一人として満足のものはあるまい、その慥なる証拠は　陛下の大権の下に独立して国民の性命財産を自在に活殺する司直の官に在る判検事さへ俸給が足らぬといふ不平から増俸運動の結果同盟辞職を行つたでないか（満場大笑）即ちこの不平の塊社会民主党は現下の制度を不可とし反抗の一旗幟を樹て不平満々たる現社会の改善を企図して党を結び先党旨の理想を世に発表したのであるがこの不平と社会の進運発達は常に其影に添ふのであるから不平は大に愛すべきで決して悪むべきものでない

処が此社会民主党は解散を命ぜられ其宣言書を掲載せしと云新聞迄か国の秩序を紊乱すると認られたは余ッ程面白い感がある何故といへばこの恐るべき社会学は最高の学で帝国大学に於て立派な一の教科である果して社会民主党の宣言及その記事が国の秩序保安を紊乱するとせは社会学を講ずる大学も又立派な犯罪者だ

又検事は階級制度全廃云々を捉へて恐多くも皇室に及ぼすものと痛嘆せらる、が検事は日本の国体を御存知ないと見へる皇統連綿二千五百年有余年万国に卓立した日本は君臣の分已に業に定れまれるに拘らず階級制の破壊は皇室に及ぼすなどの疑念を抱ける人のあるを悲しむもし階級制度全廃の説を以て不敬なりとせば四海兄弟なる総称辞も滅多に使ない道理だ兎に角此記事を以て社会の秩序を紊乱すると認められたは一の検事が杞憂に過ない噺でわが国民に一人として斯の如き不忠の臣はない又これしきの記事で国が紊る、といふ気支は誓てないことを弁じて置くと折角検事の長論告も二弁護士がいと痛快なる弁駁に打消されて流石の名村サンも頭を掻きつ、起つて論鋒を鈍したる

一二の弁疏は甚お気の毒に見受けきこの弁論了りて中西裁判長は別席の合議し午後尚六時三十分に到りて何か都合ありしが名村検事は立会はず古森検事之に代て干与左記判決文の如く無罪の宣告を受けたり（つゞく）〈一四日〉

判決文

東京市芝区三田四国町二番地二号地平民
報知新聞発行兼印刷人　中村　政吉
元治元年十一月生
東京市芝区田村町十九番地士族
報知新聞編集人　六郷剛吉郎
安政五年二月生

右両名に対する明治三十四年ち第一〇七〇号新聞紙条例違犯事件に付当裁判所は検事名村伸立会し弁論を経て判決すること左の如し

主文

被告政吉及剛吉郎は各無罪

理由

被告政吉は東京市京橋区三十間堀三丁目十番地報知新聞社発行人被告剛吉郎は同新聞の編集人にして剛吉郎は明治三十四年五月二十日発行に係る同新聞第八千六百四十号の第二面に於て社会民主党なる表題の下に〈以下、記事掲載、略〉との記事を編集し政吉は其記事を載せたる該新聞紙を発行したるものにして其事実は被告剛吉郎の当公廷に於ける任意の自白並に被告政吉の当公廷に於ける自分は該新聞紙の印刷人なるも該記事に付ては病気の為め自己の干与せざるものなりとの陳述及び前段に録せる所と同一の記事を載せ発行兼印刷人中村政吉編集人六郷剛吉郎なる文字を掲げたる本件記録中の報知新聞第八千六百四十号を対照して之を確認するに足るも右記載の事項は其全部を総合し若くは其各部分を分別して審案するも社会の秩序を壊乱するものと認むる能はざるを以て被告両名の前顕行為は孰れも罪とならざるに因り各刑事訴訟法第二百三十六条第二百二十四条前段に則り無罪の言渡を為すべきものとす

以上の理由なるを以て主文の通判決したり
検事名村伸検事古森幹枝本件に干与す
明治三十四年七月十日東京地方裁判所第四刑事部公廷に於て宣告す

裁判長判事　中西用徳
判事　玉川次致
判事　中村太郎
裁判所書記　市橋敏雄

右原本に依り此謄本を作るもの也
明治三十四年七月十三日
東京地方裁判所
裁判所書記長　長田兵次郎印

〈一五・一六日〉

104「弁護士諸君に謝す」(『労働世界』七月一一日)
芝区明舟町同志会法律事務所の本田桓虎氏は主任弁護士として本社公判事件の為めに非常に尽力せられ、又同所の松沢九郎、石井為吉、原元蔵の三氏も本田氏と共に好意を以て本社の為めに尽されたり、爰に謹んで四君に謝す、又労働者諸君の深く四氏を記憶せられんことを望む、因に記す、本田氏の自宅は神田区鎌倉海岸にあり

一二日(金)

105島田三郎「社会主義及び社会党(緒論)」(『毎日新聞』社説・七月一二日、翌日より九月二日まで三六回連載)
洋語キヤミリオンといふ動物あり、蝘蜓の一種なり、此者一異性を有し、其居る所の四辺の色に随て、皮色を変じ、彼自身の喜怒によりて、亦色を変ず、知らざる者此動物を観て、或は白といひ緑といひ、又或は赤といひて相諍ひ、各其見る所を固執して喧囂せしも、一旦其変色の特性を覚りて唖然たりしといふ、此一話は彼の武士が楯の両面相異なるを知らず、各其見る所を執りて戦ひし訓話に類して、更に興味あるが如し、現今社会民主党の問題が、世論を混戦の中に投ずるは、頗るキヤミリオンの色を争ふに似たる者あり、

五六の論者が、社会民主党なる仲間を組て其宣言書を公示するや、内務省は秩序を紊乱するの団結として之を禁止し、其宣言綱領を掲げたる新聞雑誌は告発せられたり、尋で彼仲間は民主の字面を改め、社会平民党と称して届出たるが、是亦禁止せられたり、而して先きに告発せられたる新聞の公判は始審に於て「記事の事項は全部を綜合し、各部を分割して審案するも未だ社会の秩序を破壊する者と言ふを得ず」と断じて、無罪を宣告し、検事は之を控訴して今尚ほ未決の間に在り、而して他の一方を見るに社会政策学会は、弁明書を発して、社会主義に反対する意を表明し、「社会主義が現在の経済組織を破壊し、資本家の絶滅を図るは、国運の進歩に害あり」と劾告せり、而して結社関係者の一人安部氏は、之に対する書を我社に寄せて、其二者の関係を説明す、嗚呼此問題に関係する人々は、皆現時に位置を有する者なり、結社者は多く読書家にして、常識を有し、平静穏和の人々なり、特に其或る者は人の師たるべき学殖を有するの人なり、又其結社を有害と見認めたる者は、治安の責任を有する当該有司なり、而して之を無害と断じたるは、我帝国の司直吏なり、弁明書を発して社会主義を排斥せしは、学士博士が牛耳を取れるの団体なり、之に対して答弁せる者は、学あり文あり高等の学校に教鞭を取るの士なり、嗚呼此問題に対する紛諍彼の如く、其人々此の如し、世人は誰を信じ誰を疑はん、否誰に与みし、誰を斥けん、茫々として津涯に迷はんとす、吾人不敏敢て此難解の問題を解決するに足るの力ありと言はず、然れ共之を此侭に放置せば、誤解に誤解を重ねて、底止する所を知らざらんとす、幸にして吾人は局外の位置に立てり、試みに所見を陳して、両者の所論を批評し、付するに私見を以てせん、蓋し其紛紜錯雑を致す所以の原は、社会主義其者の定義範囲を立てずして、其各部を取り、互に其是とする所を是として、他を平に見ざるに基因するが如し、是れ吾人が此問題を提出するに先だち、キヤミリオン変色の一話に思ひ及べる所以なり、因て此に安部氏の弁明を掲げて、先に載せたる和田垣、金井、熊田氏等の意見に対照せしめ、明日の紙上より鄙見を披陳すべし、

106 安部磯雄（投稿）「社会政策学会会員に質す」

（『毎日新聞』論説・七月一二日）

余は数日前本紙に於て社会政策学会の弁明書なるものを読みたり、其本紙に転載せる処のものは其中の一部に過ぎざるが故に、之に向つて詳細の批評を試むること能はずと雖も、其末段に見はれたる処のものに関しては余沈黙を守ること能はず、茲に卑見を陳して社会政策学会々員諸君の猛省を乞はんと欲す

此度諸君の発表せられたる趣意書なるものは社会政策と社会主義とを弁別し、先般設立せられて直ちに解散せられたる社会民主党の綱領を弁難し、以て自ら社会主義者にあらざることを明示せんとするものたるや明かなり、余は素より諸君と同じく社会主義が社会政策と同一のものにあらざることを信ずるものなりと雖も、決して二者が相背馳せるものなりとは思はざるなり、少なくとも余等社会主義者の眼より見れば、社会政策なるものは社会主義に到達する一階段なるが故に、これに対して聊かも悪意を懐くことなく、否寧ろこれを歓迎せんと欲するものなり、唯余等が諸君と相一致し能はざる点は、社会政策を以て社会問題最後の解釈法と為さゞるに在るのみ、これを例へば諸君は京都まで旅行すべしといひ、余等は更に進んで神戸まで行くべしといふに在るが如し、更にこれを言へば諸君は中学教育を以て足れりとし余等は大学教育にまで進まざれば人生の目的を達する能はずと言ふに在るが如し、余等社会主義者は進行の順序として社会政策主唱者の経過すべき処を経過せざるべからざるを信ず、素より今日の社会が一足飛にして社会主義の理想に達すべきことは殆んど望むべからざることたるべし、これ吾人の目的が社会主義に在るにも拘はらず、尚ほ社会政策てふ順路を経過せざるべからざるを信ずる所以なりとす、神戸に至らんとするものが京都を経由し

たりとて何の怪むべきことかあらん、大学教育を受くるものが中等教育を受くるは自然の順序にあらずや、諺に曰く大は小を兼ぬると、社会主義者が社会問題解釈法として社会政策をも含有せることは至当の事と言ふべきのみ

諸君は社会主義者たるの冤名を蒙らざらんが為に、此度社会に対して弁明書様のものを発表せられたれども、余等は諸君に対して少しも絶縁的の文句を並べるの理由を有せず、何となれば社会主義の実行期し難き日に於ては、せめても社会政策の実行を見んことを余等希望すればなり、社会政策は社会主義に到達するの階段として必要なるものなるが故に、余等は未だ嘗つて之に対して反対の意見を有したることあらず、されば余等は飽くまでも社会政策を採る処の諸君に同情を表し、諸君を兄弟分として見つゝあるなり（諸君には迷惑かも知らぬ共）然れども、諸君が社会政策を以て諸君の専売物の如く考がへ居るは、余の甚だ怪訝に堪へざる所にして、深く諸君の為に惜む所なり、凡そ社会の為に尽すの途何ぞ一二にして限らん、人々が採る所の方法如何に異なるも、若し其為す所にして社会の進歩に裨益する処あらんか、何れの事業も人々の同情と賞賛を惹くべきにあらずや、単に己れの採れる方法をのみ是なりとして、他の改善事業を顧みざるが如きは、これ最も其人の狭量を示すものと言はざるべからず、余等が社会主義を採るに拘はらず、同時に社会政策に多くの同情を寄する所以のものは全く此理由に外ならざるなり、主義の為に尽すは善し、然れども社会福祉の為に尽すは更に善にして大なる事たるを忘るべからず、

社会民主党の綱領中に社会政策の含有せられ居るは素より当然の事にして寸毫も怪むべき処なし、然るに諸君は恰も自己の領分を侵されたるが如きの口調を以てこれを弁難せり、甚しきに至りては「工場法、職工組合、消費組合の如き社会政策は社会主義者の理想とせる土地資本公有の主義と何等の関係なきものたり」と論ぜり、嗚呼これ果し

て社会問題を知れるもの丶いふべき言なるか、余が已に重複説きたるが如く社会政策も社会主義も詮じ来れば社会改善の手段たるに過ぎず、銃丸に貫かれたるものに繃帯を加ふるも、更に後日に至り一局部を切断して大治療を加ふるも、同じく是れ人命を救ふの手段たり、何ぞ何等の関係もなしと冷淡に論じ去るを得んや、更に諸君が民主党の綱領中に社会政策の個条あるを見て、「彼等は(社会主義者)其主義たる架空の臆説にして到底実行する能はざることを発見し終に我等の主張するものを取り之を以て其旗幟に銘するに至りしのみ是れ実に社会政策は社会問題を解釈する唯一の方法たることを証明するものに非るか」と言へり、何ぞ自惚の甚しきや、是れ恰も京都まで旅行するものが、神戸行の旅客を罵りて、「汝は生意気にも神戸まで行くことを自慢し居れども、矢張り京都までの行程を辿り来りしにあらずや」と言ふが如きもの丶み、余は世間往々社会主義と社会政策の関係を明にせざるものあるを認めしと雖も、諸君にして斯る見易きの理を悟らざらんとは考へざりき、想ふに諸君は社会主義の冤名を蒙らざらんが為め、自己の地位を弁護するに急なるの余り、終に此誤謬に陥りしにはあらざるか、余等は決して諸君を排斥するものにあらず、諸君若し静思自ら心に問ふ処あらば、諸君も亦吾人を以て排斥せざるべからざる程に危険なる論者とは思はざるべし、要は度量の広大なるに在り、諸君以て如何となす

一四日(日)

107「市府社会政策(一)(某学者の談)」(『人民』社説欄・七月十四日、八月一〇日まで全一〇回連載、〈省略〉

二一日(日)

108〈片山潜〉「社会主義及社会党」(『労働世界』論説・七月二一日)

吾人か我邦に於て社会主義を主張する爰に五ヶ年なり此間吾人か我読者の向つて報道したる者は唯に社会主義の学説にあらず、誰れ彼が唱道せし社会主義にあらず、又世に一度は存在せりと云ふが如き過去の歴史にもあらずして、社会主義に関する大ゐなる誰れ彼等の社会主義よりも勢力ある、生ける而も実際に於て種々の政治及社会の団体が着々実行しつゝある事なりき、然るに彼の社会民主党か其宣言書を世に発表せし以来社会主義及社会党に対する賛否の声は四方に起るに至れり之れ吾人の希望する時機の至りたる者なり、新しき主義を以て世に立つ以上は攻撃もせらるべし圧制も免かれざるべし、誤解も嫌疑をも受くる事あるや止を得さることとなり、斯る障碍なくして新説を唱へ且つ之が実行をなし得ること聖人の世ならでは望まれざるべし、若し其唱道する所の主義即ち実行を期せんとする者か真理にして人類の大倫に背かず且つ大多数の人類に最大幸福を与ふる者ならんか誤解嫌疑及び抗撃は決して恐るに足らず若し真理の唱道者か危険に遭遇するの恐れありとするも真理の為に斃れ主義の為めに犠牲となる些少も躊躇すべきにあらず、進んで之に当り世の迷夢を覚醒して之を正義に帰せしむべきなり吾人の信仰する耶蘇も亦之を為せり、吾人其僕と呼ぶ者決して辞すべきにあらず、又彼の誤解者圧制者嫌疑者は皆之れ文明の潮流に反対するワカラズ屋なれば今日の社会主義者は斯る者をば決して苦とせざるなり。

否反て吾人は斯る蛮的思想を有し真理を看破する能力なき一部人民を放棄せず彼等を教育し開発するに努めん、彼等は憎むべき者にあらず、憐憫すべき而も社会の大勢の知識に対して尚ほ幼稚なる者なり故に社会民主党の綱領は借物なりなど如何にも子供げた議論を吐露して恥とせぬなり。

今日世界に勢力を得つゝある社会主義は決して架空の説にあらずして、社会党の手に依つて実行されつゝあることは確乎たる事実なり、然り人類を現に益しつゝあるなり、吾人は今左に過去一二年間万国の社会主義者が如何なる方針を以て其主義の実行に努めしかを示して世の曚昧なる学者を覚醒せん。

抑も欧米諸強国の社会主義者は各其団体を有し主義の拡張と実行に努め其勢力は彼等が有する国会議員の数によりても知らるべし、独乙の社会主義者は五十八人の国会議員を有し、仏国は四十七人、白義国は三十五人英国は十三人を有せり、而して欧州社会主義者の数は壮年者のみを算するも数百万人あり、又地方政治団体に在つては議会の多数を占むる者少しとせず、巴里の如き龍動（其政策の上に於て）の如きは最も著名なる者なり、仏国のヴァルデクルソー内閣の一員は社会主義者なり、彼れは社会党の首領なり、又彼のニュージーランドの如きは社会主義を実行せる好模範国なりとす。

「社会主義者は如何なる事を欲するか」と随分世人は憶測を下して種々に社会主義者を批評することとなるが、吾人は今其一端を示して彼等憶測者の全く無智なるを証せん。

万国の社会主義者は過去四十年間に度々万国会議を開き其進歩と一致運動を計りたり、而して昨年十一月仏国巴里に於て開かれたる万国社会主義者の大会は社会主義者が天下に向つて其主義綱領を発表せる者と云ふて可なり、吾人は此の大会は社会主義か二十世紀に大勝利を得ることを予言せる者なりと云ふを憚からず、如何となれは彼等は此十九世紀最終の万国会議に向つては充分なる準備を整へて且つ好結果を得たればなり。

抑も万国社会主義者は千八百九十九年三月に龍動に集会して巴里大会の打合をなし同年五月に再ひ白義国ブルッセルス市に於て万国社会主義者の平和会議を開き、同時に巴里大会の準備を議し之か議事をも決定する所ありたり、其決議案は十一ヶ条にして左の如し。

（1）会議の決議を実行すること、相互了解の実際的方法を応用し又講究すること、労働者及社会主義者の万国団体を造り又活動すること

(2)労働時間制限の国際法を制定すること、各国最低賃銀に就き論議すること
(3)労働者解放に必要なる条件(イ)労働者階級の憲法及細則(ロ)資本家の経済上及政治上に於ける横領(ハ)生産機関の公有
(4)万国平和——常備軍の廃止
(5)殖民政策
(6)海上労働者を団結せしむること
(7)普通選挙及直接立法の実行を計ること
(8)商業的社会主義
(9)公共団体を占領し又資本家党と合同すること
(10)五月一日
(11)ツラスト
以上の議案は巴里大会にて通過し尚数多の決議はなされたり、而して此大会か決したる最大個条は万国社会主義者の中央本部設置の件なりとす、
吾人は既に此紙上に於て時々此中央事務所の消息を報道したり、而して我社会主義者も安部磯雄片山潜の二人か代表者となり万国運動に向つて一臂の力を添ゆるに至れり、此中央本部に向つて各国二名の委員と書記通信員とを置けり其本部は白義ブルッセル市労働館にあり、時々各国より社会の出来事を報道し本部は之を一括して各国に通じ一致の運動をなす且つ四季の報告を出版して各国の社会主義者をして其大勢を知らしむ、数日前社会主義者の中央本部より達したる書に依れば中央本部は露国の労働者及び学生が圧制虐待せらるゝ事を報じ且つ各国社会主義者か彼等遭難者に同情を寄すべきを注意せり、又彼のホーグ万国平和会議決は強国の手に握りつぶされたる有様なれば社会主義本部は大ゐに万国平和に向つて努力すべしと宣言せり、斯く吾人社会主義者は一致の歩調を以て社会改善に且つ社会主義実行に向つて尽力しつゝあり、我々社会主義者を目して社会の秩序の破壊者となすは現時社会主義者の行為如何を知らざるもの、言なり、偶々以て社会の大勢に迂なるを示すものなり又彼のコンミユニスト、虚無党及

無政府党と社会主義及社会党とを同視するは現今の状態を知らさる者なり、吾人は今喋々之を弁明するの必要を見ず今日欧米各国に勢力を有する社会主義者及其団体は最も鮮明なる而も正々堂々たる旗幟を有せり、苟も欧米今日の事情に精通する者は彼等を混同するか如き愚を為さゞるべし、而して我邦の社会主義か実行せんとする理想は吾人既に幾度か天下に発表したれば今更繰り返すに及ばず、之を要するに社会主義は二十世紀の人民か依つて以て支配さるべき一大主義なり、真理なり、社会の生命なり、此主義は反対せらるゝに拘はらす憎悪せらるゝに関せす、日一日と我現存社会に勢力を得つゝあり、応用されつゝあり、今日の改良は都て之に向つて進行しつゝあり、我邦に於ても郵便電信電話に純然たる社会主義の応用さるゝを見るなり、鉄道国有、市街鉄道市有に於て社会主義の応用されつゝあるを見るなり、世人は云はん是れ国家社会主義なり都市社会主義なりと、吁是れ字句に拘泥する者なり吾人は問はん是等は元来社会主義を応用したるものなるか個人主義を応用したものなるかと若し頑迷不霊にして尚ほ之を個人主義を応用したるものなりと云はゞ吾人亦何をか云はん、社会主義は一のプリンリップルなり故に土地資本の共有交通機関の公有其者を直に社会主義なりと云ふは不可なり是れ正しく社会主義を応用したる者なり土地の共有が社会の秩序を壊乱すと云はゞ沖縄県は如何正しく共有にあらずや社会主義は今日の経済社会を根本的に破壊せんとすと云ふ者あり私有財産は現社会の基礎なれば之を動かすは有害なりと云ふ者あれど、看よや今日盛に行はるゝツラストを彼等は私有財産を維持する者なるか個人的私有財産は既に全廃せられ今やツラストに依つて資本家的私有財産も廃せられつゝあるにあらずや故に吾人社会主義者は一般民人の為めに殆んど有名無実なる私有財産制度を廃して公有となし各人に財産を所有せしめんとする者なり。

又或者は社会主義とか社会党とか云へる名称か

不可なりと云ふ是れ愚も亦甚しき者なり、名に依つて判断を下し実を察せさるは野蛮人の事なりタトヒ過去に於て社会党の行為が激烈なりしにもせよ之を以て今日の社会党を断定するは識者の為すべきことにあらす、仏国革命は自由の名に依つてルイ皇帝を殺せり、ギロチンの殺戮をなしたり然れども我邦人は自由党を組織せるにあらずや、一権兵衛か殺人罪を犯したりとて各権平が殺人罪を犯すべしと断定するの理由あらんや社会党は名のみを以て断ずべからず、其人物と目的と理想と主義如何に依つて決すべきなり、吾人は我労働者は此五ケ年間の教育に依つて社会主義の何物たるを知ると信す、然れとも吾人が茲に論ずる所以のものは広く世人の迷夢を醒さんか為なり。

八　月

三日（土）　東京地方裁判所、『万朝報』に対し
宣言書掲載については無罪判決、「納本前頒布」につき罰金五円の判決を下す。

109「我社の条例違犯事件判決」（『万朝報』記事・八月四日）

我紙上に社会民主党の宣言書を掲載したる為め新聞紙条例違犯として起訴されたる被告事件は昨日東京地方裁判所に於て無罪の言渡あり又同事件審理中発売頒布の後に納本したりとて検事より起訴されたる件に就ては五円の罰金に処する旨同時に言渡ありたり

110「新聞紙条例違反事件判決」（『万朝報』判決謄本・八月七日）

当社に係る新聞紙条例違犯被告事件に対する判決の全文左の如し

判決謄本

東京市芝区金杉町一丁目二十一番地
平民万朝報発行兼編集人
村田藤次郎
嘉永二年一月生

右の者に対する明治三十四年（ち）第一〇七一号新聞紙条例違犯被告事件に付当裁判所は検事名村伸立会弁論を経て判決すること左の如

主文

被告藤次郎が万朝報第二千七百四十九号を先づ其一部を警視庁に納本せずして発行したる所為に対し被告を罰金五円に処す

被告藤次郎が万朝報第二千七百四十八号の紙上に新政党出づと題する記事及社会民主党の宣言と云ふ表題の下に其趣旨綱領を掲げて発行したる点並に内務大臣より停止命令ありたる後万朝報第二千七百四十九号に前号に載せたる記事と同趣旨の主意を掲げたる点に関しては被告は各無罪

理由

被告は東京市京橋区弓町二十一番地朝報社発行に係る万朝報の発行人兼編集人にして明治三十四年五月二十一日万朝報第二千七百四十九号第一版を発行するに当り先づ其一部を警視庁に納本せずして之を発行したるものなり

被告は万朝報は常に第一、第二、第三版を順次に印刷し右日時に於ける前示番号の万朝報は第一版より第三版を一括して明治三十四年五月二十一日午前二時より三時頃迄の間に警視庁に納本し其第一版の分は同年四月二十日午後六時頃同社より発送せりと任意の供述を為し本件記録中警視庁より当庁検事局に送付したる新聞紙納本の件に関する取扱主任手続書即ち明治三十四年七月十日付警視庁金田進の書面に平素諸新聞紙の授与は午後十時以後に之ありたるも去五月二十日小宮営宿の際も午後十時以前に接受致候新聞紙は無之候依て手続証明候也との記載あり及明治三十四年五月二十、二十一、の両日万朝報第一版汽車積時間の儀は両日共当駅より午後十時発の直行列車に搭載輸送候条右に御了知相成度云々との趣旨を掲げたる鉄道作業局新橋駅長より当庁検事名村伸に宛てたる回答書並に高橋桂三郎は万朝報第一版は常に発行日の前日午後五時三十分頃より六時頃迄に印刷を終り直ちに同印刷所に出張し居る大売捌万覧舎に交付する旨の証言を為し且本件記録中の万朝報第二千七百四十九号に被告は該新聞の発行人兼編集人たることの記載あり此点は被告も亦自認する所なるを以て此等を綜合して前顕の事実を認定するに充分なりとす

之を法律に照すに該被告の所為は其発行に係る新聞紙を先づ其一部を警視庁に納本せずして発行したるものなれば新聞紙条例第十二条に違背し同条例第二十七条第一項の規定を適用して処断すべきものとす

然れども被告が明治三十四年五月二十日発行の万朝報第二千七百四十八号第一面に於て新政党出づと題し〈以下、記事摘録、省略〉と、及同紙面に於て社会民主党の宣言と云ふ表題の下に〈以下、記事摘録、省略〉との記事を編集し且之を発行したる事実に付ては当公廷に於ける被告任意の自白及前段掲げたる所と同一の記事を載せたる本件記録中万朝報第二千七百四十八号とを対照して之を認むることを得れども右記載の事項之を全体に鑑み又各部分及各項目に就き審案するに何れも未だ社会の秩序を壊乱するものと認むる能はざるを以て前記被告の所為は罪とならざるに依り刑事訴訟法第二百三十六条及第二百二十四条を適用して処断すべく且又被告が明治三十四年五月二十日前掲記事と同一主旨の論説及事項の記載を停止すべき旨の命令を内務大臣より受けたる後同年五月二十一日発行の万朝報第二千七百四十九号第一版第一面に於て上示の記事同一主旨の事項即ち社会民主党の宣言（承前）といふ題目の下に〈以下、「宣言」の「我党は此の如く社会主義を経とし」から三つ目の段落の終わり「吸収する処の寄生虫を除去せんとするに在るなり」までが摘録されているが、省略〉との記事記載したる事実は之を認むるに証拠充分ならざるを以て刑事訴訟法第二百三十六条及百二十四条の規定に照らし無罪の言渡を為すべきものとす

以上の理由に因り主文の如く判決したり

明治三十四年八月三日東京地方裁判所第四刑事部公廷に於て検事古森幹枝立会宣告す

裁判長判事　中西用徳
判　　事　玉川次致
判　　事　西川一男
裁判所書記　市橋敏雄

右原本に依り此謄本を作るものなり
明治三十四年八月五日
東京地方裁判所
裁判所書記　長田兵次郎

一五日（木）

111 片山潜「新海国と社会主義の実行」（『六合雑誌』論説・八月一五日～一九〇二年四月一五日）〈省略〉

二〇日（火）

112 瀧川三軒〈政次郎〉「社会政策の方針」（『社会』論説・八月二〇日）

労働問題の範囲に属する所の労働者に対する政策は、抑如何なる方針を取るべき乎、泰西諸国に於ては各其の国情によりて互に其方針を異にするものあり。仮令ば労働者保険の如き独逸及瑞西に於ては強制主義を取り英国は自由主義にて労働組合に任すもの多き如き、其の一例とす。而して社会政策の歴史を論するものは、大概個人主義、社会主義、及び社会改良主義の三者に区分するを常とするか如し。然れども所謂主義なる者は、其の当時の事情によりて唱道されたるもの多ければ斯に一主義を立て、他主義を罵倒する如き其の正鵠を失はざるは稀なり、蓋し唯一主義のみにて立たんとする如きは大凡謬見にして、観じ来れば児戯に均しきものあるなり。

遮莫、斯に二主義の極端なる説を唱ふる者あれば、極端には真理なくして、各偏僻する所あり、唯其の中正を得たるもの、始めて学理に適ひ、実際に通ずるに至るは自然の勢ひなり。社会政策上に於ても極端なる個人主義と社会主義との二者は、各正鵠を失して、特り社会改良主義の中正を得たる如き其の例とすべし。本来より云へば、個人、国家、社会、世界等の主義を一方に立て、極端に走るは、何れも誤れるものなりと雖も、又何れも取るべき個所あるにて、一を以て他を排すべき性質のものには非るなり。

世上、我政府は労働者に対して、自由放任の主義を取るや、又圧制干渉の主義を取るや、と質すものあり、或は自由放任すべしと云ひ、或は干渉すべしと云ふあり如斯各極端の説を吐くは、屡々吾人の聞く所なるが、何れも謬見たるを免れざる如し。

抑我国に於て取るべき社会政策の方針は、果して奈何なる者ぞ、政府は勿論、政党の政綱として、民間有志の運動として、何れの団体も一致、協力すべき社会政策は、今日識者の脳裡に銘し置くべき問題ならずや。

（一）極端なる個人主義

斯に個人主義と云ふは　即ちマンチエスター派にして経済上には自由説を取り、労働問題に於ては国家の干渉を排斥し、個人の利益を進むる為めに全く個人の自由主義を唱道するものなり、此説の成立せる当時の事情を案じ、且つ其及ぼせる影響には頗る美とすべき点少なからず、一概に之を排する如きは識者の笑ふ所なれども、其の極端に走るや労働者の保護法に反対し幼少年、及び、婦人の労働保護等に関する法律に反抗し、其他労働者に対する種々の保険制度を排し、国家に於て保険局を立て之を強制するを見れば、自由を圧するものと為すなり。既に英国の如き労働者の疾病保険は、フレンドリーソサイチーと労働者組合等に任すものから其の事業粗悪たるを免れず、而かも自由を抑制するを欲せずとの事より、政府に於ては之に干ることをせず、故に之を独逸に比較すれば大に劣れり、蓋し此個人主義者は労働者に対しては自治自立を以てし、労働社会の悲惨に沈むは重もに従来の圧制干渉にありと認むる者なり、

此主義の唱道者は、マンチエスター派と称せられ、英国に於て始めて発達したるものとす、其の

歴史の如きは斯に叙するの要なしと雖も、近来に於て労働問題に対する此主義の、大に衰へたるは明白なる事実なり。蓋し労働保護問題の解釈上に於て製造所法、其他の措置に反対する如きは正しく其の病弊と云ふべし、極端なる個人主義は到底今後に於て行はるべきものに非ざるなり。

（二）極端なる社会主義

社会主義と称するものにも、古代と中世と近世に於て大に差異あり、其の近世社会主義と雖も、幾多の異説紛々として、一言以て掩ふこと能はず、中には執つて以て行ふべきものあれば、又空想にして幾百年の後に非れば実行し得ざるものもあり、然れども、社会民主党の如き過激の要求と煽動とを為すに至りては、其弊決して少しとせず、社会問題を解釈せんとしたる社会党が、却て一種の社会問題として措置せられざるを得ざるに至りしは、慨すべきに非ずや、今日の社会主義は勿論彼の共産主義若しくは虚無党の如きものと比較すべからずと雖も、社会主義を公平に見るものは、其実行を以て未だ現時に期すべきものとはせざるなり。

（三）社会改良主義

社会改良主義とは、前二者の中間に立つものにして、其の個人主義と異なる点は労働者状態の改善は種々国家の干渉を要し、法律を制定して労働保護の措置を為すべしとし、資本家、政府並びに有志団体は各協力補助するの必要を認め、単に労働者自身の自助と自由とにのみ一任せざるものなり、又社会主義と異なる点は、国家の補助にのみ依らんとするの弊なきことなり、個人の責任は個人をして之を負はしめ、国家の干渉する場合は、特り個人、団体等の力を以て到底、弊害を刈除し難き時に限るものとす。

更らに詳言すれば、個人主義の自助と自由は、極めて必要なるものと見做すと同時に、社会の補助、及び国家の補助あるを要とし、個人の力の不足なる所は、国家と社会とにて補助すべしと云ふにあり。吾人は信ず何等の政治も此主義に依るべく、是れ最も公平にして実際にも亦学理にも適するものなりと。されは政府も政党も民間有志も皆此主義に依りて措置すべきものならずや。

蓋し之を抽象的に論ずれば、何人も首肯すべき平凡の主義なり、而かも平凡なるが故に普通にして且つ真理たる所以なり。古来実地の政治は悉く這般の主義に則りしもの、唯労働者に関する社会政策主義として見るが故に、最近の理論に係るが如き観を呈するのみ。惟ふに労働者の自由と自助とを発達して職工組合の如き団体を組織し互に相補助するに非れば、労働者過半の害況は刈除さるべきに非ず、労働者の智識、道徳、勤勉、倹約等は、自助すると同時に団結協力せざれば、進歩することは能はざる者なり、然れども彼等個人及び団体にて刈除し尽し難き悪弊に至りては、雇主の補助を仰き、社会の協力を藉り、又立法行政の干渉則ち国家の保助なかるべからず、此の如き事実は、欧洲諸国に於ける労働保護運動と政策との歴史に徴して明白なりとす、

今我が政府の労働者に対する方針奈如を見るに、此社会改良主義に則り、独逸に於ける政策を学ばんとするが如き傾向あり、大学の経済学者等も亦、此主義に依らんとするが如し、蓋し独逸に於ては シエンベルヒ、ワグ子ル、ブレンタノー其他諸学者の此説を主張するあり、本邦近時の経済学者の社会政策派と称するは、独逸近代の学説によるものなり。頃日に至り此種に属する著訳書も増加し、論説も少なからず見ゆるに至り、政府に於ても工場条例、労働者疾病保険法の制定に就て計画する所ある如き、正しく此社会改良主義に依らんとするの徴候に非ずや。

然れども斯に最も注意すべき一事あり、本邦労働問題の性質と、之に対する政府執行の手加減奈何是れなり、大凡実際上の措置に至りては、大に熟慮を要することにして、学者机上の理論、空想を以て満足すべきに非ず、今、一個人、一階級、一社会の奮励も到底救治し難き場合に限りて国家の干渉を要すと云へば、一応明白の説に似たるも、之を実際の事情に徴すれば、今日奈何なるものか

則ち此の如き例なるや、委細に之を反問すれば明答を与ふるもの蓋し稀有ならん。彼の農工銀行の如き未だ其の成蹟を知ること能はすと雖も、将来の失敗を予言して掌大の印を捺して以て其の失策を保証すと云ふものすらあり、又葉煙草専売の弊害も漸く著しからんとす、其他諸般の措置にして西洋諸国に於て成効したるもの必ずしも我に於て成効せざるか如く、労働者に対する方針の如きも、其理論は社会改良主義に則り、所謂社会政策派に依るとするも、立法行政共に我か労働者の実情に適せされば、其の効果なきや三尺の童子と雖も予言し得べし、されば吾人は理論は暫らく措き、現今実際上に於て必要なる政策と措置に就きて講究する所あらんことを希望せさるを得ず。

（イ）政府の注意すべき件々

前述せる主旨に従ひ、吾人は社会改良主義を主張するものなれば、一方に於ては労働者の自助、自由等を妨害するの政策を非とするものなり。

吾人は成るべく労働者をして自助せしめ、国家の干渉の少からんことを希望して止まさる者なり。他方に於ては、労働者か個人とし、一階級として刈除し得さる弊害を認むれば、立法行政上の措置なかるべからず、而して今日の場合、公法的に病疾災難、廃疾、及老衰等の強制保険を為すは、甚だ必要なることとす、疾病保険法の如き其発布の期の早からんことを望む。又労働監督の為め労働局設立の如き、素より其要あり。又諸方の工場、製造所に於て夫々の救護法等を設計して各尽す所あらんとする際なれば、当局者は宜敷其の設計の性質、方法等の詳細を調査し、其の適するを挙けて適せさるを退け、漸次保護を厚からしむる方針を取らさるべからず。

彼の大阪地方に於ける職工誘拐取締法案の如き、是れ当業者仲間の設計にかゝると雖も、此の如き規定によりて職工の自由を害し、之を抑圧するの弊を生するなき乎、這般の私裁に属するものも大に注意を要すべし。要之、政府か無益の世話を為して、労働者の自治、自由を妨害することなきと同時に、企業者各自の私設に属する規定に注意し、且つ労工保険の如きは強制主義を取らさるべからず。

（ロ）民間有志の注意すべき件々

我邦の労働問題上今日要する所は、労働組合の組織に尽力するを以て第一の急務となす。労働組合は今夫々の組織を以て立つものありと雖も、多数は不完全にして英国に於けるか如き組織のものに非ず、其の会員たるも特更に自身を利するに足らさるものなり。職工組合主義は労働問題の過半を解釈する者たるを信じ、之に奔走する者の多大ならんことは吾人の熱望に堪へさる所なり。是等は則ち労働者の自助、自治を保助する「社会の保助」なり、社会の保助は素より労働組合の組織を保助するに止まらず、教育あり財産ある人士は、慈善的道徳的の措置を以て、臨機応変、適宜なる場合に於て尽す所なかるべからず。

夫れ一方に於て国家は条例を布き、保険制を強行する如き保助あり、他方に労働者自身の奮励ありとするも国家の干渉や甚た不行届きのものにして、且つ極めて不充分なり、労力者亦資本に乏しくして困難の地位に立つものなれば、必ず其中間に立つて「社会の保助」を為すに非れば改善の実を挙くること能はさるや必せり而して之に当るものは、上等社会の人士と雇主とにありとす。

（ハ）教会、寺院、其他の注意すべき件々

世に法律と経済とを学修する外、又他事あるを知らざる如き輩は、常に国家の干渉を多とし、凡て公法的強制のみを以て、万事了すとなすの僻あり、曰く、労働問題は慈善的の問題に非ず、之を解釈するには、立法行政上の保助外、又処置すへき道なしと。彼等の弊は国家万能主義に陥り、凡て上より抑圧して、政府をして無益の世話を多からしめ、常に経費を多大にし、何事にも政府の干渉あれば社会の改善成ると信するに至ること也。彼等が論述する所、計画する所は、凡て人民を器械視し法律もて左右する抑制的の処置なり、此の如きは今日の法学書生風の経済学者に於て往々見る所、嘆すべき也。又世には宗教利用論、若しくは宗教重用論あり、此種の輩は公法的の措置、国家干渉の場合等、一切政法上の思想に乏しく、只管情義的、宗教的の措置を以て至大の効力を奏すべしと為す是れ又一弊なり。抑も寺又は教会の労働問題に対する態度は、西洋諸国に於ては種々の議論あり我邦に於ては一二三の工場伝道を為すもの、外、未だ彼等の手によりて設計せられたるものあるを聞かず、且つ世には宗教排斥の論を為すものありと雖も、兎に角、寺院、教会等の如き団体は決して廃滅するに非ず、他日其の形式上に於て改まる所ありとするも、此種の団体は、必ず永続すべきものなり、又、永織するの必要なり、之を以て此種の団体は特に労働問題に対して公平の態度を取り雇主及び被雇者間の情義を厚くし、互に道徳上の義務を履行し、且つ労働者の教育特に徳育を進歩せしむる為めに計る所なかるべからず。

以上論述したる所を概括すれば、労働者問題に対する社会政策の方針は、机上の空論や学者の主義論を以て定むべきに非ず、個人主義、社会主義も其極端に走るに至りて、謬見少なからざるものとす、中正の主義は個人的自助と、自由の精神とを発揮せしめ、成るべく個人の責任を正し、彼れの能くせざる所は、民間有志、団体、特に上等社会の慈善等によりて社会の保助を尽すべく、若し此の如き尽力にして尚ほ刈除し難き者は、国家に於て公法的に強制する措置を施すべきものなり、是れ政府も政党も民間有志も共に銘すべき方針なりと信ず。

果して然らば、労働組合の組織に奔走する如き、目下の急務にして且つ必要なる事とせるを得ず、又労働者疾病保険法の制定の如き、之を独逸の政策に倣ふて、強制保険となすの要あるものとす。唯現今の労働問題の位地に就て銘すべきは少数有志の叫びたる問題にして、彼の労働者が抑圧に堪へざるが為め、下より絶叫したるに非ざることなり、されば、種々の制定も上より造るものにして、動もすれば、実際の事情に適せず、一種の模型に

入る、か如き嫌あるを免れず、是れ識者の特に注意すべき点ならずや、

二五日（木）

113 島田三郎「社会主義の概評」（『早稲田学報』論説・八月二五日）

近時我国に於て社会主義及び社会党を評する者多し。然れども其意見区々にして毫も帰一する所なく、全く各自見る所を以て是と為すもの、如し。蓋し社会てふ字面は古来我国に無き所にして、其用語頗る近時に属し、今日は既に広く世間に通用すと雖も、其意義尚ほ甚だ茫漠たるなり。否な独り我国に於てのみ然るにあらず、欧米諸国に於ても、社会的運動は極めて近代の事にして、社会学は未だ科学として成熟したるにあらず。故に其意義も運動も尚ほ変遷の中に漂ひ、国により、人により、又た時代により、其見解形態を異にすることも寔に已むを得ざる所なり。〈中略〉

以上叙述せし所を通覧する者は、社会党の何者たるかを知ることを得たりしなるべし。即ち現今社会党の概称あるも、此大傘の下には種々雑多の異分子を包含し、其名を以て容易に其性質を判じ難く、例せば露国の虚無党、伊太利の無政府党、乃至仏国の無神社会党の如きは之を他の社会党と称する者と区別せざれば、社会主義及び社会党を評するに当り、頗る其正鵠を失すべき恐れあるなり。

社会主義は、畢竟するに極度の個人主義の反応にして、之を他の混雑分子より分離し、其要素を挙ぐるときは、分明に経済的問題にして、労働に対する報酬の当否を論定し、財産富資の不平均を医治するを以て主眼と為す者なるが故に、輓近泰西の経済学者中にも此意味に於て之を賛する者多く、独逸講座社会党は勿論、ミルの自叙伝にも、余は寧ろ社会党たるべし、世が稼かずして衣食し、稼で衣食する二種族に区別せられんよりは、一同に稼で報を受くる者たらんことを望むと陳べ、冷

静沈着なるフォーセットも、亦た其論文中に、社会主義は人民の福利を増進するものにあらず、其是れまで案出したる方法は、結局皆な失敗に終わるべし、但し其果して失敗に終るとするも、之が為に社会党に悪名を付し、其精神を不良に解釈するは断じて不正の挙動なり。彼等は方法を過てる熱心の理想家なり。然れども其精神純粋にして、其目的高潔なるは、一点の疑を容るべからずと言ひたり。要するに近代の経済学論として社会主義を賛するに至りたる者は、其改革は確固不抜のものたるべきも、何れの時に行はれたるか其痕跡を見る能はざるものならさるべからずと主張し、政権を以て財産権を打破せんとする急激なる共産党は言ふを須たず、理想の模型を鋳成し、組織手段を以て一挙社会を其中に容れんとするオーウエン。サンシモン。フーリエー。キヤベー等の所説にも同ずること能はざるなり。蓋し現今の社会主義者が論ずる方法は、其所期の如く目的を達すべきものにあらずして、特に一躍して一切の資本と労働とを同一の手に帰せしめんとするは、全く不可能の事に属し、社会は進化し、其進化の程度は、人心の進化と同一の比例を以て現はるゝものなるが故に、個人の性質変化せずして、社会独り変化し難く、現在の社会を破壊すれば、別個の新社会自から生ぜんとの妄想を懐き、急激の変化を望むは、人性を解せず兼ねて社会其者を解せざる癡漢なり。されば社会の進化を防遏する者を除き、其生暢の勢を助成するに務め、理想は高遠なるべく、進行は着実不撓なるべしと主張し、其進化の防遏を除く第一着手として、現在の経済思想は過てり、現在の経済組織は不完全なりと非難する社会主義者こそ、始めて吾人の同感を表すべき者なれ。

又た社会主義は、単に経済的新主義なるが故に、政体論と相渉る所なく、此主義を以て共和政治と伴ふと為す者世間往々之れありと雖も、是れ大なる謬見なり。即ちビスマークは、ラッサレーを評して、彼は独逸帝国の統一を理想とする者にして、共和論者にあらずと言ひ、独逸講座社会党に先だちて、社会主義の経済学を唱へ、学界及び政界に名を顕はし、後ち伯林選出の代議士と為り、又た普国教務文部の大臣に挙げられたるロドヘルチユスも、其社会主義対政体の観察を述べ、

余は厳に政治論に干与することを避けんと欲す。政治問題は社会問題に対して比較的小なる者なり。或る社会組織を以てすれば、露国擅制政体の下に於ても、不健全なる社会組織を有する仏国共和政体の下に於けるよりも、多くの幸福を人民に享有せしむべし。労働組織は政体と全く別立の者なり。労働組織の終局の目的は、中等社会の財産を剽略することなくして、全国の人民に快楽を保たしむるほど分配し得らるゝ富を造出せんとするに在り。

と言ひ、更らに英人カルカツプも其著『社会主義の研究』に於て、

社会主義は自然に共和主義に随伴する如くなれども、此運動は必らずしも共和的ならざるべからざるにあらず。独逸に於て、ロドベルチユスの説が、皇帝より発し得ざるにあらず。ラツサレーの理想の或る者が、ビスマークによりて実行せられざるにあらず。皇帝及び朝臣が、富豪と調和を試みて功なきに饜き果て、市郡の労働者に信任して、社会主義を帝国に建て得ざるにあらず。社会の進歩せる秩序を体認する民を兵と為し、現時の如き良士官に之を指揮せしめば、帝国は一層の安全鞏固を加ふること必然なり、云々。

と陳べたり。乃ち社会主義が必らずしも共和政治に伴はざることは、之を了するに余師あるべく、此一事は社会主義及び社会党を評する者が、必らず記憶せざるべからざる所なりとす。

終りに臨みて一言せざるべからざるは、社会主義と宗教との関係なり。我国に於ては、宗教が如何に欧米の人心を支配するかの消息を解する者少く、随て社会問題を評するにも亦た此義を度外に置き、之が為めに肯綮を失すること多しと雖も、英米の良民が社会党の名を聞き、蛇蝎の如く之を

嫌忌するは、此党中に無神論者ありて、無神論と社会主義と同一物の如く感ぜられたる時代ありしに因るなり。蓋し彼れ社会党は、個人としては熱心の宗教家なきにあらざるべきも、社会主義が一般の運動として現はれたるは、千八百四十八年仏国第二の革命に伴ひ、先づ仏独に過激の行動を試み、之れより欧米に伝播したるを以て、時世の風潮により、高き者は観念の結果懐疑派と為り、一転して無神論者と為り、卑き者は感覚以外の者を拒斥する唯物論者と為り、二派其体に於て相異ると雖も、共に無神論者と為り、社会党中実に此危険の思想を懐く者多く、貧富懸隔の弊を目撃して、物質的分明の繁栄殷盛なるに反し、窮民は却て益々窮地に陥ゐり、前途救済せらるべき道なきに絶望し、天地間救世の神なく、若し之あるも、富者の神にして貧者の神にあらずと怨じ、教会は助なき者を保護すと云ふも、富人を保護して貧人を保護せずと嘆じ、政府も教会も一切破壊して而して後ち始めて理想的社会を造出すべしと叫びたるなり。是れ即ち社会党が秩序を重んずる者と相閲ぎたる所以の一大原因にして、且つ此破壊的極端論者は啻に政府、教会、私有財産を否認するのみならず、家族其者も亦た迷へる慣習に過ぎずと言ひ、婚姻の制を嘲笑して、夫婦父子の関係を打破し、自由愛交を行ひ、児子は社会共同して教育すべしと主張する者さへあるに至りたり。何ぞ其言の暴なるや。思ふに万物の大元を崇敬し、宇宙に大則あり、大権の下に一定の開展ありと信ずる者は、如何にして現社会を破壊せば、満足すべき新社会の忽然として眼前に現出すべきことを夢想し得んや。是れ必らずしも基督教のみの観念にあらず、天命之謂性、率性之謂道と言へるも、亦た全く一定不変の理法大元より発することを中命したるもの〻み、されば此信仰ある者は、到底人力の社会変造説を主張する過激の社会党に同情することと能はざるなり。

九　月　＊三日　中江兆民『一年有半』刊

＊一〇日　大日本労働団体連合会本部結成

一日（日）

114山中昂「旧社会民主党諸氏」（『中央公論』論説・九月号）

此篇社友山中氏の特に本誌に寄せられしところ、いさゝか我社の素論と合せざるところあり、然れども其合せざるは其主張の一部なり、其大部に於て吾人も亦其歩調を同じふす、即ちこれ本欄に収むる所以（記者）

兎に角一度社会民主党の発表を見たりしよりして、社会問題は稍々吾国士人の間に研究せられんとするに至りしは極めて喜ふ可きの現象也。

一概に社会主義と称す、人は先つ恐怖の念を以て之を迎ふ、爾り極めて恐る可きの主義也、貴族をして跋扈せざらしむるの主義也、富豪をして専横を逞ふせざらしむるの主義也、爾れども之を称して直に社会の根底を揺撼するの主義なりとなすは一を知て未だ二を知らざるの愚論、素より取るに足らず、彼民主党と称するもの果して何等の社会観を有するか、吾人今将た之を説かざるべし、唯吾人は滔々として天下を風靡して、自由的精神の死没し去りたる極めて臆病の社会に於て、大胆放懐世に蛇蝎し去られたる、是の如き主義を公表して憚からざりし諸氏の勇気に感せざる可からず、一部の士人は諸氏を以て無智の労働者を煽動するものとなすが如し、想ふに諸氏は飽迄煽動の名を甘諾すべし、夫れ吾国今日の労働者の如く無智盲昧にして依頼する処なきものあらざるべし、彼等は牛馬の如く駆逐せられて而も之を訴ふる所以を知らず、彼等は奴隷の如く圧迫せられて而も之を脱する所以を知らず、志士仁人の奨励策興その本然を警覚するに非ずんば如何ぞ天賦の権理自由を伸発せん、是の如き煽動は社会が寧ろ諸氏に希望せざる可らざる処となす。

資本家と労働者の軋轢漸く起らんとするを見るや、或ものは資本家の慈善に訴へて相寛和せんとす、慈善素より可ならざるに非ず、天下の労働者若し資本家の慈善によつて、其妻子眷属と凞々として天然の幸福を楽しむに至らば天下の太平期して待つ可しと云へども、爾れども今日の如き人情冷淡、私利私欲を満たすに之れ急にして、一点高尚の道念を有せざる天下滔々の資本家に向て、悉く是の如き寛大なる仁恵を求む、蓋し狼に向て念仏を強ゆるの類、素より言ふ可くして行ふ可らず、よし若し言ふ可く、又行ふ可きものとなさんも労働なるもの果して他人の慈恵を受けざる可らざるが如く然く卑劣にして而も価格なきものとなすか、夫れ他人の慈恵を受くるものは乞丐者の事のみ、彼等労働者にして若し労働し得ずんば已む、苟も彼等長大の躯幹あり、手と足とを有す、何ぞ他の恩恵に待て始めて生きんや、彼れ富と称するものを以て資本といふか、吾か額に汗する処奚ぞ亦資本に非ざるを得んや、而して彼れ富の勢力は其所有者をして彼か如くあらゆる逸楽を恣にせしめて休む所を知らざるにも拘はらず、我労働の価格は六尺の男児をして営々として朝、夕に至り、尚且つ凍餒に堪へざらしめんとす、知らず是の如き不平等は夫れ何処より至れる。

官吏のみ尊くして人民卑しく、貴族のみ尊くして平民卑しきの国に在て資本家のみ尊く労働者の卑しき素より恠しむに足らず、而れとも是の如きは封建思想の残片、天理人道に反するや大也、其本根より打破し粉砕するあらずんば、一国の進捗発展素より期し難し、而して已に官尊民卑を慨するものはあり、已に貴族崇拝を攻撃するものはあり、爾れども労働の神聖を公表して、堂々資本家の横暴を制せんとするもの蓋し幾干もあらず、嗚呼強者の権理なるかな、富豪貴族の徒は天下を挙けて味方となして尚足らざるが如きも、彼労働者なるもの社会の最大多数をなし、而も政治も法律も学問も宗教も未だ嘗て彼等の用たるを許されざる也、知らず吾国には労働保護条例なるものありや、知らず吾国には労働組合規則なるものありや、嗚呼一を以て百を推すべし、吾国労働者の雨打風撃に任せらる想ふ可きかな、今にして諸氏及び天下社会問題に意あるもの是等弱者の為に一大気焔を吹くなくんば彼夫れ遂に牛馬たらん。

夫れ十を獲んと欲せは百を求めざる可らず、百を獲んと欲せは千を要求せさる可らず、已に吾国の如き貴族国、富豪崇拝国に在て、数千年間、賤劣取るに足らずとなされたりし労働者の為に主張する所あらんとす、其の声や須らく大ならざる可らず、其手段や須らく激烈ならざる可らず、是の如くならずんば到底社会の一大問題として社会の良心を振盪するに足らさるのみならす、一挙して彼の頑固にして腐敗したる貴族富豪輩の肝胆を寒からしめ反省自覚せしむるに足らざる也此意義に於て吾人は諸氏前日の主張宣言の比較上激烈なりしにもかゝはらず、尚一層激烈ならんことを希望しれたりしもの也。

前の内務大臣末松謙澄氏は平素平民主義の士と称せらる、而して諸氏の一度主義を発表して結党を宣言するや、直に之か禁圧を命せり、人の見て意表とする所なりと云へとも、火の揚らんとする抑ゆれば却て熱す、吾人より見れば末松氏は寧ろ名を禁圧に仮て更に大に此主義を奨励せんとするものに非ざるなきか、想ふに諸氏の熱炎亦更に一層を加ふるものあらん、今や金気粛殺し秋風野に満つ、諸氏が第一の禁圧に避易せずして、第二の宣言を表発し、更に大に社会を警覚す、正に其時なるか如し。知らす諸氏以て如何となす。

三日（火）

115 「社会主義と我国情」（『東京朝日新聞』社説・九月三日）

社会主義が欧米に於ける一大流行となり、政治経済の理論界実際界を動かしつゝあるは、既に久しき以前よりの事にして、憲法上に普通選挙若くは普通選挙に近き制度を執れる国に於ては、独、仏、伊等いづれも下層職工社会の推薦に依れる衆多の社会党議員を其の下院中に見るに至り、従つて其の立法上に社会主義の立論を見ることも亦数たびなり。今後いかなる趨勢を示し来る乎は、識者の注目を懈たる可からざる所なるが、昨今の事情に就きて判断すれば、社会党中にも其の実行的手段に関して種々の異論を生じ、結局内訌を免れざらんとするもの丶如く、殊に仏国に於て左党急進主義の現内閣が社会党の一角と相提携し其の党内の有力者を入れて内閣員となしたる以来、同国の革命的社会党が却つて之れを喜ばず、而して一部の政権を執りたる漸進的社会党も実地となりては何等の施設をも為すこと能はず、多少立往生の気味あるに際して、社会党全体の折合ひは頗る困難なるものあるが如し。今後果して社会主義が十分の発達を為し得るや否や、吾人は以て疑問とす。蓋し十分に此の社会主義を遂げんとせば、現在の欧州の国家組織を根本よりして覆すにあらざれば、即ち不可なり、即ち其の手段としては革命的なるにあらざれば不可なり。然るに現在の社会党は革命を促がすまでの勢力を有せず。去りとて同主義の漸進的実行も亦甚だ困難なり。然れども十八世紀末以来各国家が人民私権の保護を盛んにしたるにより、富の程度の進歩するに従ひ、富むものはます〳〵富み、貧しきものはます〳〵貧く、大資本の製造業の下に憐れなる職工輩が殆ど無告の窮民となり居るものあるは間違ひもなき事実にして、政治界の大不平均が彼の第十八世紀の欧州全般の革命を促がしたるが如く今度は亦経済界の大不平均が第二十世紀の欧州を革命するに至るやも計る可からず。貧富不平均の事実の存在して、之れを救ふ可き適当の手段の見出されざる以上、結局は商工業に大資本を擁し至大の権力を振へる無冠の帝王が転覆せらるゝの外なきにも至らん乎。吾人は予言者にあらざるを以て卜筮の当否を保証し得ざれど右の如き趨勢あるには目を塞ぎ切れざるを覚ふる者なり。近来我国の論客中漸次に社会主義の研究に従事する者あるも、是れ亦已むを得ざるの業として見る可し。

我国の商工業も追々に進歩せり。富も次第に増加しつゝあり。資本の集中も亦聊ながら行はれつゝあり。私権を保護するの国法の立てられたる上は更に富者を富まし貧者を貧たらしむるの傾向もあるなり。此等を見たる一種の社会的投機者が早くも社会民主党の組織に着手し、政府のために直ちに解散を命ぜられたる者もありたり。然れども吾人の見る所を以てすれば、投機者の為す所は余に早きに過ぎたるが如し。我国に於ける社会主義は猶その講究時代に在るを以て適当とす可し。主張実行に至りては、恐らくは姑く見込なからん。何を以て此か言ふ乎。

蓋し社会主義は職工を以て其の味方として現はれ出で、同盟罷工を以て其の実行の一端を示すものなり。然るに我国に成立ち居れる工業製造業の種類は、猶未だ多からず。製糸工場若くは紡績工場等は頗ぶる発達したれども、此の種の工業の性質として職工は重に女工を用ふ。女工に対する社会主義の説教は到底無効たるを免る可からず。大阪に於ける紡績工場主中には昨年の不景気に際して随分惨酷なる待遇を女工に加へたる者あるが如くなれども、彼等は不平を訴ふるの力さへも有せざりき。世の慈善者は彼等のために暗に涙を濯ぎたるもありしかど、其の涙は化して社会主義とはならざりき。たとひ社会主義とならしむるも、女工は之れを感受するの力を有せざりしならん。さて女工を要するの製造工場以外、社会主義を感受するの力ある可き男工の多くを要する種類の製造工場は、造船、製鉄、鉱山、鉄道、等その数少なからざるもの有りといへども、いづれも其の成育途中に在るか左なくば襁褓時期中に在るかなれば、其の業主たるもの（官民を論ぜず）共に職工養成に忙はしきくらゐにて、供給は猶その需用に伴ふ能はざるの時に在りとす。生きたる人間を商品同様に取扱ひ、供給が需用に過ぐとて之れを蹴落すの時期、即ち社会主義の萌生す可き時期までには、猶多少の空間あるを覚ふ。故に吾人は今日に於て社会主義を講究して、以て他日の用に供ふるの暇を有するなり。現在欧州中独逸を本として大陸全体に波及せる社会主義が独り未だ英国に及ばざるが如きは、随分講究の要点たる可し。講究は独り学者間に限る可からず。資本主たるもの自づから之れを講究し置きて、以て自づから其の厄を逭るるの道を立つるこそよけれ。要するに社会主義は大資本家の強敵たる可し。然れども社会主義の講究の社会上流に於て先づ行はる、間は、社会は固より安全ならん。

一五日（日）

116 鈴木大拙「社会民主党の結党禁止につきて（社会主義の宗教的基礎）」（『六合雑誌』論文・九月一五日）

近着の日本新聞紙によれば政府は「社会民主党」の組織を禁止したりと云ふ。予は深く日本の政府の軽挙にして遠大の思慮を欠き、社会の進歩人間の幸福を無視したるを慨す。

凡そ生命あるもの即ち弾力あるもの、之を圧すること愈々烈しくして、反抗爆発の力愈々猛しきは天地自然の理なり。「社会民主党」の結党今日の日本政府によりて法律的に認許せられずとするも脈々たる命根は千世断ずべからず、五十年、百年の後、必ずや数層の活力を以て保守頑冥の謬見を打破することあらん。政治的自由平等の理想に反対したる専制政府の運命を過去に見よ、資本の名、私有財産権の名、個人主義の名等によりて社会全体の進歩幸福を蹂躙せんとするもの、運命の将来や亦知るべきのみ。

或は云ふ日本の国体は西洋のと異れり、社会民主主義の彼に行はる、は、之を我に輸入するの理とならずと、陋も亦甚しきかな。そも〳〵国体とは何の義ぞ。人類全体の幸福を阻害し、社会を挙一的に進歩せしむる期図を無視する国家組織の意か。吾人は此の如き者を人生の理想として、いつまでも実現し、維持せんとする人の心を解する能はず、歴史は常に進転すべきもの也、それ一処に停滞せば必ずや幾層の反撥力を以て汎溢せん。

滔々たる濁流の天に漲るとき、区々たる政府の力何を以て之を防がんとするぞ。

予は経済の上より見たる社会主義を知るものにあらず。予の社会主義に同情を表するは常識の上よりも、予が宗教観のよりするに過ぎざれど、予は二十世紀に於ける社会進歩の最大勢力となるものは、東西をとはず、此主義の活動に在りと信ずるものなり。

純粋に宗教の上より見て、社会組織の原理は競争にあらずして協和にあり、一の個人が境遇の利便を利用又は害用して他の個人を圧するにあらずして、相互に其足らざる所を補ひあひて社会全体の進歩を計るにあり、各自其天然に有する所の才能を最も有力的に発達せしめ、境遇、即ち不完全なる社会組織より生ずる一切のハンヂキヤップを極少度に減去せしむるに在ることは明白なる事実なり。今日の社会は果して此等の理想を実現し得べき組織なるか。

今日の所謂る富者なるものは、社会組織の不完全なるを利用し、労働者の正当に帰すべき報酬の大部分を自己の嚢中に収めたるものにあらずや。而して此くして集めたる資産を自家の快楽にのみ供するを知りて、社会全体の進歩に貢献せんとはせざるにあらずや。たとひ多少の財を公共の事業に投ずるものあるも、彼等は慈善とか博愛とか云ふ、忌はしき名によりて之をなさんとするにあらずや。即ち彼等は此等の仕事をなすを義務とは思はずして、何だか自家の手足ども切り取りて餓虎を養ふの念を有するにあらずや。而かも彼等の生活、虚栄、驕奢は是等の散財によりて少しも減殺せらる、ことなきなり。否、甚しきは一方にて此等公共の事に従ふと同時に、他方にては一層の脅迫力を以て労働者又は消費者の汗を絞り取るものさへあるにあらずや。

試に日本の貴族なるものを見よ政治上に特権を有するはさておき祖先伝来の財産（多くは封建時代に民を苦しめて取り立てたるもの）を有し、社会全体の進歩を希図するに最も有力なる位地にありながら、彼等が当時の日本の進歩を来したるに、社会は幾許のコントリビュシヨンをかなしたる、社会は其一部の活力を殺ぎて他の一部をのみ給養するの義務もなく、権利もなし、社会は其全体において健全なる発達をなさんを要す。胃袋をのみ肥したる人体頭をのみ大きくしたる人体、眼のみ爛々たれど、手も足もなき人体は、畢竟不具の変形に過ぎず、貴族、富者のみを養ひて貧民、労働者を飢やすは、此鬼形的人間を作るに異ならざる也。

天然に享けたる才能を自由に発達せしめて、社会全体の進捗に応用するか、吾人の社会を組織する一大動機なり。之を実行するには各個人をして同一の機会境遇を有せしめんを要す。同一の機会を有せしむるに尤も緊切なる条件は貧富の懸隔を極少度に減殺するに在り。もし各人をして衣食住の繋累を脱し得て、自由に天賦の徳性、才能を発達せしめ、之を社会全体の進歩の上に傾注せしめば、所謂る文化なるもの、進転、誠にすさまじきものあらん。世に多くの天才が境遇の不利に制縛せられて、病的発達、又は蚤死するものあるを思ふときは、社会が其組織の不完全によりて失ふ所頗る大なるものありと謂ふべし。

社会は一の個人をして他の個人を圧せしめんとの組織にあらず。境遇、機会の不一を利用して、個人的大望を成就するは、其個人に利するところ大ならんも、社会全体に失ふ所決して少々にあらず。万骨を枯して一将の功を成らしめたりとて、其団体全部の利果して幾許ぞ。多くの天才を殺して、順境に処したる一の凡庸を生長せしめたりとも、其社会は何の利する所ぞ。社会の基礎は無我にあり、進歩の秘訣は「衆生無辺誓願度」に在り。己れ達せんと欲せば先づ他を達せしめよ。自我の本体を六尺の空間に填め、五十年の時間に渉る個的肉体の上に認めずして、前後左右無窮に綿々たる生命の上に看取せよ。

世に棄才なしとは多くの経験を経たる格言なり。楠正成が泣き男を戦争に利用したるは、仮託の言ならんも、社会進歩の上においては一芸一能悉く其の利用の処あるべきなり。社会組織の不完全よりして或る特種の能力をのみ発達せしめ、多くの他の能力を之が犠牲に供するは到底病的現象なるをまぬかれず。吾人の理想的人物は肉体の上において少しの不完全なきと同時に精神の上においても円満なる発達をなし得たるものなる如く、理想的社会の組織は各個人をして其長処を思ふまゝに成育せしめ得るものならざるべからず。

此理想に達すべき要因は多々ならんも、予の最も主張せんと欲するは、各人をして衣食住の繋縛を脱却せしむるに在りとす。労働は神聖なりとか、額に汗して。パンを求めざるべからずとか、云ふは、大なる誤謬なりとす。此誤謬の富者、貴族のために利用せられたること幾許ぞ。もし吾人々類にして物質的存在以上なる能はずば、労働して犬馬の如くなるも厭はず、日夜営々として此の胃袋をふくらさんため汗を流し、血を絞るも厭はず。されど野の百合、山の鳥にして尚神の限りなき光栄を現出し得るものありとすれば、吾人々類存在の理由に労働以上なるものなくてはかなはぬはづ也。衣食足りて礼節を知り恒産ありて恒心あり、さらば何ぞ衣食足らしめざる、恒産あらしめざる。もし神にして吾等のなくてならぬものを知るとせば、何ぞ吾人をして先づ物質の羈絆を脱して、其精神的存在たるの理由を成就せしめんとはせざる。予は衣食のために労働して維れ日も足らざる社会の組織を以て人類存在の理由に対する一大汚辱となす。

中古の基督教僧侶又は東洋の仏教僧侶が衣食に関する一切の顧慮を捨てゝ専心宗教の事に従はんとしたるは、社会組織の不完全なるより生じたる非常の現象なりとす。彼等は人間の精神的存在なるを知れり、されど社会の事情は彼等に強ひて衣食のために労働せよと宣告したり。彼等は自ら賤しうするを欲せず、即ち世を捨て、乞食して其存在の意義を全うせんと期したり。予は彼等の志を憐むざれど不幸にして彼等は其同胞を忘れたり、彼等の同胞も亦彼等と同じく精神的存在なり、衣食のために労働すべきものにあらず、彼等当さに此徒をも合せ救はんを要す。何となれば「衆生無辺誓願度」によりてのみ「仏道無情誓願成」なるを得べければなり。

或は曰ふ、吾人にしてもし一斉に労働するを止めしめば、工業、商業、農業一時に阻止して、人類此に餓死せんと。予は此に此問題を細説するの遑なく、但次の一事を述べて止めん。

吾人は今進歩の途上に在り、直ちに一切の労働を止めよと云ふにあらず、漸を逐ふて此境に到らんとするに在り。もし富者にして飽くなき我執の念を断し、個人のために財を吸収するを止めば、労働時間は一日四五時にして足らん。予は之を露国社会学者のオーソリティにて言ふ。兎に角吾人にして一たび決心せば労働時間を最少の度に減じ得るは自明の理となす。

且つ近時科学の進歩の著しき器械の発明前古無比なり。もし力を此に致して止まずんば、労力省略の器械は続出して、一たび電気打紐に触るれば各種の仕事自然に出来上ると云ふ調子に運ばんは火を見るより明なりとす、是等の事情は吾人の理想をして成就の途に運ばしむるものと謂はざるべからず。物質的文明是に至りて大に意義あり。

兎に角今日の社会は平等無我、自利に他の人生観を基礎としたる社会にあらず、我執の念を是認し、全体を一部の犠牲とせんとする社会なり、吾人は未来の子孫に対する義務は成るべく早く此病的現象を滅するに在り、而して吾人の宗教的アスピレーションスを満足する手段も亦此に出でず。予は如何にして此理想を社会財政の上に実現し得べきかを此に詳説する能はず。「社会民主党」の結党禁止の報に接し、聊か平生の感懐を吐露したるのみ。

三〇日(月)

117 西川光次郎「社会主義の理想国たる瑞西」(『早稲田学報』論文・九月三〇日)

〈省略〉

一〇月 ＊一二日　社会主義協会大演説会

＊一五日　中江兆民『続一年有半』刊

＊二三日　田中正造、衆議院議員辞職

＊二八日　片山潜『社会改良手段　普通選挙』刊

一五日（火）

118 広井辰太郎「社会主義の将来」（『六合雑誌』論説・一〇月一五日〈省略〉

一六日（水）

119 島田三郎『世界之大問題社会主義概評』（警醒社書店）

序

社会民主党の組織は世人を一驚せしめ、而して其禁止は世論を此問題に集中せしめたり、予是に於て、研鑽の余地を此問題に与へんとし欲し、私見を草して之を毎日新聞に掲げり、累篇三十五、警醒社主人輯めて一書と為し、之を刊行せんことを勧む、乃ち諾して一校し、題して社会主義概評といふ、嗚呼是れ現代の一大問題なり、区々の小冊子、如何ぞ其解決を資くると謂はんや、唯社会主義の名に驚駭して之を禁遏し、公明の攻窮を変じて、隠秘の密議と為さしむるは、予の尤疾む所にして、其結果却て大に恐るべき者あらん、学問に忠なる者、及び治安を重ずる者、必感を予と同くすべし、読む者若し社会主義の必しも危険に非ず、而して研鑽公評の要あるを知るを得ば、本書の公刊亦徒労に属せざるべし、

〈本文は『毎日新聞』（緒論、第一回～三五回・七月一二日～九月二日掲載「社会主義及び社会党」）

付録

其一　労働新聞社に対する判決言渡書〈『労働世界』七月一一日掲載〉

其二　社会政策学会趣意書

其三　社会政策学会の弁明書〈『毎日新聞』七月九日掲載〉

其四　社会政策学会員に質す〈安部磯雄『毎日新聞』七月一二日掲載〉

120 西川光次郎『社会党』（内外出版会、一〇月一六日）

例言

一　此の書は二三年前から本年八月までの英米の労働新聞雑誌四五種を読んで、其の中から材料を拾ふて編纂した者でありますから、欧米社会党の近状を知らんとする者の一助とならうと考へます。

一　此の書の参考に使ふた英米労働新聞雑誌は皆労働新聞社編集局の者であります、爰に謹んで余に此等の新聞雑誌を読むの自由を与へてくれた、社主片山潜氏の親切を謝します。

二一日（月）　大審院、『新総房』の上告棄却、罰金刑が確定する。

121〈幸徳秋水〉「民主党事件と大審院」（『万朝報』社説・一一月一一日〈承前〉）

今年五月社会民主党の宣言書を記載して告発せられたる諸新聞雑誌中、第一に裁判に付せられたるは、千葉の『新総房』新聞なりき、而して其宣告は有罪なりき、次で東京の『毎日』『報知』『日出国』『労働世界』『朝報』の四新聞一雑誌は、他の法官の下に無罪を宣告せられたりき、是れ読者の記憶に新なる所ならん、夫れ吾人国民は、日本の法官及び裁判に向つて常に『公明』てふ形容詞を付し、公明なる法官、公明なる裁判と呼ぶを例とせるに拘らず、如此くにして同一事件に対して二様の反対なる宣告を見る、即ち其孰れかは必ず不公明なる法官、不公明なる裁判と呼ばざる可らざるの奇態を現はしたり

爾後東京の四新聞一雑誌に対しては、検事の控訴ありて未だ確定せざるの間に、『新総房』は其

有罪の宣告に服せず、控訴し上告し、遂に去月二十一日大審院に於て、其上告は棄却せられたり、而して此判決や即ち社会主義に関する事件に於て日本の司法権が下したる最初の確定意見たる也、即ち有罪と確定せられたる也

然らば則ち有罪てふ判決は果して公明なる判決なりや、確定したる意見は即ち公明なる意見なりや、否な、其公明と不公明とは其一審たると三審たるとの別に在らず、其地方裁判所たると大審院たるとの別にあらず、若し公明なる裁判が破毀せられて、不公明なる裁判が確定せらる、ことありしならん乎、是れ国民の為めに一大不幸にして且つ一大危険と言はざる可らず、而して是れ絶無の事にあらず、是れ有り得べきの事也、吾人国民たる者其所謂確定意見に向つて仔細の点検する所なかる可けんや

『新総房』に対する大審院の判決を読に曰く

（上略）原判決を見るに「前略〈以下、資料40に掲載〉該記事が社会の秩序を壊乱するものなることは記事自体に徴して認むるを得るを以て特に社会の秩序を壊乱すべき記事たることの理由を説明するの要なし又上文記事の理想とする処及び実行を期する綱領の如き共に現時の組織制度と相容れざるものにして即ち社会の秩序を壊乱するものなれば之を新聞紙に掲載頒布する新聞紙条例第三十三条の犯罪を構成するは当然にして論難は共に其理由なし（下略）

見よ、右の如く大審院は毫も、何の理由に依て民主党宣言が秩序を壊乱するやを説明する所なし、唯だ記事自体に徴して認むるを以て理由を説明するの要なしと罵倒し去れり、是れ宛も古代専制治下の役人の口吻にあらずや、若し何の理由なくして、或は何の理由をも示さる、ことなくして、汝は悪人なりと認定すと云ひ、汝は罪人なりと認定すと云ふの宣告に服せざる可らずとせば国民の不幸と危険、豈に之より大なるあらんや、民主党禁止の当時、吾人は時の内相末松謙澄君に向つて、其理由を説明せしに、彼は其秘書官を以て答へし

めて曰く、理由は説明するの要なし、唯だ記事全体を秩序紊乱なりと認定するのみ、吾人は之を聞きて呆然たりき、然れども是れ猶ほ行政の官吏として、多少の恕すべきものあり、日本の司法権が確定の判決を下すに於て、毫も其理由を示すなくして漫然斯く認定すと云ふ、吾人は之に対して、能く「公明なる」法官、「公明なる」裁判としての尊敬を払ふことを得可きか

但だ大審院判決中、多少の理由として見るべきは「記事の理想とする所及び実行を期する綱領の如き共に現時の組織制度と相容れざるものにして、即ち社会の秩序を壊乱するものなれば」云々の一句也、然れども現時小学の生徒と雖も、斯る愚論を吐くものはあらじ、吾人は多言を要せず「新総房」が上告理由書の一節は、能く此愚論を打破し得たり、曰く

抑も或事に因りて社会の秩序が壊乱せらるゝ、は必ず其事に因りて社会に混乱不安を生ずる場合ならざるべからず如何に現社会の常態と反し現社会の組織と異なれる事と雖も若し之れに依りて社会に混乱不安を生ぜずんば之を以て直ちに社会秩序の壊乱と謂ふべからず蓋し人類社会は進歩発展すべきものたり而して其進歩発展は只能く社会の現組織現状態を否拒して之を打破し新なる組織状態を発展することに由りて成るものにして此点より見るときは社会の現組織状態と相容れざる理想勢力の発展存在は是れ人類社会の進歩の必要条件にして随て之れこそ人間社会自然の秩序と見るべきものなりとす故に国家が社会の秩序を壊乱するの所為として罰すべきものは独り社会に混乱不安を生ずべき所為に限るべく単に其現に承認し保護しつゝある所のものと異なるが為に其異なるものを以て直ちに秩序を壊乱するものとして之れを禁制するの権無し然らずんば人類は其進歩の源泉たる新理想の発展を国家の専恣なる判断によりて遏絶せらるゝの不幸を免れざればなり

然り単に現時の制度と相容れず、之が更改を図

るを以て秩序の紊乱なりとせば、帝国議会は年々、新たなる法律制令の創定、及び改正を以て、秩序を紊乱しつゝあるものにあらずや、各政党は軍備の縮少、若くは拡張、貴族院令の改正若くは廃止、三大自由の縮少若くは拡張の議論を以て毎日秩序を紊乱しつゝあるものに非ずや

夫れ斯る理由なき認定を以て、或は理由とするに足らざる理由を以て、其有罪を宣告せられて、而も之を以て「公明」として服従せざる可らずとせば、吾人国民たるものは、豈に能く其冤枉を伸べ、其権利を保持して以て文明進歩の利益徳沢に浴するを得んや、思ふて此に至る、吾人は兢々として不安危険の念に堪へざる、恰も専制時代の人民たるに均しきを覚ゆる也。

一一月 ＊二三日　活版工組合主催「秋季労働者懇話会」演説会（安部、片山、西川、幸徳）

＊二五日　日鉄矯正会解散

一二月 ＊七日　社会主義協会大演説会

＊一〇日　田中正造直訴

＊一三日　中江兆民没

二〇日（金）　東京控訴院における一雑誌・四新聞に対する公判開始される。

122　「本社の被告事件（社会民主党に関する件）」（『報知新聞』記事・一二月二一日）

我社及び万朝其他一二の新聞社が掲載せし社会民主党宣言書事件の公判は昨日午後一時より控訴院刑事部に於て開廷せられたり初に片山潜氏と毎日日出国の弁論を済し我社及び万朝の公判に移ぬ豊島検事は聴取難き程の低声にて本官は両社の該記事は共に国家を眼中に置ざるものにて本家地主貴族の全体を撲滅して一図に労働者の権利を拡張し即ち今日の社会秩序を顧ざらんとするもの也故に第一審の無罪宣告は不法の裁判なり是此控訴ある所以たりと論告せり是に於て太田弁護士は其秩

序ある舌鋒を進めて社会改良は目下の急に非ずや殊に維新以来社会現象は漸次独占を離れ階級を去て共同平等の状態に進みつゝあることは此に呶々する迄もなしと頗る実際的に検事の論告を難じ夫より其所謂民主党の宣言書を引きて其記事の決して社会秩序を破るものに非らずして即ち大に下層なる労働者の智識奨励に資する所以を挙げて尤も痛快を極めたり次に平岡弁護士は我社の新聞を其手に持ちて此社の記事は其編集人のいふ如く単に社会民主党なるもの生じたる故其宣言書は左の如しと転載せしまでなりこれ新聞紙は社会現象を報道する義務あり恰も放火、窃盗、誹毀などの事柄を報ずると均し然るに之を罰するが如きは新聞紙の働きを縮むるものに非やたゞ万朝に至ては稍々其主張あれども是とて秩序破壊といふ迄に非ざることは其内容克之を現せりとて頗る明晰の弁を振て論じ次に塩谷弁護士は豪壮なる雄弁を揮ひ我社の為に弁護すらく余は秩序の何たるに迷ふ抑も主権の所在を民衆に移し親子長幼の序を破るが如きはこれ我日本の秩序破壊と言ん而も法制の改刪は議会已に之を為しつゝあるに非ずや然るに今民主党の宣言書が社会進歩の為め法制上の現象を改革せんといふも豈に秩序の破壊といはんや故に余は無罪を主張するものなりと次ぎに浅倉弁護士は其犀利なる能力より新聞紙条例第三十三条を引き来て社会秩序を紊るものは罰せらるゝも単に紊らんとする記事は問ふの限りに非ずと喝破し痛切を極め夫れより二三の事項に付いて説明する所ありたりきこれにて裁判言渡は来る二十三日と宣告して閉廷時に午後五時

123「本社に対する公判（民主党事件、熊沢鑑司事件）」（『毎日新聞』記事・一二月二三日）

社会民主党の宣言書を掲載し其筋の告発を受け、第一審に於て無罪となりて検事の控訴に係る秩序壊乱てふ新聞条例違犯被告事件、並びに三万円の判決法官の大忘却と題する熊沢鑑司に対する第一審判決を評論したるもの、第一審に於て立会検事より官吏侮辱の論告ありて、裁判所が罪人救護て

ふ新聞条例違反被告事件として、罰金に処したるを被告より控訴したる事件、何れも再昨日東京控訴院刑事第二部柿原裁判長、豊原検事立会にて、控訴公判開廷せられたり、社会民主党事件は、千葉の某新聞に対しては、第一審第二審上告審とも有罪の宣告を下し、今や確定して大審院の判例もある位なれば、検事は飽迄有罪なることを信じ、如何にしても罪にせずんば已まざるの勢ひを以て、気息傲然たる処ありき

検事起つて曰く

社会民主党宣言書事件は、個人ならば格別秩序壊乱と云ふ可きにあらざれど、苟くも集合せる団体に於て発表する処の如此宣言書は、社会の人心に不安の念を抱かしむる処あるものなれば、秩序壊乱となるや疑ひなし、第一審裁判所が個人と団体との区別を為さずして、漫然無罪の判決を為せるは失当なりとす

と言辞頗る曖昧論旨亦窮せるに似たりき、又三万円の判決に対して曰く

是亦明々白々鑑司を憐んで救護せんが為めに論評せしもの、罪人曲疵たるを免がれずと

塩入朝倉両弁護人駁して曰ふ

検事の論告の如く何事に依らず、社会の現状に変動を与ふるものは秩序壊乱と云ふを得可くんば社会の改良は期す可らず、然かも本宣言書の如きは正々堂々相当の手段方法を以て、是が実行を計るに在りと云ふに於て、如何の点にか秩序壊乱を見出さんや、若し其れ何事に依らず一変動を与ふること壊乱なりとせば、裁判所が近頃手形問題に関し年来の東京市に於ける慣例を打破し、一大恐慌を惹起せしめたる如きも最も甚だしき秩序壊乱と云はざる可らざるに至る豈斯かる理あらんや、熊沢鑑司に対する判決評論亦た然り、標題既に法官の大忘却として、吾人は鑑司の犯行を悪むが為めに判決の非難を寛恕する能はず云々、即決裁判は斯く〳〵の場合に於てのみ適用すべきもの云々とあり、何れか判決に対する評論にあらずとせんや、判決に対

する評論若し曲疵たるを得ば、吾人何をか言はん、学者も弁護士も上級判事も皆是れ罪人曲疵たり
裁判長は今二十三日正午判決を言渡す旨を告げ閉廷を宣ぜり

二五日（月）**東京控訴院、一雑誌・四新聞に対して、一審判決を取消し罰金刑を宣告する。**

124「我社の条例違反判決」（『万朝報』判決謄本・二月二九日）
去二十五日控訴院に於て受けたる判決左の如し
三四（を）一三三五
判決謄本
東京市芝区金杉町一丁目二十一番地平民
万朝報発行兼編集人
村田藤次郎
嘉永二年一月生

右新聞条例違犯被告事件に付明治三十四年八月三日東京地方裁判所に於て言渡したる判決中被告を無罪としたる部分に対し同裁判所検事より控訴申立てたるに依り当控訴院は検事豊島直通の立会い弁論を経て判決すること左の如し
原判決中被告が万朝報第二千七百四十八号に社会民主党に関する記事を編集発行したる点に付無罪を言渡したる部分を取消し右の点に対し被告を罰金二十円に処す
此□の点に付被告を無罪としたる部分に対する検事の控訴は之を棄却す
理由
第一被告藤次郎は万朝報の発行兼編集人にして明治三十四年五月二十日東京市京橋区弓町朝報社に於て万朝報第二千七百四十八号紙上に新政党出づ社会民主党の宣言と題し社会の秩序を壊乱する記事を編集して発行したるものなり該記事の概要左の如し
新政党出づと題し〈以下記事、略〉

社会民主党の宣言と云ふ表題の下に〈以下記事略〉

右の事実は当公廷に於て被告が右新聞を編集発行したる旨の自認並に本件記録該新聞紙中前記の記事掲載あるに依り之を認む被告並に弁護人は該記事たる毫も社会の秩序を壊乱する事項を記載したるものと謂ふを得ざる旨を陳弁するも該記事の各項を総合して之を考察するに其趣旨たる決して近代の社会問題に関し適当なる救治方法を学理的に推論討究するに止まらずして現社会の組織を変更する為め政党を組織して直に之が実際的運動を為すに在りて煽動挑発の文辞を用ひ国法上保障せる言論自由の範囲を踰越したるものにして其論旨を実行せば凡そ雇人小作人労働者等の社会階級に属する者に於て社会政治の局に当り其政府は随意に各種の配財其他独占的事業を経営すること、なるべく従来資本家地主雇主等の社会階級に属する者は既存の利益を剥奪せられざるを得ず故に該記事たる社会の秩序を壊乱する事項を記載したるものと認めざるを得ず

法律に照すに被告の所為は新聞条例第三十三条に依り処罰すべきに該当す

原判決は被告の所為罪と為らずとして無罪を言渡したるは失当にして検事の控訴は理由あり依て刑事訴訟法第二百六十一条末項に依り主文の如く判決すべきものとす

第二被告藤次郎が同年同月二十日前記の記事と同一趣旨の論説及び事項を其新聞に掲載することを停止する旨の命令を内務大臣より受けたる後翌二十一日発行の万朝報第一版第一面に於て同一趣旨の事項を掲載して発行したりとの公訴は右発行が命令受理後に係ると認むべき証拠十分ならず刑事訴訟法第二百二十四条に依り無罪を言渡すべきものとす故に原判決は正当にして検事の控訴は理由なし依て此点に関して同法第二百六十一条第一項に依り主文の如く判決すべきものとす

明治三十四年十二月二十五日東京控訴院刑事第二部公廷に於て検事豊島直道立会言渡す

同日同院に於て此判決原本を作る

裁判長判事　柿原　武熊

判事　渡辺輝之助

判事　橋爪　捨蔵

判事　沢村　勝

判事　浅見倫太郎

裁判所書記　北川　銓総

右原本に依り此謄本を作るもの也

明治三十四年十二月二十七日

東京控訴院

裁判所書記　北川　銓総

125

「本社被告事件判決」（『報知新聞』判決謄本・一二月二九日）

判決謄本

東京市芝区三田四国町二番地二号平民

報知新聞発行兼印刷人

中村政吉

元治元年十一月生

東京市芝区田村町十九番地士族

報知新聞編集人

六郷剛吉郎

安政五年二月生

右新聞条例違犯被告事件に付明治三十四年七月十日東京地方裁判所に於て無罪を言渡したる判決に対し同裁判所検事より控訴申立てたるに依り当控訴院は検事豊島直通の立会弁論を経て判決すること左の如し

原判決は之を取消す

被告両名を各罰金二十円に処す

理由

被告政吉は報知新聞の発行人たり被告剛吉郎は同新聞の編集人にして明治三十四年五月二十日東京市京橋区三十間堀十番地報知社に於て同新聞第八千六百四十号紙上に社会民主党と題し社会の秩序を壊乱する記事を被告剛吉郎編集して被告政吉之を発行したるものとす該記事の概要左の如し

社会民主党なる表題の下に〈以下記事、略〉

左の事実は〈以下、「第二」の部分を除いて文尾ま

で万朝報判決とほぼ同文、略〉

126
「社会主義事件判決書」（『日出国新聞』判決謄本・一二月二九日）

三四を一一四九

判決謄本

東京市京橋区三十間堀一丁目二番地
平民日出国新聞発行兼編集人
鈴木真三郎
文久三年三月生

右新聞紙条例違犯被告事件に付明治三十四年七月八日東京地方裁判所に於て無罪を言渡したる判決に対し同裁判所検事より控訴申立てたるに依り控訴院は検事豊島直道の立会弁論を経て判決すること左の如し

原判決は之を取消す
被告は罰金二十円に処す

理由

被告真三郎は日出国新聞の編集兼発行人にして明治三十四年五月二十日東京市京橋区三十間堀一丁目一番地やまと新聞社に於て同新聞第四千四百三十六号紙上に社会民主党の宣言と題し社会の秩序を壊乱する記事を編集して之を発行したるものとす該記事の概要左の如し

社会民主党の宣言てふ表題の下に〈以下、記事、略〉

右事実は〈以下、報知新聞判決とほぼ同文、略〉

一九〇二（明治三五）年

一　月　＊三〇日　日英同盟調印

二　月　＊一二日　花井卓蔵等、最初の普通選挙法案提出
＊二二日　社会主義大演説会

三　月　＊一五日　二六新報社主催第二回日本労働者大懇親会、禁止

一七日（月）　**大審院、四新聞に対する上告審を開始する。**

127 「民主党の公判」（『毎日新聞』記事・三月一八日）

社会民主党宣言書掲載の第一審無罪にして第二審有罪に係る万朝、報知、日出国、本紙の四社に対する被告事件の上告公判は、予記の如く昨日大審院刑事第二部長谷川裁判長奥宮検事の掛りにて、万朝、日出国二社欠席の侭開廷せられぬ、本社よりは上告弁護人として塩入太助氏出頭し、左の上告点及趣旨拡張点に就て敷衍論述せり

第一、原判決は何々を総合して秩序壊乱と認む云々とありて、改正刑事訴訟法の凡そ判決は、其認定の囚て来る証拠と、其断定の論拠を示さゞる可らずとの規定に違反せること

第二、事実認定は固より原院の自由に属するものなれば敢て非議する訳に行かざるも、新聞紙上の事実は認定と云はんよりは、寧ろ解釈に属するものなれば本院に於て更に審理し得可きこと

此時検事は裁判長に向ひ、本件は事極めて重大にして殆んど言論社会の犯罪としては是より大なるものなかる可く、既に本院の他の部に於ては判例の存するあれど、少しく其理由慊らざる処あるを以て、将来に於ける完全なる判例を作る可く、本職は少しく其民主党なるもの、性質の意見を陳述す可しとて、其本件は決して学術上の論説にあらずして、独逸のカールマークスの現社会を破壊して、新たに共産主義等の社会を作らんとするもの、主義の翻訳なること、主として経済上労働問題上貧富懸隔問題上に掛れるものなること、綱領中の階級制度全廃の如きは、皇室と臣民の区別をも廃せんとするものなること等を説明し、更に新聞条例三十三条の秩序なるものは、同条例中其他に規定しある朝憲紊乱、風俗壊乱等特殊の秩序を目的としたるものにあらずして、主として本件の如き経済上等の全社会組織制度等を予想したるものなりと論ぜり、茲に於て弁護人等は亦起つて、其検事の推測の不当にして、事実に現はれざるものに迄及ぼせること、検事の論告は本宣言書が凡ての問題を、法律規則を制度変更して実行するに

ありとのことに対し、矛盾せるものなること等を弁じ、閉廷せり、判決は来る二十二日言渡す由

＊　＊　＊　＊　＊　＊

岡田朝太郎博士、本件に関し近日社員に語りて曰く、元来秩序壊乱なるものは、其言行文字の過激を言ふものにあらずして、其之を行ふ手段が果して其変更せらる可き社会秩序を踏んで為すにあるや否やを検せざる可らざるものなり、社会民主党宣言縦しんば過激の文字にせよ、余の見る処を以てすれば其手段誠に秩序を重んじあり、政府の告発要するに民主党なる文字に戦慄したる、風声鶴唳に過ぎずと信ず云々と

＊　＊　＊　＊　＊　＊

吾人は幸ひに、長谷川裁判長以下六名の明判を待つ

二四日（月）　大審院、上告を棄却し四新聞に対する罰金刑が確定する。

128「民主党事件の棄却」（『毎日新聞』記事・三月二五日）

社会民主党宣言書掲載の秩序壊乱事件の上告判決は愈々昨日午後三時大審院刑事第二部に於て長谷川裁判長以下六名の判事に依りて、何れも棄却する旨の言渡ありたり、其理由に依れば、同宣言書綱領中の階級制度打破の如き、土地公有の如き、如何に其手段政党を組織して実行するに在りと云ふと雖も、其言行に於て既に現社会人心を畏怖せしむるに足る可きのものたるを以て、所謂秩序壊乱たるを免れずと云ふに在り、頑冥も亦及ぶ可らず

129「民主党事件の判決」（『毎日新聞』判決謄本・三月二六日）

既報の如く一昨日大審院に於て言渡されたるもの条例に依りて其全文を掲ぐ

明治三十五年（れ）第一六八号

判決書

東京市芝区田村町三番地士族

毎日新聞発行兼印刷人

篠原健三郎

東京市京橋区入船町五丁目一番地平民

弘化四年十月生

毎日新聞編集人

山口仁之助

万延元年一月生

右新聞紙条例違犯事件の控訴に付き明治三十四年十二月二十五日東京控訴院に於て言渡したる判決に対し被告等より上告を為したり因て刑事訴訟法第二百八十三条の式を履行し判決すること左の如し

各被告上告趣意書の要旨は原判決中秩序壊乱の理由として「其論旨を実行せば凡そ雇人小作人労働者等の社会階級に属するものに於て社会政治の局に当り其政府は随意に各種の配財其他独占的事業を経営することとなるべく従来資本家地主雇主等の社会階級に属するものは既存の利益を剝奪せざるを得ず」とあれども右は単に社会階級に属する者の既存の利益を剝奪せらる、の結果を生すとの説明に過ぎずして秩序壊乱なることを説明したるものにあらず何んとなれば既存の利益を剝奪することにも合法なるあり非合法なるありて必ずしも凡てが秩序壊乱なるてふ前提なければなり従て原判決は理由不備の嫌ありと云ふに在れども前掲説明は資本家地主雇主等の社会階級に属する者の既存の利益を擅に剝奪するに至るとの趣旨なることは行文上自ら明かなるを以て本論旨は相立たず

弁護人塩入太輔上告拡張書は第一原判決は社会民主党の宣言書を以て社会の秩序を壊乱する者となれば被告に罰金二十円の刑を科したるは不法なり抑経済上の平等は国家安全の基ひにして許多の人民の幸福を護らんとせば勉めて貧富の懸隔を打破すべき事世界の与論なり其与論を宣言書に掲げ以て其実行を期せんとするや社会の秩序を保護せんとするにあり若し現時の社会の如く上は公侯より下庶民に至る迄腐敗を極め且つ貧富の懸隔甚しきをを其侭に放任せば只々社会は腐敗するのみなら

ず恐るべき騒擾を来たすに至らん故に其騒擾を予防せんとしたる宣言書が何故に社会の秩序を紊乱するや原院の判決は全く理由なきに帰するなり第二人類は同胞たり軍備を全廃し階級制度を廃し土地及び資本と鉄道を公有とし政権を平等に分配し教育費用を国家の負担とせんとすること何故に社会の秩序を紊乱するか此等の内既に其幾分は日本に行はれつゝあり又将に行はれんとするものあり殊に学理としても既に唱導せられたるものなれば更に社会の秩序を壊乱することとなし第三原院は以上の主義を実行せば雇人小作人労働者等の社会階級に属する者が政治の局に当り其政府は随意に各種の配財其他独占的事業を経営することと為る可く云々と判断せしも該宣言書中一も小作人労働者のみを以て政府を組織すべしと言ひたる所を見ず凡て幸福を平等に為さんとの主義を実行せんと云ふに在るを以て或は貴人より大臣を出す事もあるべく或は労働者より大臣を出すこともあるべし要は政治部門に当る者は王侯貴人に限るべからずと言ふに在れは既に此の主義は社会に実行せられつゝあるものなり第四新聞条例第三十三条は社会の秩序を壊乱しべき事項とあるを以て其内容には壊乱し能ふべき事項たることを要す故に社会の程度に応じて之を観察せざるべからず徳川幕府の将に倒れんとするときに在ては人心風声鶴唳些少の言語にも驚きたりと雖も今や日本の社会は頗る鞏固なり宣言書の事項にて壊乱し能ふ可きものにあらず若し此等を以て強て社会の秩序を紊乱す可きものとせんか是れ自ら日本社会の微弱を認むるものと言はざる可らず又新奇なる理論を言ひたる為に社会秩序に関係ありとせんか大学校を初めとし諸般の学校に於ては日々社会秩序の壊乱を教ふるものとなる何んとなるに宣言書の如き理論の日々生徒に講義せられつゝあればなり原院は学説として論ぜば社会の秩序を紊乱せず政党として言へば紊乱すと言ふは頗る怪むべきの説なり其自体に於て社会の秩序を紊乱するものなれば如何なる者に於て唱へらるゝも其結果は同一に帰せざるべから

ず是れ原判決理由の矛盾ある所以なりと云ふに在れども原院の認めたる事実は被告健三郎は毎日新聞の発行人被告仁之助は同新聞の編集人にして其編集発行したる同新聞第九千二百七十八号紙上社会民主党組織せらる、との表題の下に〈以下、記事の要約につき省略〉云々なる旨を掲載したりと云ふに在り抑も民主々義と云ひ階級制度を全廃すると云ひ或は財豊の分配を公平にすると云ふが如きは現時の制度を破壊するの甚しきものにして是等の理想に基き政党を組織し以て同志を集合するに於ては為めに社会の秩序を害すべきものと謂はざるを得ず故に被告等の行為は新聞紙条例第三十三条に所謂社会の秩序を壊乱すべき事項を記載したるものたること勿論なるを以て原院が同条に依り処断したるは相当なり

右の理由なるを以て刑事訴訟法第二百八十五条に依り本件上告は之を棄却す

明治三十五年三月二十四日於大審院第二刑事部

公廷検事奥宮正治立会宣告す

裁判長判事　長谷川　喬
判事　岩田　式儀
同　永井岩之丞
同　木下哲三郎
同　鶴　丈一郎
同　鶴見　守義
同　横田　秀雄
裁判所書記　川辺記和蔵

右原本に依り此謄本を作るものなり

明治三十五年三月二十四日於大審院第二刑事部

裁判所書記　川辺記和蔵

〜〜〜〜〜〜〜〜〜〜〜〜〜〜〜〜〜〜〜〜〜〜

何ぞ其上告判旨の上告点並に趣意拡張点に副はざるの甚だしき、是れ唯政府の処置に矛盾せざらんとして、漫りに原判決の至当云々秩序壊乱明かなり云々を主張するのみにあらずや、何の点に於てか秩序壊乱たりの理由を見出すを得るか、吾人は不幸にして社会を満足せしむるに足らざるを悲む

130 「本社の被告事件」（『報知新聞』判決謄本・三月二七日）

社会民主党の記事に関する本社被告事件の上告判決書は左の如し

判決書

東京市芝区三田四国町二番地二号平民

報知新聞発行兼印刷人

中村　政吉

元治元年十一月生

東京市芝区田村町十九番地士族

報知新聞編集人

六郷剛吉郎

安政五年二月生

右新聞紙条例違犯事件の控訴に付明治三十四年十二月二十五日東京控訴院に於て第一審判決を取消し被告共を各罰金二十円に処すと言渡され判決に対し各被告より上告を為したり因て刑事訴訟法第二百八十三条の式を履行し判決すること左の如し

弁護人平岡万次郎上告趣意書の要旨は報知新聞第八千六百四十四号紙上に社会民主党と題したる一項は該記事自体の表明する如く社会の秩序を壊乱する事項にあらず又被告等は社会の耳目たる任を尽さん為め単に社会民主党の何物なるかを世上に報道せんため其宣言書の概要を右新聞紙上に掲載したるに止り聊か煽動挑発の文辞を加へざりしは是亦記事自体の表明する所なり依て被告等の所為は罪となるべきものにあらず然るに原院が被告等を各罰金二十円に処したるは擬律の錯誤なりと云ふに在れども原院の認めたる事実は被告政吉は報知新聞の発行人被告剛吉郎は同新聞の編集人にして其編集発行したる同新聞第八千六百四十号の紙上社会民主党なる表題の下に〈以下、記事の要約、略〉云々なる旨を掲載したりと云ふに在り抑も民主々義と云ひ階級制度を全廃すると云ひ或は財富の分配を公平にすると云ふが如きは現時の制度を破壊するの甚しきものにして是等の理想に基き政党を組織し以て同志を集合するに於ては為めに社会の秩序を害すべきものと謂はざるを得ず故に被告等の行為は新聞条例第三十三条に所謂社会の秩序を壊乱すべき事項を記載したるものたること勿論なるを以て原院が同条に依り処断したるは相当なり

同弁護人の上告趣意拡張書第一点は原裁判所は「其論旨を実行せば凡そ雇人小作人労働者等の社会階級に属する者に於て社会政治の局に当り其政府は随意に各種の配財其他独占的事業を経営すること、なるべく従来資本家地主雇主等の社会階級に属する者は既存の利益を剥奪せられざるを得ず故に該記事たる社会の秩序を壊乱する事項を記載したるものと認めざるを得ず」と説明されたるは刑事訴訟法第二百三条及第二百六十九条第九項に違背したる不法の裁判たり蓋し報知新聞第八千六百四十号の紙上に社会民主党と題したる一項は二大別ありて一は同党の理想とする処を掲げ今日之れが実行の難きを以て別に綱領を定めて実際の運動を試むへしと付言せり一は今日実際の運動を試むへき綱領を記載せり而て此運動を遣るの手段に対しては最も平和的の方法を取り文明的□□に因りて立つべきを期し彼の浮浪壮士が取る処の乱暴手段の如きは其最も恐る、処なる旨を付記せり而して実際の運動を試むる綱領は一より二十八に至る事項を掲載せり今日之れを実行するも雇人小作人労働者等の社会階級に属する者に於て社会政治の局に当り其政府は随意に各種の配財其他独占事業を経営すること、ならざるは勿論其他原裁判所が説明する如き原社会の組織を極端に変更する事情の生ずべき事項の記載之なし原裁判所は何れの事項に因り推測して斯の如き結論をなせしや大凡そ刑の言渡を為すには罪となるべき事実及証拠によりて之を認めたる理由を明示すべきものなるに原裁判所は其依りて以て認めたる事実を明示せざる不法なりと云ひ第二点は原裁判所は「該記事の各項を総合して之を考察するに其趣旨たる決して近代の社会問題に関し適当なる救治方法を学理的に推論討究するに止らずして原社会の組織を変更する為め政党を組織して直ちに之が実際的運動をなすにありて煽動挑発の文辞を用ゐ国法上保障所せる言論自由の範囲を踰越したるものにして」と説明して刑の言渡しの理由とせられたるは不法なり何となれば第一報知新聞八千六百四十号紙上に社会民主党を題したる一項中煽動挑発の文字は一も用ゐたる事なし何れの文字を煽動挑発の文字と認めたるや第二該記事の各項を総合しとは実際の運動を試むる綱領一より二十八迄を総合して考察せられたるか将又理想とする処即ち実行せざる一より八項までをも総合して考察せられたるや否や全く不明也是刑事訴訟法第二百三条及第二百六十九条第九項に違背したる不法の判決なり若し記事全体を総合して考察せられたりとせんか其理想とする処は実行の難きを知り別に実行を試むる綱領を選定したるに対し其理想とする処のもの迄をも実際的運動を為すにありとせられたる理由を明示せられざるは是亦刑事訴訟法第二百三条及第二百六十九条に違背したる違法の判決なりと云ふに在れども原判文には「云々該記事の各項を総合して之を考察するに云々」とありて原院が新聞紙所掲総ての事項に因り其結論を為したることは判明なるのみならず記事の各項を総合して云々と説明しある以上は理想とする所の事項其他の事項と総合せば結論の資料とするに足るを以て之を其資料と為したる趣旨なること自から明かにして其理由に欠くる所なきを以て右論旨は何れも其謂はれなきものとす

右の理由なるを以て刑事訴訟法第二百八十五条に依り本件上告は之を棄却す

明治三十五年三月二十四日於大審院第二刑事部

公廷検事奥宮正治立会宣告す

裁判長判事　長谷川　喬
判事　岩田　式儀
同　永井岩之丞
同　木下哲三郎
同　鶴　丈一郎
同　鶴見　守義

同　　横田　私雄

裁判所書記　川辺記和蔵

原本に依り此謄本を作るものなり

明治三十五年三月二十四日

大審院第二刑事部

裁判所書記　川辺記和蔵

131 「社会主義宣言書事件判決」（『日出国新聞』判決謄本・三月二六日）

我社に対する新聞紙条例違犯事件の上告は昨日大審院に於て左の如く判決ありたり

明治三十五年第一六九号

判決書

東京市京橋区三十間堀一丁目二番地平民

日出国新聞発行兼編集人

鈴木真三郎

文久三年三月生

右新聞紙条例違犯事件の控訴に付明治三十四年十二月二十五日東京控訴院に於て第一審判決を取消し被告を罰金二十円に処すと言渡したる判決に対し被告より上告を為したり因て刑事訴訟法第二百八十三条の式を履行し判決すること左の如し

上告趣意書の要旨は被告は日出国新聞紙上に社会民主党の宣言書なる者を掲載したるは事実なれども宣言書記載の事項たる其全部又は一部に於て常に政治家又は社会学者の称導する所にして今日社会の弊害に感憤して宣言したるものなれば社会の改良に資する所あるも決して社会の秩序を壊乱するものにあらざることは記事自体に徴するも明瞭なり然るに原告は社会民主党なる標題に眩惑せられ該記事を以て新聞紙条例第三十三条に違犯するものと認定したるは不当の事実を認定したる裁判也と云ふに在れども原院の認めたる事実に被告は〈以下、控訴院判決の「理由」部分の要約に付省略〉抑も民主々義と云ひ階級制度の全廃すると云ひ或は財富の分配を公平にすると云ふが如きに現時の制度を破壊するの甚しきものにして是等の理想に基き政党を組織し以て同志を集合するに於ては為めに社会の秩序を害すべきものと謂はざるを

得ず故に被告の行為は〈以下、報知新聞判決書と同文、略〉

二七日（木）・二八日（金）

132 平和平等主義の一人〈木下尚江〉「大審院の判決を評す（一）（二）」（『毎日新聞』論説・三月二七日・二八日）

社会民主党の有罪

昨年の五月、五六の青年有志が「社会民主党」を組織して之を発表するや、時に伊藤内閣は蒼皇是れが禁止を命令せり、禁止は政府の職権的行為なり、然れ共苟も集会の権利を禁止するに就ては、必ず適当なる説明を下だすべきは、また政治の義務たらずんばあらず、而して時の政府は此の義務の点に於て全然其の職を曠ふせり、吾人実に之を痛惜す、

然るに政府は一方に於て社会民主党の禁圧を執行すると共に、その宣言書を掲載せる諸新聞を告発せり、吾人は行政府が社会民主党を禁止せる理由を聞くこと能はざりしと雖も、司法機関によりて、日本国家が之に対して如何なる観念を抱持するかの一斑を知り得べきことを楽みたり、殆ど一歳を越へて三十五年三月二十四日、我が大審院は社会民主党に対する最後の断案を下だして其の有罪を宣告せり、其の判決全文は載せて昨二十六日の毎日新聞紙上に在り、即ち大審院が有罪の判決を下だせる理由に曰く、

「抑も民主々義と云ひ、階級制度を全廃すると云ひ、或は財産の分配を公平にすると云ふが如きは、現時の制度を破壊するの甚しきものにして、是等の理想に基き政党を組織し、以て同志を集合するに於ては、為めに社会の秩序を害すべきものと謂はざるを得ず」と、

何ぞ夫れ文辞の簡単にして、説明の茫漠、而して思想の卑下なるや、吾人は之を看過すること能はざるなり

疑はしき尺度

大審院は何故に「民主々義」「階級制度全廃」「公平分配」の三事を挙げて現時の制度を破壊すべき項目となせしや、是れ蓋し社会民主党の宣言書中より随意に摘出し来れる者なり、

今ま大審院の判決書中より社会民主党の宣言書を抄出せんに、彼等は先づ其の改造を期する所の社会の理想を説明して云へらく、

我党は世界の大勢に鑑み、経済の趨勢を察し、純然たる社会主義と民主々義とに依り、貧富の懸隔を打破して全世界に平和主義の勝利を得せしめんと欲するなり、故に我党は左に掲ぐる理想に向て着々進まんことを期す

（一）人種の差別政治の異同に拘らず人類は皆同胞なりとの主義を拡張する事

（二）万国の平和を来す為には先づ軍備を全廃する事

（三）階級制度を全廃する事

（四）生産機関として必要なる土地及び資本を悉く公有とする事

（五）鉄道船舶運河橋梁の如き交通機関は悉く之を公有とする事

（六）財産の分配を公平にする事

（七）人民をして平等に政権を得せしむる事

（八）人民をして平等に教育を受けしむる為めに国家は全く教育の費用を負担すべき事

大審院は右の宣言書に就き其の前文中「純然たる社会主義と民主々義云々」より「民主々義」の四字を拾ひ、八箇理想の中に就て（三）と（六）との二つを拾ひ、之を以て危険の理想となし、秩序紊乱の根底となせり、

吾人は先づ大審院が特に此の三事を拾ひ取りたる所以に疑なきこと能はざるなり、然れ共吾人はこゝに大審院判事諸君の心事を解剖するの余暇を有せず、乃ち直に筆を彼の三事項に容れて、吾人の所懐を述べん

憲法政治の生命は何ぞ

大審院は「民主々義」を以て現時の制度を破壊する者の一となせり、吾人は敢て大審院に問はん、

「然らば現時の制度は何主義に上に立つや」と、

吾人は信ず、政治其物は本来民主々義の者なることを、故に如何なる専制的政治の間に在りても、名君賢相の高貴なる心には常に民主主義の閃めくあり、発して万世の格言となれる者少からず、彼の「民は国の本なり」と云ひ、「天下は天下の天下なり」と云ひ、「民の富めるは朕の富めるなり」と云ふが如き、即ち皆是れなり、然るに万国の歴史は少数圧制者の我欲の為めに政権を私せられ、永く政治本来の大義を埋没したりき、此の埋没せる大義を発掘し、政治其物をして本来の正道に就かしむるの端緒を開きたる者、之を十九世紀に於ける革命の運動となす、今日世界各国の憲法政治なる者は、実に革命の産物なり、

人皆な「憲法政治」に謳歌して「民主々義」に戦慄するは何ぞや、憲法政治は形体にして民主々義は其の生命に非ずや、憲法政治をして有終の美を済さしむるとは、即ち民主々義を掩ふの浮雲を払つて、中天に赫燿たらしむるの謂に外ならざるなり、

昔時英国王ジヨンの大憲章を発表するや、史家之を評して、国王の誓約となせり、然れ共ジヨンの大憲章のみが誓約なるに非ずして、実は万国の憲法皆な君主誓約の意を含蓄せざるはなし、

日本の憲法は近く明治初年の「五条の誓文」に淵源す、「五条の誓文」とは何の謂ぞや、該誓文起草者の一人福岡孝悌氏の実歴談に云へらく、

愈々五条の誓文を発表するの手続に就き、陛下親しく当時の議院に臨ませ給ふて、国民の前に誓はせ給ふこと然るべしとの事なりしも、日本の古典に於て天皇が国民に向て誓約するの先例なきが故に、即ち天神地祇に誓ひ給ふこと、なれりと、

吾人は英国に於て国王の不本意的誓約を見、日本に於て天皇の自由的誓約を見る、然るに何事ぞ、世の宦官的政治家は憲法政治の形式を以て君主々義、寡人主義を実行せんことに汲々し、幇間的学者巧言令色して之に阿頼陥佞す、而して大審院亦

た之に雷同して民主々義は現時の制度を破壊する者となす、吾人は重ねて大審院の判事諸君に反問す、憲法政治の基礎は何物にして、其の生命は何物なりやと、〈二七日〉

驚くべき不論理

「現在制度の破壊」と「社会秩序の妨害」とを混同して原因と結果との関係ある者となすは、吾人が往々見聞する所の謬見なり、今や大審院の判事諸君も亦た此の謬見の根抵に依りて、社会民主党に有罪の宣告を与へぬ、豈に気の毒に堪へざらんや、

「現在制度の破壊」は必ずしも「社会秩序の妨害」に非ざるなり、加之社会の秩序を回復せんが為めに現在の制度を破壊するは、万国の歴史が説明して余ある所にして、而して学者政治家の考慮経画する所の者亦た実に此に在り、故に「現在制度の破壊」に対して直に「社会秩序の妨害」テフ宣告を下ださんと欲せば、先づ其の秩序妨害たる所以を説明せざるべからざるなり、然るに大審院は曰く、

「民主々義と云ひ階級制度を全廃すると云ひ或は財産の分配を公平にすると云ふが如きは現時の制度を破壊するの甚しき者にして……為めに社会の秩序を害すべき者と謂はざるを得ず」

と

何ぞ其の言ふ所の無造作にして、論理を無視することの甚しきや、

民主々義を忘れて憲法政治の立つべからざる所以は吾人既に之を説けり、吾人爰に重ねて大審院の判事諸君に問ふ、「諸君は既に階級制度全廃、公平分配の理想を以て秩序を妨害する者となす、然らば諸君は階級制度、不公平分配を理想となす所の人々と断定して差支なしと信ず、如何」

秩序の名に於る紊乱

何の処にか階級制度を理想とするの愚夫あらんや、階級制度は種族の異同を以て人類の待遇を差別せる蛮風の遺物なればなり、又た何の処にか不公不分配を理想とするの狂人あらんや、不公平分

配は殺人奪掠を以て富を得るの道となせる違倫の残物なればなり、非階級論を聞きて戦慄する者は各国に於ける華族の輩のみ、公平分配論に接して狼狽する者は世界に於ける地主資本家の徒のみ、然れ共彼等が戦慄狼狽するは、非階級論の不道にして公平分配論の無法なるが故に非ずして、只だ彼等一個の私利と相容れざるが故なり、彼等少数者流の私利我欲の為に社会の理想と人生の本義とを犠牲に供せるが如きこそ、即ち真正なる社会秩序の紊乱と言ふべき者なれ、

吾人は大審院が何故に社会民主党の根本義となせる「人類同胞」主義を挙げて「危険なる理想」と宣告せざりしやを怪しまずんばあらず、彼等既に「人類同胞」を信ず、夫れ「人類同胞」の信者にして誰か民主々義を信ぜざらんや、又た誰か非階級主義を信ぜざらんや、又誰か公平分配を信ぜざらんや、若し之を信ぜずと言ふ者あらば、ソは未だ真正なる「人類同胞」主義の信者に非るなり、

結論

ア、、日本国家の名に於ける対社会民主党の意見は定まれり、行政府が曩に沈黙せる所の者は、今や最高司法機関に依りて説明せられたり、而して其の言ふ所は野蛮的遺物を保守せんが為めに、人生本来の理想を危険なりとするに外ならず、是れ「秩序維持」の名の下に、実は国家の権力を以て真正なる社会の秩序を紊乱する者なり、若し後年日本に於て純清なる熱血沸騰して大破壊党の破裂する事ありもせば、史家其罪の帰する所を案じて、必ず明治三十五年の大審院に其の大部分を負はしめん（完）〈二八日〉

四　月　＊一九日　社会主義協会大演説会

五　月

二〇日（火）**社会民主党紀念祭開催される。**

133　「社会民主党紀念祭」（『労働世界』記事・六月

三日）
去月二十日神田錦町法学院前貸席に於て、社会主義協会の面々集会して、昨年の同日死刑の宣告されたる社会民主党の紀念祭を施行せり。
安部、片山、木下、岡田、幸徳等諸氏の感慨談ありて後、安部氏は「吾々は過去を思ふと共に将来を思はざるべからず、就ては将来我が協会の活動の目標を定めざるべからず」と発言し、討議の末左の四ヶ条を社会主義協会活動の目標たらしむることに決したり。
第一条　研究の精神を愈々盛んにする事
第二条　実際問題の解決にも可成力を致す事
第三条　手段は飽まで平和的なる事
第四条　伝道の精神を盛んにする事
次で本年冬大阪に於て社会主義大演説会を開くこと、、明年夏大阪に社会主義者大会（博覧会を機として）を開くこと、決議され最後に片山氏は本誌前号に記したる中島工場の職工杉浦鐘太郎氏の惨話を談りしに、会衆何れも感に打たれて各自若干の寄付を為し、合計四円四十五銭を直ちに同氏の遺族へ送りたり、因に記す、去月岡田誠六氏の尽力にて下谷に本会の第一支部設立せられたり、支部の規則其他は追て掲載すべし。

二二日（木）

134　「弔『五月二〇日』（社会民主党禁止の一周忌）」（『毎日新聞』論説・五月二二日）

「五月二十日」、読者諸君には殆ど全く無意味でありませう、けれ共我等同人の間には忘る、ことの出来ない悲しき紀念日です、其れは我等一身の為めのみではない、実は明治時代の日本が永く歴史家によりて審判せらる、犯罪の紀念日なるが故に、痛く之を悲むのである、犯罪とは何ですか、明治三十五年「五月二十日」時の政府が社会民主党を禁止せることであります、
六人の青年によりて社会民主党の組織を届出でたのは昨年五月十八日でした、所謂老練の識者が

好事空想と冷笑したるに引き換へて政府は非常に驚ひたのです、此時恰も伊藤内閣は癩病者の如く壊れかけて、首相の博文君は既に失踪したる程の際でしたが、其の愛婿にして内務大臣たる末松謙澄君は省内の高等官警視総監と協議を凝らせる後、社会主義鎮圧の為めに此の嫩葉の如き社会民主党を禁止すべしと云ふことに決定したのです、越へて二十日の朝社会民主党の宣言書が都下の諸新聞紙によりて紹介せられたです、待ち構へたる政府は此日直に「社会の秩序安寧を妨害す」との理由を以て禁止の命令を下し、其宣言書を載せたる諸新聞をば告発の手続に及んだのです

此時内務省では大騒ぎでした、全国の府県知事へ長文の電報を発して社会党の宣言書を地方の新聞紙へ掲げない様にと厳令するなど混雑したのです、

「秩序安寧の妨害」是れは禁止の理由にはならない、故に我等は末松君に向て「何故に秩序を紊乱すと認定せしや」と質問に及んだのです、不幸にして末松君は説明の限に非ずとの説明の外何事をも説明しなかつた、此時我等は立憲的明治政府の「警察権濫行」の実証を握つたのである、

癩病の伊藤内閣全く壊れて六月二日（日曜）の夜、今の桂内閣が出来たです、翌三日我等は更に『社会平民党』の届出に及んだのです、スルと此日初めて出省したる新内務大臣内海忠勝君の名によりて即日禁止の命令を得たのです、ア、社会党禁止、是れは内海内相の第一の事業であつて、又た桂内閣第一の事業であつた、

聞く所に依れば「民主」の二字は政府が尤も嫌忌するとのことである、見給へ民主の二字を嫌忌する政府の事業はポピドステフの排憲政党の出版、穂積八束君の排政党論の頒布です、社会主義を蛇蝎視する政府の事業は、我国に於ける殆ど模範的労働団体たる日本鉄道機関手の矯正会を無理邪理に解散したると一年一度の労働者懇親会の禁止です、成程華族全廃の宣言に驚いた筈です、日英同盟と云ふツマらぬものが出来たとて内閣員は皆な

華族になつたり、爵を上せたりしたのです、軍備縮少の綱領を治安妨害と云ふた筈です、金を借りてさへ海軍第三期拡張を目論で居るぢやないか、ア、軍人官僚の邸宅巧を極め美を尽して農夫菜色あり、職工肺血を吐く、社会主義は二十世紀の大潮流である、世界的勢力である、明治政府は尚ほ禁止の夢に迷ひつゝあるか、之はサアベルにて禁止し得る者ではない、大審院も有罪の判決を下した、けれど看給へ今日坊間新刊物の底には皆な社会主義の血が通ふて居るぢやないか、此の大勢に駕する人あらば其は識者です、強て抵抗を試むる盲者あらば気の毒千万と云はねばならぬ

明治三十五年五月二十日、社会主義協会茶話会を開き、兼ねて社会民主党の亡霊をも吊ひたるの夜

世界に於ける社会主義の一人記

【資料四】

資料解題並びに文献リスト

「社会民主党」関係の資料解題並びに文献リストを以下に掲げる。「資料解題」は、関係資料のオリジナルとその写真版や活字版について、確認できる範囲内で説明を加えた。今後の解明の出発点になれば幸いである。「文献リスト」は、日本の初期社会主義史に関係した著作で、「社会民主党」に言及している文献から主だったものだけを掲げてある。従って、日本近代史を通史的に扱った著作類は省いてある。研究史の流れが見えるように年代順に配列した。「社会民主党」を独立した項目として掲げてある著作を中心に選んであるので、その項目が著作全体の中でどのように位置付けられているかがわかるように、＊を付して章や節をも参考のために掲げた。片山潜を始めとする六名の創立者たちについての評伝類のなかで、「社会民主党」との関係について触れている文献については、【資料二】「創立者と回想」の項に掲げてあるので併せて参照していただければ有難い。なお、作成にあたっては神田文人編集・解説『社会主義運動史』（『歴史科学体系』第二六巻、校倉書房、一九七八年四月）等を参考にさせて頂いた。

I　関係資料解説

A　社会民主党結社届・社会平民党結社届（届書と党則）

治安警察法は、政治結社を結成するについては、結社組織の日より三日以内に「社名」「社則」「事務所」「主幹者ノ氏名」を、その事務所所在地の「管轄警察官署」に届出ることを義務づけていた（第一条）。現在、「社会民主党」「社会平民党」の「届書」の原本は確認されていないが、政府要人に配られた「写」が、国立国会図書館憲政資料室所蔵の阪谷芳郎文書において確認できる。また、写真版として見ることができるものとしては、以下の文献がある。

幸徳秋水全集編集委員会編『大逆事件アルバム』（明治文献、一九七二年四月）＊社会民主党・社会平民党「結社御届（写）」

川口武彦監修『社会党・日本社会党――社会主義の源流から八十年』（日本社会党中央本部機関紙局、一九八三年三月）＊社会民主党「結社御届（写）」（『大逆事件アルバム』掲載と同じもの）

原敬文書（原敬文書研究会編『原敬関係文書』第八巻・書類篇五、日本放送協会、一九八七年一〇月、口絵写真）＊社会民主党「結社御届（写）」（右とは別物）

なお、原敬文書研究会編『原敬関係文書』（第八巻・書類篇五、日本放送協会、一九八七年一〇月刊）には、社会民主党「結社御届（写）・（別紙）社会民主党々則」、社会平民党「結社御届（写）・（別紙）党則」が活字化されて収録されている。

B　宣言書・綱領・党則（本書・口絵写真並びに【資料一】掲載）

『労働世界』第七九号（一九〇一年五月二〇日）ほか、『毎日新聞』『万朝報』等に掲載されたことについては論文篇参照のこと。もちろん、『労働世界』に掲載されたものが原本であり、それが各新聞社に送られたのである。発売頒布停止処分を受けた『労働世界』（第七九号）は、法政大学大原社会問題研究所並びに早稲田大学大学史資料センターに所蔵が確認されている。なお、部分的には、以下の文献において写真版として掲載されてきた。

社会文庫編『社会主義者・無政府主義者人物研究

史料（2）』（『社会文庫叢書』Ⅷ、柏書房、一九六六年九月）＊第一面から三面まで、第四面は欠落

赤松克麿『日本社会運動史』（通信教育振興会、一九四九年一一月）＊口絵に第一面の上部

『写真集・日本社会党』（前掲）＊第一面の写真

参考のために言えば、タブロイド版『労働世界』（第一号〜第一〇〇号）全体の復刻版としては、労働運動史料刊行会編『労働世界』（中央公論事業出版、一九六〇年八月刊、欠号は第78・79・86・87・90・96・97・99号の各号である）及び『〈労働世界〉と片山潜』（隅谷三喜男監修・小森好児解説、日本機関紙出版センター、一九九七年七月刊、前書欠号の第86・90・97・99号を復刻）があるが、第七九号は収録されていない。

また、これまで、資料集のなかで「宣言」等を紹介してきた文献としては次のようなものがある。

『明治文化全集』第二一巻、社会篇（日本評論社、一九二九年二月）＊「社会問題雑纂」・「社会民主党の宣言」・「社会民主党々則」（『労働世界』第七九号より、吉野作造校閲）

「社会主義者沿革　第一」第二版・明治四十一年七月迄（『社会主義沿革1』『続・現代史資料』二、みすず書房、一九八四年一〇月）＊社会民主党「党則」「宣告」・「社会平民党々則」

岸本英太郎編『明治社会運動思想』上巻（『青木文庫』、青木書店、一九五五年五月）

岸本英太郎編『明治社会運動思想』（資料日本社会運動思想史編纂委員会編『資料　日本社会運動思想史――明治期』第三巻、青木書店、一九六八年四月※前掲青木文庫版の改装版）

労働運動史料委員会編『日本労働運動史料』第二巻（東京大学出版会、一九六三年一一月）＊第五編「社会主義運動」・第一章「社会主義協会を中心とする社会主義運動」・第一節「社会主義研究会、社会主義協会および社会民主党」、「宣言書」は

『毎日新聞』『万朝報』、「党則」は『毎日新聞』から採録、その他『毎日新聞』『労働世界』記事を掲載。

荒畑寒村監修・太田雅夫編『社会主義協会史』（『明治社会主義資料叢書』一、新泉社、一九七三年八月）＊Ｉ社会主義協会略史（石川旭山「日本社会主義史」）・Ⅱ社会主義協会記事（三　社会民主党）

山泉進編『社会主義事始――「明治」における直訳と自生』（『思想の海へ［解放と変革］』八、社会評論社、一九九〇年五月）＊第一部「実像の再興　理論と精神」・安部磯雄「社会民主党宣言」

家永三郎責任編集『日本平和論体系』第二巻（幸徳秋水・安部磯雄・週刊平民新聞（抄））（日本図書センター、一九九三年一一月）＊安部磯雄（起草）「社会民主党宣言」

歴史学研究会編『日本史史料』四・近代（岩波書店、一九九七年七月）＊182「社会民主党の宣言」

『初期社会主義研究』第一三号（初期社会主義研究会、二〇〇〇年一二月）＊特集資料「社会民主党宣言書」

C　写真資料

「創立者記念写真」（本書・口絵写真掲載）

現在、原本を所蔵している機関として確認できるのは法政大学大原社会問題研究所（向坂逸郎文庫）ならびに日本近代文学館（社会文庫）である。堺利彦は、「自伝的に見た日本社会主義運動史」（『改造』一九二九年五月号）のなかで、木下尚江が所蔵しているとの記述を残しているが、その行方は知られていない。ただ、社会文庫所蔵のものには「昭和二十九年九月十九日堺為子氏よりおくらる鈴木茂三郎」との記入がある。なお、次の文献に掲載されているので参考のために掲げておく。

片山潜・西川光次郎『日本の労働運動』（労働新

聞社、一九〇四年五月一八日）＊口絵写真、上部に「新政党の発起者」とのキャプションがあり、下部に六名の名前が記されている。なお、岩波版『日本の労働運動』（一九五二年三月）にも掲載。

『社会問題講座』第一一巻（新潮社、一九二七年一月）＊口絵写真

木下尚江『神 人間 自由』（中央公論社、一九三四年九月）＊二〇～二一頁に挿入、「社会党創立当時」とのキャプションに六名の名前。なお、『木下尚江著作集』第一四巻（明治文献、一九七二年五月）には、「明治34年4月28日。社会民主党の創立を決めた6名が記念のために撮影した歴史的写真」との説明があるが真偽は不明である。

戦後は、赤松克麿『日本社会運動史』（通信教育振興会、一九四九年一一月）の口絵写真として掲載された他、『幸徳秋水全集』第三巻（明治文献、一九六八年三月）などの全集類、あるいは『大逆事件アルバム』（前掲）、『写真集・日本社会党』（前掲）などに掲載されている。

「労働組合期成会・鉄工組合本部」

片山潜・西川光次郎『日本の労働運動』（前掲）に掲載されている。戦後は、『日本労働運動史料』（労働運動史料委員会編、第一巻、労働運動史料刊行委員会刊、一九六二年一一月）、『大逆事件アルバム』（前掲）、『写真集・日本社会党』（前掲）等に掲げられている。

II 関係文献リスト

〈戦前〉

堺利彦「三十歳記」（『堺利彦全集』第一巻、中央公論、一九三三年五月）

川口武彦編『堺利彦全集』第一巻（法律文化社、一九七一年一月）

島田三郎『世界之大問題 社会主義概評』（警醒社書店、一九〇一年一〇月、一九〇二年一月再版）＊序（島田三郎）・本文（緒論、第一～第三五章）・付録（其一「労働新聞社に対する判決言渡書」、其二「社会政策学会趣意書」、其三「社会政策学会の弁明書」、其四「社会政策学会員に質す（安部磯雄）」）

高山樗陰「社会主義と政府の方針」（『新総房』（一九〇一年五月？））高山樗陰『無絃琴』（鳴皐書院、一九〇二年八月）所収。『明治社会主義文学全集（一）』（『明治文学全集』八三、筑摩書房、一九六五年七月）に再録。

石川旭山編「日本社会主義史（三十）（三一）」（日刊『平民新聞』一九〇七年三月二〇日、二一日）＊「十六　社会民主党起る」「一七　社会民主党の禁止」石川旭山編・幸徳秋水補「日本社会主義史」（一四・一五と訂正、『明治社会主義史論』（岸本英一郎編・解説、青木文庫、一九五五年四月刊）所収。『資料・日本社会運動思想史』明治期・第二巻（青木書店、一九六八年四月改装版）に再録）

山路愛山「現時の社会問題及び社会主義者」（『独立評論』一九〇八年五月三日）『明治社会主義史論』（岸本英一郎編・解説、青木文庫、一九五五年四月所収。『資料　日本社会運動思想史』明治期・第二巻（一九六八年四月、改装版）に再録）

山口孤剣「日本社会主義運動史」（『改造』一九一九年一〇月号）＊「社会民主党禁止さる」

高畠素之「日本社会運動史」（『解放』特集＝明治文化の研究、一九二一年一〇月）

石川三四郎「明治社会主義史梗概」（『解放』特集＝明治文化の研究、一九二一年一〇月）＊三「社会民主党の誕生と禁止」

荒畑寒村編『日本社会主義運動史』（『インタナショナル・パンフレット』二、インタナショナル社、

一九二二年一二月）＊第二期・一「社会民主党の綱領」（目次）、「社会民主党の解散」（本文）
町田辰次郎『日本社会変動史観』（東京堂書店、一九二四年一一月）＊第二編「現代の日本――日本の社会主義運動（社会民主党の創立―社会主義の燎爛時代）」
木村毅「日本社会主義史」（『社会問題講座』第九巻、新潮社、一九二六年一一月）＊（四）「社会民主党の誕生」
石川三四郎「社会主義篇」（三宅雄二郎監修・武井文雄編『新日本史』第四巻、万朝報社、一九二六年一一月）＊第十四章「社会民主党」
岡陽之助「講談日本社会運動史号」（四六版『解放』一九二七年三月号）＊第三章「社会民主党の誕生」、二「社会民主党」
麻生久「日本の無産政党運動」（『社会経済体系』第七巻、日本評論社、一九二七年五月）＊二「社会民主党」
山川均「社会主義運動小史」（太陽増刊『明治大正の文化』一九二七年六月一五日）＊「社会民主党」
横溝光暉『日本社会主義運動史講話』（松華堂書店、一九二八年一〇月）＊第二章「成長と沈潜」・第二「社会民主党の創立」
横瀬毅八（対馬忠行）「日本無産階級運動発達史」（『マルクス主義講座』第一二、マルクス主義講座刊行会、一九二八年一二月）＊一「日本無産階級運動の前史」・（1）「日清、日露戦争頃（明治二七―八、三七―八年）より明治末年まで」
小山松吉『日本社会主義運動史』（司法省刑事局、一九二九年二月）＊三「社会主義的思想の発生時代」・「社会民主党」
『特別要視察人状勢一斑』（近代日本史料研究会刊、発行年不明）所収
中村英雄編『最近の社会運動』（協調会、一九二九年一二月）＊第一編「本邦最近の社会運動」・第一章「本邦社会運動前史」・第三部「社会主義思想及び運動」・第三項「社会民主党」
美土路昌一『明治大正史』第一巻・言論篇（朝日

新聞社、一九三〇年一〇月）＊第二章・第四節「社会主義新聞の発生」
堺利彦「黎明期総説」（『日本社会主義運動史』〔『社会科学』第四巻第一号〕、改造社、一九三一年二月）＊二「社会民主党の前後」
白揚社編集部『日本共産党小史』（白揚社、一九三一年二月）＊第一章「日本共産党前史」・二「社会民主党――社会主義同盟」
堺利彦「日本社会主義運動小史」（『マルクス・エンゲルス全集』月報、改造社、一九三一年六月）
『堺利彦全集』第六巻（中央公論社、一九三三年一〇月）所収
堺利彦『日本社会主義運動史』（日本近代史叢書Ⅶ、河出書房、一九五四年七月）
『堺利彦全集』第六巻（法律文化社、一九七〇年一一月）所収
山川均『無産政党の話』（千倉書房、一九三一年八月）＊Ⅱ「吾国の無産政党は如何にして生れたか？」・（2）「無産政党以前――社会主義運動の発展」・「社会民主党の創立」
『社会主義政党の話』（板垣書店、一九四九年九月。社会主義協会出版局、一九七七年八月）
矢次一夫『日本社会運動の現勢』（昭和書院、一九三一年一二月）＊第一章「無産政党の概観」・第一節「無産政党の概観」・一「準備時代」
小川信一「労働者の状態及び労働者運動史（上）」（『日本資本主義発達史講座』第一回配本、岩波書店、一九三二年五月）＊五「三十年代の労働者の政治闘争」・二「社会民主党と社会主義協会及び普通選挙同盟会の活動」
堺利彦「日本社会主義運動史」（『社会科学講座』第一一巻、誠文堂、一九三二年一二月）＊五「社会民主党の創立と解散」
森戸辰夫「我国社会主義史への瞥見（一）――その基督教との交渉における」（『大原社会問題研究所雑誌』一九三三年一一月）＊四「『社会民主党』における キリスト教的分子の支配的地位」
『日本におけるキリスト教と社会主義運動』（潮

書房、一九五〇年五月、第一章「わが国社会主義史への瞥見」）

菊地次郎『近世日本社会運動史（資料篇）』（白揚社、一九三四年三月）＊第一部「前期」・「初期」・「社会民主党」

嘉治隆一「明治時代の社会問題」（岩波講座『日本歴史』、岩波書店、一九三四年一〇月）＊下篇「国勢昂揚時代」・七「社会民主党」

『明治の社会問題』（慶友社、一九五五年九月）

小山松吉「明治時代の社会主義運動に就て」（『昭和十三年十月思想実務家会同講演集（其の二）』、司法省刑事局、一九三九年三月）＊二「明治時代の社会主義及其の運動」

復刻版社会問題資料研究会編『社会問題資料叢書』第一輯、東洋文化社、一九七八年一月

〈戦後〉

平野義太郎『日本労働運動の序幕と展望』（『日本叢書』四六、生活社、一九四六年三月）＊六「日本労働運動の方針」・3「社会民主党と社会主義協会」

荒畑寒村「日本社会主義運動史」（『評論』一九四六年五月・七月号）＊（一）序論・二「社会民主党」、（三）第二期・一七「社会民主党の結成」

荒畑寒村「日本社会運動史」（（二）『労働評論』一九四八年一〇月号）＊一「社会運動の黎明期」・「社会民主党」

田中惣五郎『日本社会運動史』上巻（世界書院、一九四七年一二月）＊第二章「本期明治時代」・三「社会主義思想」（6）綜合としての社会民主党の思想・四「労働者の組織と運動」（30）社会民主党

荒畑寒村「日本社会主義運動史（上）」（社会主義教育協会編『社会主義講座』第一巻・思想（『社会主義とは何か』）、三元社、一九四八年五月）＊五「社会民主党の創立」

赤松克麿『日本社会運動の歴史的研究』（労務行政研究所、一九四八年七月）＊一「世界思潮と日

本社会運動との歴史的交渉」・二「アメリカとの歴史的交渉」・「社会民主党のこと」、「日本社会主義の黎明時代」・八「社会民主党の誕生」

関根悦郎『労働運動・無産政党史』上（白日書院、一九四九年四月。『日本近代史叢書』八、河出書房、一九五四年四月に再録）＊第一章「産業資本確立期の闘争」・三「社会民主党の組織」

赤松克麿『日本社会運動史』（通信教育振興会、一九四九年一一月。岩波新書版、一九五二年一月）＊「第二期の社会運動」・「社会民主党の結成」「社会民主党の禁圧」

荒畑寒村『日本社会主義運動史』（毎日新聞社、一九五〇年一〇月）＊第二期「非戦論と平民社」・一「社会民主党の禁止」

岸本英太郎『日本労働運動史』（『アテネ新書』三一、弘文堂、一九五〇年一二月）＊第三章「治安警察法と社会民主党」

岸本英太郎「日本社会運動史」（『社会問題と社会運動』（『社会科学講座』VI）、弘文堂、一九五一年三月）

逸見重雄「初期の社会主義＝労働運動」（上原専禄・西岡虎之助監修、服部之総編集『日本歴史講座』第六巻・近代篇（二）、河出書房、一九五二年一二月）＊四「社会民主党と社会主義協会」

山川均『社会主義運動史』（『研究資料』No.6、社会問題研究所、「一九五三年二月」）＊二「無産政党以前―社会主義運動の発展」・「社会民主党の創立」

岡崎三郎「戦前の社会主義運動」（向坂逸郎編著『日本社会主義運動史』、室町書房、一九五五年一月）＊「社会主義運動の第一期」

岸本英太郎編・解説『明治社会主義史論』（『青木文庫』、一九五五年四月）＊石川旭山編・幸徳秋水補「日本社会主義史」（前掲）、山路愛山「現時の社会問題及び社会主義者」（前掲）、安部磯雄「社会主義小史」（前掲）、収録

『資料 日本社会運動思想史』明治期・第二巻（青木書店、一九六八年四月）に再録

岸本英太郎編・解説『明治社会運動思想』上巻（『青木文庫』、一九五五年五月）＊『資料　日本社会運動思想史』明治期・第二巻（青木書店、一九六八年四月）に再録
木村毅「日米社会運動交流史」（『日米文化交渉史』第四巻・学芸風俗編、洋々社、一九五五年一二月）＊第二章「社会民主党と平民社」、一「社会民主党の誕生」
大原慧「明治の社会主義」（『近代日本思想史』第二巻、青木書店、一九五六年九月）＊第七章・3「社会民主党結成」
大河内一男「社会主義運動の日本的形成」（『日本の社会主義』〔『社会主義講座』七〕、河出書房、一九五六年一一月）＊一「特殊日本型社会主義の根源」
楫西光速「黎明期のたたかい——自由民権と社会主義」（同右）＊三「日清戦争後の労働運動」
塩田庄兵衛「大逆事件の背景」（『秘録大逆事件』上巻、一九五九年九月刊）二「社会民主党の結成まで」
岸本英太郎「労働組合主義と初期社会主義」（岸本英太郎・小山弘健編『日本近代社会思想史』、青木書店、一九五九年一〇月）＊第二章・第一節「労働運動と社会主義の初幕」
那須宏・木坂順一郎「社会民主党の結成と支配体制の再編成」（『講座・現代反体制運動史』一・形成と展開、青木書店、一九六〇年五月）＊第二章「日清戦争後の社会運動」・Ⅳ
伊藤整『日本文壇史』第Ⅵ巻（『明治思潮の転換期』、講談社、一九六〇年八月）＊第三章、4「最初の社会主義政党」
隅谷三喜男「社会運動の発生と社会思想」（岩波講座『日本歴史』第一八巻・現代Ⅰ、岩波書店、一九六三年一月）＊三「社会思想と社会主義運動の展開」・3「社会主義運動の展開」
大河内一男「日本の『社会主義』——その系譜と特徴」（大河内一男編・解説『社会主義』〔『現代日本思想大系』一五、筑摩書房、一九六三年六月〕

＊一「『社会主義』の成立」

朝日新聞社社史編修室『東京朝日新聞編年史（増訂版）――明治三十四年』（タイプ印刷、一九六五年七月）

中村菊男・中村勝範『日本社会主義政党史』（経済往来社、一九六五年九月）＊第二章「社会民主党」、第一節「社会民主党」

小山仁示『日本社会運動思想史論』（ミネルヴァ書房、一九六五年一一月）＊第二章「初期社会主義の理論と実践」第一節「黎明期の労働運動と社会主義」・「社会主義運動の出現」

大河内一男・松尾洋『日本労働運動物語（明治）』（筑摩書房、一九六五年四月）＊第三章「社会主義運動と非戦論」・三五「社会民主党」

辻野功「明治社会主義の成立――片山潜と幸徳秋水」（『明治社会思想の形成』（『講座・日本社会思想史』一）、芳賀書店、一九六七年一月。増版、一九六九年一一月）＊第五章・第二節「初期社会主義思想の形成」

岡本宏『日本社会主義政党論史序説』（法律文化社、一九六八年一一月）＊第一章「初期社会主義の組織と理論」、第一節「日本社会民主党」

岩井忠熊「明治国家の思想構造」（『近代日本社会思想史』Ｉ（『近代日本思想史体系』第一巻）、有斐閣、一九六八年一一月）＊第3部・Ｉ・２「個人主義・国家主義・民主主義・社会主義」

太田雅夫「社会民主党の結成と禁止――史的考察を中心として」（『社会科学』第三巻第四号、一九七〇年一月）

大原慧「労働者運動と初期社会主義」（歴史学研究会・日本史研究会編『講座日本史』六、東京大学出版会、一九七〇年一二月）＊三「社会主義思想の受容と運動の展開」

大原慧『片山潜の思想と大逆事件』（論創社、一九九五年一一月）に再録

太田雅夫『明治社会主義政党史』（ミネルヴァ書房、一九七一年一月）＊第一章「社会民主党の結成と禁止」

辻野功『明治の労働運動』（『紀伊國屋新書』、紀伊國屋書店、一九七一年二月）＊二「社会主義運動の形成」・3「社会民主党」

鹿野政直「社会問題の発生と初期社会主義研究」（『近代日本政治思想史』Ｉ（『近代日本思想史体系』第三巻）、有斐閣、一九七一年二月）＊3「初期社会主義」

松岡八郎『明治期の社会主義政党』（駿河台出版社、一九七二年三月）＊Ⅲ「「社会民主党」の成立」

岡野他家夫『明治言論史』（鳳出版、一九七四年一月）＊16「明治の社会主義」

神田文人編集・解説『社会主義運動史』（『歴史科学体系』第二六巻、校倉書房、一九七八年四月）＊堺利彦「日本社会主義運動史」（前掲）、片山潜「日本におけるマルクス主義の誕生と発展の問題によせて」（前掲）、大河内一男「社会主義運動の日本的形成」（前掲）、収録。

絲屋寿雄『日本社会運動思想史』（『叢書　現代の社会科学』、法政大学出版局、一九七九年六月）＊第二章「日本資本主義の成立と社会民主党の結成」・「社会民主党の結党」

佐々木敏二「社会主義啓蒙誌としての『六合雑誌』」（同志社大学人文科学研究所編『「六合雑誌」の研究』、教文館、一九八四年五月）

橋本哲哉「民衆運動と初期社会主義」（歴史学研究会・日本史研究会編『講座日本歴史』第八巻・近代2、東京大学出版会、一九八五年六月）＊三「初期社会主義とその意味」

佐藤能丸「社会問題の発生」（『日本の近代―国家と民衆』、梓出版社、一九八四年四月）＊3「初期社会主義の運動」

松澤弘陽『日本政治思想』（日本放送出版協会、一九八九年四月）＊第四章・第一節「明治憲法体制と社会主義」

内川芳美『マス・メディア法政策史』（有斐閣、一九八九年六月）＊2章四「社会主義運動の展開と治安警察法」

松尾尊兊『普通選挙制度成立史の研究』（岩波書

店、一九八九年七月）＊Ⅰ三「日露戦争前の普選運動」

太田雅夫『初期社会主義史の研究―明治三〇年代の人と組織と運動』（新泉社、一九九一年三月）＊第一部・第三章「社会民主党の結成と禁止」

川村善二郎「初期社会主義における平和の思想と運動―社会民主党『宣言』と週刊『平民新聞』」（家永三郎責任編集『日本平和論体系』第二巻、解説、日本図書センター、一九九三年一一月）＊一「社会主義を経とし、民主主義を緯として」

松本三之介『明治思想史』（新曜社、一九九六年五月）＊Ⅱ「初期社会主義の行動と思想」

出原政雄「明治社会主義の思想構造」（西田毅編『近代日本政治思想史』ナカニシヤ出版、一九九八年三月刊）＊第五章・第二節「帝国憲法体制と社会主義」

黒川貢三郎「明治中期の社会主義運動の系譜」（日本大学法学会『政経研究』第三六巻・二号、一九九九年七月）＊四「社会民主党」

『初期社会主義研究』第一三号（初期社会主義研究会、二〇〇〇年一二月）＊特集「社会民主党百年」（石堂清倫、犬丸義一、大塚桂、大澤正道、鹿野政直、高橋彦博、田所裕史、田中英夫、田中真人、辻井喬、中村文雄、保坂正康、松尾尊兊、B・D・ミドルトン、山極圭司、太田雅夫、山泉進、川上哲正が執筆）

あとがき

一世紀前の社会民主党は、日本人の歴史的記憶からはほとんど忘れ去られている。おそらくは、初期社会主義研究会という小さな会が「社会民主党百年」の記念事業を呼びかけることがなかったら、何の痕跡もなく、日常に埋没してこの節目は振返られることもなく容易に飛び越えられていたであろう。人間ひとりの記憶で支えられる経験的出来事が、この長寿の時代にあっても百年を越えることは、ごく稀であるとすれば、一世紀という年月は、経験を越えた歴史的出来事として、意識とともに喚起されなければ耐えられない時間の持続である。

それにしても、「自由民権百年」の催しがあれだけの規模で、あれだけの成果を残したことを考える時、「社会民主党百年」との間に横たわっている深い溝をどのように解釈すればよいのだろうか。私には、掘り起こしても、なお現在において認知されない何ものかが、日本における社会主義の歴史のなかにあるように思えてならない。自由民権の思想は、あれだけの犠牲の上にという前置きを言ってのことではあるが、第二次大戦後、制度的枠組みとしての基本的構造をすでに獲得してきた。弱々しく、常に世界政治の現実のなかで脅かされ続けてきてはいるが、すでに、戦後という守るべき理念をもち、経験を蓄積させてきた。だからこそ、掘り起こすことの意義が前提としてあり、何を掘り起こすかを問題にすればよかったのである。そして、その掘り起こされたもののなかには、問うことを忘れた学者たちの職場があり、また戦後の保守政治の理念までもがあった。それに比較して社会主義の思想はどうか。百年後において、何を掘り起こせばいいのだろう。何を前提として掘り起こせばいいのだろうか。いや、そもそも掘り起こしという作業自体に意味がなく、むしろ吊るされた理念を更に追い求めていく以外に方法はないのであろうか。日本の社会主義の思想は、自由民権の思想の継承とともに、その挫折をも継承して誕生してくる。継承の歴史は、これまでも単線的な進化論のうえに語られてきた。しかし、自由民権の挫折の歴史はどれだけ深く語られてきたのだろうか。弾圧の装置とその反撥のメカニズムを語ることも大切ではある。しかし、挫折からの継承は新しいものの誕生という斜面からしか見ることが出来ないのかもしれない。

おそらく、私たちは戦後においても社会主義の思想と歴史を語ることに失敗し続けてきた。その最大の理由は、純粋化された概念と権威化された歴史観で自らの思想と歴史を語ろうとしたことにあった。社会主義を純化された社会主義で語るとき、トートロジーのなかでは権威化されたた物差しだけが用意されればよい。自己をほんとうに写そうとするならば、鏡は自己の外に立て掛けなければならない。しかし、一体、自己の外のどこに鏡を置けばいいのだろうか。答えは簡単である。自己の姿の写りそうなあらゆる場所に鏡を立て掛ける以外にはないのである。自由民権の後に立てかけてみてもよし、アジア主義や大正デモクラシー、国家改造運動や共産主義、戦後の思想でもいい、ともかく日本人が近代において経験したすべてのことのなかで再吟味してみればよいのである。社会主義の思想と歴史は、経験のなかにもう一度たち返り、自らを語る言葉を獲得しなければならない。

ところで、このことをもう少し広い視野から見みればどうだろう。海をずっと越えると、二〇〇〇年イギリス労働党は結成百年を迎えた。それを記念して、イギリスでは幾つかの刊行物が出版されている。例えば、Keith Laybournが書いた*A Century of Labour — A History of the Labour Party 1900-2000*や、B. BrivatiとR.Heffernanの編集した*The Labour Party — A Centenary History*などの類である。ここで、労働党の歴史を全体的に検証するつもりはないが、日本の社会民主党の運命を考えるために、そして百年後のイギリスと日本での現状を考えるために、その出発点の違いを確認しておくことはあながち無駄なことではあるまい。イギリス労働党は、一九〇〇年二月、労働組合や社会主義組織の代表者一二〇名がロンドンに集まり、労働代表委員会（Labour Representation Committee）を選出したことがその始まりである。労働代表委員会の内訳は七名の労働組合代表者、二名づつの独立労働党（Independent Labour Party）と社会民主連合（Social Democratic Federation）メンバー、それに一名のフェビアン協会（Fabian Society）メンバーであった。J. R. Macdonaldが書記長に選ばれた。これを見てもわかるように、労働党は、一八八〇年代以降の幾つかの社会主義運動、労働者運動との合流の上に成立っている。その潮流は三つあった。一つは急進的改革を目指した社会主義組織、例えばマルクス主義思想の影響を受けた社会民主連合、あるいはW. Morrisに代表される社会主義連盟（Socialist League）のような組織と運動、二つには独立労働党やフェビアン協会のような、選挙を通じた斬新的改革を目指した社会主義組織と運動、三番目には労働組合運動で、独立労働党を支持した人たちであった。イギリスの労働組合は伝統的に自由党を支持してきたが、一八九八年労働組合会議（Trades Union Congress）が社会主義政党を支持する決議をおこない、ここから独立労働党との連携が生れていったのである。それでも労働組合のすべてが労働党に合流するわけではない。ともかく、一九〇〇年の時点で三八万人近い加入者があったということであり、同年一〇月の総選挙において一五名の候補者を支援し、R. BellとK. Hardieの二名を当選させた。一五選挙区の全得票が一八万票足らず、うち六万票を越える票を得たということである。一九〇六年労働代表委員会は労働党と呼ばれることになる。その後、一九二四年マクドナルドのもとでの最初の労働党内閣が誕生し、一九四五年のアトリー（C. Attlee）内閣の成立から現在のブレア政権にいたるまでを考えると、同じ「百年記念」といっても、イギリス労働党の百年の歴史は、日本の社会民主党の結成とはだいぶん様相が異なる。

これは、何もイギリス労働党だけのことではない。ドイツの社会民主党（SDP）の歴史は、一八七五年ゴータにおけるラサール派の全ドイツ労働者協会（ADAV・一八六三年創立）とアイゼナッハ派の社会民主労働者党（SDAP・一九六九年創立）の合同にまでさかのぼることができるし、もちろん現在はこの社会民主党のシュレーダー首相が政権を担い、EU加盟国をみれば、むしろ社会主義政党が政権の中枢にいるケースが主流になっている。あるいは、より厳密に言えば、社会民主主義政党がその主流をなしている。ともかく、イギリス労働党の百年、あるいはヨーロッパの社会民主主義政党の現在と比べる時、「社会民主党百年」を祝うことが出来る政党が日本にはひとつも存在しないという現実がある。この地点から見る時、日本とヨーロッパにおける社会主義の歴史の溝をどのように解釈すればよいのだろうか。私は何もここで、これまで多くの研究者がやってきたようにEU内の社会民主主義政党をモデルにして日本の社会主義の未熟な歴史を嘆こうとも思わないし、モデルを楯にとって啓蒙家のスタイルを維持するつもりもない。もっと深いところにある歴史の経験の壁を探り当てて、そこを掘り起こさない限りこの溝を埋めることは不可能であるということを言っておきたいのである。

社会民主党は、その宣言書を歴史的コンテキストから切り離して読めば、リアリティをもたない理想主義の宣言を行ったにしかすぎないように見える。事実、手続き的にみて二日間存在したとしても即座に禁止され、活動が許されなかったことにおいて、この政党の影響力はゼロに等しいといってもよかろう。しかし、そうであったとしても、社会民主党の誕生を美しき殉教者として祭壇に飾ることに終始すれば、またしてもモニュメントの横を通り過ぎることになってしまう。資料の紹介屋にしかすぎない私に、現在へと通じるような歴史的経験の壁を打ち抜くような視野を提示することなど不可能であることは十分承知している。しかし、社会民主党の歴史的コンテキストに触れないこともまた現在の潮流に流されることになる。言い訳程度の解読を試みることもまた必要であろう。

自然現象がある種のエネルギーにより支配されているように、人間世界における出来事もまたある種のエネルギーにより突き動かされている。社会民主党という出来事を生み出したエネルギーは何であったのだろうか。いま、それを環境と主体という問題設定のなかから考えてみたい。まず、環境的要因を制度と国民意識という二つの軸で考えてみよう。制度的問題としては帝国憲法により枠組みが決定された立憲議会主義の機能不全という問題があった。ひとつには議会運営上における超然主義からの転換が必要とされ、議会多数派を占める野党勢力を議会内勢力として認知し、妥協が摸索されたことに付随して起った事柄である。一八九六（明治二九）年の第二次松方内閣が進歩党と提携して以降加速化された政党勢力との妥協は、九八年には大隈（隈板）内閣の誕生をみたが半年足らずで瓦解、伊藤博文は議会内で多数を占める「大政党」による強力な内閣を構想して政友会を結成し組閣をしたものの、七ヶ月あまり経った一九〇一（明治三四）年四月には渡辺蔵相が財政整理を固持して内閣不一致にいたり、五月二日伊藤内閣は総辞職、しかし蔵相だけは辞表を提出せず混乱の事態が生じた。結局、枢密院議長西園寺公望が蔵相をかねて臨時首相代理に任命された。五月一六日には井上馨に組閣の大命が下るも二三日には拝辞、一ヶ月あまり経った六月二日になって漸く桂太郎内閣が誕生する運びになった。社会民主党の結成届はまさにこのような政局の混乱と空白の時になされたのである。もちろん、これは単なる偶然のことではない。超然内閣から政党内閣への基本的方向は伊藤により既成政党との妥協というかたちで構想されたが、これを受けた既成政党の側にも問題はあった。彼等がその出自とする自由民権運動の要求は、憲法制定と国会開設という制度的装置のなかにその多くはからめとられ、自由と民権を掲げた在野党としての理念的集団は権力（地位）と金を求める議会内の利益集団へと変質していくことになった。そもそも政友会の結成へと収斂される政治状況そのものが、「主義」も「理想」もない堕落した現状の追認としてしか見えなかったのである。社会民主党が主張した普通選挙の実現や貴族院の廃止などの要求は、従来の制度的枠組みが新しい時代の歴史的要請に答えていないことへの異議の申し立てであったと言うことが出来る。

さらに、この制度問題は日清戦争後の産業の発達にともなう社会問題に対しても起っていた。基本的には、増大してきた経済的エネルギーを政治は制度的にどのようにコントロールするのかという問題にいたるのであるが、憲法成立時には予想し得なかったいわば制度外的問題が生れたのである。政党政治にも関係するこの問題は社会民主党結成の環境から見れば、労働者の労働条件や生活向上にかかわる社会問題の解決という問題として浮上していたのである。もともと富国強兵政策という国家的方針のもとで政治と癒着することによって育成されてきた日本産業ではあったが、分野と規模の拡大は市場のもとでの競争を要請し、政治領域とはことなる新しい経済や社会における問題を誘発することになった。既成の政党は、この新しい問題に対する解決策を提示できず、むしろ産業の発達がもたらす利益への配分にあずかろうとして「汚職」にまみれるという状態に陥っていた。とりわけ選挙権を持たない労働者の労働条件や生活維持に直結する社会問題は、既成政党が顧慮するところでもなく、社会政策の名のもとに治安の対象とされるような状態に置かれていた。ここに新しい政党が求められる素地が生れていた。

日清戦争による勝利と西欧列強による三国干渉は、国民意識のうえにも変化をもたらしていた。欧米列強のアジア、アフリカにおける植民地争奪は、日本国民に国際政治における弱肉強食的状況を知らせることとなり、国民的団結にもとづく「力」への信仰を生み出すことにもなった。とりわけ日清戦争によって弱体化を示した清国に対しては、一八九八（明治三一）年ドイツが山東半島の膠州湾、ロシアが遼東半島の旅順・大連港、イギリスが九竜半島・威海衛を、翌年にはフランスが広州湾をそれぞれ租借するというパワー・ポリティクスの見せ場をつくっていた。アメリカは中国分割には直接干与しなかったものの、同時期ハワイを正式に併合し、フィリピンを領有し、国務長官による門戸開放政策の提言があった。一九〇〇年には義和団の叛乱がおこり、北京の列国公使館を包囲するという事態が生じ、清国政府は日本を含む列国の連合軍と交戦するにいたった。そしてこの事変を契機にしてロシアは事実上「満洲」を占領し独占的権益を清国に承認させた。このような国際状況のなかで、一八九九年結成された帝国党はその宣言書のなかで次のように言っていた。「東邦に於ける国際競争、愈々其激烈を極め、亜細亜の形勢風雲暗澹岌々乎として其の危急を告ぐ。而して我が帝国は此の際に於て戦後の経営を謀り、新条約を実施し、列国と対峙して将に世界一等国の伍伴に列し、其の光栄を宣揚せんとす。是時に当り、挙国一致卓励風発、内政を整理し、外政を振作し、六合を兼ね、八紘を掩ふの皇猷を恢隆し、国家特有の元気を発揮するに非ずんば安ぞ能く列強競争の間に独立して帝国の進運を扶植し、東邦に於ける天職を完うすることを得ん哉」云々と。また翌年結成された立憲政友会の趣意書も「中外の形勢に応じて国防を完全するを必要とし、常に国力の発達と相伴行して国権国利の防護を完全ならしめむことを望む」ことを掲げた。このように国権意識は、従来の西欧列強による植民地化からの回避という意識から、アジアのなかで帝国として西欧列強に対抗しようとする植民地を従えた帝国意識へと変質してくる。つまり帝国主義が声高に叫ばれる状況が生れていた。

社会民主党を取り巻く政治的、社会的、意識的環境は以上のように流動化されていた。このような状況は、自由民権運動の理念的純粋さへの憧憬を保持していた遅れてきた若い世代の青年たち、あるいは外国生活が長く理念的運動の現実的転換の場にたちあっていない人たち、とりわけ現実よりも精神的解放をもとめていたキリスト教信者などにとっては、つまりは、社会民主党の創立者をとりまく人々にとっては、現実は堕落した亡国的状況と映ることになった。そしてこのような堕落した現実を救済するものは、何よりも新しい主義と理想であり、それを掲げることによりこの現実のなかにいる自己をも救済することが出来ると考えた。

このような環境的要因に対して、社会民主党を結党へと推進していった主体的モメントは何であったのであろうか。それを精神的モメント、思想的モメント、運動的モメントに分類して考えてみたい。まず、精神的モメントとしては現実からの疎外感というものがあったと考えられる。この疎外感を基底において醸成しているものは明治維新後における階層的没落意識であり、家族的事情が加わっていた。個別的、個人的な疎外感はそれ自体では文学などの個的表現へ向うことはあっても公的な連帯意識を生み出すものではない。創立者たちは政治意識や社会問題の解決というような個人を超えた問題関心を抱くことによって現状を否定する公的な理想を求めるに至った。その理想は疎外感から解放された自由や平等あるいは進歩、正義、平和への憧憬というような感覚によって支えられているものであった。

思想的モメントとして中心にあったものは、宣言書に謳われているように民主主義と社会主義であり、それに平和主義が加わったものである。民主主義と社会主義を思想的に支えているものは平等への希求であり、政治的平等が民主主義により実現され、それに遅れて産業革命後の富の増大を前提にした富の平等な分配が社会主義により実現されると理解されていた。より具体的に言えば、民主主義には政権への平等な参加という意味で普通選挙が、社会主義には富の平等な分配という意味で土地や資本、交通手段などの公有制度が中心に置かれていた。彼等が拠り所としていた民主主義や社会主義について、民権運動以来の思想的継受がどこにあり、また外国留学や海外の文献からの理解の特色がどこにあったか、これらについてはまた別に検討しなければならない事柄である。いずれにしても、社会民主党の結成禁止については、社会主義による私有財産の否定という問題以上に、民主主義による国体否定の問題にウエイトが置かれていたことは注目しておいてよい。平和主義は、理念的にみれば、民主主義や社会主義の思想から必然的に帰結するものではない。その最大の拠り所はキリスト教からみちびかれた人類同胞主義によるものと考えられる。そして、弱肉強食的現状を否定する理想的憧憬がそれを強化した。

社会民主党を結成するに至る運動的モメントは、労働組合運動、普選運動、社会主義の研究活動や演説会を通じての啓蒙運動であることは太田論文において詳しく論じられている。改めてここで言及する必要はあるまい。しかし、これらの直接的に社会民主党へと合流する運動とは別に、言文一致運動を含む社会改良運動、足尾鉱毒問題を告発したような新聞による言論活動や学生運動、あるいはこれも新聞社が主催したものではあるが労働者の懇親会や演説会、このような現状を憂え、改善を図ろうとする各種の社会運動が社会民主党結成の背後にあったことは指摘されておいてよい。この文脈から見れば、社会民主党の結成禁止後、社会主義者たちの活動は改組された社会主義協会に限定されたわけではなくて、むしろ同じ年に『万朝報』の黒岩涙香を中心に結成される理想団へとその理念や運動は受け継がれたと考えることが出来る。そして、社会主義・民主主義・平和主義の旗を掲げて結成された平民社は、また社会民主党の正統な後継者であった。

以上のような、社会民主党が置かれていた歴史的コンテキストから、百年を越えて現在へと何が受け継がれてきているのであろうか。例えば、社会民主党のなかに民主主義を土台とする社会主義の理念を見て、その思想の正統性や歴史的伝統を探りあてることも出来よう。とりわけ、社会主義国家の崩壊以後、共産主義が否定されるなかで、見直され始めている社会民主主義の源流をたどることは容易ではあろう。あるいは、地位と利権に走る現代の政党政治にたいして、利益にではなく「義」や「理」というような政治的徳の必要性を社会民主党の結成のなかに見ることも出来よう。しかし、振り返ってみれば、日本の社会主義者の多くは、社会主義社会のもとでの素晴らしい未来を語り、同時にそれが故に挫折をも繰り返してきた。私たちは予言者になる能力もないし、そして何よりも過去の理想主義が陥った罠を知っているので、今ここで、日本における社会主義の明るい未来について語るつもりはない。私たちがここで出来ることは、過ぎ去ったものを確認し、その検証を行うことだけである。もとより、消え去るものは消え去る運命でしかない。小さな記念の紙碑を残すことが私たちの使命である。

本書は、初期社会主義研究会と平民社資料センターが中心となって結成された「社会民主党百年」資料刊行会によって編集、刊行されるものである。現在、偶然に同じ名前をもつ政党が存在するが、本書に関係するものではない。初期社会主義研究会は一九八三年に平民社八〇年を記念することから生れた在野の研究者集団であり、平民社資料センターは初期社会主義関係の資料や文献の保存を目指して一九九八年に初期社会主義研究会のなかに開設した機関である。この二つの団体が中心となり「社会民主党百年」記念事業を企画し、広く賛同者を募り、その支援を得て本書は刊行の運びとなった。記念事業としては、この記念出版物以外に、初期社会主義研究会が発行する機関誌『初期社会主義研究』（第一三号、二〇〇〇年一二月）において「社会民主党百年」の特集を組み、多くの方々からの寄稿を得ている。是非併せて読まれることをお勧めする。また、この呼びかけを契機にして安部磯雄らに関係する同志社大学、早稲田大学において記念講演会やシンポジウムがおこなわれる予定でもある。さらには法政大学ボアソナード・タワーにおいて出版記念会を兼ねた「社会民主党百年を記念する会」も企画されている。

終わりに、賛同者としてご協力をいただいた初期社会主義研究会並びに平民社資料センターの堀切利高、飯田泰三、田中真人、梅森直之、若月隆一氏をはじめとする会員の方々、呼びかけに賛同していただいた安在邦夫、今井清一、浦田和義、岡本宏、鹿野政直、黒川貢三郎、清水靖久、高橋彦博、筒井清忠、中村文雄、保坂正康、松尾尊兊、村田静子の諸氏に心よりお礼を申し上げたい。また、口絵資料については法政大学大原社会問題研究所から格別の配慮をいただいた。本書実現に至る過程では名前をここに記すことが出来ないほど多くの方々からのご援助を受けた。長年の友人である論創社社主の森下紀夫氏、編集を担当された赤塚成人氏の名前だけを掲げて感謝を申し上げたい。

山泉　進

「社会民主党百年」資料刊行会

山泉　進（やまいずみ　すすむ）責任編集
1947年土佐中村生まれ。早稲田大学大学院政治学研究科博士課程中退。明治大学法学部教授。
（編著）『社会主義事始』（社会評論社、1990）
（共編著）『「大逆事件」関係外務省往復書簡』（不二出版、1993）

太田雅夫（おおた　まさお）
1931年京都府生まれ。立命館大学大学院法学研究科修士課程修了。前桃山学院大学教育研究所所長。
（編書）『明治社会主義資料叢書』全7巻（新泉社、1972～1978）
（著書）『初期社会主義史の研究』（新泉社、1991）、他多数

荻野富士夫（おぎの　ふじお）
1953年埼玉県生まれ。早稲田大学大学院文学研究科博士課程修了。小樽商科大学教授。
（著書）『初期社会主義思想論』（不二出版、1993）
『戦後治安体制の確立』（岩波書店、1999）、他多数

志村正昭（しむら　まさあき）
1962年東京都生まれ
横浜国立大学大学院教育学研究科修士課程修了。初期社会主義研究会／事務局・編集委員会。
（論文）「中江兆民『一年有半』など」（『国文学解釈と鑑賞』第62巻12号、1997）、「『佐渡が島のぼんやり』から『富豪革命家』へ」（『社会思想史の窓』第123号、2000）、他

社会主義の誕生
——社会民主党100年

二〇〇一年五月一〇日　初版第一刷印刷
二〇〇一年五月一八日　初版第一刷発行
編著者　「社会民主党百年」資料刊行会
　　　　責任編集・山泉　進
発行者　森下紀夫
発行所　論創社
東京都千代田区神田神保町二－一九　小林ビル
電　話　〇三（三二六四）五二五四
ＦＡＸ　〇三（三二六四）五二三二
振替口座　〇〇一六〇－一－一五五二六六
組版／ワニプラン
印刷・製本／中央精版印刷
 ISBN4-8460-0285-3